더티 워크

옮긴이 **오윤성**

서울대학교 미학과를 졸업하고 이화여자대학교 통번역대학원에서 석사 학위를 받았다. 옮긴
책으로 《권력 쟁탈 3,000년》 《고독을 잃어버린 시간》 《더 파이브》 《전사자 숭배》 등이 있다.

더티 워크

DIRTY WORK

비윤리적이고 불결한 노동은
누구에게 어떻게 전가되는가

이얼 프레스 지음
오윤성 옮김

한겨레출판

일러두기

1. 이 책의 제목이자 주제인 '더티 워크(dirty work)'는 '사회에 꼭 필요하지만 더럽다고 여겨지는 일 혹은 임금노동'을 뜻한다. 여기서 '더럽다'는 표현은 물리적 오염이 아니라, 도덕 또는 윤리의 위반을 뜻한다. 저자의 개념을 강조하기 위해 주로 '더티 워크' 그대로 썼으며 맥락에 따라 '더러운 일' 등으로 번역했다. '더티 워커(dirty worker)' 역시 '더티 워커'로 옮겼다. 이 표현은 기본적으로 '더티 워크를 하는 사람'이라는 뜻이지만, 결국 그런 일을 한다는 이유로 사회로부터 '더럽다고 여겨지게 된 개인'을 뜻하는 것으로 읽힌다. -옮긴이

2. 이 책의 본문 하단 각주는 원서의 각주이며, 책 뒤의 미주 역시 원서의 미주를 그대로 미주로 실은 것이다. 본문 중간의 ( )는 기본적으로 저자의 첨언이며, 한국어판 독자들의 이해를 돕기 위해 넣은 역자 첨언은 ( ) 안에 "-옮긴이"라고 따로 표기하여 구분하였다.

3. 단행본과 잡지는 《 》, 그림·노래·영화 등은 〈 〉로 구분했다. 영화나 단행본 제목의 경우 국내에서 발표된 번역을 따랐다. 국내 미발표된 경우 영어 제목을 병기하였다.

4. 원서에서 저자가 이탤릭체로 강조한 부분은 모두 볼드체로 표기하였다.

애서가였던 나의 이모

탈마를 기리며

힘없는 사람은 더러운 일을 직접 해야 한다.

힘 있는 사람은 남에게 시킨다.

- 제임스 볼드윈

노동과 원칙에 관한 통렬하고 심오한 통찰.《더티 워크》는 값
싼 고기와 화석 연료를 향한 우리의 욕망부터 대량감금, 외교
전략으로서의 원격 암살, 테크산업의 비윤리적인 이윤 추구
에 이르기까지 미국 사회를 떠받치는 일련의 잔인한 산업에서
'노동이 도덕 원칙을 사보타주'하는 상황을 고발한다. 더티 워
크로 인한 도덕적 외상은 먼저 해당 노동자들을, 그러나 결국
우리 모두를 아프게 한다. 이얼 프레스는 해당 산업 노동자의
생생한 초상을 그리면서 산업 시스템과 소비자 사회가 공모하
여 지금 벌어지고 있는 일을 보지 못하거나 모른 체하는 실태
를 낱낱이 밝힌다. 결국《더티 워크》는 사회적 희생양이 된 사
람들과 이를 감추는 힘에 관한 책이다.

- 리베카 솔닛(작가·《남자들은 자꾸 나를 가르치려 든다》 저자)

깊이 있는 보도로 경종을 울리는 책. 이얼 프레스는 우리가 사회의 가장 취약한 구성원들에게 떠맡기는, 비윤리적이고 낙인찍힌 일들을 조명한다. 교도관, 도살장의 노동자 그리고 최첨단 살인 작전에 투입되는 드론 조종사는 대중의 시선에서 벗어난 채 사회의 더러운 일들을 수행한다. 이 책은 우리가 다른 누군가에게 아웃소싱하는 '더티 워크'에 사실은 우리 모두가 어떻게 연관되어 있는지 밝힘으로써 대중이 노동의 불평등을 생각해보도록 촉구한다.

- 마이클 샌델(정치철학자·《정의란 무엇인가》 저자)

우리 사회는 전쟁하고 범죄자들을 투옥하고 음식과 에너지를 생산해왔다. 사회를 유지하는 데 필요한 노동은 때로 추악하고 폭력적이다. 우리는 어쨌든 그 일들이 제대로 처리되길 원하는 동시에 처리되는 장면은 보고 싶어 하지 않는다. 조지 오웰과 마사 겔혼을 잇는 르포르타주 작가, 이얼 프레스는 우리에게 우리의 이름으로 행해지는 더티 워크를 직시할 것을 호소한다. 섬세한 묘사와 냉정을 잃지 않는 태도로 저자는 더티 워커가 짊어진 도덕적 부담과 그 속에 반영된 불평등의 구조를 분석한다.

- 코리 로빈(정치학자·《보수주의자들은 왜》 저자)

코로나 팬데믹 동안 필수노동의 역할이 조명받기 훨씬 전부터, 소비자와 시민으로서 우리의 삶은 모두가 꺼리는 일을 도맡는 많은 사람들에게 줄곧 빚지고 있었다. 빈틈없는 통찰력으로 쓰인 이 책에서 저자는 생계를 위해 교도소를 지키고 드론을 조종하고 닭을 잡는 사람들의 삶을 들여다본다. 이 책은 쉽게 판단을 내리지 않는다. 오히려 성가실 정도로, 심오한 도덕적 질문들을 끊임없이 들이민다. 단순히 멀찍이서 어느 누군가의 이야기를 써내린 것이 아니라, 그 안에 얽히고 설킨 우리 모두의 연관성을 들춰낸다. 유의미하고 뛰어난 걸작이다.

- 패트릭 라든 키프(탐사보도 전문기자·《세이 나씽》 저자)

무서울 정도로 엄청나다. 전문적이고 견고하며 집요하고 강렬하다.

-《뉴욕 타임스 The New York Times》

충격적이지만 우리에게 필요한 책. 저자가 보기에 세상은 유죄와 무죄로 양분되지 않는다. 모든 걸 쉽고 간단히 말해버리는 요즘 소셜미디어 문화의 감수성에는 잘 들어맞지 않을지라도, 그 양극단 사이에는 아주 세밀히 나뉘어진 무수한 정도의 유죄'성'과 무죄'성'이 존재한다. 저자는 모든 페이지마다 진실을 쏟아내면서도 냉소와 비관에 빠지기보다 인간 사이의 도덕적 유대를 강화하기를 권한다. 그 방법을 함께 모색하는 데에 우리 각자가 얼마나 불완전한지는 상관 없다.

- 《뉴욕 타임스 북 리뷰New York Times Book Review》

매혹적이다. 저자가 선명히 써내려간 장면들은 읽는 내내 분노를 자아내고 가슴을 찢어 놓는다. 거침없는 문체와 심층 보도가 돋보이는 필독서.

- 《퍼블리셔스 위클리Publishers Weekly》

저자는 단순히 더티 워크가 물리적·정신적으로 얼마나 위험한지 설명하는 데에서 그치지 않는다. 그는 독자들로 하여금 경제적 불평등과 '이런 일을 할 수밖에 없는 자들을 결정하는' 다른 구조적 불평등을 연결지어볼 수 있도록 이끈다. 그리고 무엇보다, 그들 대신 더러운 일을 하는 이들로부터 도덕적으로 거리를 두는 기득권층을 전면에 내세운다.

- 《스타 트리뷴Star Tribune》

차례

들어가며 • 14

들어가며

5월의 어느 저녁, 독일 프랑크푸르트에서, 미국인 에버렛 휴스^{Everett} ^{Hughes}는 어느 독일인 건축가의 집을 방문했다. 때는 1948년, 독일의 다른 많은 지역과 마찬가지로 프랑크푸르트는 폐허가 되어 있었다. 연합군이 나치에 대항해 공중전을 벌이며 집중 폭격한 대로를 따라 허물어져가는 저택들이 늘어서 있었다. (그야말로) 동네 전체가 통째로 파괴되어 있었다. 폭격이 일어나기 몇 주 전 휴스는 일행과 함께 차를 몰고 분화구처럼 땅이 숭숭 팬 도심을 돌아다니며 전쟁의 참화를 비켜간 상점가나 주택가가 있는지 찾아보았다. 얼마 안 가 그들은 탐색을 포기했다. "어딜 가든 지붕이 날아가거나 아예 무너진 집이 최소 한 채는 있었고, 흔히 절반이나 그 이상이 무너진 상태였다."[1] 휴스는 일기에 이렇게 적었다.

휴스는 전쟁 피해를 조사하기 위해 프랑크푸르트를 찾은 것은 아니었다. 시카고대학교의 사회학자로, 한 한기 강의를 하러 이 도시에 온 것이었다. 1897년에 태어난 그는 저널리스트 출신이자 부커 T. 워싱턴^{Booker T. Washington}의 보좌관을 거쳐 시카고 사회학파를 공동 창립한 로버트 파크^{Robert Park}의 제자였다. 파크가 창시한 시카고학파는 '인간 생태' 연구에서 직접 관찰의 중요성을 강조했다. 문학을 좋아하며 예리한 관찰력의 소유자였던 휴스는 겉보기엔 제각각인 사소한 사건들의 세부적인 것에서 보편적인 경향을 찾아낼 줄 아는 사람이었다. 그는 어딜 가든 일기장을 들고 다니며 떠오르는 생각을 적었고 그런 단상 중 여럿이 학술 연구로까지 발전했다.

휴스는 프랑크푸르트 시절 기록한 일기에서 이 도시의 진보적인 지식인과 교유한 일에 대해 이들의 "전반적인 생각과 태도와 소양은 서양 여느 국가의 진보적인 지식인과 다르지 않다"고 말했다. 그날 건축가의 집에서도 그런 사람들을 만났다. 그들은 도면으로 가득 찬 널찍한 작업실에 앉아 차를 홀짝이며 과학, 예술, 연극에 관해 담소를 나누었다. "세계 모든 나라의 지식인이 한자리에서 만날 수 있다면 얼마나 좋을까요." 한 독일인 교사가 말했다. 그러다 어느 시점엔가 그가 미군정 시절 프랑크푸르트에서 본 미국 병사들은 매너가 좀 없더라는 말을 꺼냈다. 이에 휴스는 좀 더 껄끄러운 화제를 던져보기로 했다. 그는 전쟁 중에 많은 독일 병사가 무슨 일을 했는지 알고 있느냐고 교사에게 물었다.

"저는 그 일만 생각하면 아직도 우리 국민이 부끄럽습니다." 건축가가 말했다. "하지만 우리는 그 일에 대해 몰랐어요. 한참 나중에 알게 됐죠. 그리고 우리가 당시 어떤 압박을 받았는지도 기억하셔야 합니다. 우리는 어쩔 수 없이 당에 가입해야 했어요. 입단속을 해야 했고, 시키는 대로 해야 했어요. 압박이 엄청났습니다."

"그래도 부끄러움은 그대로입니다만." 건축가가 말을 이었다. "아시다시피 우리는 식민지를 잃고 국가적 명예를 실추한 참이었어요. 그때 나치 놈들이 나타나서 그 감정을 이용했죠. 게다가 유대인들, 그들이 **문제였습니다.** (…) 이 최하층 인간들은 이가 끓고, 더럽고, 가난하고, 지저분한 카프탄(튀르키예, 아랍 등 지중해 동부 지방 나라들에서 착용하던 긴 상의-옮긴이) 차림으로 게토를 뛰어다녔거든요. 첫 전쟁 후에 여기로 와서 믿을 수 없는 방법으로 큰돈을 벌었죠. 좋은 자리란 자리는 전부 유대인들이 차지했어요. 의사, 변호사, 공무원 열 명 중 한 명이 유대인이었다니까요."

건축가는 여기서 이야기의 흐름을 놓쳤다. "제가 어디까지 말했죠?" 휴스는 그에게 유대인이 "전부 차지했다"는 이야기까지 했다고 알려주었다.

"그래요, 그 얘기." 건축가가 말했다. "물론 유대인 문제를 그렇게 해결해선 안 되었죠. 하지만 문제는 **문제**였으니까 어떻게든

16

해결해야 했어요."[2]

휴스는 자정 직후 건축가의 집을 나섰다. 그러나 그날의 대화
는 그의 머릿속에 오래 남았다. 그는 북아메리카로 돌아온 뒤 몬
트리올 맥길대학교 강연에서 그날 건축가와의 대화에 관해 이야
기했다. 그로부터 14년 후인 1962년 맥길대학교 강연을 바탕으로
쓴 글을 학술지《소셜 프라블럼스Social Problems》에 기고했다. 이때는
나치 체제하에서 펼쳐지고 대량학살로 절정에 달했던 공포의 행
렬을 설명하기 위한 수많은 이론이 나와 있었다. 여기에는 독일인
특유의 '독재적 성격' 탓이라는 설명도 있었고, 아돌프 히틀러의
광신주의 탓이라는 설명도 있었다. 그러나 휴스는 다른 요인에 주
목했다. 그 일에 관련된 자들은 광신자도 아니었고 딱히 독일에만
있는 것도 아니었다. 히틀러 시대의 범죄자들은 그저 총통의 명령
에 따라 잔악한 짓을 저지른 게 아니었다. 그들은 '선량한 사람들'
의 '대리인'이었다. 프랑크푸르트의 건축가 같은 선량한 사람들은
나치의 유대인 박해에 대해 깊이 따져 묻지 않았다. 그들에겐 유
대인 박해가 어떤 면에서는 만족스러운 일이었기 때문이다.

'홀로코스트Holocaust' '유대인 말살Judeocide' 등 나치의 유대인 학
살을 표현하는 용어가 여럿 나와 있었으나 휴스는 보다 평범한 표
현을 선택했다. 그는 유대인 학살을 '더티 워크dirty work'라 표현했

다. '불결하고 불쾌하지만 점잖은 사회 구성원들이 아주 모를 수는 없는 일'이라는 뜻이다. 독일에서 '열등한 족속'을 제거하는 것은 나치에 찬동하지 않던 지식인마저 동조했다. 휴스는 '유대인 문제'에 관한 건축가의 생각에 대해 프랑크푸르트에서 다른 대화들을 나누며 결론을 내렸다. 휴스는 그 건축가를 이렇게 묘사했다. "그는 자신을 그들(유대인)과 명확히 분리하고 그들을 문제라고 호명했다. 그런 그가 제 손으로는 하지 않을 더러운 일을 다른 사람에게 시키고는 또 그 일이 부끄럽다고 표현했다."[3] 이것이 더티 워크의 본질이다. 선량한 사람들은 비윤리적인 행위를 대리인에게 위임한 뒤 책임을 편리하게 회피한다. 더러운 일을 떠맡은 사람들은 무슨 불량배가 아니라 사회로부터 '무의식적 위임'을 받은 이들이다.

　　나치가 사회의 위임을 받았다는 추론은 근래 들어 점점 더 많은 증거로 뒷받침되고 있다. 가령 역사학자 로버트 겔라틀리Robert Gellately가 2001년에 쓴 《뒤받쳐진 히틀러Backing Hitler》에서 밝혔듯, 유대인을 비롯해 '바람직하지 않은' 사람들을 향한 나치의 폭력은 평범한 독일인에게도 잘 알려져 있었고 그 일에 협조한 사람도 많았다. 이 점에서 휴스가 1962년에 《소셜 프라블럼스》에 발표한 〈선량한 사람들과 더러운 일Good People and Dirty Work〉은 신견지명으로 쓰인 글이었다. 그러나 휴스는 이런 사실을 밝히려고 글을 쓴 게 아니었다. "내가 유대인 문제에 관한 나치의 '최종 해결책'에 다시 주목하는 것은 독일인을 비난하기 위해서가 아니라 우리 가운데 언제나 숨어 있는 위험들에 우리의 주의를 환기하기 위해서다."

오하이오주의 시골 소도시에서 자란 휴스는 그런 성격의 위험을 아주 가까이에서 목격한 경험이 있었다. 감리교 목사였던 그의 아버지는 인종 관용을 실천하다가 큐클럭스클랜의 눈 밖에 났고, 어느 날 밤 흰옷 차림의 밀사단이 찾아와 휴스가의 마당에서 십자가를 불태웠다. 이 일로 휴스는 자신이 속한 사회를 관통하고 있는 어두운 조류를 인식하게 되었고, 이후 평생 모든 종류의 광신적 애국주의를 경계했다. 냉전 시대 들어서는 호전적 애국주의를 비판했으며, 특히 미국이 다른 나라와 달리 도덕적 타락으로부터 안전하다는 미국 예외주의 관념을 결코 용인하지 않았다. 1962년 〈선량한 사람들과 더러운 일〉이 발표되었을 때, 사회학자 아널드 로즈Arnold Rose가 《소셜 프라블럼스》에 서한을 보내어 휴스가 나치 인종 이데올로기만의 독특한 흉악성을 축소했다고 비판했다. 이에 휴스는 자신의 글은 독일인의 경험에 초점을 맞춘 게 아니라고 다시금 강조했다. 그는 이 글이 "북아메리카 사람들을 향해 쓰였으며 (…) 우리에게, 특히 미합중국 사람들에게 우리 내부의 적들을 경계하라는 뜻"에서 쓰였다고 말했다. "우리는 인종 폭력을 비롯해 우리가 거의 잊고 사는 폭력에 너무나 길들어져 버렸다. 바로 이것이 1948년 강연의 주제였다. 1963년인 지금 나는 같은 주제를 한층 더 강조하여 반복하는 바다. 아직도 미국의 많은 사람이 사적 제재와 경찰의 고문을, 입법 기관의 심문과 형사 재판에 맞먹는 행위를 자행하고 있다. 그 밖의 우리 모두는 이를 막으려고 굳이 혹은 과감하게 나서지 않거나, 막을 방법을 찾지 못했다."

이처럼 휴스의 관심사는 모든 사회에, 특히 자신이 속한 사회에 존재하는 어떤 역학에 문제를 제기하는 것이었다. 물론 전후 미국에서 벌어진 부당한 일들과 나치 시대의 만행은 도덕적으로 전혀 다른 무게를 가졌으며, 그는 후자를 "세계가 지금껏 경험한 가장 거대하고 가장 극적인 더러운 사회사업"⁴으로 규정했다. 그러나 그보다 덜 독재적인 나라에서 진행되는 덜 극단적인 종류의 더러운 사회사업일지라도 '선량한 사람들'의 암묵적 동의가 필요하기는 마찬가지였다. 어쩌면 이 암묵적 동의는 나치 독일 같은 독재 국가에서보다 민주주의 국가에서 **오히려 더** 중요할 수 있었다. 민주주의 국가에서는 반대 의견이 용인되고 투표를 통해 공무원을 해임할 수 있기 때문이다. 민주주의 국가의 국민은 자신의 이름으로 행해지는 비윤리적인 행위에 문제를 제기할 자유, 나아가 그것을 중단시킬 수 있는 자유가 있기 때문이다.

휴스는 이렇게 썼다. "문제의 핵심은 어떤 일이 행해지고, 그 일을 누가 하며, 그 밖의 우리 모두는 어떤 방법으로 그들에게 그 일을 위임하는가다. 우리는 스스로 전혀 하고 싶지 않거나 심지어는 아예 모르는 척하고 싶은 일을 그들에게 무의식적으로 위임한다."[5]

휴스의 글이 발표된 지 50여 년이 지난 지금, 그가 제기했던 질문들을 다시 물을 때가 되었다. 오늘날 미국에서는 어떤 종류의 더티 워크들이 수행되고 있는가? 그중에서 사회가 무의식적으로 위임한 일은 얼마나 되는가? 얼마나 많은 '선량한 사람들'이 타인에게 더티 워크를 시키고 그에 대해 모르는 척하는가? 눈에 거의 보이지 않는, 별도의 '더티 워커dirty worker' 계층이 그런 일을 위임받을 때, 모르는 척하기가 얼마나 더 쉬워지는가?

2020년 이후 이 사회가 제대로 굴러가도록 뒤받치고 있는 보이지 않는 노동에 우리가 얼마나 의존해왔는지가 섬광이 터진 듯 분명하게 드러났다. 코로나바이러스 대유행으로 인해 지역 봉쇄령이 내려졌고 수천만의 노동자가 일이 끊기거나 해고당했다. 그런데 이 와중에도 계속되어야만 하는 중요한 노동이 있었다. 대유행 중에 재택근무를 하게 된 잘사는 사람들이 슈퍼마켓 계산원, 배달부, 물류창고 직원 같은 수백만 명의 저임금 노동자에게 얼마나 의존하고 있는지가 분명해졌다. 이런 노동은 주로 여성과 소수인종에게 할당된다. 이 시급 노동자들은 글로벌 경제의 그늘에서 열심히 일하고도 그 이윤을 나눠 갖지 못한 지 오래다. 코로나 대유행 중에 이들의 노동은 새로운 이름을 얻었다. '필수노동'. 물론 필수노동자는 그 이름으로 불리기 전과 조금도 다름없이 건강보험을 보장받지 못했고, 유급병가를 쓸 수 없었으며, 치명적일 수 있는 바이러스에 노출될 상황에서도 개인용 보호 장비를 지급받지 못했다. 그렇긴 해도 필수노동이라는 새 이름은 어떤 근본적인 진실을 드러내 강조했다. 이들 없이는 사회가 돌아갈 수 없다는 진실을.

사회에 꼭 필요하지만 눈에 보이지 않는 필수노동 가운데는 '도덕적으로 문제 있다'고 여겨져 더욱 은밀한 곳으로 숨어든 노동이 있다. 나는 이를 '더티 워크'라고 부른다. 그중 하나는 구치소나 교도소 내 정신병동에서 노동이 이루어진다. 미국의 주들에는 가장 큰 정신과 치료 시설이 공공 병원이 아니라 구치소와 교도소인 곳이 많다. 그 안에서는 엄청난 잔혹 행위가 자행되고, 의료진은 교도관의 수감자 학대 행위를 묵인하는 등 일상적으로 의료윤리가 위반된다. 또 하나의 더티 워크는 미국의 끝나지 않는 전쟁에서 드론(무인기)으로 '표적살인'을 수행하는 일이다. 전쟁이 뉴스 헤드라인에서 점점 사라지는 동안 드론을 이용한 공습 살인 건수는 꾸준히 증가하는 반면 그에 대한 감시는 소홀하다.

22

대량감금과 표적살인에 반대하는 사람들은 이런 일들이 필수적이지 않다고 주장할 것이다. 그러나 이러한 일은 기성 사회질서를 유지하고, 다양한 '문제'를 해결하는 데 필수적이다. 많은 미국인이 해결되기를 바라면서도 깊이 고민하고 싶어 하지는 않고, 본인이 직접 해결할 생각은 더더욱 하지 않는 문제 말이다. 가령 치료 시설이 태부족한 지역사회에서 그 많은 중증 정신질환자를 어디에 수용할 것인가 하는 '문제'는 그들을 구치소나 교도소에 몰아넣고 잊어버리면 해결될 것이다. 또는 고문, 무기한 구금을 둘러싼 불편한 논쟁과 막대한 비용이 드는 대외 간섭에 국민이 더 이상 흥미를 보이지 않는 상황에서 어떻게 전쟁을 계속할 수 있을까 하는 문제는 드론 무기를 쓰면 해결될 것이다.

코로나 기간 동안 일부 더티 워크가 살짝 가시화되기도 했다. 정육공장에서는 대부분이 유색인인 노동자가 값싼 육류 가격으로 대중의 수요를 맞추기 위해 극악한 환경에서 가축을 도축하는데, 소비자는 결코 그 광경을 목격할 일이 없다. 그러다 코로나 대유행을 계기로 공장에서 소고기, 돼지고기, 닭고기를 생산하는 이들이 감당하는 물리적 위험이 화제가 되었다. 코로나로 수십 명이 죽고 수십만 명이 감염되는 와중에 미 정부가 정육공장을 계속 가동하라고 명령했던 것이다. 다른 종류의 더티 워커가 흔히 그렇듯 도축 노동자도 극한의 물리적 위험에 노출되곤 한다. 이 산업의 노동조건이 워낙 가혹하고 노동자의 힘이 약하기 때문이다. 그러나 도축 노동자는 물리적 위험만이 아니라 이 노동의 불쾌한 성격에서 비롯되는 또 다른 위험을 감당하고 있다. 물리적 위험만큼 잘 알려지지는 않았지만 그보다 큰 위험이다. 사람들은 정신질환자를 대량감금하는 행위뿐 아니라 공장식 대량도축에 대해서도 불편함을 느끼고 심할 경우에는 반감과 수치심을 느낀다. 이런 부정적인 감정은 감금이나 도축이 직업인 사람에 대한 대중의 인식에 큰 영향을 미칠 뿐 아니라 결국에는 그 일을 하는 사람의 자기 인식에도 상당한 영향을 끼친다. 사회학 명저 《계급의 숨겨진 상처The Hidden Injuries of Class》(1972)에서 리차드 세넷Richard Sennett과 조너선 콥Jonathan Cobb은 계급 분석의 초점을 노동자의 물질적 조건이 아니라 그 사람이 겪는 "도덕적 부담과 감정적인 어려움"에 맞추어야 한다고 주장했다.[6] 더티 워커가 지는 부담에는 낙인, 죄의식, 존엄성 상실, 자존감 저하 등이 있다. 외상 후 스트레스 장애나 도덕적 외상moral injury도 종종 발생한다(도덕적 외상은 군사 심리학에서 군인이 자기 정체성의 핵심 가치에 위배되는 명령을 수행한 뒤 겪는 고통을 설명하는 용어다).

노동과 도덕적 외상의 관계는 얼마간 화제가 되기도 했다. 팬데믹 유행이 최고조에 이르렀을 때, 병원에 코로나 환자가 넘쳐나는 가운데 고통스러운 결정(어느 환자에게 호흡기를 달아야 하는가? 누구의 목숨을 살려야 하는가?)을 내릴 수밖에 없는 의료진의 상황은 이따금 감동적인 일화로 언론에 보도되었다. 뉴욕시의 한 응급의학과 의사는 팬데믹의 최전선에서 의료진이 느끼는 괴로움에 대해 이렇게 썼다. "우리 중 누구도 결코 예전과 같은 사람으로 돌아가지 못할 것이다."[7] 그러나 의사가 이런 역할을 떠맡게 된 것은 뜻밖에 발생한 위기 때문이었고, 결국 그 위기는 잦아들었다. 반면에 많은 더티 워커는 고통스러운 선택과 그로 인한 괴로운 감정을 매일 경험한다. 왜냐하면 이 사회가 그렇게 조직되어 있고, 그 노동 자체가 그런 문제를 낳는 노동이기 때문이다. 더욱이 고귀한 직업으로 존경받는 의사와는 달리 더티 워커는 최후의 수단으로 천한 일을 한다는 이유로 낙인찍히고 손가락질당한다.

그저 돈을 벌겠다고 기꺼이 비윤리적인 일을 하는 사람은 망신당해도 싸다고 주장하는 사람도 있을 것이다. 이는 최근 몇 년간 이주민 인권운동가들이 미국 국경에서 비인도적인 이주민 정책을 집행하는 국경 순찰대를 보며 느끼는 것이다. 일부 평화운동가들은 표적살인을 수행하는 드론 조종사들이 손에 피를 묻혔다며 비난한다. 이 활동가들의 주장에도 일리가 있다. 앞으로 이 책에 등장하는 더티 워커들은 이들이 서비스하는 시스템의 1차 피해자가 아니다. 이들의 행동에 직접적으로 영향을 받는 사람들에게는 피해자가 아니라 가해자다. 이들의 일은 이따금 심한 고통과 피해를 초래한다.

그러나 더티 워크를 수행하는 사람들에게 비난의 초점을 맞추는 것은 이들의 행위를 지속시키는 권력의 움직임과 복잡한 공모 관계를 감추는 데 유용하다. 또한 **누가** 그 일을 맡을지 결정하는 구조적 차별이 은폐될 수 있다. 미국 사회에는 원한다면 누구나 할 수 있을 만큼 더티 워크 일자리가 많음에도 더티 워커 계층의 구성은 무작위적이지 않다. 앞으로 살펴보겠지만 더티 워크는 선택지와 기회가 적은 사람들에게 과도하게 배정된다. 바로 대학에 진학하지 못한 궁핍한 시골 지역 주민, 미등록 이주노동자, 여성, 유색인이다. 임금 수준이 낮고 물리적 위험이 많은 일자리가 대개 그렇듯, 더티 워크는 기술·자격·교육 수준이 높고 부유한 사람들이 지닌 사회적 유동성과 권력이 없는, 덜 특권적인 사람들에게 주로 돌아간다.

더티 워커가 겪는 딜레마와 경험들은 지금까지 경제학자들이 주목하지 못했던 불평등의 한 차원을 조명하며 현대 미국에 대해 더 큰 이야기를 들려준다. 경제학자들은 최근 몇십 년간 미국의 경제성장은 극소수에게만 이익을 안겼다는 통계를 통해 불평등을 측정하고 설명한다. 사회의 부가 점점 더 소수의 사람들에게 집중되고 있으며, 중위 임금이 정체되어 있다는 식이다. 토마 피케티Thomas Piketty, 에마뉘엘 사에즈Emmanuel Saez, 가브리엘 쥐크망Gabriel

Zucman에 따르면 미국 전체 소득에서 상위 1퍼센트 인구가 차지하는 지분은 1980년부터 2014년까지 거의 두 배 증가한 반면 하위 50퍼센트 인구의 지분은 같은 기간에 거의 절반으로 줄었다. 또 다른 연구 결과에 따르면 미국에서 가장 부유한 400명이 아프리카계 미국인 인구의 부를 전부 합친 것보다 더 많은 재산을 가지고 있다.

그러나 경제적 불평등은 동시에 도덕적 불평등을 반영하고 강화한다. 이제는 부유한 특권층과 가난한 비특권층이 철저하게 다른 세상에서 살아가듯이, 가장 생색도 안 나고 윤리적으로 문제되는 일을 하는 사람과 그런 일을 하지 않아도 되는 사람 사이에 너무나 큰 간극이 생겨났다. 불평등이 더욱 심화되는 사회에서는 손을 더럽히는 짐을 누가 떠맡고 양심을 깨끗하게 지키는 혜택은 누가 누리는가 하는 문제 또한 경제적 특권에 따라 결정된다. 더티 워크가 이루어지는 고립된 장소를 피할 수 있는 능력, 그 누추한 임무를 다른 사람에게 맡길 수 있는 능력 여하에 따라 결정되는 것이다. 한마디로 가난한 사람일수록 더티 워크를 할 가능성이 크다. 또한 가난한 사람일수록 사회의 '썩은 사과'라고 비난받을 가능성이 크다. 윗사람들이 오랫동안 용인하고 심지어 장려하기까지 한 제도적 폭력이 어쩌다 폭로될 때면 흔히 더티 워커들이 끌려 나와 손가락질받는다. 정치인과 언론은 이런 폭로의 순간을

"스캔들"로 취급하며 부패한 노동자 개인에 초점을 맞춘다. 이는 매일 발생하는 더 일상적인 제도적 부당함을 은폐할 수 있기 때문이다. 한편 윗사람들뿐 아니라 더티 워크를 암묵적으로 묵인해온 '선량한 사람들' 역시 스스로 때 묻을 일이 없으며, 폭로의 순간이 와도 자기는 아무것도 몰랐다며 희생양으로 지목된 사람들을 비난할 자유를 누린다.

　물론 모든 더티 워커가 자신의 일에 도덕적으로 문제가 있다고 생각하지는 않는다. 어떤 사람들은 자신의 직업에서 만족감을 얻는다. 게다가 어떤 사회에서든 어느 정도의 더티 워크는 불가피하며, 엘리트 화이트칼라 전문직 중에도 이를테면 불법 금융 상품을 파는 월스트리트 금융인, 사용자들의 동의 없이 개인 정보를 수집하는 숨겨진 추적 장치를 만들어 기업에 파는 소프트웨어 프로그래머 등도 비윤리적인 일을 한다는 주장도 있다. 하지만 이런 엘리트들에게는 상당한 혜택이 있다. 월스트리트 금융인은 높은 급여와 상여금을 받고, 소프트웨어 엔지니어는 능력주의 사회에서 높은 직위를 얻는다. 오래전부터 출세가 훌륭한 인격의 지표로 여겨진 이 사회에서, 성공은 그 자체로 사회질서의 꼭대기에 올라온 승자들에게 더 나은 도덕적 가치를 부여한다. 그런가 하면 성공한 사람은 윤리적 타협을 요구하는 일 앞에서 더 대담하게 불만을 제기할 수 있고 아예 물러날 수도 있다. 그런 선택에 위험이 전혀 없는 것은 아니지만 기술과 자격이 있는 사람들은 언제나 더 쉽게 다른 좋은 일자리를 찾아낸다.

이 책에 등장하는 더티 워커들은 그런 선택의 여지가 없다. 이들 대부분은 자신이 하고 있는 일을 덫이라고 느끼면서도 빚을 지지 않기 위해서, 또 그보다 나은 선택지가 없어서 자신의 일자리에 매달린다. 더티 워커가 모두 가난한 것은 아니지만 가난에서 벗어나기 위해 더티 워크를 선택하는 이들이 분명 있다. 어떤 이들은 최저임금보다 약간 많은 임금을 주는 일자리 혹은 건강보험을 제공하는 일자리가 주변에 그것밖에 없어서 더티 워크를 선택한다. 그러나 더 높은 임금이나 수당(정해진 임금 외 모든 보상을 뜻하며 야근 수당, 유급 휴가, 의료보험, 실업자 수당을 모두 포함하는 것으로 볼 수 있다.-옮긴이)에는 엄청난 대가가 따른다. 이들은 다른 사람들에게 자신의 손을 더럽히고 품위를 떨어뜨리는 일을 하고 있다며 수치와 모욕을 당한다. 이들이 더티 워크로 생계를 유지해야 한다면, 경제적 불안에 시달리는 동시에 비윤리적인 일에서 비롯되는 정신적 대가를 감당해야 한다.

일상의 대화에서 '더러운 일'은 자랑스러워할 수 없는 일 또는 불쾌한 일을 뜻한다. 이 책에서 '더티 워크'는 일상어보다 더 구체적인 뜻을 가진다. 첫째, 다른 인간에게 또는 인간이 아닌 동물과 환경에 상당한 피해를 입히는 노동으로, 이따금 폭력을 행사하는 것이다. 둘째, '선량한 사람들', 즉 점잖은 사회 구성원이 보기에 더럽고 비윤리적인 노동이다. 셋째, 그 일을 하는 사람으로 하여금 다른 사람들에게 낮게 평가되거나 낙인찍혔다고 느끼게 함으로써, 아니면 자신의 가치관과 신념을 스스로 위배했다고 느끼게 함으로써 상처를 주는 노동이다. 마지막으로 가장 중요한 것은, '선량한 사람들'의 암묵적 동의에 기반한 노동으로, 그들은 사회질서 유지에 그 일이 꼭 필요하다고 생각하지만 명시적으로는 그 일에 동의하지 않음으로써 만약의 경우에 책임을 회피할 수 있다. 이런 일이 가능하려면 그 더티 워크를 **다른** 사람에게 위임해야 하는데, 이는 다른 누군가가 매일같이 고역을 치르리라는 것을 그들이 알고 위임한다는 뜻이다.

이 책이 위와 같은 특성을 가진 모든 노동을 다루는 것은 아니다. 몇 가지의 사례 연구를 통해 미국 사회의 다양한 영역에 존재하는 더티 워크의 역학을 조명하고자 한다. 첫 번째 파트에서는 학대가 일상적으로 자행되는 교도소 정신병동의 더티 워크를 탐색한다. 우리는 수감자에 대한 학대를 하급 교도관의 사디즘적 행동으로 보고 그들을 비난하기 쉽지만, 사실 그들은 정신질환을 범죄화함으로써 필연적으로 잔인성과 폭력을 조장해온 이 사회의 대리인일 뿐이다. 두 번째 파트에서는 원격으로 가해지는 또 다른 종류의 폭력, 드론 공습에서 영상 분석가가 담당하는 더티 워크를 살핀다. 미 정부는 드론 공습에 대해 '정밀한pinpoint' '정확한surgical' 같은 표현('더러운'의 반대편에 있는 말들)을 자주 쓴다. 그러나 '사이버 전사'가 실제로 마주하는 혼란스러운 현실을 들여다보면 전쟁과 폭력은 원거리와 기술 때문에 오히려 이전보다 더 큰 도덕적 문제를 일으킬 수 있다. 교도소 노동자와 드론 전투원은 정부와 다수 시민이 승인한 공공 정책을 실행하는 사람이다. 그러나 더티 워크는 국가와 공식적으로 관계없는 시설에서도 이루어진다. 세 번째 파트에서는 그중 한 장소인 정육공장을 다룬다. 도축 노동자는 우리의 대리인이다. 그 이유는 그들이 공적 기능을 수행해서가 아니라 우리 소비자의 수요를 충족하기 때문이다. 많은 미국인의 생활방식(우리가 먹는 음식과 우리가 운전하는 자동차)은 더티 워크에 의해 유지된다. 마지막 네 번째 파트에서는 미국만이 아니라 사실상 전 세계에도 적용되는 것임을 탐구하며 세계 자본주의의 윤활유 뒤에 숨겨진 더티 워크를 살펴본다. 이를테면 멕시코만 등지에서 더티 워커들이 화석연료를 시추하고 파쇄한다. 디지털 혁명을 일으킨 무선 디바이스에는 아프리카에서 채굴된 코발트가 들어 있다.

거의 모든 형태의 더티 워크에 나타나는 공통점 하나는 그것들이 숨겨져 있어서 '선량한 사람들'이 더 쉽게 눈감을 수 있고 고민하지 않을 수 있다는 것이다. 지저분하거나 끔찍한 것을 목격하지 않으려는 욕망 자체는 전혀 새롭지 않다. 지그문트 프로이트 Sigmund Freud는 《문명 속의 불만》에 이렇게 썼다. "어떤 종류의 더러움도 문명과는 양립할 수 없는 듯하다. (…) 실제로, 비누 사용을 문명의 직접적인 척도로 삼자는 생각에 놀라지 않는다."[8] 프로이트의 영향을 받은 독일 사회학자 노르베르트 엘리아스 Norbert Elias는 그의 두 권짜리 명저 《문명화 과정》에서 서양의 도덕과 풍습이 어떻게 변화했는지를 추적하며 충격적이거나 불쾌한 것으로 여겨지게 된 행위(침 뱉는 행위, 폭력과 공격성을 드러내는 행위 등)가 공적 생활에서 점차 금지된 과정을 밝혔다. 엘리아스는 1939년에 이 책을 완성했는데, 이는 왜 이 책이 이후 수십 년간 주목받지 못했는지 설명해줄 수 있다. 사람들은 서양 문명이 나치 시대에 이르러 가면을 벗고 그 야만스러운 얼굴을 드러냈다고 생각했으니 말이다. 그러나 엘리아스는 "문명화 과정"을 도덕적 진보와 동일시하지 않았다. 프로이트와 마찬가지로 그는 문명화란 사회적 통제가 강화되는 과정이며, 그 결과 부적절한 것으로 여겨지는 관행들이 더 은밀한 곳에서 수행되게 되었다고 보았다. 이론상 이는 불쾌한 관행이 더욱 만연하는 결과를 낳을 수 있었다. 엘리아스는 썼다. "불쾌한 행위는 **사회생활이라는 무대의 뒤편으로 옮겨졌다.** (…) 우리기 문명회리 부르는 모든 과정의 특징이 바로 이 격리의 움직임, 혐오스러운 것을 '무대 뒤편'에 숨기는 일임을 우리는 앞으로 거

듭 확인하게 될 것이다.'"⁹

　미국에서 더티 워크가 펼쳐지는 곳은 바로 '무대의 뒤편'이
다. 가령 미국의 교도소와 정육공장은 빈민과 유색인 비율이 높은
고립된 지역에 있는 경우가 많다. 이 외딴 세계에서 일하는 사람
들은 미국의 '불가촉천민'이라고 할 수 있다. 사회가 요구하고 암
묵적으로 동의하지만 눈에 띄지 않게 처리되는, 도덕적으로 오염
된 일을 이들이 도맡는다. 이 비가시성은 물리적 방벽(그 장소를 바
깥으로부터 격리하는 울타리와 담장)을 통해 유지되고 법적 방벽(대중
이 알 수 있는 범위를 제한하는 기밀 유지 조항)을 통해 강화된다. 그러나
가장 중요한 방벽은 우리 자신이 세우는 방벽일 것이다. 자신이
어떤 일을 용인하고 있는지 깨닫고 불편해하지 않게 막아주는 우
리 머릿속의 여과기 말이다.

　에버렛 휴스는 프랑크푸르트에 있는 동안 쓴 일기의 여백에
이러한 장벽을 세우는 사람을 '수동적 민주주의자'라고 썼다. 수동
적 민주주의자는 겉보기에는 계몽된 태도를 가졌지만 "즐겁고 무
심한 대화를 나누는 것 외에는 절대 아무것도 할 의도가 없는" 사
람이다. 이들의 문제는 자신의 주변에 어떠한 비도덕적인 일이 일
어나고 있는지 모르는 것이 아니다. "알고자 하는 **의지**"가 없는 것
이 문제다. 그들은 깨끗한 양심을 지키기 위해 계속 모르기를 원
한다.

나치 독일의 수동적인 민주주의자들이 더 적극적이었다면 상황이 얼마나 달라졌을지는 짐작하기 어렵다. 그들은 결국 저항 세력이 진압되고 국민에게 절대적인 복종을 요구하는 독재정권 아래에서 살았다. 그러나 앞서 말했듯이 휴스가 〈선량한 사람들과 더러운 일〉을 쓰면서 가장 먼저 염두에 둔 것은 나치 독일이 아니라 자신이 속한 미국 사회, 즉 적극적인 참여로 상황을 바꿀 수 있는 민주주의 국가의 시민들이었다. 휴스는 그들에게 도덕적으로 문제 있는 관행을 이대로 계속해야 하는지를 두고 논쟁하기를 촉구했다.

휴스의 글이 발표되고 지금까지 수십 년이 지났지만 미국인의 수동성은 더 심해졌다. 근래의 대통령 선거를 보면, 수천만 명의 유권자들이 앞선 세대가 투쟁과 죽음으로 얻어낸 권리를 행사하지 않았다. 발전한 기술 덕분에 일반인들이 그 어느 때보다 쉽게 정보에 접근할 수 있게 된 한편, 뭔가 심란한 내용이 나오면 다른 링크를 클릭해서 눈길을 돌리기가 이전보다 쉬워졌다. 산만하고 주의력이 감소하는 요즘 세상에서 과연 누가 인내심을 가지고 자신도 어떤 식으로든 연루되었을지 모르는 문제에 관한 폭로를 살펴보려고 할까? 인터넷 서핑 중에 잠깐 양심의 동요를 느낀다 해도 이튿날 기억이나 할까? 연구에 따르면 최근 대학 졸업자들의 감정 이입 능력이 점점 약해지고 있다. 알고자 하는 의지와 함께,

다른 사람의 입장에서 생각해보려는 의지까지 점점 사라지고 있는 것 같다.

수동적 민주주의자들의 사회에서는 그 누구도 깊이 따져 묻지 않기 때문에 문제 있는 관행이 판칠 수 있다. 이것이 안타까운 이유는, 우리의 삶의 구조를 통해 더티 워크라는 씨실과 날실을 죽 훑어보면 이 사회의 도덕적 상태에 대해 많은 것을 알 수 있기 때문이다. 앞으로 살펴보겠지만 우리 모두는, 설령 느끼지 못한다 해도, 바로 그 실들에 얽혀 있다. 철학자 찰스 밀스^{Charles Mills}는 서양에서 백인에게 주어지는 혜택은 눈에 보이지 않는 '인종차별 계약'을 통해 보장된다고 말한다. '비ᅦ백인은 하위인간'이라는 이 암묵적 합의의 수혜자는 인종차별 질서를 좀처럼 보지 못하고 인정하지도 않는다. 더티 워크 역시 보이지 않는 계약의 산물이다. 이 계약은 더티 워크를 용인하고 거기서 이익을 보는 사람들이 더티 워크에 대해 깊이 알 필요가 없도록 보장한다. 인종차별 계약과 마찬가지로 더티 워크의 계약은 공식 문서로 작성되지 않기 때문에 모르는 척하기 쉽다. 그뿐만 아니라 더티 워크가 눈에 띄거나 눈앞에 들이밀어질 때도 쉽게 다른 사람을 탓하거나 도저히 바꿀 수 없는 거대한 외부의 힘을 원인으로 들먹일 수 있다. 그러나 틀렸다. 도저히 바뀌지 않을 것처럼 보일지라도 더티 워크는 정해진 숙명이 아니다. 살아 있는 인간들이 내린 구체적인 결정, 원칙적으로 우리가 도로 물릴 수 있는 결정의 산물이다. 우리 정부가 채택한 정책과 우리 의회가 제정한 법률의 산물이다. 전쟁에서 어떻게 싸울 것인가부터 가장 취약한 시민을 어디에 감금할 것인가까지 모든 문제에 대해 우리가 내린 결정의 산물이다. 우리가 더티 워크를 어떻게 생각하느냐가 우리 사회의 근간을 드러낸다. 우리의 가치관이 무엇인지, 우리가 어떤 사회질서를 무의식적으로 승인하는지, 그리고 우리가 타인에게 어떤 일을 시키고 있는지를 드러낸다.

PART 1.

교도소
담장 안에서

1

학대로 얼룩진
시설로 들어가다

해리엇 크르지코프스키가 플로리다주 데이드 교도소^{Dade Correctional} Institution에 출근하기 시작한 직후, 한 재소자가 그에게 작은 목소리로 말했다. "저들이 우리를 굶기는 거 알죠?" 2010년 가을, 정신건강 상담사인 해리엇은 마이애미에서 남쪽으로 약 65킬로미터 떨어진 주립 교도소에 고용되어 행동장애 환자들 개개인의 치료 계획을 도왔다. 해리엇에게 속삭인 재소자는 교도소 내 정신과 치료 시설인 '전환치료병동^{Transitional Care Unit}'(병원에 입원할 정도로 심하지는 않지만 일상 생활을 하기에는 무리가 있는 경우 잠시 입원해 단기 치료를 받는 과도기적 의료 서비스-옮긴이)에 수감된 환자였다. 이 시설은 2층짜리 건물 여러 동이 통로로 연결된 구조였고, 건물 안에는 단방향 투시 거울과 감시 카메라가 설치되어 있었다. 처음에 해리엇은 재소자가 그저 상상 속의 일을 말하는 줄 알았다. "이 사람은 편집증이나 조현병 환자일 거라고 생각했어요." 해리엇이 말했다. 그런데 다른 동에 수감된 환자도 해리엇에게 식판에 음식이 없을 때가 많다고 말했다. 그러고 보니 이 병동에는 깜짝 놀랄 만큼 야윈 사람이 많았다. 해리엇은 입원 환자를 감독하는 크리스티나 페레즈 박사와 이 문제를 상의하기로 했다.

당시 해리엇은 서른 살이었다. 그는 하얀 피부에 파란색 눈을 지닌, 수줍음을 타는 듯한 내성적인 사람이었다. 교정심리학 분야에서는 모든 수감자를 사회의 희생자로 여기는 이상주의자들이 많아서, 교도관들을 불신하는 경향이 있었다. 교도관들은 이들을 '살인마 옹호자hug-a-thug'라고 불렀다. 하지만 해리엇은 그런 꼬리표가 어울리지 않는 사람이었다. 그는 이전까지 교정시설에서 일한 경험도 없었고, 새로운 직업의 위험성을 너무나도 잘 알고 데이드 교도소에 들어왔다. 그는 교도소에 강간범, 소아성애범, 살인범 들이 있다는 걸 알고 있었으며, 유죄 판결을 받은 중죄인들에게 연민이 아니라 공포를 느꼈다. 이곳의 교도관들은 존경해 마땅한 어려운 일을 한다고, 특히 자기처럼 교도관이 아닌 데다 경험

40

도 부족한 직원의 안전까지 책임져야 한다니 보통 일이 아니겠다고 생각했다. 혹시라도 교도관 중에 부적절하게 행동하는 사람이 있다면 당연히 윗사람들이 알고 싶어 할 것이라고 생각했다.

페레즈 박사는 40대였고, 침착하고 냉철한 태도의 사람이었다. 해리엇이 "환자들이 식사를 못 먹고 있다"는 소문을 들었다고 이야기해도 그는 그다지 걱정하지 않는 듯했다. "재소자들 말을 믿으면 안 되죠." 그는 해리엇도 아는 사실을 상기시켰다. 하지만 각기 다른 동에 있는 환자들이 똑같이 한 말이라고 설명하자, 페레즈 박사는 이런 일은 자주 일어난다며, 그건 재소자들이 연을 날리는 등 건물 간에 메시지를 주고받는 기발한 방법을 자꾸 고안해 말을 맞추기 때문이라고, 별일 아니니 안심하라고 했다.

해리엇은 몇몇 교도관이 재소자를 조롱하는 소리를 들었다고도 말했다. "그래, 어서 알아서 뒈져. 너 같은 거 아무도 안 아쉬워해." 해리엇도 있는 자리에서 한 교도관이 재소자에게 그렇게 말했다. 역시 페레즈 박사는 동요하지 않는 듯했다. "말로만 그러는 거잖아요." 그러면서 몸을 앞으로 기울이더니 해리엇에게 충고했다. "우리는 보안 직원들과 협력해야 하는 입장이에요. 잊지 마세요."

이 대화 후 얼마 지나지 않아 해리엇이 일요일 교대 근무를 하고 있었는데 어떤 교도관이 관리 인력 부족을 이유로 전환치료병동에 수감된 죄수들은 운동장에 들어갈 수 없다고 말했다. 시멘트가 깔린 네모난 운동장은 마당 틈새로 잡초가 나고 별것도 없었지만, 많은 수감환자에게 이곳은 신선한 공기를 마시고 몸을 움직일 수 있는 유일한 공간이었다. 환자들의 운동 시간을 감독하는 것이 해리엇의 주말 임무 중 하나였다. 운동장은 그다음 주 일요일에도 폐쇄되었다. 운동장은 몇 주가 지나도록 열리지 않았는데, 사유는 그때그때 달랐다. 해리엇은 그게 핑계라는 생각을 점점 지울 수 없었다. 마침내 한 교도관에게 이유를 캐묻자 그는 "주일이 잖아요. 우리도 좀 쉬어야죠"라고 답했다. 해리엇은 페레즈 박사에게 이메일을 보내어 이 대화를 알리고 자신의 좌절감을 전했다.

그로부터 며칠 후에는 '정신교육 집단 상담'이 있었다. 한 시간가량 재소자들과 이야기를 나누는 동안 상담사가 그들의 기분과 감정을 관찰하는 활동이었다. 10여 명의 참가자가 한자리에 모였을 때 해리엇이 문득 고개를 들어보니 문 옆에 있던 교도관이 어디론가 사라지고 없었다. 재소자로 가득한 방에 해리엇 혼자였다. 다행히 상담 활동은 별일 없이 끝났다. 해리엇은 교도관이 뭔가 긴급한 상황이 있어서 불려간 것이라고만 짐작했다. 그러나 나중에 운동장에 나갔을 때, 담당 교도관이 또 사라지면서 해리엇은 새소사 무리에 혼자 무방비로 남겨졌다.

그 무렵, 전환치료병동 각 구역의 통행을 제어하는 철제 출입문이 해리엇 앞에서 평소보다 천천히 열리기 시작했다. 몇 분을 기다려야 제어실에서 문을 열어주는 일이 자주 생겼고, 심지어 재소자로 가득한 복도에 해리엇 혼자일 때에도 그런 일이 생겼다. 해리엇은 당시엔 당황한 티를 내지 않으려고 애썼지만 나중에 회고할 때는 "죽을 만큼 무서웠다"고 털어놓았다.

이론상으로 전환치료병동은 정신질환을 앓는 재소자들이 교도소로 복귀하기 전 안전한 환경에서 치료받을 수 있도록 설계되었다. 그러나 실제로는 해리엇이 담당한 환자 가운데 많은 사람이 몇 달씩 독방에 갇혀 지내며 타인과 거의 접촉하지 못했다. 원래 독방 감금은 재소자가 심각한 징계 위반을 했을 경우 적용했다. 강제로 격리된 환자들은 상태가 급격히 악화되면서 수척해지고 황폐해지고 눈빛이 멍해졌다. "처음 들어왔을 때는 잘 움직이고 대화도 잘하던 사람들이 몇 달 만에 감방에서 자신의 오물 속에서 잠들었습니다." 해리엇이 말했다.

해리엇은 교도소에서 근무한 경험이 부족함에도 이 치료 시설이 소기의 사명을 다하지 않는다는 의심을 품게 되었다. 또한 자신이 운동장 폐쇄 건으로 페레즈 박사에게 이메일을 보냈다는 이유로 교도관들이 그에게 불이익을 주고 있다고 확신했다. 하지만 이런 상황에 대해 불만을 제기했다가는 지금보다 더한 보복이 돌아올 것만 같았다. 해리엇은 남편 스티븐에게도 고충을 털어놓지 못했다. 남편이 이 이야기를 들으면 해리엇에게 사직서를 내라고 할 테고, 그렇게 되면 가족의 경제 사정이 더 나빠질 것이었다.

당시 해리엇과 스티븐 그리고 어린 두 자녀는 마이애미에 있는 해리엇의 어머니 집에 얹혀살고 있었다. 컴퓨터시스템 엔지니어였던 스티븐은 실업 상태였다. 해리엇은 데이드 교도소에서 시간당 12달러를 받고 있었다. 이들은 해리엇의 얼마 안 되는 수입과 푸드 스탬프(미국에서 저소득층에게 식품 구입용 바우처나 전자카드의 형태로 제공하는 식비지원 제도-옮긴이)에 기대어, 그리고 이따금 해리엇의 어머니에게 돈을 빌려 생활했다. 해리엇은 이런 고생에 익숙했다. 미주리주 북서부의 작은 마을에서 태어난 그는 일곱 살이던 어느 날, 어머니, 언니와 함께 가정폭력 피해자 쉼터를 찾아갔다. 과음을 일삼던 아버지가 키우던 고양이를 벽에 내던진 날이었다. 5년 후, 부모는 이혼했고 해리엇 가족은 일리노이주로 옮겨가 전보다 더 작은 마을에 살게 되었다. 도예가였던 어머니는 이곳에서 예술로 생계를 꾸리려 했지만 그 꿈은 곧 좌절되었다. 어머니는 주유소 경리로 일하고 공공 지원을 받으며 생계를 꾸려갔다. 집은 작았고, 찬장은 텅 빈 날이 많았다.

1998년 고등학교를 졸업한 해리엇은 어머니와 함께 마이애미로 이사했고 그제야 생활이 좀 나아졌다. 어머니는 간호사가 되었고 해리엇은 플로리다국제대학교에 입학했다. 그는 사람들이 파괴적인 충동을 억누르고 더 충만한 삶을 살도록 돕는 일에 매력을 느끼고 심리학을 전공했다. 그러나 한동안은 본인의 파괴적 충동을 제어하지 못해 애를 먹었다. 그는 폭식으로 20여 킬로그램 살쪘다가 다시 굶어서 30킬로그램이 빠졌다. 새로운 환경의 문화 충격에 적응하려고 마이애미 특유의 쾌락주의 밤문화에 뛰어들어 클럽과 약물에 빠지기도 했다. 처음에는 짜릿했지만 흥분은 결국 잦아들었다. 해리엇은 룸메이트가 약물로 전 재산을 탕진하는 것을 보고는 파티를 즐기는 삶에서 빠져나와 한 해 동안 자신을 추스르는 데 집중했다. 어느 날 그는 초등학교 5학년 때 버스 정류장에서 마주치곤 했던 소꿉친구 스티븐이 나오는 꿈을 꿨다. 잠에서 깬 해리엇은 그에게 연락해 마이애미에 놀러 오라고 했다. 몇 주 뒤 스티븐은 해리엇 앞에 나타났고 계속 머물게 되었다. 2007년, 두 사람은 결혼 서약을 교환했다.

그 무렵 해리엇은 심리학과를 졸업한 뒤 정신건강 상담학 석사 과정을 밟고 있었다. 그는 법심리학자를 꿈꾸었다. 그러나 부동산 거품 붕괴와 2008년 글로벌 금융 위기로 시작된 경기 침체는 부동산 경기에 대한 의존도가 매우 높았던 플로리다주의 지역 경제를 파탄냈다. 해리엇은 도통 일자리를 구하지 못하다가 데이드 교도소에 정신보건 서비스를 공급하는 사설 업체인 코라이즌의 구인 공고를 보았다.

금융 위기의 한가운데에서도 교도소 일자리만큼은 많았다. 플로리다주는 텍사스주와 캘리포니아주에 이어 미국에서 세 번째로 교정시설 수감자가 많은 주였다. 수감자에게 정신과 치료를 제공하는 것은 선택의 문제가 아니라 헌법상의 의무다. 1976년 에스텔 대 갬블 사건Estelle v. Gamble에서 연방대법원이 "수감자의 중대한 의료적 필요에 대한 고의적 무관심"은 헌법이 금지하는 잔혹하고 이례적인 처벌에 해당한다고 판결한 데 따른 결과였다.[1]

비슷한 시기에 연방대법원은 오코너 대 도널드슨 사건O'Connor v. Donalson에서도 플로리다주 주민 케네스 도널드슨을 본인의 의지에 반하여 주립 정신병원에 15년간 감금한 일은 헌법상 기본권을 침해한다고 판결했다. 정신질환자의 '탈시설화' 운동에 한층 힘이 실리는 순간이었다. 저널리스트들은 환자들이 더럽고 황량한 병동에 빽빽이 들어찬 모습을 극적으로 묘사한 폭로 기사를 통해 정신병원의 열악한 상황에 관심을 집중시켰다. 장애인 인권운동가들은 "벌거벗은 인간들이 소 떼처럼 몰려 있는" 정신병원을 규탄했다.[2] 이후 몇십 년간 미국 전역의 주정부는 정신병원을 폐쇄해 나갔다. 여기에는 사회개혁가들을 달래려는 것과 예산을 아끼려는 목적이 공존했다.

사회개혁가들의 고귀한 비전은 1963년의 지역사회정신보건법Community Mental Health Act에서 기원을 찾을 수 있다. 이 법안에 서명한 존 F. 케네디 대통령은 1500개의 지역사회 정신보건 센터로 이루어진 조직망을 창설함으로써 "구속 치료의 냉담한 자비를 지역사회의 관대한 온기로 대체할 것"을 제안했다.[3] 그러나 이 비전을 실현하는 데는 뜻밖에 많은 걸림돌이 있었다. 비전 자체에 본질적인 결함이 있어서가 아니라 정치가들과 그들을 선출한 유권자들이 내린 결정 때문이었다. 사회학자 크리스토퍼 젠크스Christopher Jencks가 《홈리스The Homeless》에 썼듯이, 주립 정신병원을 없애서 아낀 돈으로 저소득층을 위한 주택을 짓고 외래 진료를 제공할 수도 있었다. 그러나 공교롭게도 미국에는 정신병원이 폐쇄된 시기와 맞물려 국가적 긴축 재정과 보수파의 조세 반란이라는 새로운 풍토가 조성되었다. 1980년대 로널드 레이건 행정부는 연방 장애급여의 수혜 자격을 강화하여 수혜자를 100만 명 이상 감축했다. 주정부는 주정부대로 병원을 압박하여 만성 질환자까지 모두 퇴원하게 했고, 병원에서 쫓겨난 이들은 곧 거리에 나앉았다. 1987년에는 노숙하는 정신질환자가 10만 명에 달했고 정신질환으로 일을 못 하는 실직자가 170만 명에 이르렀다. 서양의 다른 어느 나라에서도 찾아볼 수 없는 사태였다. "그 어떤 부유한 나라도 정신질환을 앓는 국민을 이렇게까지 방기한 적이 없다." 젠크스는 말

했다.[4]

공교롭게도 탈시설화는 또 다른 미국만의 추세와도 맞물렸다. 징벌적 형사처벌 정책(최소 의무 형량제, 양형 현실화 등)이 대거 도입되면서 수감자 수가 사상 최대치로 증가한 것이다. 이후 대량 감금은 아프리카계 시민들에게 유독 가혹한 영향을 미쳐서 백인에 비해 훨씬 많은 수의 흑인이 체포되어 유죄 판결을 받고 수감되었다. 이와 비슷하게 대량감금은 정신질환자에게도 유독 가혹한 영향을 미쳐서 놀랄 만큼 많은 수의 정신질환자가 형사처벌 체제에 갇히게 되었다. 미국 일부 지역에서는 전체 중증 정신질환자의 무려 절반이 체포되었는데, 이들의 죄목은 정신질환에서 직접적으로 비롯된 경범죄일 때가 많았다. 많은 사람이 지역사회의 관대한 온기를 느끼기는커녕 점점 늘어가는 구치소와 교도소 안에서 과거보다 더 냉담한 구속에 처해졌다.

1990년대 들어 교도소는 미국의 새로운 정신병원이 되었으며, 정신의학적 치료가 필요한 사람들을 점점 더 많이 수용하게 되었다. 이는 특히 플로리다주에서 극심해졌는데, 플로리다주는 아이다호주에 이어 두 번째로 1인당 정신건강 비용에 돈을 덜 쓰는 곳이었다. 플로리다주 교도소에 수감된 정신질환자 수는 1996년부터 2014년까지 153퍼센트 증가했다. 이는 전체 수감자 수의 증가세보다 세 배 빠른 속도였다.

연방대법원은 1976년의 에스텔 판결에서 수감자에게 정신과 치료를 제공하지 않는 것은 그들의 권리를 침해하는 용납할 수 없는 행위라고 판결했다. 그러나 법원은 안전 유지가 무엇보다 중요한 교정시설에서 그러한 치료를 **어떻게** 제공할 수 있는지 명시하지는 못했다. 의료윤리학자들에 따르면 교정시설에서 일하는 정신의학 의료진은 교도관 측에 순종하려는 충동과 환자를 보살필 의무 사이에서 '이중적 충성심'을 느낀다. 자기를 보호해주는 중요한 존재인 교도관을 무시했다가는 위험에 빠질 수 있지만 그렇다고 교도관에게 순응했다가는 환자에게 심각한 피해를 끼치는 관행에 가담하게 될 위험이 있다.

"목격자가 되지 마라"

해리엇은 페레즈 박사를 만나고 나서 생각을 정리했다. "내가 쓸데없이 예민해진 것 같아. 남자들은 원래 그런 식인데 말이야." 자신은 막 교도소 세계에 입성한 풋내기인 만큼, 교도관들이 질서를 유지하는 데 훨씬 더 잘 알아서 판단하리라고 믿었다.

어느 날 직원 조회 시간에 심리치료사인 조지 맬링크로트 George Mallinckrodt는 해리엇과 다른 의견을 표명했다. 그 전날, 한 환자가 그에게 끔찍하게 멍든 가슴과 등을 보여주었다고 말했다. 교도관 한 무리가 그에게 수갑을 채우고 좁은 복도로 질질 끌고 가

부츠 신은 발로 그의 몸을 연신 짓밟았다고 했다. 다른 여러 재소자가 이 진술을 확인해주었다고 맬링크로트는 설명했다. 그 자리에서 그는 교도관 측이 "우리의 업무를 방해"하고 있으며 즉각적인 조치를 취해야 한다고 주장했다.

해리엇은 이날 회의에 참석하지 않았지만 다른 사람에게 이야기를 전해 듣고 다른 모든 동료와 마찬가지로 맬링크로트의 주장을 과장이라 여겼다. "'업무 방해'는 너무 센 말이라고, 감정적인 말이라고 생각했어요." 해리엇이 말했다. 맬링크로트는 전환치료병동의 환자 몇몇과 친하다고 알려져 있었다. 해리엇의 눈에는 이들이 지나치게 사이가 좋았다. "'상담사가 환자들에게 너무 얽매이니까 상황을 객관적으로 보지 못하는구나' 하고 생각했죠." 해리엇이 말했다. "그 사람은 그들의 대변인이 되었구나 싶었어요. 왜 '살인마 옹호자'라고 하는 그거요."

해리엇은 그런 사람이 될 생각이 전혀 없었다. 그저 맡은 일을 잘하고 싶었다. 그러나 그는 가장 기본적인 사안에 있어서도 자신의 결정력이 극도로 제한될 수 있음을 곧 깨달았다. 이를테면 그가 처음 데이드 교도소에 취직했을 때 페레즈 박사는 그에게 환자 개개인의 치료를 보조하는 일 외에도 주 법규에 따라 주 20시간씩 하는 특별 활동도 감독해야 한다고 설명헀다. 하지만 해리엇이 음악치료, 요가 같은 뭔가를 제안하면 윗선에서 번번이 퇴짜를 놓았다. 사유는 늘 같았다. 교도관 측에 위험 부담을 준다는 것이었다. 심지어 공격성을 완화해줄 활동까지도 같은 이유로 거부당했다. 한번은 해리엇이 환자들이 운동장 바닥에 그림을 그릴 수 있도록 분필 상자를 가져다 놓았다. 또 한번은 조현병 환자에게 촉각 놀이가 도움이 될 거라 생각해 빨간색 고무공을 하나 주었다. 한 교도관이 두 가지 물건 모두 해리엇에게 돌려주었다. 표면적인 이유는 안전상의 위험이었다. 그러나 결국 해리엇은 그것이 '네 주제를 알라'는 저쪽의 훈계임을 느끼기 시작했다. "치료는 보안을 넘어설 수 없다는 메시지를 계속 받았던 거예요." 해리엇이 말했다. "보안 쪽에서 하라는 대로 하라는 거죠."

해리엇은 이러한 한계에 좌절했지만, 교도관과 사이가 틀어져 보호받지 못할 때의 위험도 잘 알았다. 이미 운동장 폐쇄 건으로 페레즈 박사에게 이메일을 보냈다가 그런 일을 겪은 뒤였기 때문이다. 한번은 해리엇이 운동장에 있는데 담당 교도관이 잠시 자리를 비워야겠다고 했다. "곧 돌아올게요." 그가 말했다. 얼마 후, 한 재소자가 가만가만 다가와 해리엇의 등에 손을 얹었다. 해리엇은 소리를 질러 도움을 구할까 했지만 그러다가 자칫 병세가 심각한 환자를 더 자극할 것 같았다. 해리엇은 얼어붙은 듯 가만있었다. 그리고 잠시 후, 뒤돌아보지 않고 슬그머니 자리를 피했고 재소자는 뒤따라오지 않았다. 이 일은 그에게 깊은 충격을 남겼다.

"그 사람은 틀림없이 나를 압도할 수 있었어요." 해리엇이 말했다. "나는 폭행을 당하든 강간을 당하든 무슨 일이든 당할 수 있었습니다."

이런 위험을 헤쳐나가는 일은 깨끗하고 효율적인 환경에서도 얼마든지 스트레스를 주었을 것이다. 해리엇이 처한 환경은 황폐하고 불결하기까지 했다. 벽은 곰팡이투성이에 복도는 오물천지였다. 전환치료병동은 빈방이 없어 며칠씩 청소를 하지 않은 탓에 지독한 냄새를 풍겼다. 천장에서는 물이 새기 일쑤였다. 직원 휴게소의 주방에는 바퀴벌레가 들끓어 전자레인지에까지 우글댔다. 해리엇은 부엌을 쓰고 싶지 않아 점심으로 컵라면을 먹기 시작했다. 수도꼭지를 틀고 바로 물을 받아서 익히기만 하면 되었다 (너무 더워서 따로 끓이거나 전자레인지에 돌릴 필요가 없을 만큼 뜨거운 물이 나왔다).

2012년 6월의 어느 토요일, 해리엇이 근무를 마치던 무렵 대런 레이니라는 환자가 감방에 변을 보고 치우기를 거부하고 있다는 말이 들렸다. 레이니는 50세에 키가 크고 어깨가 넓은 남성으로, 때때로 눈빛만으로 사람들을 당황하게 만드는 사람이었다. "상대의 내면을 들여다보려 한다는 느낌"을 주는 사람이었다고 해리엇은 회고했다. 레이니는 코카인 소지죄로 유죄 판결을 받았고 조현병을 심하게 앓고 있었다.

"레이니 씨 상태가 어떤가요?" 해리엇이 교도관에게 물었다.

"아, 걱정 마요. 우리가 샤워실에 보낼 거예요." 그가 대답했다.

해리엇은 그 말에 안심했다. "그때 생각으로는 '그래, 사람들은 샤워를 하고 나면 기분이 좋아지는 법이니까 그 사람도 아마 진정되겠지' 했어요. 따뜻한 물로 기분 좋게, 부드럽게 하는 샤워라면요."

이튿날 해리엇은 간호사들로부터 전날 밤 교도관 두어 명이 레이니를 샤워실까지 데려다주었다는 이야기를 들었다. 그리고 레이니가 감방으로 돌아오지 못했다는 이야기도 들었다. 그는 샤워실에서 물을 틀어둔 채 쓰러졌고 밤 10시 7분에 사망 선고를 받았다.

해리엇은 레이니가 심장마비를 일으켰든가, 아니면 스스로 목숨을 끊은 거라고 짐작했다. 그러나 간호사들 말로는 그게 아니었다. 교도관들이 레이니를 고의적으로 샤워실의 한 칸에 가두고는 밖에서 제어하는 호스를 통해 그에게 뜨거운 물을 쏟아부었다는 것이었다. 이 시설에서 나오는 뜨거운 물은 80도가 넘었다. 차를 끓일 수 있을 만큼, 해리엇이 곧바로 떠올렸듯이 컵라면을 익힐 수 있을 만큼 뜨거운 물이 나왔다. 나중에 밝혀진 사실이지만,

레이니는 몸 전체의 90퍼센트에 화상을 입었고 뜨거운 물에 피부가 떨어져 나갔다.

경악한 해리엇은 곧 사건 수사가 시작되겠다고 간호사들에게 말했다.

"아뇨." 한 간호사가 말했다. "저들은 덮고 넘어갈 거예요."

레이니가 사망하고 며칠 동안 해리엇은 샤워실에 갇힌 사람이 레이니가 처음이 아니었다는 말을 여러 환자에게 들었다. 그는 거기서 처음 죽은 사람일 뿐이라고들 했다. 예전이었다면 그 말을 믿지 않았겠지만, 이제 해리엇은 자신이 어쩌면 그렇게 못 볼 수 있었는지 의아하기만 했다. 하지만 충격을 받은 것과는 별개로, 레이니를 죽인 교도관들에게 책임을 물어야 한다고 고발할 생각은 없었다. 전환치료병동의 어느 누구도 그럴 생각이 없었다. "누군가는 보고해야 해, 내부에서 고발해야만 해, 하지만 난 못 해 하고 생각했어요." 해리엇이 말했다. 그 한 이유는 이 사건에 비하면 사소하디사소한 일을 상부에 보고했다가 교도관들에게 당했던 보복을 기억해서였다. 또 하나의 이유는 지나치게 큰 목소리를 냈다가는 그게 누구든 해고당하리라는 두려움 때문이었다.

이러한 두려움에는 근거가 있었다. 1년 전, 조지 맬링크로트는 교도관들에게 발로 밟혔다는 재소자의 이야기를 플로리다주 교정국 웹사이트에 올렸다. 주 교정국은 교정시설에서 학대 상황을 발견한 직원은 누구든 반드시 보고하라고 명시하고 있었다. 맬링크로트가 그 사건에 대해 처음 알게 된 것은 사건을 직접 목격한 동료 상담사가 그에게 전화를 걸었을 때였다. 상담사는 눈물을 꾹 참으면서 교도관 한 무리가 복도에서 재소자를 폭행하는 걸 봤다고, 그들이 바닥에 널브러진 재소자의 흉곽을 발로 찼다고 전했다. 그는 복도로 난 창문을 통해 그 장면을 보았는데, 그 복도에는 감시 카메라가 한 대도 없었다. 교도관들은 그가 소리를 지르기 시작했을 때에야 구타를 멈추었다(목격자가 자세히 묘사한 모든 내용이 그 후 맬링크로트가 집단치료 시간에 환자들에게 들은 이야기와 일치했다. 피해자가 셔츠를 걷어올리고 상처를 보여준 것도 그 자리에서였다).

맬링크로트가 문제를 제기한 그 조회에는 사건을 목격했던 상담사도 참석했지만 그는 침묵을 지켰다. 화가 났던 것과는 별개로, 감히 교도관들을 고발했다가 그들의 관심을 받게 될까 두려웠던 것이다. 다른 직원들도 맬링크로트의 주장을 뒷받침해주지 않았다.

아무도 나서지 않자 맬링크로트는 혼자 행동하기로 했다. 2011년 7월, 그는 주도인 탤러해시에 있는 플로리다주 교정국과 플로리다주 감찰관실에 경위서를 제출했다. 이 무렵 데이드 교도소에는 신임 소장 제리 커밍스가 부임했다. 맬링크로트는 면담을 요청하여 문제의 폭행 사건을 비롯한 환자들에게 들은 학대 행위를 소장에게 전했다. 교도관의 줄기찬 악담 끝에 환자가 비명을 지르거나 머리를 벽에 찧거나 감방에 배변하면 교도관은 그걸 가지고 또 그들에게 폭력을 행사했다. 맬링크로트는 커밍스가 우려와 공감을 표하는 모습을 보고 앞으로 무언가 변하리라는 기대를 품었다.

얼마 후, 변화가 일어나긴 했으나 맬링크로트가 기대했던 변화는 아니었다. 어느 날 오후, 그가 점심 휴식을 끝내고 교도소로 복귀하려는데 입구의 직원이 그를 제지했다. 그가 방금 해고당했다는 것이었다. 해고 사유는 그가 점심 휴식 때 몇 시간씩 자리를 비웠기 때문이라고 했다. 맬링크로트는 자신이 점심시간에 오래 자리를 비운 것은 사실이라고 인정했지만, 데이드 교도소에는 그만큼 길게 쉬는 직원이 수두룩했다. 맬링크로트는 학대에 대해 목소리를 낸 유일한 사람이었다.

해리엇은 그런 결말을 원하지 않았다. "난 그럴 형편이 아니었습니다." 해리엇이 말했다. 그래서 목소리를 내지 않기로 했지만 이 결정에는 다른 대가가 뒤따랐다. 그는 점심시간에 거의 아무것도 먹지 못했다. 병동에서 몇 시간 일하고 나면 속이 메스꺼워지고 입맛이 달아났기 때문이었다. 또한 머리카락이 뭉텅뭉텅 빠지기 시작했다. 치음에는 철분이 부족한 것이라고 생각했지만, 결국엔 감정적 스트레스가 원인임을 깨달았다. 그는 두피가 훤히 보이는 게 부끄러워서 머리에 스카프를 두르고 다녔다.

신체적 증상만 문제였던 것은 아니었다. 해리엇은 어떤 감정을 느끼기 시작했다. 무력감이었다. 이 감각은 어린 시절의 가장 암울한 순간들, 즉 아버지의 변덕스러운 행동을 보고도 힘이 없어 나서지 못했던 장면들을 끄집어냈다. 해리엇의 언니는 술에 취한 아버지의 폭언에 가끔 맞섰지만 해리엇은 아버지의 마음에 들려고만 노력했다. 그게 안 되면, 당연히 안 되는 일이었지만, 자기 안으로 움츠러들었다. 그러던 그가 이제 다시 한번 두려움에 목소리를 내지 못하는 환경에 갇혔다. 전환치료병동에서는 위법 행위를 목격하는 것부터가 위험했다. 누가 그 일을 폭로할지 모르는 탓에 교도관들이 바짝 신경을 곤두세웠기 때문이다. 눈앞에서 학대가 발생하는 경우 "정치적으로 가장 안전해지는 방법은 양해를 구하고 화장실에 가는 것"이라고 해리엇은 말했다. "목격자가 되지 마라. 맡은 일이나 하다 가라."

2013년, 해리엇은 한 단계 승진하여 환자를 개인적으로 치료하기 시작했다. 그러던 어느 날 해럴드 헴스테드라는 환자가 자신은 대런 레이니 살인 사건에 사로잡혀 있다고 털어놓았다. 헴스테드는 작지만 강단 있는 몸에 적갈색 눈동자를 지닌 사람이었고 강도죄로 유죄 판결을 받았다. 그가 수감된 방은 레이니가 고문당했던 샤워칸 바로 밑에 있었다. 그날 밤 헴스테드는 레이니가 거듭

거듭 비명을 지르는 것을 들었다. "날 꺼내줘! 더 못 견딘다고!" 레이니가 발로 샤워칸 문을 차는 소리도 들었다. 마지막으로 둔중한 쿵 소리를 들었다. 레이니가 바닥에 쓰러지는 소리였을 거라고 헴스테드는 나중에 추측했다. 이어 교도관들이 의료진을 부르는 목소리가 들렸다. 잠시 후 그는 레이니의 벌거벗은 시신이 바퀴 달린 들것에 실린 채 자신의 방 앞을 지나가는 것을 보았다.

헴스테드는 똑같이 '샤워기 치료'를 당했던 다른 네 사람의 이름을 일기장에 적어두었다. 샤워칸의 크기까지 적어두었다. 그는 레이니가 사망하고 몇 주 동안 전환치료병동의 여러 상담사에게 자신이 보고 들은 것이 잊히지 않는다고 털어놓았다. 그들은 헴스테드에게 너무 많이 털어놓지 말라고 했다. 안 그러면 자기가 경위서를 써서 윗선에 올려야 하고, 그러면 그에게, 말로 하진 않았지만 그들 자신에게도 보복이 시작될 거라고 했다. 비슷한 시기에 레이니를 샤워실에 데려갔던 교도관 중 두 사람이 승진했다(그 중 한 명인 롤런드 클라크는 미식축구 선수 출신이었다. 두 사람 모두 나중에 사직했지만 이들의 서류에 과실과 관련한 내용은 전혀 없었다). 그러나 강박장애를 앓던 헴스테드는 이 문제를 내려놓을 생각이 없었다. 그는 자신이 직접 레이니 살인 사건을 수사하라는 진정서를 내기 시작했다고 헤리엇에게 알렸다.

헤리엇은 독실한 기독교 신자를 자처하는 헴스테드가 죽은 사람에 대한 연민 때문에 그러는지, 아니면 그보다 덜 고상한 충동, 즉 교도관들을 난처하게 하거나 이 기회에 전환치료병동을 벗어나려는 생각으로 그러는 것인지는 알 수 없었다. 그럼에도 해리엇은 헴스테드를 격려했다. "치료의 관점에서 봤을 때 그 모든 일을 기록하는 것이 그에게 도움이 되리라 생각했습니다." 해리엇이 말했다. 이 조언은 해리엇이 본인의 직업에 대해 품은 전반적인 관점과도 일치하는 것으로, 그는 자신이 바꿀 수 없는 문제들은 치워두고 대신에 환자의 삶에 작은 변화를 만드는 것을 목표로 삼았다. 데이드 교도소의 정신건강 상담사 중에 해리엇만이 헴스테드에게 침묵하라고 종용하지 않았다. 헴스테드는 그런 해리엇에게 고마워했다. 하지만 자신이 데이드의 학대 행위에 대해 세간의 관심을 모으면 자기편에 서주겠느냐고 헴스테드가 물었을 때 해리엇은 망설였다. "그렇게 하겠다고 대답은 했지만 내가 그 말을 지킬지 어떨지 솔직히 알 수가 없었습니다."

무관심과 방임이 키운 '폭력 문화'

2014년 5월 17일 《마이애미 헤럴드Miami Herald》의 기자 줄리 브라운은 데이드 교도소 정신병동의 학대를 다룬 기사를 썼다. 기사 제목 아래에는 수감복을 입은 대런 레이니의 사진이 실렸다. 기자의 주요 정보원은 해럴드 헴스테드였다. 해리엇에게 격려를 받아

쓴 진정서가 브라운 기자의 손에 들어간 것이었다. 기사에 따르면, 헴스테드는 언론과 접촉한 뒤에 독방 감금 등 이런저런 처벌을 받았다.

기사가 나온 뒤 데이드의 교도소장 제리 커밍스는 휴직 처분을 받았고, 수감자 인권운동 진영에서는 주 교정국이 살인 사건을 은폐하려 했던 것이 아니냐는 의혹을 제기했다. 그러나 왜 정신병동의 직원이나 의료진이 아니라 재소자가 폭로에 나섰는지에 의문을 제기하는 사람은 거의 없었다. 환자를 위해로부터 보호할 의무는 의료윤리의 핵심 원칙이다. 미국의학협회American Medical Association 내의 한 부서로서 교정시설의 치료 기준을 공표하는 전미교정시설보건위원회National Commission on Correctional Health Care에 따르면, 학대 사실을 인지한 정신보건 전문가는 의무적으로 "관계 당국에 이를 보고해야" 한다.[5]

그러나 상담사들은 자신의 안전이 위협받을 것이라는 두려움 때문에 의무를 이행할 가능성이 낮았다. 교정시설에는 바로 이 두려움이 만연해 있다. 뉴욕시 교정시설 보건사업국Bureau of Correctional Health Services이 2015년에 진행한 조사에서는 교도소 정신보건 의료진의 3분의 1 이상이 "교도소라는 근무 환경에서는 의료윤리가 자주 훼손된다"고 대답했다. 주된 이유는 "보건 직원이 환자에 대한 학대를 보고하는 경우 보안 직원이 보복할 수 있기 때문"이었다.[6] 이 조사가 마무리되기 1년 전에 미 법무부는 뉴욕주의 주요 교도소인 라이커스 아일랜드의 수감자들이 일상적으로 겪는 잔혹 행위를 조사하여 보고서를 발표했다. 이곳의 교도관들 사이에는 "수감자들에 대한 고질적인 폭력 문화"가 뿌리내리고 있었다. 법무부는 그 이유 하나가 "허위 보고를 비롯하여 (…) 직원의 보고가 불충분"해서라고 판단했다. 드물게 라이커스의 잔혹 행위를 보고하려 했던 사람이 상담사 랜디 콜리다. 2012년 콜리가 교도소 내 자신의 책상에 앉아 있을 때 교도관 한 무리가 바퀴 달린 들것에 수갑 찬 젊은 환자 한 명을 싣고 왔다. 교도관들은 카메라가 없는 검사실로 재소자를 질질 끌고 들어가서는 그의 얼굴을 교대로 주먹으로 때렸다. 주먹질은 5분 동안 계속되었다. 이어 그들은 또 다른 재소자를 데려와 그의 몸에 여러 군데 타박상을 입혔다. 그날 아침 그 사무실의 벽은 피로 얼룩졌다. 그러나 공식 경위서에는 학대와 관련된 내용이 전혀 들어가지 않았다. 한 교도관은 피해자들이 "캐비닛에 스스로 머리를 부딪쳤다"고 진술했다. 콜리는 이날의 진실을 보고하기로 마음먹고 관련 교도관과 직원의 이름을 알렸다. 그때부터 협박이 시작되었다. 컴퓨터 위에 시든 꽃이 놓였고, 휴대전화에 불길한 메시지가 전송되었다. 그는 불안에 시달리던 끝에 라이커스를 그만두었다.[7]

이 사례는 뻔뻔하고 극단적이었다. 그러나 교도소 내 정신병동의 폭력 문화가 과연 그곳만의 일일까? 증거에 따르면 그렇지 않았다. 국제 인권 단체 휴먼라이츠워치^{Human Rights Watch}의 2015년 보고서에 따르면, 미국 내 교도소에 수감된 정신질환자 36만 명은 과도한 폭력을 일상적으로 경험했다. 교도관들은 충격적일 만큼 잦은 빈도로 화학물질 스프레이, 전기충격기, 장기 독방 감금 등 온갖 방법으로 정신질환자를 제압하고 처벌한다. 휴먼라이츠워치의 자문으로서 이 보고서를 작성한 제이미 펠너에 따르면, 이 사태의 한 원인은 의료진이 개입하여 대안을 제시하지 않는 데 있다. 그는 이렇게 말했다. "교도소 정신병동의 직원들은 지나치게 묵종합니다. 이들에겐 '우리와는 상관없는 일'이라는 문화가 있어서 결국 그 누구도 환자 편에 서지 않습니다."

펠너의 기준에서, 교도관에게 묵종하는 의료진은 희생자가 아니다. 조장자다. 그들은 보호 의무를 게을리하고 교도관에게 순종함으로써 치명적인 결과에 이를 수 있는 상황을 조장한다. 펠너의 보고서에는 이런 사례도 실렸다. 텍사스주 댈러스의 교도소에 수감된 한 정신질환자가 저항을 멈추고 제압당했음에도 불구하고 계속해서 교도관에게 발로 차이고 목을 졸리며 후추 스프레이를 흠뻑 맞은 뒤 사망했다.

매사추세츠주 교정국의 징신보건부장으로 10년 가까이 일해 온 정신의학자 케네스 애플바움도 의료진이 간수들에게 과도하게 복종하는 것이 문제라는 점에 동의했다. 그러나 그는 교도소 정신보건 의료진이 마주하는 윤리적 난제에 미국정신의학협회^{American Psychiatric Association} 같은 관계 기관이 관심을 기울이지 않는 것도 문제라고 지적했다. 미국정신의학협회가 주최하는 연례회의에서 "교정시설 내 치료를 주제로 논의하는 시간은 전체의 1퍼센트도 되지 않는다. 교도소는 우리 사회에서 가장 심각한 정신질환을 앓는 가장 아픈 수많은 사람이 향하는 곳이고, 관계자인 우리는 늘 이 점을 한탄한다. 그러나 우리의 관계 기관은 그러한 환경에 처한 환자들을 우리가 어떻게 치료해야 하는지 묻는 데 별 관심을 두지 않는다."

필요의 규모에 비추어 보면 기관의 관심 부족이 얼마나 심각한 문제인지 더 분명해진다. 2014년, 정신질환 치료의 장벽을 철폐하기 위한 비영리 단체 치료권리옹호센터^{Treatment Advocacy Center}와 미국 보안관협회^{National Sheriffs' Association}가 교정시설 내 치료 관행을 전국적으로 조사하여 발표했다. 50개 주 가운데 44개 주에서 중증 정신질환자를 가장 많이 수용한 시설은 병원이 아니었다. 구치소 또는 교도소였다. 이 양상은 진보적인 캘리포니아주부터 보수적인 인디애나주까지 어디에서나 나타났다. 캘리포니아주에서 가장 큰 정신보건 시설은 로스앤젤레스 카운티 구치소였고, 인디애나주에서는 가장 큰 정신병원보다도 주립 교도소가 더 많은 정신질환자를 수용하고 있었다. 전국적으로 계산하면 "구치소 또는 교도소에 수감된 정신질환자 수는 주립 정신병원에 수용된 환자의 열 배"였다. 그로 인해 시설 수용 인원 초과, 교도관에 대한 신체적 공격, 과도한 독방 감금 조치, 방치와 학대로 인한 수감자 상태 악화가 나타났다.[8]

치료권리옹호센터는 "교도소와 교도관들은 문제가 생길 때마다 비난받는다"라고 지적했다. 그러나 진짜 원인은 "기능적인 공공 정신질환 치료 체제"를 재정적으로 감당하지 못하는 이 사회라고 주장한다.[9] 이 사회는 역사를 망각했다. 식민지 시대 미국에서는 '괴짜'와 '광인'을 이따금 구치소나 교도소에 감금했다. 19세기 중반부터 이 관행을 야만스럽고 잔혹하게 여기는 정서가 나타났는데, 여기에는 도로시아 딕스Dorothea Dix 같은 사회개혁가의 역할이 컸다. 일례로 1843년 매사추세츠주의회에 제출한 보고서에서 딕스는 중증 정신질환자들이 교도소의 비참한 환경에 갇혀 "사슬에 묶이고 벌거벗겨지고 매질당하고 복종을 강요당하고 있다"고 썼다. 이러한 사회개혁가들의 노력은 곧 정신질환자에게 더 적절한 치료를 제공하는 수용시설 및 공공 병원 조직망의 창설로 이어졌다. 1880년 미 연방정부의 인구총조사에서 구치소와 교도소에 수감된 '정신이상자'는 전체 수감자의 1퍼센트가 채 되지 않았다.

그로부터 한 세기 후 새로운 세대의 개혁가들이 주립 정신병원 폐쇄를 촉구했을 때, 딕스가 목격한 참상이 재현되리라고 예상한 사람은 거의 없었다. 드물게 이를 예상한 사람은 정신의학자 마르크 에이브럼슨Marc Abramson이다. 그는 탈시설화 운동이 가속화되던 1970년대 초반에 캘리포니아주 샌마테오의 구치소를 방문했다가 그곳에 수많은 정신질환자가 감금되어 있는 것을 목격했다. "한 사회가 정신장애 행동을 인내하는 데에는 한계가 있을 것이다." 그는 1972년의 논문에 이렇게 썼다. "만약 정신장애 행동을 보이는 사람들이 정신보건 체제라는 사회통제 안으로 진입하는 속도가 지체된다면, 지역사회의 압력은 그들을 형사처벌 체제라는 사회통제 속으로 밀어 넣을 것이다."[10] 이 논문이 발표되고 1년 후 캘리포니아주의회는 에이브럼슨이 제기한 우려를 논의하기 위해 청문회를 열었다. 그러나 세월이 흐르고 교도소에 수감된 정신질환자 수가 계속 증가함에 따라 대중의 관심은 사그라들었고, 많은 지역사회가 자체적으로 떠안을 뻔했던 문제를 구치소와 교도소를 통해 해결한 것에 만족하는 듯했다. 에이브럼슨의 우려가 현실이 된 것이다. 치료권리옹호센터는 이렇게 주장한다. "현 상황에서 가장 우려되는 측면은 이러한 수치가 더 이상 전문가나 대중의 반응을 끌어내지 못한다는 것이다. 반세기 전이었다면 이러한 보고가 열띤 공적 논의와 개혁안을 끌어냈을 것이지만, 이제는 대중에게 하품만 나오게 할 뿐이다."[11]

애플바움의 견해에 따르면 관계 기관의 관심이 부족한 이유는 엘리트 심리학자 대부분이 구치소나 교도소에서 일한 경험이 전혀 없고 이런 일을 무시하기 때문이다. "교정시설 보건은 지역사회에서 전문적으로 일할 능력이 없는 임상의들이 향하는 분야로 여겨져왔다"며 이런 편견이 있다고 말했다. "교정시설에서 일하는 사람은 분명 그 사람 자체에 무슨 문제가 있어 그런 곳에서 일하게 되었다는 편견이다."

이러한 편견의 이유 중 하나는 돈이다. 대부분의 교도소에서는 쥐꼬리만 한 급여를 주었기 때문에 그 일의 위신과 매력을 떨어뜨렸다. 또 다른 이유는 1960년대에 시설 내의 정신의학을 사회통제 도구로 비판한 미셸 푸코, 어빙 고프먼Erving Goffman 같은 학자들의 연구가 사람들의 인식에 큰 영향을 미쳤기 때문이다. 고프먼은 1961년에 발표한 《수용소》에서 워싱턴 D.C.의 한 정신병원에서 1년간 현장 연구한 것을 기반으로 병원 직원들이 "담배를 원하는 환자들에게 '제발 주세요'라고 빌게 하거나 펄쩍 뛰어오르게 하여 담배를 손에 넣게 했다"고 비판했다.[12] 이러한 학대는 고프먼이 '총체적 기관total institution'이라고 부른 시설들에서 만연했다. 총체적 기관은 바깥세상과 단절된 채 엄격히 통제되는 곳으로, 이곳에서 개인의 자율성은 파괴되고 수감자의 존엄성과 인격이 훼손되었다. 그런데 고프먼에 따르면 권력을 휘두르는 직원 측의 인격도 그에 못지않게 훼손되었다. 이를 뒷받침하는 소설 중 하나가 켄 케시$^{Ken\ Kesey}$의 《뻐꾸기 둥지 위로 날아간 새》다. 여기서 악당인 래치드 간호사는 반항적인 환자 랜들 패트릭 맥머피에게 보복하려고 그에게 전두엽 절제술을 받게 한다(맥머피는 정신질환이 없는데도 수술이 진행된다). 이와 비슷한 작품들이 대중의 상상력에 강력한 주문을 걸었고, 많은 정신의학자가 그런 작품의 영향으로 인해 다시는 '총체적 기관'에 발을 들이지 않았다. 이 같은 맥락에서 교정시설 정신의학은 훌륭한 사회사업이 아니라 쓸모없고 천한 일, 즉 더티 워크로 여겨지기 시작했다.

죄수와 환자 사이에 서다

대런 레이니에 관한 기사가 《마이애미 헤럴드》에 실렸을 무렵, 해리엇 크르지코프스키는 더 이상 데이드 교도소 직원이 아니었다. 더 이상 플로리다주에 살지도 않았다. 해리엇과 스티븐은 스티븐의 병든 어머니와 가까이 살기 위해 미주리주로 돌아갔다. 내가 해리엇을 만나러 갔을 때, 그는 데이드 교도소의 일을 잊으려 애쓰고 있다고 했다. 그러나 레이니의 죽음을 다룬 신문 기사를 읽자 과거의 기억이 물밀듯 되돌아오며 그때 겪었던 신체적 증상들도 돌아왔다고 했다. 그는 음식을 먹지 못했고 우울감에 빠졌으며, 다시 머리카락이 빠지기 시작했다.

우리가 처음 만난 날, 해리엇은 색 바랜 청바지에 반팔 블라우스를 입고 검은 가발을 쓰고 있었다. 그의 눈에는 침울한 기색이 살짝 감돌았다. 충분한 시간이 지난 뒤 그는 드디어 자신의 경험을 이야기할 준비가 되었지만, 과거를 되짚다 보니 자신이 왜 더 일찍 목소리를 내지 않았는지도 생각하게 되었다. "하루는 밤에 너무 심하게 우느라 잠을 잘 수 없었어요. 맙소사, 내가 그렇게 오래 침묵하다니, 그 상황에서 빠져나온 상황에서조차 저는 아무말도 하지 않았어요." 해리엇이 말했다. "내가 계속하게 놔둔 거예요. 그 사람들은 아직도 고통받고 있어요. 아직 거기에 있어요. 그 일은 지금도 벌어지고 있고, 곳곳에서 벌어지고 있어요. 저는 왜 더 나서지 못했을까요?"

이런 의문에 사로잡힌 사람은 해리엇만이 아니었다. 그를 만나고 몇 주 후에 나는 행동치료사인 로비타 리처드슨과 마이애미에서 점심을 함께했다. 플로리다주 데이토나비치 출신인 리처드슨은 데이드에서 일을 시작했을 때만 해도 행복했다. 사회적으로 방치된 피해자들이라 생각되는 환자들의 삶에 자신이 긍정적인 변화를 일으킬 수 있으리라 믿었기 때문이다. "이들은 보이지 않는 집단이에요. 사람들은 이들을 인간쓰레기로만 여기죠." 리처드슨은 전환치료병동 수감자들에 대해 이렇게 말했다. 그는 그런 모욕적인 억측이 얼마나 쉽게 사람들을 사회의 보이지 않는 곳으로 밀어낼 수 있는지를 잘 알았다. 어린 시절 그는 할아버지 할머니 손에 자랐다. 그들은 짐 크로법(1876년부터 1965년까지 미국 남부에서 시행된 법으로, 공공장소에서 흑인과 백인의 분리와 차별을 규정해놓았다. -옮긴이) 시대 남부에서 아프리카계 미국인이 겪을 법한 모욕을 겪은 사람들이었다. 가령 그들은 마이애미비치의 부유한 백인 가정에서 하인으로 일했는데, 흑인은 일몰 후 동네를 통행할 수 없었다. 리처드슨은 그가 다닌 가톨릭계 여학교의 유일한 흑인 학생이었다. 처음 데이드에 왔을 때 그는 이곳 환자들이 마땅히 받아야 할 연민의 마음으로 그들을 치료하는 일에 기쁨을 느꼈다. "어서 출근하고 싶어서 안달이 났죠." 그가 말했다. 어느 날 아침 10시 30분경, 리처드슨은 전환치료병동의 간호사실을 나와 출구로 향하다가 걸음을 멈추었다. 방금 뭔가가 보였던 것 같아서 몸을 돌리고 뒤쪽을 다시 살펴보았다. 복도의 유리벽 너머에서 교도관 한 무리가 어느 감방 안의 재소자를 의자에 앉히고 수갑을 채운 채 곤봉질하고 있었고 한 명은 망을 보고 있었다. 맞고 있는 피해자는 몸집이 자그마했다. "50킬로그램쯤 되는 몸이 흠뻑 젖어 있었어요." 리처드슨이 말했다. 그는 말문이 막힌 채로 그 광경을 몇 분이나 지켜보다가 망을 보던 교도관의 눈에 띄었다.

리처드슨은 자신이 목격한 일을 보고하려고 했지만, 그랬다가는 본인만 위험해질 거라는 경험 많은 동료의 조언에 주저하는 마음이 들었다. 며칠 후 그 교도관들이 찾아와 자기들이 알아서 다 처리했으니 그가 상부에 보고할 필요는 없을 거라고 했다. 어조는 공손했지만 메시지는 분명했다. "'이곳은 우리 구역이야'라는 뜻이었어요. '여긴 **우리** 집이고 당신은 손님일 뿐이야'라는." 리처드슨이 말했다. 그 직후, 리처드슨은 악몽을 꾸기 시작했고 자신이 어떤 사람인지 의문을 품기 시작했다. 여전히 그런 생각이 드느냐고 묻자, 그의 눈에 눈물이 차올랐다. "그 사람들을 배신하고 있다는 기분이 들 수밖에 없죠. 그 사람들은 말 그대로 목숨이 위험하고 우리는 그런 사실을 아는데도 돕지 않고 있는 거예요."

나는 리처드슨에게 조언했다는 동료도 만났다(그는 이 책에 자신의 이름을 밝히지 않길 원했다). 그는 리처드슨이 느낀 감정을 정확히 이해했다. 그도 똑같은 상황을 경험했기 때문이다. 교도관들이 한 재소자에게 수갑을 채운 채 발로 짓밟는 장면을 목격한 뒤 조지 맬링크로트에게 전화를 걸었던 상담사가 바로 그였다. "저는 울고 싶었어요. 소리 지르고 싶었어요." 그가 말했다. 하지만 그는 목격자 진술서에 "아무것도 보지 못했다"고 썼다. 뉴욕시에서 어린 시절을 보낸 뒤 플로리다주로 이주한 라틴계 여성인 그 역시 재소자를 인도적으로 대해야 한다고 믿었다. 그게 그의 일이기 때문이기도 했고, 교도관 앞에서 재소자가 느끼는 두려움과 무력감을 자신도 잘 알고 있었기 때문이다(할렘에서 유년기를 보낸 그는

"인종차별은 여전히 존재하고, 경찰은 기회만 있으면 나를 짓밟으리란 걸 알았다"). 그는 데이드에서 폭행 사건을 목격한 뒤 일을 그만둘까도 고민했지만 해리엇과 마찬가지로 그럴 형편이 못 되었다. "돈 문제만 아니었다면 그만뒀을 거예요." 그가 시선을 떨구며 말했다. "다른 일자리가 없었어요."

내가 만난 데이드의 정신건강 의료진 가운데 신변에 위험을 느끼지 않았다는 사람은 단 한 명, 조지 맬링크로트뿐이다. 그는 키가 190센티미터에 어깨가 떡 벌어졌고 호리호리하지만 강건한 체격의 소유자다. 하지만 그 또한 교도소에서 일하다가 신경쇠약에 걸릴 뻔했다고 말했다. 교도소 측에서 그를 해고했을 때는 깊은 안도감이 밀려왔다. 그러나 이 안도감은 오래가지 않았고 과거의 일들이 떠올라 마음을 어지럽히기 시작했다. 특히 한 재소자와의 일이 계속 생각났다. 그날 그는 원반던지기라도 하듯 식판을 감방 창문에 던져댔다. 맬링크로트는 도저히 그를 말릴 수 없었고, 결국 재소자가 심각한 정신적 분노 상태를 겪고 있다고 판단했다. 그런데 그는 감방 창문에 음식물 얼룩이 묻지 않는 것을 의아하게 여겼다. 그는 나중에야 재소자에게 빈 식판을 주는 처벌에 관해 듣고는 교도관들이 재소자를 계속 굶겼기 때문에 그가 격분했던 것임을 깨달았다. "나는 학대를 눈으로 보면서도 '그래, 이 사람은 심리적으로 문제가 있지. 정신질환자야' 하고 딱지를 붙인 겁니다." 맬링크로트가 말했다. 그는 데이드 교도소에서 해고된 뒤 자신이 그곳에서 목격했던 잔혹 행위를 기술한 회고록 《살인 모면하기 Getting Away with Murder》를 출간했다. 책에는 한 재소자가 맬링크로트에게 전환치료병동에서 있었던 일을 전하는 대목이 나온다. 빈 식판을 받은 어떤 환자가 방문의 배식구로 팔을 내밀며 음식을 달라고 요구했다. 그러자 한 교도관이 그의 팔을 거머쥐었다. 또 한 교도관은 배식구 덮개를 발로 차고 환자 팔을 거듭 짓밟았다. 맬링크로트는 피해자를 만나 이야기를 나누고, 상처를 확인하고, 상부에 보고한다. 그러나 아무 일도 일어나지 않는다.

조지 맬링크로트와 마찬가지로 해리엇 크르지코프스키는 자신의 경험을 글로 쓰고 싶다는 충동을 느꼈다. 우리가 만난 첫날, 해리엇은 대화 중반쯤에 이르러 자신의 가방에서 수기를 꺼내 나에게 건넸다. 행간 없이 써 내린 글이 52쪽까지 이어졌다. 뜨겁게 폭발하듯이 쏟아져 나온 글이라고 했다. 근처에 종이나 노트북이 없을 때는 자신의 팔에 글을 썼다고 했다. 아직 완성되지 않았고 제목도 없었지만 해리엇은 그 기록을 자신의 '트라우마 내러티브'라고 불렀다. 그는 얼마 전부터 심리치료를 받기 시작했고 치료사로부터 트라우마, 즉 외상 후 스트레스 장애를 진단받았다. 글의 한 대목에는 교도관이 재소자를 '탐폰'이라는 별명으로 계속 놀리면서 격분 상태로 몰아넣는 장면이 묘사되어 있었다. 해리엇이 별명의 의미를 묻자 교도관은 "저자가 항문으로 강간당했거든요. 그래서 탐폰으로 지혈해야 한다는 뜻이에요"라고 설명했다. 해리엇은 나중에 한 간호사를 통해 그 재소자가 실제로 성폭행 피해자임을 확인했다.

두 번째 만난 날, 해리엇은 전환치료병동의 한 환자가 그에게 건넸던 일기의 일부를 보여주었다. 종잇조각에 어린애가 쓴 듯한 구불구불한 글자가 빼곡했다. 그중 한 구절은 다음과 같다. "누군가 이 다른 장소에서 나에게 덤비려 한다는 느낌을 떨칠 수 없다." 이 글을 쓴 재소자는 마약 거래죄로 유죄 판결을 받았고 신체적·정신적으로 여러 장애를 안고 있었다. 그는 휠체어의 부품을 삼키려고 했다가 전환치료병동으로 옮겨졌다. 사연을 들어보니 그는 극심한 아동학대 피해자였고 아내와 두 딸을 교통사고로 잃기까지 했다. 그런데도 교도관들은 그를 동정하지 않았다. 한 교도관은 그를 '패배자'라고 불렀고 어느 날에는 그를 휠체어에서 밀어 넘어뜨렸다.

"진짜 삶을 사는, 진짜 사람을요." 해리엇이 말했다.

해리엇은 총체적 기관이 학대자가 무제한의 권력을 휘두르도록 조장한다는 사실을 배워가고 있었다. 그러나 본인의 경험을 통해 같은 기관에서 또 다른 역학이 펼쳐질 수도 있다는 사실, 즉 재소자와 동정적인 직원 간에 때때로 유대관계가 형성된다는 사실도 분명히 깨달았다. 어빙 고프먼도 《수용소》에서 이 가능성에 주목했다. 그에 따르면 총체적 기관에서 하는 일은 '인간 재료^{human} ^{material}'와 매일같이 상호작용해야 하는 노동, 그의 용어로는 '사람 노동^{people} ^{work}'에 속한다. 심지어 환자와 직원 간의 사회적 거리를 극대화하는 방향으로 고안된 시설에서도 사람 노동은 도덕적·정서적으로 그 틀을 무색하게 할 수 있다. 고프먼은 말한다. "직원들이 인간 재료로부터 아무리 먼 거리를 유지하려고 해도 인간 재료는 동료 의식의 대상이 될 수 있고 나아가 애정의 대상이 될 수 있다. 재소자가 사람으로 보일 위험은 늘 존재한다. 그래서 재소자에게 고통이라 느껴질 만한 것이 가해지는 경우, 그에게 공감하는 직원은 고통을 느낀다."[13]

해리엇이 나에게 트라우마 내러티브를 보여준 뒤 얼마 지나지 않아 나는 그가 담당했던 옛 환자 중 한 사람인 해럴드 헴스테드를 플로리다주 레이크시티에 있는 컬럼비아 교도소에서 만났다. 헴스테드의 누나 윈디는 그가 계속 데이드에 있다간 목숨이 위험해질 거라고 교도소 간부진을 설득해 동생을 컬럼비아로 이감시켰다. 나와 헴스테드는 아무 특색도 없는 회색 방에서, 한 교도관이 지켜보는 가운데 한 시간 동안 이야기를 나누었다. 헴스테드는 대런 레이니 살인 사건 이후 상담사들이 그에게 그 사건에 그만 '집착'하라고 만류했던 일을 회고했다. 어떤 상담사는 그에게 '망상증'을 앓고 있는 거라고 했다. 또 어떤 상담사는 고발을 하려거든 무조건 '모호하게' 하라고 주의를 주었다. 헴스테드는 전환치료병동의 상담사들이 받는 압박을 이해했다. "그들은 손이 묶여 있었어요." 그가 말했다. 그렇다고는 해도 이곳 환자는 범죄자니까 혹은 사회적 주변인이니까 거칠게 다루어야 마땅하다는 관점을 내면화한 사람이 지나치게 많았다. 기꺼이 환자 편에 서는 상담사가 더 많았더라면 "그런 일의 태반은 일어나지 않았을 겁니다"라고 헴스테드는 말했다.

면회 시간이 끝나기 전, 헴스테드가 고백할 것이 있다고 했다. 레이니가 죽기 몇 주 전, 그는 한 교도관에게 레이니가 가진 코란에 배설물이 말라붙어 있는 것 같더라고 알렸다. 레이니가 거듭 항의하는데도 교도관은 코란을 압수해 내버렸다. 그 후 레이니는 헴스테드를 '더러운 고자질쟁이'라고 부르며 그에게 싸움을 걸어왔다. 헴스테드는 레이니가 코란을 잃은 뒤로 쇠약해졌고 그 때문에 교도관들의 표적이 되었다면서 교도관에게 코란 이야기를 했던 것이 너무도 후회된다고 했다.

그가 레이니의 죽음에 대해 느끼는 죄책감을 서서히 극복하도록 도와준 유일한 상담사가 해리엇이었다. 그는 해리엇을 '케이'라는 애정 어린 이름으로 불렀다. "그 사람은 정말로 귀를 기울였어요." 헴스테드가 말했다. "트라우마 치료 수업에도 나를 등록시키려고 했지요." 그가 잠시 말을 멈추었다. "그 사람이 떠나는 것만큼은 보고 싶지 않았는데."

2016년 1월, 마이애미-데이드 카운티 검시관은 레이니의 부검 보고서를 주 검찰에 보냈다. 이 보고서는 일반에 공개되지 않았으나 그 내용이 언론에 유출되었다. 부검의 결론은 데이드의 교도관들이 레이니에게 해를 끼칠 "의사가 없었"으며 그의 죽음은 "사고사"라는 것이었다. 레이니의 죽음이 단발성 사건이 아니었음에도 수사는 권고되지 않았다. 전환치료병동의 샤워실에서 뜨거운 물로 학대당한 환자가 최소 여덟 명은 더 있었다. 그중 한 사람인 대니얼 게이거는 이후 플로리다주 클러먼트 인근의 레이크 교도소로 이감되었다. 나는 노스캐롤라이나주에 사는 그의 어머니 데브라와 이야기를 나누었다. 그는 아들을 몇 년 동안이나 만나지 못했다고 했다. 교도소 측이 그의 상태가 위험할 정도로 불안정하다며 면회권을 박탈했기 때문이다. 그가 전화를 통해 마지막으로 아들 목소리를 들은 것이 2012년 게이거가 새 교도소로 이감된 직후였다. 그 짧은 대화에서 게이거는 발음이 불분명했고 쉬운 단어도 제대로 말하지 못했다. 그는 체중이 80킬로그램에서 48킬로그램으로 줄었다고 했다. 데브라는 그 소식에 놀라긴 했지만 아들이 학대당했으리라고는 짐작하지 못하고 그저 자신에게 '뭔가를 숨기고 있구나'라고만 생각했다.

여러 증인에 따르면 레이니가 사망한 그 샤워칸에 게이거가 여러 차례 갇힌 일이 있었다고 한다. 나는 그 사실을 데브라에게 알렸다. 그가 빈 식판을 받곤 했다는 사실도 알렸다. "어떻게 그런 일이." 데브라가 갈라지는 목소리로 말했다. 며칠 후 내가 다시 연락했을 때, 데브라는 레이크 교도소에 전화를 걸었다가 알게 된 사실을 알려주었다. 게이거가 알레르기를 일으키는 약물 두 종류를 처방받고 있더라는 것이었다. 이후 데브라는 아들의 정신과 주치의였던 제임스 라슨 박사에게 알레르기 사실을 확인해주는 편지를 받아 교도소로 보냈다. 두 줄짜리 답신이 돌아왔다. 그 정보를 의료진에게 전달하겠다는 내용이었다. 투약을 중단했다는 말은 없었다. "이 모든 일을 감당하기 힘들어요." 데브라는 이렇게 말하면서 정신질환을 앓는 수감자에 대한 처우를 관타나모의 포로들이 받는 고문에 견주었다.

2016년 2월 말, 데브라는 마침내 아들을 만날 수 있었다. 그는 아들이 "죽음의 문턱에" 있더라고 묘사했다. 눈이 푹 꺼지고 몸이 수척해진 게이거는 어머니를 아내로 착각했고 자기 이름을 부르는 교도관에게 으르렁댔다. 팔은 뼈만 남아 앙상했고("내 손목만큼 가늘었다"고 데브라는 말했다) 목에는 선명한 붉은 반점이 있었다. 데브라가 데이드에서 무슨 일이 있었는지 묻자 게이거는 천장을 올려다보더니 두 사람 사이에 놓인 유리 칸막이에 얼굴을 붙이고 말했다. "그 얘기는 하고 싶지 않아요." 교도소에 들어가기 전만 해도 게이거는 약을 적절히 복용하면서 비교적 안정적인 상태를 유지했다. 데브라는 교도소장에게 이 점을 분명히 강조했다며 나에게 이렇게 말했다. "내가 33년간 대체로 정상적으로 키운 아들을 당신들은 7년 만에 망가뜨렸다고 했어요."

2014년 9월, 플로리다 장애인인권단Disability Rights Florida이라는 운동 단체가 플로리다주 교정국을 상대로 소송을 제기했다. 데이드 교도소의 정신질환자들을 "제도적이고 일상적인 학대와 차별"에 노출시킨 책임을 묻기 위해서였다. 1년 후, 양측은 데이드에 새로운 카메라 시스템을 설치하고, 교도관 교육을 강화하고, 정신보건을 전담하는 부교도소장을 두는 등 주 교정국이 다방면의 변화를 이끈다는 조건으로 합의했다.

합의가 발표되고 얼마 후, 나는 데이드의 신임 부교도소장 글렌 모리스를 만나러 갔다. 데이드 교도소는 에버글레이즈 국립공원 외곽의 2차선 도로에 면해 있었다. 도로 양옆으로 호박밭과 토미토밭이 펼쳐져 있고 악어 농장, 수상비행기 체험장을 광고하는 표지들이 서 있었다. 나는 모리스와 인사를 나눈 뒤 그를 따라 통제실과 금속 탐지문과 육중한 철문을 차례차례 지나고 400미터쯤 이어진 시멘트길을 걸어 입구 위쪽에 '전환치료병동'이라고 쓰인 크림색 건물로 향했다. 길에는 그늘이 없었고 날씨는 이른 아침부터 숨 막히게 더웠다. 다행히 병동 안에는 에어컨이 돌아가고 있었다(해리엇이 이곳에서 일하는 동안에는 자주 고장이 났다고 했다). 벽은 칙칙한 회색이었지만 내부는 깔끔했고 낡은 수술복을 입은 청소부가 콘크리트 바닥을 닦고 있었다. 우리는 간호사 구역을 통과한 뒤 서관으로 들어가는 입구에 다다랐다. 동굴처럼 생긴 서관에는 철제 책상들이 놓여 있고 독방이 줄지어 있었으며 방문마다 작은 직사각형 창문이 나 있었다. 안에 사람은 보이지 않았다. 그들은 운동장에 나가 있다고 모리스가 설명했다. 그는 최근에 새로 설치한 여러 대의 텔레비전과 안쪽 벽에 재소자가 그린 밝은 분위기의 바다 풍경 벽화를 가리켰다.

"제가 처음 부임했을 때 이곳의 사고방식은 '여긴 사람을 가두는 곳'이라는 거였어요." 모리스가 말했다. "내가 그걸 바꿔야 했지요." 주 교정국은 데이드 교도소에 '열린 감방' 정책을 채택하여 위험이 적은 재소자는 전보다 자유롭게 돌아다닐 수 있게 했다.

모리스는 나에게 치료병동의 총책임자를 소개했다. 미소가 시원시원하고 몸집이 큰 남자였다. 교도관도 여러 명 소개했다.

모두가 병동 재정비 계획의 일환으로 새로 고용된 이들이었다. 이어 우리는 상태가 비교적 안정적인 환자들을 수용하는 동관으로 건너갔다. 마침 회의가 끝난 듯했다. 모리스는 좀 더 연륜 있는 직원이라며 크리스티나 페레즈 박사를 나에게 소개했다. "일을 참 잘하는 분이십니다." 그가 말했다. 사실 나는 데이드 교도소를 방문하기 전에 페레즈 박사에게 전화를 걸어 이 시설의 문제에 대해 몇 가지를 물었다. 그는 어떤 질문에도 답변하지 않았다. 이날 그는 운동화에 운동복 바지를 입은 캐주얼한 차림새였고, 실제로 보니 친절한 사람이었다. 그는 모리스가 자신을 소개하자 내게 손을 내밀었다. "만나서 반갑습…… 아." 그는 나와 통화한 기억을 떠올렸는지 말을 더듬었다. 그리고 거북하게 미소 짓더니 자리를 떴다.

그 후 모리스와 함께 어느 사무실에 들어갔을 때, 나는 그에게 정신건강 상담사가 교도관에게 맞추려고 자신의 의무를 도외시하는 일은 없는지 물었다. "제가 알기에 페레즈 박사는 직원들에게 보고를 요구합니다." 그가 대답했다. "그리고 이분이 뭔가를 알게 되면 저희에게 보고할 게 분명하고요." 나는 그와는 다른 이야기를 들었다고 말했다. 모리스는 못 믿겠다는 표정을 지으며 "기분이 상해서" 진 직장에 원한을 품은 사람(조지 멜링크로트를 뜻했다)에게 들은 말이냐고 했다. 나는 그에게 다른 전 직원들도 비슷한 의혹을 제기했다고 말했다. "그럼 제가 오기 훨씬 전의 일이 겠네요."

나는 모리스가 좋은 의도를 가진 성실한 사람이라는 인상을 받았다. 하지만 이제는 재소자들의 '기본 욕구'가 충족된다는 그의 확언은 다른 사람들의 진술과 충돌했다. 전환치료병동에 입원한 재소자들은 여전히 독방에 감금된 것이나 다름없는 환경에서 점점 몸이 쇠약해지고 있었다. 사실상 치료를 전혀 못 받는 환자도 많았다. 편집증을 앓는 한 재소자는 1년 넘게 꾸준히 상태가 악화되었다. 그는 공격적인 행동을 보이지 않았는데도 투약을 중단했다는 이유로 장기간 독방에 감금되었다. 그 누구도 그에게 다른 약을 복용해보라거나 의심증을 달래줄 만한 활동을 해보라고 권유하지 않았다. 한 정보원에 따르면, 이 환자는 "조용히 보상기전 상실을 겪으며 점점 더 병들어갔"다.

데이드의 정신보건 의료진은 전과 다름없이 교도관들에게 순종하고 있었다. 환자들이 정신질환에서 비롯된 것이 분명해 보이는 행동을 했다가 규율 위반으로 보고되는 경우에도 그들은 상황에 개입하여 치료를 제안하는 대신 침묵을 지켰다. 가령 충동조절장애를 진단받은 한 환자는 한 번 분노를 폭발한 뒤 기본 권리를 박탈당했다. 의료진은 겉핥기식 논의를 거쳐 그 일이 환자의 질환과 무관하다고 결정했다.

교도소 내의 정신보건 실태를 연구하는 존제이범죄학대학교 교수 밥 그레이핑거Bob Greifinger에 따르면 이러한 일상적인 방기는 파렴치한 학대에 못지않게 치명적이지만 그만큼 해롭다고 인식되지 않는 것 자체가 치명적인 결과를 낳는 주된 이유다. "이런 종류의 강압은 비교적 쉽게 인지되지 않습니다." 그레이핑거가 나에게 설명했다. "의료진 가운데 '잠깐만, 내가 환자를 돌보는 데 저들이 훼방을 놓고 있어'라고 말할 수 있는 사람이 너무도 적어요." 데이드의 직원회의에 참석했던 어떤 사람은 상담사와 치료사 들이 재소자의 정신과적 필요보다도 그 자리에 있는 교도관들에게 더 신경 쓰더라고 했다.

2015년 가을, 미 법무부 민권국은 대런 레이니의 죽음이 교도소에 만연한 학대의 결과인지를 확인하기 위해 수사를 시작했다. 플로리다주의 교도소 시스템이 연방정부의 조사 대상이 된 것은 그때가 처음이 아니었다. 2006년, 주지사 젭 부시Jeb Bush가 주 교도국장으로 임명했던 제임스 V. 크로스비James V. Crosby가 민간 업체로부터 리베이트를 받은 혐의로 징역 8년형을 선고받았다. 전직 교도소장 론 맥앤드루가 나에게 말하기를, 크로스비의 재임 기간에는 부정부패가 용인되는 정도가 아니라 아예 장려되기까지 했고 이른바 '깡패단goon squad'이 심심풀이 삼아 재소자를 빈번히 폭행하는 일도 묵인되었다(1999년 프랭크 발데스라는 재소자가 구타당해 사망한 교도소의 소장이 바로 크로스비였다). 그러던 것이 육군사관학교 출신이고 베트남전에 소대장으로 참전한 이력이 있는 제임스 맥도너가 크로스비의 공석을 채우면서부터 분위기가 달라졌다. 그는 부정부패가 의심되는 수십 명의 교도소장과 상급 간부를 해임했다. 그러나 그의 임기는 1년을 조금 넘기고 끝났다. 한편 이 시기에 양형 기준이 강화되면서 플로리다주 교정시설의 수감자 수가 수용 가능 인원을 초과하는 와중에 교도소 인력은 예산 부족으로 감축되었다. 그 결과 여러 교도소에서 교도관의 근무시간이 길어졌으며, 이로 인해 스트레스 수치와 함께 학대 가능성도 높아졌다.

대런 레이니 살인 사건의 여파 속에서 주 교도국장에 임명된 줄리 존스는 플로리다주의 교도소 문화를 바꿀 것을 다시 한번 맹세했다. 부임 몇 달 만에 발표한 "보복에 대한 입장문"에서 그는 "문제를 제기하고 나서는" 직원은 그 누구도 "보복을 겪지 않을 것"이라고 약속했다. 나는 데이드 교도소 벽에 이 입장문이 담긴 액자가 걸려 있는 걸 보았다. 그러나 존스는 입장문을 발표하기 몇 달 전, 교도국의 모든 감찰관은 수사 내용에 관한 기밀유지 서약에 서명해야 한다는 내용의 공문을 회람시켰다. 데이드 교도소의 벽에 이 메모와 관련된 것은 없었다.

해리엇 크르지코프스키는 미주리주로 이사한 뒤 다시 교도소 일을 할까 잠깐 고민했다. 결국 그는 위기 청소년을 위한 기관에 들어가 트라우마성 학대와 폭력에 노출된 아이들을 상담하게 되었다. 해리엇은 이 아이들의 경험에서 자신의 힘들었던 어린 시절을 떠올릴 때가 많았다. 그리고 데이드 교도소의 환자들이 들려준 이야기들도 떠올렸다. 많은 재소자가 어릴 때부터 폭력에 시달렸다. 해리엇은 폭력은 폭력을 낳는다는 것을, 즉 폭력의 피해자가 폭력의 가해자로 성장하는 경우가 흔하다는 것을 깨달았다. 이 사실에 충격을 받은 사람은 해리엇만이 아니었다. 2012년 사회학자 브루스 웨스턴Bruce Western의 연구팀은 매사추세츠주 교정시설 수감자 122명과 심층 인터뷰를 진행했다. 그중 절반이 어린 시절 부모로부터 구타당했다고 답변했다. 성폭행을 당한 사람도 많았다. 또한 무질서하고 위험한 동네에 살면서 총기 사고를 목격한 사람도 많았다. "대다수의 폭력범은 처음 범죄를 저지르기 한참 전부터 피해자다." 웨스턴은 이렇게 요약한다. 과거에 피해자였던 수감자가 많다는 것은 그들이 그저 처벌의 대상이 아니라 "자비와 연민"의 대상임을 뜻하지만, 교도소에는 그런 정서가 거의 없다고 웨스턴은 말한다. 인터뷰에 참가한 수감자의 4분의 3이 교도관이나 다른 재소자의 폭력을 목격했다고 답변했던 것이다.[14]

해리엇은 새로운 일터에서 보람을 느꼈지만 지난날의 힘든 기억은 아직 남아 있었다. 어느 날 아침, 나는 그가 주말에 즐겨 찾는다는 미주리강 기슭의 자연보호구역에서 그를 만났다. 우리는 낙엽이 수북이 쌓인 구불구불한 오솔길을 따라 30분쯤 걷다가 강가의 탑 앞에 멈추어 섰다. 캐러멜색의 가느다란 띠 같은 강물 위로 보트가 두어 척 떠다니고 있었다. 해리엇은 벤치에 앉아 기슭을 가볍게 쳐대는 강물을 내려다보다가 난간에 두 발을 올렸다. 그러곤 내게 말하길, 데이드에서 일하기 전까지만 해도 도덕성이 무엇인지 분명히 알고 있었다고 했다. "난 세상 이쪽에는 옳은 일이 있고 저쪽에는 그른 일이 있다고, 옳고 그름은 그렇게 나뉘어 있다고 생각했어요. 옳은 일을 해야 하는 자리에 있는 사람들은 언제나 옳은 일을 할 거라고도 생각했어요. 왜냐하면 그들은 애초에 옳은 일을 하고 싶어서 그 자리에 간 거라고 생각했거든요." 이 명쾌했던 구분이 이제는 자신의 경험이 비추는 희부연 빛 속에서 혼란스럽고 흐릿해졌다. '나는 시스템의 피해자였을까, 아니면 시스템의 도구였을까? 난 어느 쪽에 섰던 것일까?' 때로는 자신에게 선택지가 없었다는 사실이 떠올랐다. 데이드 교도소에서 그는 '아무것도 아닌 사람'이었다. "사다리의 맨 아래층에 속했고" 사소하디사소한 불복종의 기색만으로도 위험을 자초할 수 있었다. 그러나 때로는 이것도 그저 합리화라는 생각이 들면서 죄책감 혹은 수치심이 엄습했다. 가령 저녁에 아이들의 목욕물을 받아 수온을 확인할 때면 대런 레이니를 떠올리지 않을 수 없었다.

해리엇이 나를 주로 야외에서 만난 이유는 아마 프라이버시 때문이었을 것이다. 공원이나 자연보호구역에서는 아무도 우리의 대화를 엿듣거나 그가 우는 모습을 볼 수 없었으니까. 그는 몇 번인가 눈물을 흘렸다. 그런데 하루는 해리엇이 실내에서 만나자고 했다. 세인트조지프에 있는 글로어 정신의학 박물관^{Glore Psychiatric} ^{Museum}이었다. 꼭 병원처럼 생긴 우중충한 벽돌 건물이었다. 1층의 작은 기념품 가게를 통과해 계단을 오르니 2층 전시실에는 과거에 정신질환자를 치료했던 방법을 섬뜩하게 보여주는 불가사의한 의료 기기(고열 치료함, 전두엽 절제 수술대)가 가득했다. 전시를 둘러보던 해리엇은 파리의 살페트리에르 병원에서 환자를 가두었던 방을 실물 크기로 재현한 설치물 앞에 섰다. 미셸 푸코는 1961년에 출간한 《광기의 역사》에서 17세기 중반에 시작된 '대감금 시대'의 살피트리에르를 묘사했다. 해리엇은 밀짚이 흩어져 있는 칙칙한 방을 들여다본 뒤 벽에 붙어 있는 설명을 읽었다.

살피트리에르 병원에서 정신이상자는 비좁고 더러운 방에 갇혀 지냈다. (⋯) 동상에 걸려도, 그것도 자주 걸려도 치료받지 못했다. 음식은 하루 한 번 빵이 배급되었고 때로 묽은 죽이 곁들여졌다. 가장 모욕적인 것은 사슬이었다.

이후 바깥의 정자에서 해리엇은 그동안 바뀐 게 거의 없다고 말했다. "우리는 배우는 속도가 너무 느리네요."

나중에 알고 보니 글로어 정신의학 박물관은 원래 주립 정신병원의 진료동이었다. 나는 환자를 수용했던 병원 본관이 궁금하여 며칠 후 다시 그곳을 찾았다. 소나무 그늘이 드리운 좁은 연결로를 따라 큰길에서 더 안쪽으로 들어가니 한층 외딴 구역이 나왔다. 그곳에 주립 정신병원의 본관이었던 건물이 있었고 건물 주위는 위쪽에 날카로운 철편을 박은 철조망에 에워싸여 있었다. '주립 광인 수용소 2호'는 이제 교도소다.

2

어떤 시스템이
교도관을 잔혹하게 만드는가

플로리다 주정부는 언론의 뭇매를 이기지 못하고 결국 대런 레이니 사망 사건을 재수사하고 그에게 '샤워기 치료'를 한 교도관들의 기소 여부를 결정하기로 했다. 2017년 3월 17일, 마이애미-데이드 카운티 지방검사 캐서린 페르난데즈 런들은 이 교도관들에게 범죄 혐의가 전혀 없다고 발표했다. 런들 검사실에서 발표한 보고서 〈구속 중 사망 사건 수사 종결에 관한 메모〉에 따르면 레이니의 사망 원인은 조현병·심장질환·"샤워실 내 감금"이었지, 학대나 형사상 과실이 아니었다. 보고서는 "교도관들이 레이니 씨

의 건강을 심각하게 방임했다는 증거가 없다"고 결론지었다.[1]

런들의 보고서는 이 결론을 도출하기 위해 데이드 교도소에 '심각한 방임'이 만연해 있다는 방대한 증거를 적극적으로 무시했다. 해리엇 크르지코프스키 등 여러 전환치료병동 상담사가 목격한 학대와 위협을 언급하지 않았다. 재소자들이 구타당하고 고문당하고 음식을 받지 못했다는 사실도 언급하지 않았다. 런들 수사팀이 중요한 정보원들로부터 증언을 수집하기는 했다. 그러나 그중 한 사람인 해럴드 헴스테드에 대해서는 증언이 앞뒤가 맞지 않고 그의 주장이 다른 재소자(그중 다수가 그의 진술을 사실로 확인해주었다)의 견해를 "오염"시켰다면서 그를 신뢰할 수 없는 증인으로 배제했다. 반면에 교도관들의 진술은 훨씬 적게 의심했다. 수사팀은 교도관들이 레이니의 몸과 감방 벽에 배설물이 묻은 것을 발견하고는 위생상 그를 샤워실에 데려갔으며 "스스로 몸을 씻게" 했다는 말을 그대로 믿었다.

수사팀은 검시관 에마 루 박사의 주장도 의심하지 않았다. 그는 사망자에게 "눈에 띄는 외상이 전혀 없었고, 특히 몸에 **어떤 종류의 열상(화상)도 없었다**"고 보고했다. 이 결론은 사망 직후 레이니의 시신을 부검한 마이애미-데이드 카운티 검시관이 "시신 전체에서 눈에 띄는 외상이 발견되었다"고 보고했던 것과 상반된다(런들은 보고서에 이 부검 보고서에 대해서도 언급하지 않았다). 또한 언론에 유출된 부검 사진과도 모순된다. 레이니의 가슴을 찍은 사진에는 피부 밑의 희끄무레한 조직과 혈관이 여기저기에 드러나 있었다. 등을 찍은 사진에서는 목덜미부터 양쪽 어깨뼈까지 피부가 벗겨져 있었다. 시신의 팔다리, 얼굴, 배에 눈에 띄는 상처가 있었다. 2017년 5월 6일자 《마이애미 헤럴드》에 따르면, 이 사진을 살펴본 법의학 병리학자 두 명은 레이니의 죽음이 타살이고 시신의 상처는 화상이라고 판단했다.[2]

런들의 보고서는 눈가림에 불과했을 뿐만 아니라 플로리다주 교도소에 만연한 면책 문화를 보여주는 증거였다. "우리는 지방검사가 이 사건을 더 깊이 들여다보지 않고 가담자들이 유죄임을 알아보지 못하는 것에 놀라움을 금할 수 없다." 레이니의 유가족 측의 변호인인 밀턴 그라임즈는 《마이애미 헤럴드》에 이렇게 말했다. 해리엇 크르지코프스키 역시 놀라움을 금치 못했다. 그럼에도 그는 자신이 목격한 잔혹 행위와 부패의 책임이 교도관들에게 있다고는 생각하지 않았다. 그가 데이드에서 만난 교도관 중에는 재소자를 인격적으로 대하는 괜찮은 사람도 많았다. 나아가 재소자를 학대하는 교도관들은 그저 이 사회의 요구에 응하고 있는 것뿐이라고 해리엇은 생각했다. 정신질환자를 가망 없는 존재로 여기고 교도소에 몰아넣으려는 요구 말이다.

재소자를 학대하는 교도관은 에버렛 휴스가 1962년에 말한 바로 그 일, 즉 사회의 더티 워크를 떠맡은 사람이다. 휴스는 이렇게 썼다. "때때로 우리는 교도소나 구치소의 죄수들에게 잔혹 행위가 자행되고 있다는 풍문을 듣는다." 그런 행동에 대해 교도관을 비난하고 싶은 충동은 자연스럽다. 그러나 교도관은 사실 "우리의 대리인"일 뿐이다. 대다수의 국민이 느끼기에, 교도관이 집행하는 처벌은 사회의 '외집단'인 범죄자들이 "선량한 사람들로 구성된 내집단에서 떨어져나갔기 때문에 마땅히 받아야 하는 처벌"이다. 그 처벌이 "우리가 생각하고 싶어 하는 정도를 넘어설 때는 좀 나쁜 것이 된다. 바로 이 지점에서 우리는 양가적이다."[3]

이어 휴스는 "미심쩍은 관행"에 가담한 뒤 자신의 행동을 정당화하고 자랑스러워하는 "하급 교도관"의 관점으로 그를 멸시하는 '윗사람들'과 '선량한 사람들'의 위선을 비웃는다. 이 교도관은 그들을 위선자로 여길 이유가 충분하다. "그는 자신을 고용한 사람의 바람, 즉 대중의 바람이 전혀 일관되지 않다는 것을 잘 안다. 대중은 교도관이 지나치게 가혹할 때와 마찬가지로 지나치게 친절할 때도 비난한다. 또한 종종 그렇듯 교도관의 성격이 잔혹할 경우 그는 다른 사람들이 하고 싶어도 감히 하지 못하는 일을, 혹은 다른 사람들이 자신의 위치에 있었다면 똑같이 했을 일을 자신이 한 것뿐이라고 정당화한다."[4]

낙인찍힌 시설에서 일한다는 것

빌 커티스는 교도관들이 사회로부터 양면적인 메시지를 받는다는 것을 잘 알고 있었다. 2004년, 그는 월마트에서 검은색 가죽 허리띠를 사고 1969년산 군화(베트남에서 훗날 부통령이 되는 앨 고어와 같은 부대인 제20 공병여단 소속으로 2년간 복무를 마치고 귀국할 때 가져온 것이다)에 침을 발라 광택을 낸 뒤, 플로리다주 푼타고르다의 샬럿교도소Charlotte Correctional Institution로 첫 출근을 했다. 그로부터 일주일도 지나지 않아 무거운 군화를 가벼운 나일론 부츠로 갈아 신었지만(알고 보니 이 일터에서는 무엇보다 발이 가벼워야 했다) 이 일을 하는 내내 군 생활의 기억이 그의 머릿속을 떠나지 않았다. 그는 교도소가 전쟁터와 그리 다르지 않다는 것을 깨달았다.

일리노이주 남부 출신인 커티스는 1989년에 아내와 함께 플로리다주로 내려왔다. 이후 15년간 가구 소매점에서 일하며 그럭저럭 살다가 상사와 싸우고 직장을 그만두었다. 얼마 후 그는 신문에서 교도관 구인 공고를 보고 그 자리에 지원했다. 함께 교육받은 지원자 대다수는 20~30대의 젊은 남자들이었다. 커티스는 나이가 많아서 덥수룩한 갈색 머리카락이 희끗희끗 세기 시작했지만 체격은 운동선수처럼 호리호리했다. 아직 팔팔한 아마추어 권투선수이기도 해서 가끔 체육관에서 젊은 신수들과 스파링할 때도 밀리지 않았다.

커티스는 교도소에 오자마자 그 스파링 기술을 검증받았고, 교도관 사이에 팽배한 '우리 대 저들'이라는 사고방식도 곧 내면화했다. 이쪽에는 교도관들이 있고 저쪽에는 재소자들이 있다. 교도관들이 "권한과 열쇠"를 가졌다면 재소자들은 "숫자와 시간"을 가졌다고, 커티스는 나와 점심을 함께한 자리에서 설명했다. 어느 쪽이든 상대에게 그다지 호의적이지 않았다. 일부 재소자에게는 아예 호의를 품어선 안 된다. 신입 교도관은 잘못된 순간에 잘못된 상대에게 등을 보였다가 앰뷸런스나 관에 실려 갈 수 있다는 사실부터 배웠다. "난 목이 잘린 교도관을 옮긴 적도 있어요." 커티스가 말했다. "몇 번인가는 내 목숨을 지키려고 싸웠지요." 한 예로 그는 교도소에 금지 물품을 몰래 들여오고 교도관들을 위협하던 유난히 위험한 재소자와 대립하다가 그에게서 "영영 휴가를 가셔야겠다"라는 말을 들었다. 결국 그 재소자는 다른 교도관을 인질로 잡아 그의 목에 길이가 20센티미터가 넘는 칼을 들이댔다 (교도관 측의 설득으로 칼을 넘기고 인질을 풀어주어 인명 피해는 없었고, 그 재소자는 다른 시설로 이송되었다). 교도관으로 일한다는 것은 "끝없는 불안" 상태로 살아가는 것이라고 커티스는 설명했다. 당시 '밀착 관리'를 위한 엄중 감금 시설로 지정되어 플로리다주에서 가장 폭력적인 범죄자를 수용하던 샬럿 교도소에서는 더더욱 그러했다.

대다수의 교도관과 마찬가지로 커티스는 이 시스템이 죄수가 아니라 교도관에게 불리하게 짜여 있다고 느끼기 시작했다. "재소자를 보호하는 규칙이 그렇게 많아요. 보장해줘야 하는 권리도 그렇게 많고." 커티스는 이렇게 불평하면서도 교도관들이 그 규칙을 늘 지키지는 않는다는 사실을 부정하지 않았다. 그는 샬럿에서 일할 때 썼던 일기장을 나에게 보여주었다. 2005년, 교도관 일을 시작한 지 1년이 지났을 때의 일기에는 그가 화학 약품 사용에 관한 규정을 읽고 "약간 놀랐다"는 기록이 있었다. 교도관들은 거의 언제나 재소자들에게 화학물질 스프레이를 뿌렸기 때문이다. "규정에 따르면 화학 약품은 처벌 목적으로 사용해서는 안 되고, 무질서한 행동을 통제하는 최후의 수단으로만 사용해야 한다." 커티스는 이렇게 썼다. "그동안 지켜본 바에 따르면 화학 약품은 미리 계획되고 예정된 처벌에 쓰였다." 다른 날 일기에는 이렇게 썼다. "일부 교도관 사이에서 권력 남용과 부당한 행동은 예외가 아니라 표준이다. (…) 이들은 늘 재소자를 부추기고 놀리고 협박하고 신체적 학대도 자주 한다." 어느 날 일기에는 한 교도관이 "화학물질에 알레르기 또는 이상 반응을 보이는 재소자의 얼굴에 표백제를 섞은 스프레이를 뿌리다가 적발되었다"고 썼다. 해당 교도관이 재미로 그런 짓을 한 것은 그때기 처음이 아니었다.

"나는 살면서 나쁜 일, 추악한 일을 많이 봤어요." 커티스가 말했다. "하지만 교도소에 와서 그때까지 한 번도 본 적이 없는 잔인한 일들을 보았습니다. 이건 진짜 잔혹 행위, 그저 고의적인 잔혹 행위입니다. 아내를 때리는 남편 같아요. 일부 교도관은 재소자를 딱 그렇게 때립니다." 커티스는 그런 교도관에 대한 경멸을 감추지 않고 그들을 '연쇄 공갈꾼serial bully'이라고 불렀다. 그러나 이 문제를 내부에 고발한다는 건 상상할 수 없는 일이었다. 동료를 배신한 교도관은 "일을 그만두게 되어 있습니다. 저들이 그 사람을 해고할 방법을 찾아내거나 그 사람의 차바퀴에 구멍을 내거나 그 사람을 따돌리거나, 아니면 어딘가에 매달아 두고는 재소자에게 해치게 할 테니까요."

커티스는 살고 싶었다. 62세까지 일하다가 은퇴하고 싶었다. 그러나 '연쇄 공갈꾼' 문제를 큰 소리로 비판하기 어려웠던 이유, 혹은 자신은 저들과 달리 정의롭다고 생각하기 어려웠던 이유는 따로 있었다. 문제의 진짜 원인은 플로리다주의 주민들이 딱 그 정도의 비용을 내고 있다는 것이었다. 그들은 주립 교도소를 가득 채우고 싸게 운영하다가 그로 인한 불쾌한 결과가 눈앞에 드러나면 분개하고 비난했다. "이곳의 진짜 문제는 일반 시민들이 죄수들을 돌보는 데 필요한 비용을 내지 않으려 한다는 것이다." 커티스는 일기에 이렇게 썼다. "우리는 우리 사회가 얼마나 인도적이고 관대한지 유창하게 떠들어대다가, 교도소 문제에 이르면 그럴 돈이 없다고 말한다."

　나와 함께한 점심 자리에서 커티스는 플로리다주의 초급 교도관 임금이 2016년 기준 2만 8000달러라고 말했다. 플로리다주에서 일하는 수천 명의 교도관을 대표하는 팀스터즈Teamsters*가 2010년 지방선거에서 임금 인상을 위해 노력했음에도 교도관의 임금은 2005년 이후 2016년까지 한 번도 인상되지 않았다. 그 와중에 주립 교도소들은 차례차례 일선 인력을 최대한 감축했는데, 여기에는 2010년 주지사 선거에서 교도국 예산 40퍼센트 삭감을 공약으로 내걸고 당선된 릭 스콧Rick Scott의 영향이 컸다. 스콧 주지사는 각종 교정 사업의 민영화, 인력 감축, 1일 8시간에서 12시간으로 근무시간 확대에 착수했으며, 그 결과 교도관의 이직률이 크게 늘고 교도관의 폭력 사건이 가파르게 증가했다. 커티스는 자신도 늘 신중하게 물리력을 행사하지는 못했음을 인정했다. 한번은 재소자와 "격하게 붙어" 세게 내던져진 적이 있었다. 콘크리트 바닥에 머리뼈가 깨질 뻔했다. 이 이야기를 할 때 커티스는 눈을 내리깔았다. "그건 완전한 불법 행위였어요." 그가 말했다. "내가 그러면 안 됐는데." 하지만 커티스가 이 이야기를 꺼낸 이유는 자신

---

* 플로리다주는 노동조합 의무 가입이 금지된 주이기 때문에 모든 교도관이 이 조합에 소속된 것은 아니다.

이 말하고 싶은 요점을 강조하기 위해서였다. 훈련·급여·인력 충원·교화 과정에 돈을 쓰지 않는 시스템에서는 너그러운 교도관마저 나쁜 짓을 한다는 것이 그의 요점이었다. 교도소에 정신질환자가 너무나 많아진 것도 문제를 악화시켰다. 일기장의 한 대목에서 그는 샬럿 교도소에 "정신이 온전치 않은" 재소자가 많은 이유를 "주립 정신보건 시설이 급감"했기 때문이라고 적었다. 커티스는 정신질환자와 관계 맺는 방법을 훈련받은 적이 없었다.

권투선수이자 군인 출신이라는 커티스의 이력은 가혹한 처벌을 내리는 근육질의 무감정한 법 집행자라는 대중의 이미지에 부합한다. 그러나 그의 일기를 읽어보면 커티스는 지나치게 가혹한 처벌에 대해서는 충격을 느꼈다. 처벌 집행자가 자신의 동료라고 해도 마찬가지였다. 커티스의 취미는 야외에서 별을 보는 것과 독서였다(그는 플로리다주 작가인 칼 히아센Carl Hiaasen의 범죄 소설을 특히 좋아한다). 심지어 그는 직접 소설 집필에 도전한 적도 있다. 그는 나중에 자기가 쓴 소설을 나에게 보내주었다. 이야기의 배경은 예산 삭감으로 인해 붕괴하기 직전인 교도소다. 감방은 에어컨이 고장 나서 너무 덥고 소고기와 닭고기 대신 값싼 단백질 대용 식품이 식사로 나온다. 스위치는 늘 합선을 일으킨다. 이야기의 주인공인 버니 페트로브스키 교도관은 이라크전 참전용사이며 씹는 담배를 즐긴다. 그는 6년 동안 임금이 동결된 데다 만성적인 인력 부족으로 한시도 쉬지 못한다. 한 장면에서 그는 자신의 이라크전 경험과 교도소 경험을 비교한다. "사막 전쟁에서 우리는 상부에서 차량 무장에 돈을 쓰기로 결정할 때까지 험비를 타고 다니다가 폭발로 죽을 뻔했지. (…) 이곳에선 경영진이 예산을 계속 깎기만 해. 그건 점점 줄어드는 인력과 장비로 갈수록 더 높아지는 기대치를 충족해야 한다는 뜻이야."

커티스가 인정한 대로, 이 소설은 살짝 위장되기는 했지만 사실 그의 경험담이다. 적은 예산으로 운영되는 교도소는 적은 예산으로 치르는 전쟁과 무척 닮았다. 사기가 떨어지고, 긴장은 높아지고, 최전선의 인력은 자신들이 가진 한 가지 도구에 점점 더 의존하게 된다. 그 도구는 잔인한 물리력이다. "돈이 부족한 사람이 교도소를 통제할 유일한 방법은 잔인성과 위협과 공포를 이용하는 것입니다." 커티스가 말했다. "그리고 그렇게 하려면 이따금 누군가를 족쳐야 합니다. 그렇게 잔인하게 굴어야 부하들이 보고 배우거든요. 나도 딱 그렇게 배웠고요."

그 누구도 커티스와 그의 동료들에게 잔인해지라고 명령하지 않았다. 하지만 아무도 그들에게 이를 말할 필요도 없었다. 혼잡하고 인력이 부족하며 재소자는 넘치고 질서 유지 외에 다른 일을 많이 할 것 같지도 않은 교도소에서 질서를 유지하게 하고 그

대가로 변변찮은 임금을 주는 것으로 충분했다. 커티스가 베트남전에 참전했을 무렵에는 미국의 형사처벌 체제를 감독하는 관료 대부분이 교화주의적 이상을 따랐다. 이 관점에 따르면, 형사처벌 체제는 공공의 안전을 유지한다는 목표는 물론 범죄자에게 삶의 기회를 확대해준다는 목표하에 설계되어야 하며, 형기를 마친 범죄자에게 생산적인 사회 구성원이 될 기회를 보장해야 한다. 20세기 대부분의 기간에는 이것이 정부와 교도소 운영진의 지배적인 관점이었고, 양형 기준부터 가석방 제도, 치료 계획 등 모든 것이 이 이상에 따라 결정되었다. 그러나 커티스가 플로리다주로 이주한 1980년대 말에 이르면 교화주의적 이상 대신 더 징벌적인 접근법, 즉 폭력범은 물론 비폭력범까지 모든 범죄자를 엄벌하고 무력화해야 한다는 관점이 우세해졌다.

이처럼 교화주의가 힘을 잃어가고 최소 의무 형량제, '삼진 아웃법' 같은 엄벌 정책이 몇십 년간 유행하면서 미국의 교정시설은 대대적인 '붐'을 맞이했다. 선출직 공무원은 좌우를 가리지 않고 엄벌주의를 도입했다. 가령 1980년대에 공화당의 로널드 레이건 대통령은 '마약과의 전쟁'을 대폭 확대했고, 민주당의 빌 클린턴 대통령이 서명한 1994년 범죄법은 각 주정부가 더욱 많은 사람을 교정시설에 수감하도록 동기를 부여했다. 이 법들은 일반 시민의 바람을 거슬러 억지로 시행된 것이 아니었다. 이 법들은 대중의 정서를 반영하고 구체화했다. 교화주의 이상을 추구하던 시대에 범죄자는 혜택을 받지 못하고 교육과 기회를 부당하게 박탈당한 개인으로 여겨지는 경향이 있었다. 이제 이들에겐 '불한당thug' '이상포식자superpredator'처럼 인간성을 부정하는, 인종적으로 암호화된 딱지가 붙었다(미국 사회에서 thug, superpredator는 거의 배타적으로 흑인을 가리킨다는 점에서 인종적 함의가 있다는 뜻이다.-옮긴이). 이제 범죄자는 구제 불가능하고 고통받아 마땅한 족속이 되었다. 이 시기의 정치가들이 두려워한 것은 지나친 엄벌주의가 아니라 자신이 '범죄에 관대한' 사람으로 비춰지는 것이었다. 이러한 수사법의 변화가 구치소와 교도소의 일선 인력에 보내는 메시지는 분명했다. 이 사회는 그들이 재소자를 가혹하게 취급하기를 기대한다는 것이었다. 그러면서도 '선량한 사람들'은 그 불미스러운 사정까지 자세히 알고 싶어 하지 않았고 재소자 중 흑인 비율이 불균형하게 높다는 사실을 떠올리고 싶어 하지 않았다. 미국 교도소의 흑인 재소자 비율은 아파르트헤이트 시대 남아공의 교도소보다도 높았다. 이 사태가 과연 정상인지 혹은 정당한지에 대해 일부 입법자들이 의문을 제기하기 시작한 것은 감옥에서 비참하게 살아가는 인구가 2000만 명을 넘어섰을 때였다.

이 사회기 오래전부더 교도관들에게 보내온 메시지기 또 하나 있다. 교도관 일은 천하고 불명예스럽다는 것이다. 과거의 명

칭으로 '옥졸turnkey' 또는 '간수keeper'는 지금과 마찬가지로 임금이 쥐꼬리만 하고 근무시간은 길었다. 거기다 성격이 잔혹한 사람들이라는 악평까지 받았는데, 이는 이 직업의 역사만큼이나 오래된 인식이었다. 1823년에도 뉴욕주의 한 감옥에 관한 글에서 간수는 "비열하고, 제 권력에 도취되었으며, 저속한" 인간으로 묘사되었다.[5] 그로부터 한 세기 후인 이른바 '진보 시대'에는 형벌 개혁가들이 교도소를 더 인도적인 시설로 개조하자는 야심 찬 계획을 내놓았다. 엄격히 통제되는 황량한 19세기식 감옥(가령 뉴욕주의 오번 주립 감옥Auburn State Prison에서는 재소자가 침묵 속에서 식사해야 했고 일상적으로 매질을 당했다) 대신에 야구장, 공방, 극장을 갖춘 계몽된 안식처를 마련하자는 제안이었다. 그러나 역사학자 데이비드 로스먼David Rothman이 말하듯이 이 비전을 실현할 자원을 확보한 교도소는 거의 없었고, 대부분의 교도소가 과거와 다름없이 "잔인성이 만연한 장소"로 남았다. 과거와 다름없이 교도소는 제대로 훈련받지 못한 교도관들이 과로하는 일터였고 교도관이라는 직업은 "기술도 없고 교육도 받지 못한 이들이 선택하는 최후의 수단"이었다.[6] 범죄학자 프랭크 타넨바움Frank Tannenbaum은 1922년 저서 《담장 그늘 Wall Shadows》에서 "간수의 심리를 이해하는 데 핵심"은 "권위의 행사와 그에 따른 잔인성의 향유"라고 썼다.[7] 타넨바움은 실업자 시위에 참가했다가 '불법 집회'를 주최한 죄목으로 블랙웰스 아일랜드

Blackwell's Island에서 복역했던 경험을 토대로, 그러한 심리는 개인의 결함이 아니라 구조적 환경에서 비롯된다고 주장했다. 죄수와 똑같이 가혹하고 억압적인 환경에 처한 간수는 특히 자신이 죄수와 다르다는 사실(나아가 죄수보다 우월하다는 사실)을 확인하려는 욕망을 느낀다. "간수는 자신의 깨끗한 양심을 지키기 위해서 자신과 자신이 지키는 사람을 분명히 구분해야 하고 또 본능적으로 그렇게 한다. 이 간극을 채우는 것은 경멸이다." 타넨바움은 이렇게 말했다.[8] 이와 비슷하게 그레섬 M. 사이크스는 1958년에 출간하여 고전이 된 저서 《포로 사회The Society of Captives》에서 교도관은 "잔인한 폭군"이라는 인식에 이의를 제기하면서, 실제로는 많은 교도관이 질서 유지를 위해 재소자와 협상하고 타협하는 법을 배운다고 주장했다. 하지만 그런 교도관이라고 해서 조금이라도 덜 황량한 삶을 사는 것은 아니었다. "교도관 일은 흔히 우울하고 위험하며 위신도 낮은 편이다."[9]

사이크스의 책이 출간된 1950년대 미국에서 교도관과 경찰관은 백인의 직업이었다. 이 인종적 특징이 1970년대 초부터 바뀌기 시작했다. 변화의 배경에는 1960년대의 정치적 격변과 1971년 아티카 폭동 등의 사건이 있었다. 뉴욕주 아티카 교도소Attica Correctional Facility에서 발생한 재소자 폭동 사건은 미 전역의 교도소에 만연한 인종차별에 관심을 불러 모았고 개혁가들은 소요를 잠재우려면 유색인 교도관 비율을 늘려야 한다고 주장했다. 아티카 재소자들의 요구 사항 중 하나도 "상당수의 흑인과 스페인어 구사자를 고용하겠다는 약속"이었다.[10] 1973년 법무부가 소집한 형사처벌의 기준과 목표에 관한 국가자문위원회National Advisory Commission on Criminal Justice Standards and Goals는 재소자에게 더 온정적인 태도를 가진 소수인종 교도관을 채용하기를 권고했다. "흑인 재소자는 그들이 동일시할 수 있는 흑인 직원을 원한다." 위원회는 이렇게 주장했다.[11] 흑인을 고용하면 재소자와의 관계가 개선된다는 이 가정을 검증하기 위해 1978년 사회학자 제임스 제이컵스James Jacobs와 로런스 크래프트Lawrence Kraft는 흑인 교도관 비율이 높아지던 일리노이주 교도소 두 곳을 조사했다. 두 곳 모두 최고 보안 시설이 있는 곳이었는데, 여기서 흑인 교도관들은 "여기 있는 모두가 감옥에 갇혀 마땅한 사람은 아니다"라고 생각하는 경향을 보였고 정치적으로도 백인에 비해 진보적인 성향을 나타냈다. 그러나 이들은 처벌이 감금의 주목적이라고 생각하는 경향이 백인 교도관보다 더 강한 "적극적인 규율주의자"이기도 했다. 이러한 차이가 나타나는 이유는 재소자에게 온정적인 흑인 지원자는 채용 과정에서 걸러지기 때문이라고 제이컵스와 크래프트는 추측했다. 또 하나의 이유는 흑인 경찰관과 마찬가지로 흑인 교도관은 공감하는 마음을 억누름으로써 자신의 자격을 입증해야 한다는 추가적인 압박을 느끼기 때문이라는 것이었다. 제이컵스와 크래프트는 이유가 무엇이든, 소수인종 고용이 재소자에 대한 존중으로 이어진다는 가정은 사실과 거리가 멀고, 교도관의 태도와 행동은 "최고 보안 교도소라는 조직에 짜여 들어가 버린다"고 분석했다. 이와 더불어 두 사람의 눈에 띈 사실 하나는, 흑인은 교도관 일에 잘 적응하지만 자기 일이 "부끄러워서" 사람들에게 말하지 못하는 경우가 백인보다 두 배 많다는 것이었다. 또 하나 눈에 띈 사실은 인종 구분을 넘어서는 것이었다. "인종을 막론하고 대다수의 교도관은 아들이 자신과 같은 직업을 택하지 않기를 바랐다."[12]

1960년에서 2015년까지 흑인 교도관 비율은 재소자(특히 흑인)의 증가에 비례하여 네 배 이상 늘었다. 대량감금 시대에 교정 시설을 운영할 '기회'가 흑인에게 점점 더 많이 돌아간 것이다. 여러 도시 지역에서 교도관의 인종 구성이 재소자의 인종 구성과 비슷해졌다. 뉴욕시의 경우 2017년 기준 교도관의 약 90퍼센트가 흑인과 라틴계다. 여성 교도관 비율도 급증했다. 일부 경제학자들은 교도관이 '좋은 일자리'라고 주장했는데, 교도소의 증가세 덕분에 (이제 그 이름도 '간수'가 아닌) 교도관이라는 직업에 과거에 없던 새로운 정당성이 부여된 것은 사실이다. 뉴욕주, 캘리포니아주 등 일부 지역에서는 교도관이 적당한 임금을 받고 노조 가입을 통해 실질적인 정치적 영향력을 행사할 수 있다. 일부 시골 지역에서는 근처에서 구할 수 있는 가장 좋은 일자리가 교도관이다. 교도소는 패스트푸드점이나 (이미 오래전에 사라진) 공장에서는 받을 수 없는 수당도 보장한다.

그러나 교도관을 직업으로 선택하는 사람은 주로 침체되고 척박한 촌구석에 사는, 선택지가 별로 없는 사람들이다. 빌 커티스를 만나고 며칠 후, 나는 그런 지역으로 차를 몰았다. 데이드 교도소가 있는 플로리다시티였다. 이 소도시는 키웨스트로 향하는 고속도로의 마지막 경유지이며, 그 옆의 홈스테드와 함께 데이드에 교도관 인력을 공급하는 지역이다. 키스 제도로 넘어가기 전에 잠깐 차에 기름을 넣을 때를 빼고는 유복한 주민들이 발을 들이지 않는 그런 곳이다. 내가 찾아간 금요일 아침, 플로리다시티는 강한 햇볕 속에 황량하게 서 있었다. 중심 상가에 늘어선 허름한 상점들, 마구잡이로 섞여 있는 사업장들은 사람이 없거나 문을 닫았다. 나는 그 길을 몇 블록 따라가다가 이례적으로 붐비는 구역이 보이기에 그리로 들어갔다. 길 한쪽에는 교회가 서 있었고 그 앞에는 "주님을 만날 준비를 하세요"라고 쓰인 넝마 같은 표지판이 붙어 있었다. 그 맞은편에는 그나마 성업 중인 지역 시설이 하나 있었다. 군데군데 페인트가 떨어져나간 노란색 건물은 어느 복지기관의 사무실이었다. 입구 근처에 붙은 포스터에는 머리를 땋은 라틴계 여자아이가 반으로 가른 오렌지를 양 귓가에 대고 미소

짓고 있었고 그 밑에는 "WIC: 여성·유아·아동을 위한 특별 영양 보충Good Nutrition For Women, Infants&Children"이라고 쓰여 있었다.** 안으로 들어가자 아이를 데려온 여자 여럿이 줄을 서 있었다. 아무도 미소는 짓지 않았다. 플로리다시티의 주민 40퍼센트가 빈곤선 이하에서 살아간다. 데이드 교도소의 신입 교도관 중에는 흑인과 라틴계 여성이 많다고 빌 커티스는 나에게 말했다. 플로리다시티와 홈스테드에 사는 유색인 남성 중에는 전과자가 너무 많은 것이 하나의 이유였다(전과가 있으면 교도관이 될 수 없다). "일을 해야 애를 키울 수 있고, 그들이 얻을 수 있는 가장 좋은 일자리가 이거예요." 커티스는 데이드의 여성 교도관들에 대해 이렇게 말했다.

플로리다시티는 사회학자 존 이슨John Eason이 말하는 "시골 게토"의 전형 같은 곳이다. 1970년대 이후 미국의 교도소는 주로 침체된 시골 소도시에 지어졌다. 그전까지만 해도 시골 지역 주민들은 인근에 교도소가 들어서는 것을 반대하는 경향이 있었다. 도시 근교에 사는 부유층과 마찬가지로, 불명예스럽고 위험할 수 있는 시설을 가까이 두고 싶지 않아서였다. 그러나 공장이 문을 닫고 자영농이 파산하는 상황이 이어지자 지역 유지들이 교도소 유

** 이 홍보물에 나온 WIC 프로그램은 연방정부가 운영하는 저소득층 여성을 위한 영양 보충 계획이다.

치를 위해 로비에 나섰다. 이 전략이 지역에 조금이라도 지속적인 경제 효과를 가져다주었는지는 확실하지 않다(한 연구에 따르면, 교도소는 인근 지역의 성장을 **저해**했다). 확실한 것은 이 "낙인찍힌 시설"이 들어서면 이미 차별이 집중되어 있고 빈곤과 인종 격리가 깊이 뿌리박힌 지역 공동체의 위상이 한층 더 낮아진다는 사실이다. "낙인찍힌 장소는 낙인찍힌 시설을 더 많이 '요구'한다. 그 지역사회의 낙인이 해당 시설의 낙인에 버금가거나 오히려 강력한 경우에는 더더욱 그렇다." 이슨은 이렇게 말했다. "교도소를 받아들일 가능성이 가장 큰 시골 소도시는 시골성, 인종, 지역, 빈곤이라는 사중의 낙인을 짊어진다."[13]***

나는 플로리다시티의 광장을 떠나 다시 차로 시내를 돌아다니다가 길가의 빈 쇼핑카트 옆에 접이식 플라스틱 의자를 펴고 앉은 남자를 발견하고 차를 세웠다. 필리스팀 야구 모자를 쓴 아프리카계 미국인인 지미는 과일을 팔고 있었다. 흔들거리는 테이블에는 망고와 리치 바구니가 놓여 있었다. 내가 "요즘 어떠세요?"라고 물었더니 "어렵죠"라는 답이 돌아왔다. 지미는 25년 전에 플로리다시티에 왔다. 그는 이곳의 밝은 햇살과 따뜻한 날씨가 마음

*** 시골ʳᵘʳᵃˡ이라는 단어는 애팔래치아 등 백인이 다수인 지역과 관계되는 경우가 많다. 하지만 이슨에 따르면 교도소가 집중적으로 분포된 남부 소도시들은 그 주변 지역에 비해 흑인과 라틴계 주민의 비율이 더 높다.

에 든다고 했다. 하지만 사업하기에는 그다지 좋은 동네가 아니라고, 거의 빈사 상태라고 했다(내가 그날의 첫 손님이었다). 젊었을 때 그는 밭에서 오크라와 토마토를 땄다. 그가 "이제는 이주노동자 대부분이 멕시코인과 아이티인이죠. 고된 일이니까요"라고 말했다. 곧 드레드록 머리를 한 여자아이가 나타나 우리 쪽으로 다가왔다. 지미의 손녀였다. 이들은 임시 가판대 뒤편의 낡아빠진 주택단지에 살았다. 단지 옆의 방치된 공터에는 유리조각과 쓰레기가 널려 있었다.

나는 지미에게 망고 몇 알을 사고는 다시 차에 시동을 걸었다. 셀프 세탁소와 1달러 잡화점을 지나, 연립주택가를 지나, 뜨거운 햇볕에 바싹 마르거나 시들어버린 호박밭과 콩밭을 지나, "로버트네"라고 적힌 과일 가게에서 좌회전한 다음 몇 킬로미터 더 가자 데이드 교도소를 에워싼 높다란 회색 투광등이 시야에 들어왔다. 저 멀리 교도소 건물이 보였다. 윤형輪形 철조망을 얹은 겹겹의 울타리 안쪽에 회갈색 건물 몇 동이 모여 있었다. 맨 바깥쪽 울타리에는 표지판이 붙어 있었다.

플로리다주 교도국

교도관 채용 기간

지금 모집 중, 온라인으로 지원

이것이 내가 플로리다시티에서 본 유일한 구인 공고였다.

교도관이라는 잔인한 역할

저널리스트 제시카 미트퍼드^{Jessica Mitford}는 1973년 《친절하고 일상적인 처벌^{Kind and Usual Punishment}》에 이렇게 썼다. "어린 남자아이에게 '커서 뭐가 되고 싶니?'라고 물었을 때 아이가 '교도관'이라고 대답한다면 우리는 좀 걱정하지 않을까? 당장 아이를 아동상담소에 데려가 관찰과 치료를 받게 하지 않을까?"[14]

이 질문은 흔한 선입견을 드러낸다. 교도관이 되고 싶어 하는 사람은 도덕적으로 어딘가 수상쩍다는 선입견 말이다. 그런데 이 질문에는 좀 의심스러운 가정도 들어 있다. 교도관은 사람이 어쩌다 하게 되는 일 또는 더 나은 선택지가 없어 그만두지 못하는 일이 아니라 하고 싶어서 하는 일이라는 가정이다. 2010년 한 심리학 연구진은 경찰관과 교도관을 대상으로 해당 직업을 선택한 이유를 조사했다. 여기서 경찰관들은 "봉사를 가장 중요한 요인"으로 꼽은 반면 교도관들은 "다른 선택지가 없는" 등 "경제적 고려가 더 우선했다"고 답변했다.[15] 사회학자 데이나 브리턴^{Dana Britton}이 《강철 우리 속에서 일하다^{At Work in the Iron Cage}》(2003)에서 인터뷰한 교도관 중에는 "어릴 적 꿈이 교도관이었던 사람은 물론 본인의 희망으로 교도관이 된 사람조차" 없었다. 대부분이 한동안 "직

업적으로 방황"하다가 별다른 포부 없이, 이 일이 뭔지도 거의 모르는 채 교도관이 되었다.[16]

직업건강 관련 통계에서 찾아보면 교도관은 고혈압·이혼·우울증·약물 남용·자살 위험률이 놀라울 정도로 높으니 그럴 만도 하다. 뉴저지에서 이루어진 한 연구에 따르면 교도관의 평균 기대수명은 58세였다. 21개 주의 자료를 활용한 또 하나의 연구에 따르면 교도관의 자살 위험률은 나머지 노동인구의 평균보다 39퍼센트나 높았다.

내가 만난 교도관들은 이 절망적인 수치를 사실로 확인해주었다. 뉴잉글랜드에 사는 조니 네빈스(가명)는 어느 날 귀가해서 위스키를 한 병 비운 다음 가족에게 작별을 고하는 영상을 페이스북에 올렸다. 그리고 장전된 총을 자신의 머리에 겨누고 방아쇠를 당겼다. 그러나 탄환이 중간에 걸려 발사되지 않았다. 이후 네빈스는 교도관 단체를 만들어 자살 방지를 위해 노력하기 시작했다. 본인도 심리치료를 받았다. 그는 급성 외상 후 스트레스 장애를 진단받았다. 극도의 폭력에 거듭 노출된 것이 원인이었다.

콜로라도주 캐니언시티 출신 교도관 톰 베네즈도 그런 사람 중 하나였다. 인구 1만 6000명의 이 소도시에는 월마트가 하나, 패스트푸드점이 몇 곳인 반면 교도소와 구치소는 열 곳이 넘는다. 어느 날 아침 그의 소박한 단층집 뒤쪽 베란다에서 나와 만났을 때 그는 주머니에서 알약 상자를 꺼냈다. 주기적으로 차오르는 불안증 때문에 늘 약을 몸에 지니고 다닌다고 했다. "정말 심하게 떨릴 때 이걸 하나씩 먹어요." 그가 공황 발작을 가라앉혀주는 작은 흰색 알약을 가리키며 말했다. 두 번째 칸에 담긴 파란색 캡슐은 우울증 치료제였다. 세 번째 칸에는 재소자에게 다리를 찔려 신경이 손상된 곳을 비롯해 잦은 부상으로 인해 먹는 진통제가 들어 있었다. 적갈색 머리카락이 점점 벗어지고 있던 베네즈는 경계심이 높고 조심성이 많아 보였다. 그는 해군으로 이라크에서 두 차례 복무한 아들보다도 자신이 "백병전을 더 많이" 겪었다고 했다. 그는 식당에 가면 절대로 문을 등지고 앉지 않는다면서 이는 자신이 아는 모든 교도관의 공통된 습관이라고 했다. 어떤 교도관들은 술과 마약으로 직업 스트레스를 완화한다. 하지만 어떤 교도관들은 더는 그런 대응기제를 쓰지 못한다. 우리가 만나기 얼마 전에도 베네즈의 친구이자 동료인 레너드라는 교도관이 "자기 머리통을 날려버렸다." "난 통계는 잘 모르지만 내 친구 중에 자살한 사람이 많아요." 그가 말했다.

베네즈를 나에게 소개한 사람은 플로렌스에서 심리치료사로 일하는 캐터리나 스피나리스였다. 캐니언시티와 마찬가지로 플로렌스는 로키 산맥 기슭에 자리한 소도시다. 가파른 절벽과 붉은 바위 골짜기로 이루어진 험준한 협곡에 둘러싸여 있고 그 사이로 아칸소강이 흐른다. 스피나리스는 콜로라도주의 주도 덴버에서 트라우마 환자와 성폭행 피해자를 치료하다가 하이킹·정원 조경·아름다운 자연 풍광을 즐기고 싶어 플로렌스로 이사했다. 그가 그 멋진 풍경 곳곳에 들어서 있는 갈색이나 회색의 감금 시설을 발견하기까지는 시간이 좀 걸렸다. 산속으로 구불구불 이어지는 이정표 없는 도로 옆에 울타리를 둘러친 곳이 많았기 때문이다. 그가 교도소의 존재를 인지하게 된 것은 교도관들의 아내나 여자친구에게 비정상적일 만큼 문의 전화가 많이 걸려오기 시작했을 때부터였다.

전화를 건 사람들은 자신의 배우자를 대신해 도움을 구하고 있었다. 그때까지 교도소에는 가본 적도 없는 스피나리스는 이들이 찾아갈 만한 지역 기관이 있는지 찾아보았다. 그러나 그런 기관이 전혀 없다는 사실을 알고 자신이 직접 만들기로 했다. 데저트 워터즈 교도관 지원단Desert Waters Correctional Outreach은 긴급 직통전화와 이메일 주소 하나로 시작되었다. 곧 괴로움과 분노를 털어놓는 교도관들의 메시지가 쏟아져 들어왔다. 그러한 감정은 그들이 맺는 관계로 흘러넘치고 가족생활에 침투했다. "저는 더 이상 그 누구와도 좋은 관계를 유지할 수 없는 것 같아요. 이 쳇바퀴에서 벗어나고 싶어요. 교도소 일이 꼭 빠져나오기 힘든 쳇비퀴를 도는 일 같달까요." 교도관들은 이렇게 말했다. "여기서 오래 일하면서 수많은 사건을 겪은 교도관에겐 반창고가 덕지덕지 붙어 있어요. 재소자들이 그걸 뚫고 자기에게 닿거나 자신의 '오래된' 마음을 움직이지 못하게 하려고요. 딱 한 가지 문제는 일이 끝나고도 반창고가 떨어지지 않는다는 거예요. 계속 붙어 있어요. 그렇게 살아가면서 삶의 모든 아름다움을 놓치는 거예요."

스피나리스는 알코올중독자인 교도관, 결혼생활이 안에서부터 무너지고 있는 교도관, 자신이 공적인 일을 하는데도 고마워하는 이 없이 툭하면 멸시하는 것에 격분하는 교도관의 이야기를 들었다. 여과되지 않고 터져 나오는 이들의 고뇌는 그가 트라우마 피해자를 치료하던 때를 떠올리게 했다. 2012년 스피나리스는 전국의 교도관 3000여 명에게 설문지를 보내어 외상 후 스트레스 장애 유병률을 조사했다. 응답자의 34퍼센트가 관련 증상을 보고했으니, 이는 군대에 맞먹는 비율이다. 그러나 많은 교도관이 또 한 가지 문제로 고생하고 있었다. 이들의 거친 외면 안쪽에는 소외감과 수치심이 출렁이고 있었다.

스피나리스는 교도관을 "보이지 않는 집단"이라고 묘사했다. 이 말처럼, 교도소를 연구한 학술 문헌에 교도관은 거의 보이지 않는다. 거의 대부분의 교도소 연구가 재소자에 초점을 맞추고 있는 이유는 아마도 연구자들이 교도관을 덜 온정적으로 바라보기 때문일 것이다. 여기에서 벗어난 예외가 사회학자 켈시 카우프먼^{Kelsey Kauffman}의 《교도관의 세계^{Prison Officers and Their World}》(1988)다. 코네티컷주의 여자 교도소에서 근무한 이력이 있는 저자는 여러 해에 걸쳐 매사추세츠주의 교도관들을 인터뷰했다. 카우프먼에 따르면, 교도소의 폭력적인 시스템은 재소자의 인간성만이 아니라 교도관의 인간성까지 필연적으로 말살한다. 한 교도관은 카우프먼에게 이렇게 말했다. "이런 장소에서 긍정적인 사람이 되기는 불가능합니다." 또 다른 교도관은 이렇게 말했다. "나는 원래 인간에게 연민을 강하게 느끼는 사람이었지만 이젠 달라졌습니다. 전에는 괜찮던 일이 지금은 괜찮지가 않고, 전에는 괜찮지 않던 일이 지금은 괜찮습니다."

카우프먼에 따르면 교도관들은 냉담해지기에 앞서 "본인의 윤리적 기준과 교도관에게 기대되는 행동 사이의 모순" 속에서 분투하는 적응기를 거친다. 폭력을 즐기는 교도관은 아주 쉽게 적응한다. 그러나 그게 일반적인 경우는 아니라고 카우프먼은 말한다. "많은 교도관이 처음에는 재소자에게 해가 되는 행동을 하지 않기 위해서 특정 의무의 수행을 (대놓고든 남 모르게든) 거부하고 자신의 공격성을 교도소 바깥에 있는 사람들이나 자기 자신을 향해 돌렸다."

이들이 교도소 세계에 점점 더 깊이 관여할수록, 교도소 내에서 자행되는 도덕적으로 미심쩍은 행동을 경계할 능력이 감소할수록, 이들은 교도소를 별개의 도덕 권역으로 간주하거나 또는 재소자를 도덕률의 바깥에 있는 사람으로 간주함으로써 자신의 죄책감을 중화하려고 했다. (…) 재소자에 대한 가장 끔찍한 학대에 적극적 가담자가 되든 아니면 소극적 관찰자로 남든, 이러한 도덕적 타협은 실질적인 대가를 요구했다.

카우프먼은 교도관을 "또 다른 죄수"라고 부른다.[17]

흑인 교도관들에게는 추가적인 도덕적 긴장감이 있었다. 자신이 속한 공동체에 불균형적으로 큰 피해를 입히는 시스템에서 일하는 불편함이 있었다. 흑인 재소자들도 이 사실을 잘 알기에, 흑인 교도관에게 형제를 배반한다고, 또는 백인을 위해 일한다고 야유하기도 했다. 최근 흑인 경찰관들은 'BLM^Black Lives Matter 운동'의 시위 현장에서 비슷한 비난을 들었다. 시위대는 흑인 경찰관에게 '변절자' '엉클 톰^Uncle Tom'(백인이 되고 싶어 하거나 백인에게 순종하는 흑인을 낮추어 부르는 말-옮긴이) 같은 딱지를 붙였는데[18] 이 운동의 대의에 찬성하는 흑인 경찰관에게는 그러한 모욕이 더욱 쓰라렸을 것이다. 플로리다주의 교도관인 제임스(가명)는 자신도 재소자에게 그런 비난을 자주 듣는다고 말했다. 그는 누가 그런 말을 하면 '나도 당신과 비슷한 배경에서 성장했고 당신이 철창 안에 있는 이유는 법을 위반해서'라고 꼭 맞받아친다며, 그런 비난에 신경 쓰지 않는다고 했다. 하지만 제임스는 법이 너무도 불공평하게 적용된다는 사실도 이따금 떠올린다. 하루는 도로에서 한 경찰관이 그의 차를 멈춰 세우더니 그에게 수갑을 채우고 경찰차 뒤로 밀어 붙였다. 그리고 본서에 연락해서 자신이 체포한 "이 개자식"의 신원을 조회했다. 제임스는 이런 일을 하도 자주 겪어서 교도관 배지를 늘 손에 닿는 곳에 둔다. 하지만 그걸 꺼내 보인다고 해서 늘 문제가 해결되진 않는다. 그가 보기에 그 이유는 많은 경찰관이 "교도관은 **진짜** 관리가 아니라고" 생각하기 때문이기도 하지만 그가 흑인이기 때문이기도 하다. "나를 법 집행자로 보지 않는 경우가 참 많습니다. 흑인으로만 보는 거예요." 사실 이 문제와 관련해서는 경찰관만이 아니라 동료 교도관까지도 그를 괴롭힌다. 어떤 동료는 그에게 이렇게 말했다. "난 당신이 싫어, 흑인이라서." 누군가는 이렇게도 말했다. "나 클랜(백인우월주의자 단체 큐클럭스클랜을 뜻한다.-옮긴이)이거든." 16년 차 교도관인 제임스는 일을 그만둘 뻔한 적도 있었다. 백인 동료 두 사람이 어느 재소자에 대한 허위 징계 보고서에 그의 서명을 위조해 넣으려 했던 것이다(징계 보고서를 허위로 작성한 교도관은 면직당할 수 있다). 그건 상관 중에 그에게 앙심을 품은 광적 인종차별주의자가 사주한 일이 틀림없었다. 플로리나주의 모든 흑인 교도관에게는 이와 비슷한 사연이 있다고, 그러잖아도 고된 일이 흑인에겐 더욱 고되다고 제임스가 말했다.

부패한 시스템 속에 방치되다

내가 빌 커티스를 만난 시점은 그가 은퇴하고 3개월이 지나서였다. 아마 나이가 꽤 들고서야 일을 시작한 덕분인지 그는 비교적 순탄하게 교도관 생활을 마쳤다. 반바지에 슬리퍼 차림으로 나타난 그는 모뉴먼트밸리로 자전거 여행을 다녀온 참이라 새로 돋은 수염과 볕에 탄 피부가 눈에 띄었다. 6월의 어느 무더운 날, 우리는 한 멕시코 식당의 야외 테이블에 앉아 점심을 함께했다. 뜨거운 날씨와 우리가 주문한 케이준 버거에 어울리는 팻타이어 맥주도 함께 마셨다. 커티스는 기분이 좋은지, 손주들이 올 때마다 태워준다는 쌍동선 사진을 보여주었다(그의 또 다른 취미는 요트 타기였다). 그날 나는 그가 긴장한 듯 뒤쪽을 흘끔거리거나 주변을 경계하는 모습을 한 번도 보지 못했다. 그러나 그런 그마저도 피하지 못했던 산업재해가 한 가지 있었다. 다른 모든 교도관과 마찬가지로, 커티스는 가치관과 관점의 변화를 겪었다.

"여기서는 도덕의 기준이 달라집니다." 그가 말했다. "사람이 거칠어지고 다른 사람에 대한 관심이 줄어들어요. 추락하는 것처럼요. 남자, 그러니까 훌륭한 남자, 또는 여자가 교도소에 가면 그 훌륭함의 일부가 닳아 없어집니다. 사람이 지쳐요. 냉담해져요. 언어가 달라지고 일을 해석하는 방식이 달라집니다."

커티스가 지친 이유 중 하나는, 지독한 학대가 발생했을 때

누가 책임지는지 또한 누가 책임을 면하는지 잘 알았기 때문이었다. 샬럿 교도소에 처음 출근했을 때만 해도 그는 위법 행위를 하는 교도관은 잡초처럼 뽑혀나갈 거라고 믿었다. "'말썽꾼'은 들통나게 마련이고 그걸로 그의 교도관 생활도 마감된다." 그는 일기에 이렇게 적었다. 그러나 경험이 쌓이면서 이곳에서는 잔혹 행위가 일상적으로 용인될 뿐만 아니라 장려되는 일도 드물지 않다는 것을 점차 깨달았다. 예를 들어 재소자의 얼굴에 표백제 스프레이를 뿌렸다는 그 교도관은 징계를 받지 않았다. 도리어 승진했다. "은폐, 허위 진술, 강압, 노골적인 거짓말이 이 사업의 기본 속성인 것 같다." 커티스는 환멸을 느끼며 이렇게 적었다.

이후 그의 냉소는 점점 더 깊어지기만 했다. 교도관이 되고 8년이 지났을 때 커티스는 팀스터즈에 채용되어 각 주립 교도소에서 규율 위반 혐의를 받고 있는 교도관을 대리하게 되었다. 그중에는 실제로 부적절하게 행동한 사람도 있었지만, 사태를 대신 책임지도록 윗사람에게 지목당한 희생양이 더 많았다. 전형적인 남부 백인으로 이루어진 윗사람들은 자신에게 충성하는 이들을 싸고돌았다. 커티스는 징계나 좌천은 언제나 "가장 낮은 계급에 속한 사람"이 당한다고 말했다. 가장 **덜** 타락한 교도관이 희생딩하는 경우도 많있다. 일례로 데이드의 진환지료병동에서 대린 레이니가 살해당하고 1년 후인 2013년 9월, 같은 시설에서 리처드 메이어라는 재소자가 스스로 목매달아 사망한 사건이 발생했다. 그의 옷가지에서 발견된 "세상아 뒈져라"라는 제목의 쪽지에는 그를 자살로 내몬 학대 행위가 상세히 적혀 있었다. 이에 따르면 한번은 어떤 교도관이 강간 피해자인 메이어에게 "옷 다 벗어"라고 명령한 뒤 자신이 시키는 대로 하면 담배를 주겠다며 "구멍에 손가락을 넣어봐"라고 요구했다. 메이어는 진정서를 내려고 했지만 한 교도관이 중간에서 가로챘다. 그는 메이어를 벽에 내던지면서 "입 다무는 게 좋을걸"이라고 경고했다. 메이어 사건은 하급교도관 두 사람이 책임졌다. 그가 목매달기 전에 감방을 제시간에 순시하지 않았다는 이유에서였다. 그러나 커티스에 따르면, 이들이 희생양으로 지목당한 진짜 이유는 대미언 포스터라는 재소자가 메이어 사건에 대해 작성한 서면 기록을 받아 부교도소장에게 전달한 탓이었다. 사건 수사가 시작되었을 때 그 기록은 어디론가 사라졌고 대미언 포스터는 수사관과 접촉하지 못하도록 다른 교도소로 이감되었다. "은폐한 거죠." 커티스가 말했다. 내가 다른 정보원에게 확인하기로도 타락한 상급 교도관이 하급 교도관에게 더티 워크(재소자 괴롭히기, 징계 보고서 허위 작성)를 시키고 그것이 발각되어 누군가 책임져야 할 때는 발뺌하는 일이 많았다.

이처럼 교도소의 더티 워커, 나아가 모든 더티 워커가 담당하는 또 하나의 필수 기능은, 그들로서는 결국 아무런 힘도 쓸 수 없는 비인도적인 시스템에 대한 비난을 받아내는 것, 그럼으로써 그들보다 훨씬 더 힘센 사회적 행위자들이 관심의 초점에서 벗어나게 하는 것이다. 힘센 행위자가 누구인가 하면, 그들의 윗사람만이 아니라 국민의 포괄적인 동의하에 일하는 판사와 검사, 선출직 공무원이다. 데이드의 교도관은 지구상에서 가장 거대한 교도소 시스템을 운영하는 사회의 대리인이다. 특히 플로리다주의 교도소 시스템은 주지사가 공화당원일 때든 민주당원일 때든 관계없이 미국 전체 교도소 시스템보다도 빠른 속도로 확대되어왔다. 빌 클린턴이 징벌적인 새로운 범죄법에 서명하기 1년 전인 1993년, 플로리다주에서 연달아 살인 사건이 발생하여 뉴스 헤드라인을 도배한 적이 있었다. 피해자는 유럽인 관광객으로, 가족 여행지라는 플로리다주 이미지가 훼손될 참이었다. 그러자 민주당 소속 주지사 로턴 차일스Lawton Chiles는 교도소 수용 인원을 2만 1000명 늘린다는 내용의 "안전한 거리Safe Streets" 계획을 발표했다. "이 문제에 대해 강경하게 말하는 것은 그만두고 강경하게 행동해야 할 때입니다."[19] 차일스는 이렇게 선언했다. 차일스 다음으로 주지사가 된 공화당의 젭 부시는 1999년 총기로 무장한 상태에서 특정 흉악 범죄를 저지른 자는 정황을 불문하고 최소 10년형에 처한다는 '10-20 형기법'에 서명했고, 이후 주의회는 이 법의 적용 대상을 16, 17세 청소년으로까지 확대했다. 1970년부터 2010년까지 플로리다주 교도소의 수감자 수는 **1000퍼센트** 이상 증가했다. 범죄율이 오를 때나 내릴 때나 상관없이 계속 증가했다. 해마다 증가했고 의회가 꼬박꼬박 열리는 와중에도 증가했다. 누군가는 이 시스템을 매일매일 굴리는 더티 워크를 해야 했다. 이따금 그 내부의 잔혹한 실태가 밖으로 새어나와 헤드라인을 장식할 때, 그래서 '선량한 사람들'이 환멸과 충격을 드러낼 때, 누군가는 책임을 져야 했다.

그 책임을 하급 노동자가 진다는 사실, 그리고 그들이 하는 일에 기대어 살아가고 이익을 보는 점잖은 사람들은 책임을 면한다는 사실은 조금도 새롭지 않다. 남북전쟁 이전에도 미국의 대중은 비슷한 논리에 따라 더티 워커에게 책임을 지웠다. 그 시대의 더티 워커는 각 주를 돌아다니며 노예를 사고파는 경매인과 인신매매꾼이었다. 이들은 뉴올리언스 같은 도시에서 쇼룸에 '상품'을 전시하고, 워싱턴 D.C.에서 노예를 사슬에 묶어 질질 끌며 거리를 돌아다녔다. 이들 노예상은 노예제가 확산되고 성행하는 데 핵심적인 역할을 했다. 특히 1808년 아프리카 노예의 수입이 금지되어 남부 농장주들이 노예를 국내에서 조달하기 시작하면서 그들의 역할은 더욱 중요해졌다. 그리고 바로 그 직후 노예상을 비난하는 목소리가 커지기 시작했다. 노예제 페지론 진영의 잡지는 물론, 의미심장하게도 남부의 여러 지역에서까지 노예상을 문제 삼기 시작한 것이다. 앨라배마주 농장주의 아들인 대니얼 헌들리 Daniel Hundley는 1860년에 출간하여 큰 인기를 끈 그의 저서《우리 남부 주의 사회관계Social Relations in Our Southern States》에서 노예상을 "혐오스러운" 일에 종사하는 "영혼몰이꾼"이라고 비난했다. "탐욕스러운 니그로 무역상은 (…) 양심에 고통을 느끼지 않는 듯하다. 그들은 상습적으로 부모와 자식을, 형제와 자매를, 남편과 아내를 떼어놓으면서도 세상에서 가장 즐거운 개다."[20] 헌들리는 이렇게 썼지만 사실 이 책은 노예제를 강력하게 옹호하는 내용을 담고 있었다. 연방의회에서는 버지니아주 상원의원 존 랜돌프가 가장 먼저 미국 내의 노예 거래를 비난하고 나섰다. 그도 헌들리와 마찬가지로 노예제 옹호론자였음에도 외국에서 온 지체 높은 손님이 밝은 대낮에 짐승처럼 줄줄이 묶인 채 거리를 지나가는 노예들을 보고 "소름 끼치고 역겹다"고 말하자 뭐라도 한마디 해야겠다는 생각이 들었던 것이었다.[21]

랜돌프 같은 남부인은 노예상을 이 참상의 원흉으로 지목함으로써 노예제 자체에 문제를 제기하지 않고 자신의 책임도 면할 수 있었다. 노예를 파는 상인은 이윤에 매달리는 탐욕스러운 기회주의자인 반면, 노예를 부리는 주인은 신의를 지키는 사람이었다. 노예상은 노예의 가족을 파탄 내는 사람인 반면, 노예주는 그들을 애써 지키는 사람이었다. 이 구분은 사실과 전혀 달랐지만 그저 공허한 수사학은 아니었다. 역사학자 로버트 거드미스태드[Robert Gudmestad]에 따르면, 여기에는 남부인으로 하여금 "곤란한 상업"에 거리를 두게 하는 "치료 효과"가 있었다.[22] 이 상업이 '곤란'해진 이유는 흑인에게 가한 고통 때문이 아니었다. 백인들에게 불편한 진실을, 즉 노예제 자체가 혐오스럽다는 진실과 그로 인해 수많은 가족이 파탄 난다는 진실을 일깨울 참이기 때문이었다. 또한 가장 불쾌한 특징들이 부끄러울 만큼 널리 알려졌기 때문이었다.

노예를 사고파는 불명예스러운 '영혼몰이꾼'은 노예제를 옹호하고 변호하는 이들의 편리한 희생양이 되었다. 그렇지만 당시의 예리한 관찰자들이 지적했듯이, 모든 노예상이 불명예를 짊어지진 않았다. 가령 노예제 폐지론자 시어도어 드와이트 웰드[Theodore Dwight Weld]에 따르면, 노예 거래의 낙인은 거래 과정에서도 특히 악명 높았던 "저속한 고역"을 담당한 "하류층 가정의 남자"에게 주로 돌아갔다.[23] 반면에 가장 큰 규모로 노예를 사고팔아 가장 많은 돈을 버는 노예상은 비난을 비껴갔다. "이 사업으로 출세한 사람들에게는 낙인이 거의 찍히지 않았던 것으로 보인다." 역사학자 월터 존슨[Walter Johnson]은 뉴올리언스 노예 시장에 관한 권위서 《하나하나의 영혼[Soul by Soul]》(1999)에 이렇게 썼다.[24] 이 말대로 가장 큰 노예 거래 회사를 운영하는 부유한 남자들은 떠돌이 생활을 하는 하류층 일꾼들에게 실무의 대부분을 외주하고는 그들과 떨어진 곳에, 더 우아한 무리 속에 머무르는 경우가 많았다. 가령 한 부유한 노예상은 누군가 그의 이름으로 판매된 노예에 대해 질문하자 이렇게 대답했다. "그건 저 신사들이 하는 일이죠. 나는 아무 관계가 없답니다." 그 '영혼몰이꾼'들이 자신을 위해 일하고 있다는 말은 생략했다.[25]

2020년 봄, 미국의 교도관은 트럭 운전사, 물류창고 직원, 슈퍼마켓 점원 등과 함께 '필수노동자'라는 새로운 경칭을 하사받았다. 코로나바이러스 대유행으로 시와 주에 봉쇄령이 내려진 와중에도 필수노동자는 계속 출근하라는 지시를 받았다. 일부 필수노동자, 특히 의사와 응급대원은 곧 위험과 희생을 용감하게 무릅쓴 영웅으로 추앙되었다. 대유행의 첫 번째 확산기에 특히 큰 피해를 입은 뉴욕시에서는 시민들이 매일 저녁 현관이나 발코니에 서서 쇄도하는 감염자를 수용하느라 고군분투하는 시 의료진에게 경의를 표했다. 호흡기를 삽입하는 등 감염자를 돌보는 과정에서 많은 의료 노동자가 바이러스에 감염되었을 때 대중은 그들에게 더욱 큰 고마움을 표했다.

교도관은 의료진과 마찬가지로 높은 감염 위험을 무릅쓰고 일했지만 그 누구에게도 박수받지 못했다. 교도소의 감염 위험이 높았던 이유는 먼저 교도소의 과밀하고 비위생적인 환경 때문이었다. 또 한 가지 이유는 그 안에 사는 사람들, 즉 복역하는 사람과 감시하는 사람 모두의 건강과 복지가 등한시되었다는 것에 있었다. 코로나바이러스 첫 확산기에 뉴욕시에서만 1200여 명의 교도관이 양성 판정을 받았고 열세 명이 사망했다. 일부 교도관은 아직 증상이 있는데도 직장에 복귀하라는 압박을 받았다고 불만을 표했다. 또 일부는 상부에서 마스크를 쓰지 말라는 지시가 내려왔다고 주장했으며, 이 문제는 다른 지역에서도 똑같이 보고되었다. 플로리다주의 지역신문 《올랜도 센티넬Orlando Sentinel》이 인터뷰한 교도소 네 곳의 교도관들은 모두 마스크를 쓰고 출근했다가 상관에게 질책당했다. 마셜 프로젝트Marshall Project가 발표한 연방 교도소에 관한 보고서에 따르면, 다수의 시설에서 교도관들이 개인 보호 장비를 사용하지 못했고 심지어 바이러스에 노출된 뒤에도 계속 출근하라는 압박을 받았다.

2020년 한 해에 10만 명에 달하는 교도관이 코로나바이러스 양성 판정을 받았고 170명이 사망했다. 사망한 교도관들은 다른 종류의 필수노동을 하다 죽은 이들과 거의 비슷한 경로로 목숨을 잃었다. 예를 들어 뉴욕시 퀸즈에 사는 아프리카계 미국인이자 라이커스의 교도관인 퀸시 심슨은 증상이 발현한 교도관 뒤를 이어 보안실 근무를 했다가 기침이 시작되었다. 장갑도 마스크도 지급받지 못했던 심슨은 곧 호흡기 질환을 일으켰다. 그는 여섯 살짜리 아들을 두고 세상을 떠났다.

전염병 대유행 중에도 고군분투한 교도관이 박수받지 못한 이유는 교도소라는 과밀하고 폭력적인 시설에 대한 대중의 태도가 달라지기 시작한 탓으로 보인다. 수십 년간 징벌적인 형사법과 무자비한 양형 정책을 지지하던 미국 대중이 이제 태도를 바꾸어 형사처벌 체제에 대한 개혁을 지지하기 시작했다. 한 예로 2019년 뉴욕시 의회는 라이커스 아일랜드 교도소를 2026년까지 폐쇄하는 계획을 승인했다. 10년 전에는 있을 수 없는 일이었다. 그러나 재소자에 대한 인도적인 대우가 대중의 우선순위에는 포함되었어도 검찰과 선출직 공무원이 코로나바이러스 대유행에 대처한 방식에는 그러한 변화가 전혀 엿보이지 않는다. 2020년 6월에 가장 심각한 집단감염이 발생한 다섯 곳은 모두 교도소였다. 정원의 두 배를 수용한 오하이오주 교도소는 무려 재소자의 4분의 3이 감염되었다. 이 놀라운 수치 앞에서 일부 운동가와 국선변호사는 선출직 공무원에게 경범죄자와 고령자의 석방을 요구했다. 몇몇 주의 주지사는 이 요구에 응하여 형기가 거의 끝난 재소자를 수천 명 단위로 석방했다. 그러나 다른 많은 주에서는 거의 아무 조취도 취하지 않았다. "그 모든 정보와 행동을 요구하는 목소리, 명백한 필요에도 주정부의 대응은 최선의 경우엔 혼란스럽거나 무효했고 최악의 경우엔 냉담하게 부재했다." 교도소 정책 이니셔티브^{Prison Policy Initiative}와 미국시민자유연맹^{ACLU}은 조사 결과를 이렇게 요약했다.[26]

2021년 초, 감염자 수가 계속 증가하는 와중에도 교도소의 재소자 수는 여러 주에서 대유행병 이전 수준으로 돌아갔다. 노스캐롤라이나와 위스콘신 주정부는 일선 인력의 감염 피해에도 불구하고 대량감금 논리를 재검토하여 재소자 수를 줄이는 대신 인력이 부족한 시설을 폐쇄하고 재소자를 다른 시설로 이감했다. 그 결과, 이미 붐비던 교도소들이 더욱 붐비게 되었으며, 그로 인해 재소자와 교도관 모두의 감염 위험이 더욱 높아졌다. 노스캐롤라이나주 교도관 노동조합 임원은 《뉴욕 타임스^{The New York Times}》에 이렇게 밝혔다. "그들은 무서워하고 있습니다. 언제나 그렇듯 자신들은 잊히고 방치되었다고 느끼고 있습니다."[27]

잊혔다는 이 느낌은 바비(가명)에게도 익숙했다. 그는 빌 커티스도 일했던 샬럿 교도소의 교도관이다. 데이드와 비슷하게 샬럿도 재소자 사망 사건으로 언론의 관심을 모았다. 2014년 어느 늦은 밤, 불시 점검 중이던 교도관들이 매슈 워커라는 재소자를 깨우고 물건을 제자리로 치우라고 명령했다. 제자리에 없었던 물건은 플라스틱 컵이었다. "이게 무슨 미친 짓이야……. 컵 하나 치우라고 자는 사람을 깨워!" 워커는 발끈했다. 이렇게 시작한 대립은 곧 유혈극으로 이어졌다. 이 사건으로 교도관 두 사람이 다쳤고 워커는 목과 머리를 포함하여 열한 군데에 "둔기 외상"을 입었다. 오전 1시 20분, 워커는 사망 선고를 받았다. 이후 대배심 보고서에서는 이를 "비극적이고 무분별하고 피할 수 있었던" 죽음이었다고 결론지었다.[28]

대배심 보고서는 작은 대립이 이토록 커진 이유에 대해 서로 엇갈리는 증거들을 제시했다. 그러나 보고서에 담긴 분명한 사실 하나는, 많은 교도관이 한 상관이 고안한 심야 불시 점검에 대해 폭력 사태를 촉발할 '나쁜 아이디어'라고 생각하고 있었다는 것이다. 주 교도국은 이 사건의 책임을 물어 교도관 아홉 명을 해임했지만, 빌 커티스는 보여주기식 처분일 뿐이라고 내게 말했다. 재선을 앞둔 릭 스콧 주지사가 《마이애미 헤럴드》의 대런 레이니 사건 보도 이후 계속된 여파 속에서 "자신이 재소자 학대 문제에 얼마나 강경한 입장인지" 보여주려 한 것이다. 이 '강경함'에는 한계가 있었다고 커티스는 지적했다. 하급 교도관은 처벌받았던 반면 샬럿의 교도소장은 지역 총책임자로 진급했고 부교도소장이 교도소장이 되었다. 불시 점검을 고안했던 교도관은 다른 시설로 전근을 요청했고, 이 요청은 흔쾌히 수락되었다.

바비도 그때 징계받은 교도관이었다. 탄탄한 체격에 결연한 눈빛의 바비는 홈디포 모자를 눈썹까지 눌러쓰고 나를 만나러 나왔다. 그는 샬럿의 불시 점검 정책이 난폭한 반응을 불러올 수밖에 없는 "시한폭탄"이었다고 설명했다. "다들 누군가 곧 다칠 거라고 생각했어요." 그가 말했다. 그러나 그들은 보복이 두려워 상부에 그렇게 말하지 못했다. "시키는 대로 하지 않으면 갈아치울 것이다." 이것이 일선 인력이 받은 메시지였다고 바비는 말했다. 그는 워커 사건이 시작될 시점에는 그 자리에 없었고(나중에 지원 인력으로 달려왔다) 또 사건이 종결되었을 때도 그 자리에 없었다. 그런데 그때 그대로 보존되어야 했던 증거가 인멸되거나 훼손되면서(대배심 보고서도 이 사실을 지적했다) 그는 해고당했다.

나는 바비가 애초에 교도관이 된 이유가 궁금했다. 그는 일자리가 필요했다면서 교도관은 임금이 형편없지만 대신 수당이 있다고 대답했다. 그보다 임금을 많이 주는 일자리는 대개 수당이 없었고, 그에게는 부양해야 할 가족이 있었다. "수당을 주면 돈을 안 주고, 돈을 좀 주면 수당을 안 줍니다." 바비는 자신이 가진 선택지를 이렇게 요약했다. 2차 세계대전 이후 수십 년간 미국의 공장에서는 흔히 노동자에게 적당한 임금과 수당 모두를 보장했지만 그 호시절은 진작 끝났다는 사실을 그도 잘 알고 있었다. 그래서 자존심을 버리고 위험하고 비천한 일을 선택했건만 결국 그에게 남은 것은 불명예와 치욕이었다.

혹은 그럴 뻔했다. 스콧 주지사가 재선에 성공하고 대중의 관심이 흩어진 뒤, 해임당했던 교도관 전원이 복직되었다. 플로리다주의 일부 신문은 주 교도국의 무책임함에 격분했다. 이 격분에는 근거가 있었다. 대배심 보고서에 따르면 매슈 워커가 폭행당한 뒤 유혈극에 가담했던 한 교도관이 그를 내려다보며 이렇게 소리쳤다. "너 내가 어떤 인간인지 알아? 난 널 죽일 거다, 이 개자식아!" 의료진이 도착했을 때 워커는 이미 숨이 끊어진 상태였다. 대런 레이니 살인 사건과 마찬가지로, 워커의 죽음에 대해 그 누구도 장기적인 대가를 치르지 않았다는 사실은 재소자의 생명이 얼마나 하찮게 여겨지고 있는지를 분명히 보여주었다. 그러나 바비는 어째서 언론의 분노가 이 사건을 촉발한 정책을 만든 상급 교도관들이 아니라 하급 교도관들을 향하는지 의아해했다. 이러한 그의 의문은 타당하다. 그는 대중이 정말로 학대 문제를 우려한다면, 플로리다주는 자괴감을 느끼게 만드는 부패한 시스템 속에 선량한 교도관들을 떠미는 대신 "사람들이 교도관을 직업으로 선택하고 싶어 할 만큼 교도관들의 급여를 올릴 것"이라고 나에게 말했다.

교도관이 자괴감을 느끼지 않는 곳이 이딘기에는 있을까? 프랑스의 교도소 시스템에 관한 민족지학 연구 《교도소 세계Prison

Worlds》(2017)에서 인류학자 디디에 파생Didier Fassin은 프랑스에서도 다수의 교도관이 자기 직업을 부끄러워하여 다른 사람에게 말하지 않는다고 했다. 한 교도관은 "내가 무슨 일을 하는지 누구에게도 절대 말하지 않습니다. (…) 너무 부끄러운 직업이라서요"라고 말했고, 또 한 교도관은 "친구들에게 말하지 않는다"고 밝혔다. 파생이 만난 교도관 중 대다수가 지방 소도시 또는 노동자계급 출신이었다. 파생에 따르면, 많은 교도관이 자신은 경찰관보다 지위가 낮다고 여겼고 경찰관이 교도관을 '보조 인력'으로 취급한다고 느꼈다. 또한 교도관 제복을 자랑스러워하기는커녕 "그 일을 하는 환경에 오염되었다"고 느꼈다.[29] 요컨대 프랑스의 교도관은 플로리다주·콜로라도주의 교도관과 마찬가지로, 그들이 일하는 환경이 대중의 바람과 우선순위를 반영하는 것임에도 자신이 비천하고 도덕적으로 수상쩍은 일을 하는 '더티 워커'라고 느꼈다(프랑스 교도관에 대한 또 하나의 연구에서는 "교도관이 하는 모든 일은 사회가 시킨 것인데도 교도관의 이미지가 이토록 부정적인 이유"를 물으면서 그 답은 교도소의 비참한 환경에 대한 사회의 '양심의 가책'이 교도관에게 투사되는 '전치 과정'에 있을 거라고 추측했다).[30]

그러나 이 같은 감정은 대세이긴 해도 필연적인 것은 아니다. 2015년 저널리스트 제시카 벤코Jessica Benko는 노르웨이의 최고 보안 교도소 중 하나인 할덴 펭셀Halden Fengsel을 돌아보았다. 소나무와 블루베리 덤불이 우거진 아름다운 시골 풍경 속에 자리한 이 교도소에는 총 251명이 수감되어 있었고, 그중 절반 이상이 폭력범이었다. 그럼에도 할덴 펭셀 운영진은 재소자가 가구를 갖춘 창살 없는 방에서 살 수 있는 환경을 조성했다. 이곳 재소자들은 각종 강의를 들을 수 있고 카메라의 감시 없이 돌아다닌다. 할덴 펭셀은 '역동적 보안'이라는 교정 철학에 따라 강압이나 통제가 아니라 신뢰와 사회적 상호작용을 통해 폭력성을 완화하고자 한다. 이곳에는 통제하기 어려운 재소자를 수감하는 독방이 딱 하나 있다. 독방에 설치된 구속의자는 지금까지 한 번도 쓰이지 않았다. 이런 교도소는 미국의 최고 보안 교도소에 비해 운영비가 많이 든다고 비판이 있을지도 모르겠다. 사실이다. 또한 더 인도적인 교도소가 재범률을 낮춘다고 단언할 수 있는 자료는 아직 존재하지 않는다. 그러나 할덴 펭셀의 목표는 재범 비율을 낮추는 것만이 아니었다. 그만큼 중요한 또 하나의 목표는 노르웨이 국민이 자부심을 가질 만한 시설을 만드는 것이었다. 할덴 펭셀의 직원들 또한 자부심을 느끼는 듯하다. "나는 세상에서 가장 좋은 직업을 가졌습니다." 할덴 펭셀의 교도소장은 벤코에게 이렇게 말하면서 교도관들도 자신들의 직업을 좋아하고 그곳에서 은퇴하고 싶어 한다고 설명했다.[31] 여기서 알 수 있듯이 미국 교도소의 잔혹한 환경을 개선해야 하는 이유는 비단 거기 갇힌 사람들의 존엄성 때문만이 아니다. 그곳에서 일하는 사람들의 존엄성을 지키기 위해서다. 교도관들이 공포와 위협을 동원하여 권위를 행사하지 않게 하고, 자신이 일하는 환경에 오염되었다고 느끼지 않게 하기 위해서다.

교도관 일을 처음 시작했을 때만 해도 바비는 자부심을 느꼈고, 그 일을 계속하고 싶었다. 그러나 적은 임금과 만연한 부정부패에 그의 생각이 바뀌었다. 플로리다주의 '선량한 사람들'은 이 상황을 바꿀 의지가 전혀 없었다. 지역신문의 기사를 읽고 득달같이 달려와 샬럿의 교도관들이 매슈 워커를 죽였다고 비난한 사람들은 또 그만큼 빠른 속도로 교도소가 존재한다는 사실 자체를 잊을 거라고 바비는 예상했다. 그는 플로리다주 교도소의 환경에 대한 대중의 인식을 쓰레기 매립지에 대한 인식에 견주었다. "우리가 쓰레기를 내다 버리면 쓰레기가 어디론가 치워지잖아요. 우리는 그 쓰레기가 어디로 갈지는 생각하지 않습니다. 유일하게 생각할 때는 매립지가 다 차서 새 매립지를 살 돈을 낼 때뿐이죠." 플로리다주의 주민 대다수는 주 교도국에 대해 바로 그렇게 생각한다고 바비는 말했다. 그때쯤 우리가 앉아 있던 식당이 해피아워(비교적 손님이 없어서 특별히 가격을 할인해주는 시간대-옮긴이)로 분주해지기 시작했다. 사람들이 하나둘 들어와 골프와 야구 경기 중계를 틀어놓은 바에서 맥주와 마가리타를 마셨다. "신문에 기사가 나기 전까지는 아무도 교도소에 대해 생각하지 않아요." 바비는 이렇게 말하며 홈디포 모자의 챙을 힘껏 잡아당기고는 바에 앉은 손님들을 흘끗 둘러보았다. "그러다 언론이 뭐 하나 크게 터뜨리면 우리가 악인 무리가 된답니다."

3

인권 대신 이윤을 좇는
교도소 자본주의

플로리다주의 교도소들은 미국에 있는 대부분의 교도소처럼 접근하기가 쉽지 않다. 어디에 있는지 찾기도 어렵다. 내가 찾아간 플로리다주의 교도소들은 예외 없이 모두 외딴곳에 있었다. 오지의 도로 안쪽에, 그것도 울타리를 친 부지 안에 있었으며 주변 땅은 삼림이고 늪이었다. 해변과 테마파크를 지나, 골프장과 리조트를 지나, 야자수가 늘어선 대로, 그리고 매년 수많은 관광객과 철새를 이 '선샤인 스테이트'로 불러 모으는 바닷가 콘도를 지나 꽤 오래 차를 몰아야 교도소가 나온다. 교도소에 가까워질수록 교통량이 줄어들고 휴대전화 신호가 점점 더 자주 끊긴다. 나는 교도소를 찾아가다가 여러 번 GPS가 먹통이 되는 바람에 목적지를 한참 지나친 적이 많았다. 습지와 들판과 적대적인 느낌의 표지판('신고되지 않은 사람은 기소됩니다'와 같은) 말고는 주변에 뭐가 거의 없었기 때문이다.

그 밖에 내가 방문했던 플로리다주 교도소들은 공통적으로 우중충한 색깔과 단조로운 건축 양식이 특징이었다. 그 특색 없는 직육면체 건물과 휑한 경내는 건조한 질서정연함만을 발산한다. 겹겹의 보안 울타리와 플로리다주의 강렬한 햇살 너머로 아무리 눈을 가늘게 떠봐도 인간의 활동은 거의 보이지 않았다. 늘 운동장은 비어 있었고 경내는 고요했다. 근처를 맴도는 새들이 가끔 꽥꽥거리는 소리나 내 팔에 내려앉는 모기의 웽웽거리는 날갯짓 소리 외에 귀에 들리는 것도 거의 없었다. 어느 교도소나 비슷비슷한 칙칙한 외관만 봐서는 그 안에서 어떤 중요한 일이 일어나고 있다고 생각하기 어려웠다. 하물며 충격적이고 폭력적인 일이 일어나고 있으리라고는 상상하기 어려웠다.

나는 플로리다주의 교도소들을 둘러본 뒤 그 고립된 위치와 무미건조한 외관은 교도소의 유구한 특징일 거라고만 짐작했다. 반갑지 않은 외부인의 관심을 피하려면 그 편이 나을 거라고 말이다. 그러나 이 짐작은 틀린 것으로 밝혀졌다. 역사학자 데이비드

로스먼에 따르면, 19세기 초 앤드루 잭슨 대통령 시대에 "미국인은 미국의 감옥에 대해 어마어마한 자부심을 품었고 유럽에서 온 손님들에게 자랑하고 싶어 안달했으며 미국이 범죄와 형벌의 역사에 새로운 장을 열었다고 뽐냈다".[1] 이 신생 공화국 시절의 교도소에 초대받았던 유럽 손님 중에는 찰스 디킨스Charles Dickens가 있었다. 그는 1842년 펜실베이니아주의 이스턴 주립 교도소Eastern State Penitentiary를 구석구석 둘러보고 재소자들과 자유롭게 대화를 주고받았다. "내 눈에서 은폐되거나 숨겨진 것은 아무것도 없었다. 내가 찾는 정보 하나하나가 숨김없이, 솔직하게 제공되었다." 디킨스는 《아메리칸 노트》에 이렇게 썼다.[2] 19세기에는 미국은 물론 영국도 교도소를 대중의 눈에 잘 띄는 장소에 지었다. 우뚝 솟은 탑과 석재 아치까지 갖추어 궁전에 비유된 시설도 있었다.

사회학자 존 프래트John Pratt는 교도소 건축 양식이 점점 더 스파르타풍으로 바뀌고 교도소 부지가 사회의 "눈에 거슬리지 않는 변두리"로 밀려나기 시작한 것은 그 후의 일이라고 분석한다.[3] 이 건축적·지리적 변화를 추동한 것은 무엇이었을까? 한 가지 설명은 교도소 관리자들이 디킨스 같은 관찰자에게 문을 열어주지 않는 편이 낫다는 것을 경험으로 배웠다는 것이다. 디킨스는 이스턴 주립 교도소 운영진의 선의를 칭찬하면서도 그들이 재소자를 철저한 고립 상태에 가두는 "감옥식 훈육"을 고안했다고 규탄했다.

이 시대 미국의 개혁가들은 감금 요법이 재소자의 내적 성찰과 자기 규율을 증진한다고 믿었지만 디킨스는 이들의 주장에 아랑곳없이 독방 감금은 "지독한 처벌"이라고, 그 피해가 은폐되고 위장된다는 점에서 더욱더 교활한 처벌이라고 보았다. "나는 매일매일 그렇게 서서히 뇌의 신비를 조작하는 이 행위가 다른 어떤 종류의 신체 고문보다도 헤아릴 수 없이 끔찍하다고 생각한다. 그 섬뜩한 징후와 증거가 육체의 흉터만큼 눈에 띄거나 손에 만져지지 않는다는 점에서 그렇게 생각한다." 디킨스는 이렇게 썼다.[4] 19세기 미국의 형벌 체제는 교도소가 범죄자의 도덕을 고양시키고 그들을 준법 시민으로 교화할 수 있다는 신념하에 설계되었다. 20세기 후반, 그보다 더 징벌적인 교정 철학에 의거하여 건축된 교도소는 외부인의 접근을 훨씬 더 제한할 수밖에 없었다.

그러나 교도소가 사회 변두리로 이동한 것은 다른 방식으로도 설명할 수 있다. 존 프래트에 따르면 이 변화는 "처벌의 문명화"(일반적인 의미의 문명화가 아니라 노르베르트 엘리아스가 말한 문명화, 즉 불쾌하고 충격적인 일들이 "사회생활이라는 무대의 뒤편"으로 옮겨지고 은폐되는 과정인 문명화)가 득세한 결과였다. 표면적으로 엘리아스의 연구는 처벌 연구와 무관해 보인다. 그의 1939년 저서《문명화 과정》은 16세기부터 19세기까지 식사 예절을 비롯한 행동 규범의 변화를 추적한 유럽 풍속사 연구로, 처벌에 대해서는 거의 언급하지 않는다. 그러나 근래 들어 범죄와 처벌을 연구하는 학자들이 엘리아스의 통찰을 빌려 현대적 형벌 관행의 아이러니와 모순을 설명하기 시작했다. 엘리아스에 따르면 '문명화 과정'의 핵심은 내적 통제의 강화이며, 그 과정에서 사회적 행위자들이 인간 행동의 '동물적' 측면을 억압하고 그런 행동을 타인에게 숨기는 것이다. 예를 들어 침을 뱉거나 방귀를 뀌는 등의 신체 기능이 불쾌한 것으로 여겨져 상류사회에서 추방당했다. 죽은 동물을 자르는 행위는 원래 잔칫상에서 하던 일이었으나 점잖은 상류층이 지닌 "불쾌감의 한계치"가 높아지면서 "충격적인 일"로 여겨져 시야에서 숨겨졌다.[5]

엘리아스가 처벌 관행의 '문명화'까지 논하지는 않았지만, 은폐야말로 문명화 과정의 핵심이라는 그의 통찰은 고문과 처벌을 설명하기에도 매우 적합해 보였다. 중세와 르네상스 시대 유럽에서는 군중이 지켜보는 가운데 범죄자를 교수대로 끌고 가서 사지를 절단하거나 불에 태우거나 교수대에 매다는 일이 일상적으로 행해졌다. 그러다 19세기 들어서는 볼거리로서의 처벌이 점점 드물어졌고 범죄자를 공개적으로 매질하거나 참수하는 오래된 관행은 대개 불법화되었다. 그 주된 이유는 엘리트 계층이 그러한 관행에 혐오감을 느끼게 되어서였다. 미셸 푸코는 《감시와 처벌》에서 현대의 세련된 처벌 기술(대표적으로 교도소)로의 이행이 범죄자의 신체를 통제하고 관찰하려는 욕망, 그럼으로써 범죄자의 신체를 다루기 쉬운 유순한 신체로 바꾸려는 욕망에 추동되었다고 썼다. 엘리아스를 참고한 범죄학자들은 여기에 또 하나의 논리가 작용하고 있음을 강조했다. 처벌의 현대화를 추동한 욕망은 처벌이라는 누추한 사업을 더는 직접 목격하고 싶지 않은 점잖은 시민들의 시야에서 범죄자의 신체를 숨기려는 욕망이었다.

신체에 대한 처벌이 '누추한' 것으로 여겨지게 되었다는 사실은 이론상으로는 사회가 진보하고 있다는 신호였다. 그러나 엘리아스의 계승자들이 말하듯이 '문명화 과정'은 잔인한 폭력이 실제로 사라진다는 뜻이 아니라 그저 더 은밀한 장소로 밀려난다는 뜻이다. 엘리아스의 연구를 형벌사회학에 처음 접목한 데이비드 갈런드David Garland에 따르면, 닫힌 문 뒤에서 벌어지는 폭력은 문명화된 감수성을 해치지 않으며 오히려 폭력을 세탁하는 것도 가능하다(《문명화 과정》의 중요한 주제 하나가 바로 국가에 의한 폭력의 독점 과정으로, 같은 시기에 일반 시민이 허가 없이 공격성을 드러내지 않도록 자제력이 강조되었다). 《처벌과 현대 사회Punishment and Modern Society》(1990)에서 갈런드는 이 이론을 뒷받침하는 "문명화된 처벌"의 계보를 제시한다. 범죄자를 교수대에 매달아 죽이는 행위가 야만적이라는 데에는 현대 미국의 모든 사람이 동의한다. 그런데 범죄지를 독극물 주사(더 은밀한 살인 도구)로 죽이는 행위는 미국의 여러 주에서 합

140

법이다. 재소자를 매질하는 행위는 분명 현대 미국인의 "불쾌감의 한계치"를 넘어선다. 반면에 재소자를 눈에 띄지 않는 별도의 "고립 장치"에 가두는 행위는 그렇지 않다. 디킨스가 1842년에 말한 대로 독방 감금은 "그 섬뜩한 징후와 증거가 눈에 띄지 않는다"는 바로 그 이유에서 불쾌해하지 않는 사람이 많다. 갈런드는 "일상적인 폭력과 고통은 은밀하게 수행되거나 위장되거나 어떤 식으로든 시야에서 제거되면 용인될 수 있다"고 말했다.[6] 관건은 잔인성의 정도가 아니라 잔인성의 가시성과 형식이다. 이 관점에서 바라보면 플로리다 주립 교도소들의 외딴 위치는 우연이 아니다. 프래트에 따르면 서양 세계 전역에서 "문명화된 감옥은 보이지 않는 감옥"이다. 시스템의 폭력을 은폐함으로써 '선량한 사람들'이 담장 안에서 벌어지고 있는 일을 훨씬 더 쉽게 모르는 척하거나 잊을 수 있게 하는 감옥이 문명화된 감옥이다.[7]

물론 플로리다주의 모든 주민이 이 사실을 모르는 척하거나 잊어버린 것은 아니다. 나는 여기저기에 있는 교도소를 찾아다니던 중 어느 날 커피숍에서 주디 톰슨을 만났다. 잭슨빌 외곽의 베이메도우즈에서 성장한 아프리카계 여성인 톰슨은 메이포트 해군기지에서 리더십 교육을 진행한 경력이 있었다. 또 플로리다주의 양형 정책을 더 공정하게, 교도소 환경을 더 인도적으로 바꿀 것

을 요구하는 단체도 설립했다. 톰슨은 나를 만나는 자리에 편지를
한 뭉치 들고 왔다. 그 단체에 대해 알게 된 재소자들이 학대를 직
접 증언하려고 보낸 편지들이었다. 톰슨은 자신이 읽은 편지의 양
보다 새로 도착하는 편지의 양이 더 많다고 했다. 그가 가져온 편
지들은 전부 그달에 새로 도착한 것이었다.

톰슨은 얼굴도 모르는 사람들이 보낸 편지들을 읽고 상심했
다고 했다. 그의 다섯째 아들인 크리스는 1999년 강도죄로 체포되
었다. 범죄로 인해 다친 사람은 전혀 없었고 당시 스물한 살이었
던 크리스는 무기도 없었다. 그럼에도 그는 30년형을 선고받았다.
그때까지 톰슨은 교정 사업을 플로리다의 가장 큰 산업 중 하나로
만든 징벌주의 형사법에 대해 별 생각이 없었다. "내가 속한 세계
와는 무관한 일이었죠." 그가 말했다. 그러나 그 사건 이후 톰슨은
플로리다를 비롯해 미국 전역에서 수감자 인구가 급증하게 된 원
인인 일련의 징벌주의 형사 정책을 연구하기 시작했다. 그가 최근
에 읽은 책 중 하나는 법학자인 미셸 알렉산더^{Michelle Alexander}의 《새
로운 짐 크로^{The New Jim Crow}》(2010)였다. 여기서 저자는 마약과의 전
쟁 등 형식상 인종을 구분하지 않는 정책(최소 의무 형량제·불심 검문
및 수색)이 실질적으로는 민권 운동 이전 시대에 흑인들이 당했던
인종 격리만큼 보편적이고 지명직인 인종 카스트제를 떠받는 기
둥 역할을 하고 있다고 분석했다. 그에 따르는 가혹한 대가를 강

조한 이 책이 대형 베스트셀러가 되면서 대량감금을 둘러싼 논쟁의 방향을 바꾸었다. 주디 톰슨도 출간 즉시 이 책을 탐독했고 이듬해인 2011년에 '망각된 대다수Forgotten Majority'라는 단체를 창설했다. "담장 안에 있는 사람들은 말 그대로 망각된 존재"라는 뜻에서, 또 일부 도시에서는 젊은 흑인 남성의 '대다수'가 형사처벌 체제에 갇혀 있다는 의미에서 지은 이름이었다. 2019년 플로리다주에서 흑인은 전체 인구의 7퍼센트를 차지하지만 주립 교도소 재소자 가운데에서는 거의 절반에 이른다(40퍼센트는 라틴계다).

이 일을 시작했을 때 톰슨은 아들을 가둔 그 시스템을 쉽게 바꿀 수 있으리라는 망상 따위는 품지 않았다. 그런데 대량감금에 대한 회의적인 시각이 뜻밖의 장소들에서 발견되었다. 단체를 만든 직후 톰슨은 플로리다주 상원의 형사사법위원장 그렉 에버스Greg Evers를 만났다. 그는 텍사스주 팬핸들 출신의 보수적인 공화당원이며 전미총기협회로부터 에이플러스 등급을 받은 사람이었다. 톰슨은 중죄인 가운데 기회를 한 번 더 받을 자격이 있는 재소자의 가석방 절차를 간소화하고자 주민 청원이 진행된다고 알릴 생각이었다. 플로리다주는 1983년 모든 범죄자에게 형기의 85퍼센트를 의무적으로 복역하게 하는 양형 현실화 법을 시행한 이후 모범수 가석방이 사실상 불가능해진 상태였다. 톰슨은 이 법이 완화되기만 한다면 자신의 아들 크리스도 구제받을 수 있을 거라고 기대했다. 크리스는 복역 중에 '옥중 변호사'가 되어 다른 재소자들에게 법률 자문을 제공하고 있었다(동료 재소자들은 그를 '리틀 조니 코크런(조니 코크런은 1994년에 살인 혐의로 기소된 전직 미식축구 선수 O. J. 심슨을 변호하여 무죄 판결을 받아낸 흑인 변호사다.-옮긴이)'이라고 부른다고 톰슨은 나에게 자랑했다).

그렉 에버스는 톰슨을 자신의 집무실에서 맞이했다. 그는 톰슨이 준비해온 이야기를 전하는 동안 연신 고개를 끄덕이다가 이렇게 말했다. "주디, 당신은 지금 동지를 설득하려 하고 있어요. 말씀하신 대로 우리는 그 많은 사람을 가둬두는 데 너무나 큰돈을 쓰고 있으니까요." 수십 년간 법질서를 신봉했던 보수주의자들은 지구상에서 가장 거대한 교도소 시스템을 만든 것에 대한 (도덕적 대가까지는 아니지만) 재정적 대가에 당황하고 있던 참이었다. 그로부터 1년 후 톰슨은 탤러해시의 주지사 관저에서 열린 '흑인 역사의 달' 기념행사에 참석했다. 그리고 그 자리에서 주지사 릭 스콧을 발견하고는 그에게 다가가서 자신의 단체를 소개한 다음 그토록 많은 흑인이 플로리다의 교도소에서 "희망도 없이" 비참하게 지내는 마당에 어떻게 자신이 흑인 역사의 달을 즐길 수 있겠느냐고 토로했다. 몇 년 후 도널드 트럼프의 강력한 지지자가 되는 스콧 주지사는 그날 톰슨의 말에 발끈하지 않았다. 심지어 후속 만남까지 제안했다. 톰슨은 그것을 빈말로만 생각했으나 정말로 몇 주 후에 주지사의 보좌관이 그에게 연락하여 회의 일정을 잡자고 했다. 그리하여 톰슨은 쓰레기봉투 여러 개에 가석방 제도 부활을 요구하는 청원서를 가득 담아 다시 주지사 관저를 방문했다. 스콧 주지사는 결국 이 법을 개정할 권한은 의회에 있다고 말했지만, 톰슨은 주지사가 자신의 목소리에 귀 기울였다는 사실에 희망을 품고 그 자리를 떠났다.

기나긴 기다림 끝에 주의회에서도 대량감금 정책의 악영향을 평가하기 시작한 듯했다. 플로리다만이 아니라 미 전역에서 진보주의자와 보수주의자가 동맹을 맺고 재소자 수를 줄일 수 있는 덜 징벌적인 양형 정책을 추진하기 시작한 것이다. 그 결과 많은 주에서 최소 의무 형량제 관련 법령이 축소되거나 폐지되었고, 중죄인의 양형 결정에 판사에게 더 많은 재량을 주었다. 일례로 2016년 플로리다주는 총을 소지한 상태에서 범죄를 저지른 사람은 무조건 최소 10년형에 처하는 10-20 형기법을 무효화했다. 그러나 재소자 한 명당 지출되는 비용이 연간 2, 3만 달러인 상황에서 덜 징벌적인 정책으로 세금을 아끼라며 릭 스콧 같은 정치가를 설득하기는 차라리 쉬웠다. 재소자를 더 인도적으로 대우하라고(직원 훈련을 강화하고, 적절한 정신보건 서비스를 제공하고, 단속과 감시를 확대하라고, 즉 하나같이 돈이 **더** 드는 정책을 채택하라고) 설득하기는 훨씬 더 어려웠다. 예일대학교 법학과 교수 제임스 포먼^{James Forman}

이 지적하듯이, 대량감금을 비판하는 사람들은 마약과의 전쟁을 비롯한 엄벌 정책이 폭력 범죄와 관련 없는 재소자 수를 급증시킴으로써 어떤 참사가 벌어졌는지를 강조했다. 그런데 이 논리가 놓치는 중요한 사실은 설령 마약 관련 범죄자를 전부 석방한다 해도 미국은 여전히 지구상에서 가장 큰 교도소 시스템을 운영하는 나라, 비단 규모만이 아니라 잔인성 면에서도 유례없는 시스템을 가진 나라라는 것이다.

처음 단체를 만들었을 때만 해도 주디 톰슨의 최우선 해결 과제에 교도소의 잔인성은 없었다. 일단은 교도소가 얼마나 잔인한지를 그가 전혀 몰랐기 때문이었다. 그때 편지가 오기 시작했다. 어떤 재소자는 갱단의 위협을 피하려고 교도관을 찾아간 일을 편지에 썼다. 그 교도관의 대응은, 입 다물고 조용히 하지 않으면 "(후추) 스프레이를 뿌리겠다. 그리고 이빨을 부숴버리겠다"는 것이었다. 내가 애초에 톰슨에게 연락했던 이유는 데이드의 학대가 어느 정도나 이례적인 일인지 확인하기 위해서였다. 톰슨에 따르면, 데이드는 극단적인 사례에 속하긴 하나 재소자에 대한 물리적·언어적 학대는 어디에서나 벌어지는 일이었다. 그가 받은 대부분의 편지는 플로리다주 북부의 교도소들에서 왔다. 이는 북쪽으로 올라갈수록 교도관의 인종적 다양성이 떨어진다는 사실과 관계있으리라는 것이 톰슨의 설명이었다. 가령 잭슨빌 근처 교도소의 교도관 두 명은 한 흑인 재소자에 대해 살해 음모를 꾸민 혐의로 유죄 판결을 받았다. 그들은 큐클럭스클랜의 회원이었다.

플로리다주 교도소의 비인간적인 대우는 오랫동안 대중의 관심 밖이었다. 그러다 대런 레이니 살인 사건이 발생하고 《마이애미 헤럴드》 등 지역 언론이 주립 교도소의 비참한 환경을 보도한 뒤부터 소수의 운동가들이 변화를 요구하기 시작했다. 그중 한 사람이 조지 맬링크로트(데이드 교도소의 학대에 대해 불만을 제기했다가 해고당한 그 심리치료사)였고, 또 한 사람이 주디 톰슨이었다. 톰슨은 에버스 주상원의원이 주재한 입법 청문회에서 주 교도소와 구치소에 횡행하는, 때로는 치명적인 폭력에 대해 발언했다. 그는 늘 그랬듯이 재소자들의 편지를 청문회에 가져왔고 그중 한 통은 2년 전에 데이드 교도소의 마크 조이너라는 재소자가 대런 레이니가 사망하고 몇 달 후에 보낸 것이었다. 이 편지에서 조이너는 전환치료병동 환자들이 당하는 사디즘적 학대를 묘사했고 레이니를 비롯한 여러 환자가 "너무도 뜨거운 물"에 고문당한 일에 대해서도 썼다. 처음에 톰슨은 믿지 않았다. 믿을 수 없을 만큼 "극악한" 내용이었기 때문이었다. 조이너가 같은 내용으로 다시 편지를 보냈을 때에야 톰슨은 그가 진실을 말하고 있음을 알았다. 편지의 한 대목이 특히 그의 마음을 울렸다. 레이니를 살해한 교도관들은 처벌을 받지 않는데 왜 자신은 종신형을 받아야 하느냐고 비교하는 부분이었다(조이너는 살인죄로 유죄 판결을 받았다). 탤러해시에서 열린 입법 청문회에서 톰슨은 그 대목을 낭독하기로 했다.

나는 죄를 지은 사람이 누구냐에 따라서 살인죄로 기소될 수도 있고 아닐 수도 있다는 결론에 이르렀습니다. 어떤 살인자는 평생 교도국에 위탁되는 반면에, 어떤 살인자는 같은 기관에서 급료를 받고 매일 집에 갑니다. 같은 행동을 다시 한번 할 자유도 얻습니다. 저는 이 주와 이 나라의 사람들이 언젠가 이때를 돌아보며 (…) 이런 일이 어떻게 계속될 수 있었느냐고 물을 날이 올까 궁금합니다. 사법부가 알고, 주정부의 입법부가 아는데도 같은 일이 반복되고 있습니다.

톰슨이 낭독을 마친 뒤에는 몇몇 교도관이 나와 플로리다주 교도소의 옹호 불가능한 환경(수용 인원 초과, 인력 부족, 저조한 사기)에 관해 증언했다. 일부 의원들이 이 진술에 영향을 받았고 특히 상원의원 에버스는 이후 몇 달간 대대적인 교도소 개혁 법안을 추진했다. 에버스의 법안에는 교도소의 인력 충원, 학대 교도관 처벌 강화는 물론 독립적인 감독 기관 설치도 들어 있어, 문제가 악성으로 번지기 전에 기습 감찰을 통해 문제를 파악하겠다는 의지를 표명했다.

서양의 다른 국가들에는 이런 종류의 단속 기관이 드물지 않다. 가령 영국은 삼중의 단속 체제를 운영한다. 첫째는 모든 감금 시설에 대해 기습 감찰을 실시하는 '교도소 시찰반'이고, 둘째는 제기된 민원을 상세히 조사하는 '교도소 및 가석방 민원 처리반', 셋째는 그 밖의 감시 활동을 수행하는 지역 시민단이다. 교정시설 관리 문제를 연구하는 텍사스대학교 오스틴의 법학과 교수 미셸 데이치^{Michele Deitch}는 영국의 목표가 '술래잡기'가 아니라 조기 발견이라고, 즉 문제의 "예방"이라고 말한다. 국가가 강력한 단속 기구를 두는 이유는 다른 대형 시설(은행, 핵시설 등)과 마찬가지로 교도소는 외부의 감시를 받을 때 국민에게 더 잘 봉사할 수 있다는 믿음 때문이다. 미국의 지배적인 관점은 이와 다르다. 이 나라의 교도소는 "대중에, 언론에, 모든 사람에게 투명성이 전혀 없는, 완전한 폐쇄 시설"이라고 데이치는 말한다. 과거부터 지금까지 미국의 문제 해결 방식은 예방 기구가 아니라 법원 명령에 따른 양측의 합의다. 즉 구치소와 교도소에 만연한 제도적 결함에 대해 피해자들이 주정부를 상대로 집단 소송을 제기한 뒤 양측이 합의를 도출하는 것이다. 이 접근법의 단점 하나는, 언제나 문제가 발생한 뒤에야, "사태가 밑바닥을 치고 나서야" 해결에 나선다는 것이라고 데이치는 말한다. 또 하나의 단점은 개선 효과가 금방 사라진다는 것이다. 정부가 법원 명령을 따르는 순간 관심이 줄어든다. 그러고 나면 같은 문제가, 특히 외부 감시 체제가 없는 주에서는 필연적으로, 다시 발생한다.

에버스 상원의원이 주재한 입법 청문회에서는 여러 명의 공무원이 발언자로 나와 주 감찰관실(주 교도국 소속이다)이 교도소 감독 업무를 맡아서는 안 되는 이유를 설명했다. "우리는 스스로를 제대로 단속할 능력이 더는 없습니다." 학대 여부를 조사하는 일에 늘 방해를 받았다는 감찰관이 말했다.[8] 주디 톰슨은 이 청문회를 통해 마크 조이너가 편지에서 제기한 의문(문명화된 국가가 어떻게 이런 일이 계속되도록 놔둘 수 있는가)에 대한 응답, 즉 '그런 일은 계속되어서는 **안 된다**'는 약속이 체결되리라는 희망을 품었다. 그러나 그 후 그가 목격한 것은 플로리다주 하원이 별개의 개혁안(교도국에 "나쁜 딱지"를 붙이게 된다는 이유로,[9] 독립 감독 기관 설치 등 에버스의 개혁안에 들어 있는 유의미한 조항을 전부 제거한 법안)을 제시하는 모습이었다.

톰슨을 만난 나는 이 모든 것에 비추어 볼 때 플로리다주 지도층이 교도소 내의 재소자 학대 문제를 얼마나 심각하게 여기는 것 같으냐고 물었다. 그는 최근에 받은 편지들을 가리켰다. "불충분하게요." 이렇게 말하며 한숨을 쉬었다. "불충분합니다." 그리고 덧붙이기를, "스콧 주지사 같은 사람이 조치를 취할 필요를 못 느낀다면 아마 그의 느낌이 맞을 거예요. 왜냐하면 감금에 영향받지 않는 일반적인 사람들은 이 문제에 너무도 관심이 없기 때문이죠."

공공사업의 민영화 정책

일반적인 사람들이 감금 시설에 관심을 가져야 하는 이유는 그것이 공동 사업이기 때문이다. 다시 말해 감금은 납세자가 비용을 대고, 입법부와 사법부가 관장하고, 주 공무원인 감찰관이 감사하는 공공사업이다. 아무리 접근하기 어렵고 눈에 보이지 않는다 해도 주립 구치소와 교도소는 엄연한 공공시설이다. 그러나 이는 플로리다주를 비롯한 미국의 여러 지역에서 한층 더 복잡해지고 있다. 릭 스콧은 정계에 입문하기 전까지 영리 의료 체인인 '컬럼비아/HCA'에서 최고경영자로 일했다. 그런 그가 주지사에 선출된 뒤 교도소 예산 삭감을 위해 내놓은 방안에는 인력 감축 외에도 교정 사업 민영화가 있었다. 데이드 교도소 시절 해리엇 크르지코프스키를 고용한 주체는 플로리다주 교도국이 아니었다. 처음에는 테네시주 브렌트우드에 본사를 둔 민간 업체 코라이즌이, 그 뒤에는 피츠버그에 있는 웩스퍼드Wexford가 그의 고용주였다. 이런 회사들에게 처벌이라는 누추한 사업은 말 그대로 사업이다. 특히 재소자 수가 10만 명에 육박하는 주에서는 큰 이익을 볼 수 있는 사업이다. 2012년, 그러니까 대런 레이니가 고문 끝에 살해당한 바로 그해에 웩스퍼드와 코라이즌, 두 회사는 플로리다주 교도소에 정신과 치료 등 의료 서비스를 제공하는 대가로 총 13억 달러를 받는 5년짜리 계약을 따냈다.

내가 데이드 교도소에 가서 직접 확인한 민영화의 결과 중 하나는 교도소 내부에서 벌어지는 일이 "무대 뒤편"으로 더 깊이 숨겨진다는 것, 어떤 행위를 해도 책임질 의무를 전혀 느끼지 않는 사기업의 손아귀에 들어간다는 것이었다. 나는 주 교도국에 거듭 요청한 끝에 겨우 허가를 받아, 신임 부교도소장 글렌 모리스의 동행하에 데이드 교도소를 둘러보았다. 내가 전환치료병동의 정신건강 상담사들과 이야기를 나누고 싶다고 하자 모리스는 자신에게는 결정권이 없다고 했다. 그건 플로리다주로부터 책임을 위임받은 웩스퍼드가 결정할 일이라고 했다. 나는 모리스의 사무실에서 주 교도국의 대변인에게 전화를 걸었다. 그도 나에게 웩스퍼드의 허가를 받으라고 했다. 그래서 웩스퍼드의 피츠버그 본사에 전화를 걸었다. 겨우 연결된 언론 관련 담당자는 현재 나와 통화할 수 있는 직원이 한 명도 없다고 했다. 나는 데이드에 온 김에 누군가 시간이 날 때까지 얼마든지 기다릴 수 있다고 했다. 그는 나에게 상담사 인터뷰는 허가되지 않을 것이라고 했다.

내가 데이드 교도소에서 벌어지는 학대에 대해 질문했을 때 웩스퍼드 측은 답변을 일절 거부했다. 코라이즌은 그보다는 좀 더 적극적이었다. 의료 사업 총책임자인 캘빈 B. 존슨 박사에 따르면, 코라이즌은 모든 신입 직원에게 안전safety, 사발성motivation, 책임accountability, 존중respect, 협동teamwork의 머리글자를 따서 스마트SMART

라고 부르는 "전 사원의 가치관"을 소개한다. 비윤리적인 행위를 목격한 정신건강 상담사는 다양한 통로를 통해 보고할 수 있고 익명을 보장하는 본사 직통전화까지 있다고 존슨 박사는 설명했다. 그러나 해리엇 크르지코프스키는 이런 정보를 접한 적이 없었다. 그는 데이드에서 일할 때 스마트라는 표어는 한 번도 듣지 못했다. 익명 직통전화가 있다는 것도 몰랐다. 교도관을 적으로 돌리지 말라는 경고 외에 신입 직원 교육 중에나 후에나 학대 행위를 목격했을 경우 어떻게 대응해야 하는지는 전혀 듣지 못했다. 데이드에서 일했던 다른 상담사들도 같은 반응을 보였다. 조지 맬링크로트는 "학대가 무엇인지, 또 그것을 어떻게 보고해야 하는지에 대해서 코라이즌은 단 한 번도 그 어떤 안내도 훈련도 절차도, 그야말로 아무것도 알려주지 않았다"고 했다.

교도소의 정신보건 사업을 민간 부문에 외주할 때의 한 가지 위험은 문제가 드러나면 계약이 파기될 수도 있기에 회사 측에서 문제를 은폐할 동기가 충분하다는 것이다. 또 하나의 위험은 비용을 최소화하려는 노력이 의료 품질 저하로 직결될 수 있다는 것이다. 플로리다주가 교도소 의료 사업을 민영화하고 얼마 지나지 않아 《팜 비치 포스트The Palm Beach Post》의 팻 빌Pat Beall 기자가 이 실험의 진행 상황을 상세히 보도했다. 교도소 의료 사업을 민영화하고 7개월 사이에 주 전체에서 사망한 수감자 수가 206명으로 치솟으며 10년 만에 최고치를 기록했다. 폐암을 앓던 한 여성 재소자는 타이레놀과 온찜질을 처방받았다가 결국 사망했다. 일부 재소자는 원래 복용하던 아편성 진통제가 갑자기 이부프로펜 같은 저렴한 약품으로 바뀌었다며 불만을 제기했다. 한편 중증 질환으로 외부 병원에 이송된 재소자 수는 47퍼센트나 감소했다. 비용을 줄이느라 생명을 위협한 것이다. 한 의사는 팻 빌에게 이렇게 말했다. "우리가 수술을 권해도 환자가 오지 않아요. 환자들은 수술을 받기도 전에 죽어가고 있어요."[10]

플로리다주와 같은 상황이 다른 주에서도 벌어졌다. 2012년 아이다호주에서 법원의 명령으로 수사해본 결과, 코라이즌이 담당한 한 교도소에서 "정신과 치료를 비롯한 의료 서비스에 심각한 문제들"이 드러났다. 이곳 환자들은 더러운 침구를 썼고 음식과 물을 며칠씩 받지 못했으며 질환에 맞지 않는 약을 받고 있었다. 수사 보고서에는 이 같은 문제가 "빈번하고 만연해 있고 오래되었다"고 기록되어 있었다(코라이즌은 이 평가가 "오해를 일으키며 부정확하다"고 대답했다). 켄터키주에서는 코라이즌이 위탁받은 한 구치소에서 1년 사이에 일곱 명이 사망하자 재소자 가족들이 소송을 제기했다. 사망자 중 한 사람인 중증 당뇨병 환자는 감염증에 걸렸는데도 응급실로 이송되지 않고 시설에 그내로 갇혀 있었다.[11]

그러나 의료 사업 민영화는 재소자의 건강만 위협하는 게 아니다. 재소자의 의료적 필요가 아니라 회사 측의 비용 절감이라는 목표에 따라 결정을 내리도록 실무자를 강제한다는 점에서 의료진의 복지에도 문제를 일으킨다. 2014년 조지아주 채텀 카운티의 한 구치소에서 매슈 로플린이라는 수감자가 호흡 곤란을 겪다가 감방 안에서 기절한 뒤 병원 이송을 요청한 일이 있었다. 코라이즌 소속의 현장 의사 찰스 퓨 박사는 지역 총책임자에게 로플린을 이송하게 해달라고 요청했다. 그러나 이 요청은 받아들여지지 않았다. 이후 며칠간 로플린의 상태가 계속 악화되는 동안 퓨 박사와 코라이즌 소속 간호사 두 명이 거듭 허가를 요청했지만 소용없었다. 퓨 박사는 다른 의사가 요구하면 로플린을 응급실에 보낼수 있겠다는 생각에 한 심장 전문의를 불렀다. 그러나 로플린은 이미 혈압이 많이 떨어진 상태였고 또 한 번 기절했다. 마침내 병원으로 이송된 직후 로플린은 숨을 거두었다.

이 사건은 남부빈곤법률센터Southern Poverty Law Center가 코라이즌을 수사한 뒤 발표한 "이윤 대 재소자"라는 제목의 보고서에 기록되어 있다. 애초에 이 수사는 오리건주 교도소의 켈리 그린이라는 재소자(그는 조현병을 앓았다)가 정신분열 발작 중에 목이 부러진 사건 때문에 시작되었다. 코라이즌 직원들은 그린을 즉시 병원으로 이송하는 대신에 그를 구치소에서 석방한 뒤 병원에 데려다 놓았다. '호의의 작별'로 불리는 이 방법, 코라이즌 측에서 환자를 입원

시키지 않는 이 방법은 재소자의 치료를 미룸으로써 입원 비용을 아끼는 방법이었다. 매슈 로플린과 마찬가지로 그린은 결국 사망했다. 그린의 유가족은 그를 즉시 병원으로 이송하기만 했어도 이런 일은 일어나지 않았을 것이라고 생각했다(이 가족은 코라이즌을 고소했다. 코라이즌은 과실을 전면 부인했다).

남부빈곤법률센터의 보고서에 따르면 교도소의 민영화 이후 간호사·의사·정신의학자 등 의료진은 그런 역할을 일상적으로 떠맡게 되었다. 고정 요금을 받고 서비스를 제공하는 회사는 "재소자 치료에 아끼는 한 푼 한 푼이 다 수익으로 돌아오기에" 비용을 절감하기 위한 더러운 일을 현장 의료진에게 떠안겼다.[12] 퓨 박사가 켈리 그린의 유가족 편에서 법정에 제출한 진술서에는 의료진이 받는 끊임없는 압박이 묘사되어 있다. "지금 누가 병원에 있고, 그 환자들의 상태가 어떤지, 지역 총책임자에게 보고하는 전화 회의가 일주일에 한 번이나 두 번씩 있었다. 나는 모든 입원 건을 감시하라고, 환자를 입원시키지 말라고, 입원한 환자를 최대한 빨리 퇴원시키라고, 입원 기간을 최소화하라고 끊임없이 요구받았다." 퓨는 이렇게 기록했다.[13] 일부 직원은 조금의 거리낌도 없이 그러한 요구에 굴복했다. 자신이 담당한 재소자의 필요에 둔감해졌기 때문에, 혹은 윗사람들을 적으로 돌리고 싶지 않았기 때문이었다. 후자의 이유는 타당했다. 조지아주에서 매슈 로플린이 사망한 뒤 그의 병원 이송을 요청했던 두 간호사와 퓨 박사는 한 보안관에게 환자의 안전에 관한 우려를 알렸다가 이후 모두 해고당했다.

"공적 권위의 인가는 책임이라는 특별한 부담을 낳는다." 존 도너휴^{John Donahue}는 공공사업의 민영화를 정당화하는 논리를 탐색한 그의 권위서 《민영화 결정^{The Privatization Decision}》(1989)에서 이렇게 말했다. 도너휴에 따르면, 민영화는 정부 사업에 효율성을 가져오지만 이것이 판단의 유일한 기준이 되어서는 안 된다. "**공공의 가치에 대한 충실도**"도 중요한 기준으로, 민영화가 얼마나 효과적으로 "기회주의와 책임 회피를 억제하고 충실한 위탁을 촉진"할지도 고려해야 한다고 도너휴는 주장한다.[14]

이 기준으로 보면 플로리다주의 교도소 의료 사업 민영화는 공공의 신뢰를 노골적으로 배신하는 것이었다. 하지만 정반대의 주장도 가능하다. 웩스퍼드와 코라이즌은 오히려 대중의 기대를, 어쩌면 대중의 은밀한 소망도 정확하게 수행하고 있다고 말이다. 플로리다주를 비롯한 여러 주정부가 민영화를 선택했을 때, 그 목표는 재소자에 대한 인도적인 대우가 아니었다. 비용 절감이었다. 플로리다주 교도국의 한 간부는 민영화에 대해 "납세자를 위한 최선의 선택"이라고 말했다.[15] 플로리다주가 웩스퍼드와 코라이즌과 맺은 계약에는 지출을 7퍼센트 절감한다는 조건이 들어 있었다. 그런데 생명을 위협하지 않고 이 조건을 충족할 방법이 있었을까? 이 질문을 던진 사람은 거의 없었다. 도너휴는 부당한 이익 추구를 막기 위해서는 공적 기능을 위임받은 사기업을 철저히 감시해야 한다고, 결과를 구체적으로 측정하기 어려운 사업일수록 더욱 그래야 한다고 주장한다. 플로리다주는 철저함과는 거리가 멀었다. 주정부는 교도소 사업을 민영화하기 1년 전, 교정시설의 의료 품질을 감시하기 위해 1986년에 독립 기관으로 설립되었던 교정의료공사Correctional Medical Authority를 없앴다.

주정부가 웩스퍼드나 코라이즌과 맺은 계약에 취약한 환자를 희생시켜서 이익을 취해도 된다는 내용을 명시했던 것은 아니다. 에버렛 휴스가 더티 워크에 대해 말했던 대로, 특정 "외집단"을 상대하는 일에서는, 특히 거리감과 사회적 고립이 이미 동일한 결과를 보장하는 경우에는, 그런 내용을 명시할 필요조차 없다. "그들과 우리의 사회적 거리가 멀수록, 우리는 그들을 우리 대신 상대하라며 점점 더 다른 사람에게 일종의 자동 위임을 하는 것이다." 휴스는 이렇게 말했다.[16] 웩스퍼드와 코라이즌이 위임받은 것은 최소 비용으로 심각하게 불량한 서비스를 제공하라는 것이었다. 이들 회사의 최고경영자와 주주 입장에서는 더 큰 이익을 보장하는 좋은 계약이었다. '호의의 작별' 같은 더러운 일을 떠맡는 현장 직원들 입장에서는 좋은 계약이 아니었다.

그런데 플로리다에서 웩스퍼드나 코라이즌이 이 일을 오래 하지는 못했다. 《팜 비치 포스트》가 게재한 팻 빌의 폭로 기사 덕분에 마침내 일부 의원들이 더 강력한 관리 감독 체제를 요구하기 시작했기 때문이다. 2015년 주 감찰관실은 오칼라의 한 여자 교도소에서 코라이즌이 제공하는 의료 서비스에 대해 조사한 뒤 통렬한 보고서를 발표했다. 환자들은 정신과 약물치료를 중단당하고 부적절하게 독방에 감금되었다. 이 보고서가 나온 뒤 코라이즌은 플로리다주와의 계약을 갱신하지 않기로 했다. 그로부터 2년 후에 웩스퍼드가 담당한 교도소에서 "생명을 위협하는" 결함들이 보고되었고 주 교도국은 계약 종결을 발표했다. 이렇게 결함이 적나라하게 드러났으면 주정부도 새로운 방법을 모색할 법했다. 그러나 플로리다주가 선택한 새로운 방법은 익숙한 것이었다. 센추리언Centurion이라는 또 다른 사기업의 플로리다 지사가 입찰 경쟁 없이 계약을 따냈다. 주정부는 자선 사업에 많은 돈을 쓴다는 이유로 이 회사를 선택했고 센추리언은 실제로 입법자들에게 많은 돈을 후원했다. 계약을 체결하기에 앞서 센추리언은 플로리다주 공화당에 76만 5000달러를 기부했고, 릭 스콧의 정치 후원회에 따로 16만 달러를 기부했다. 스콧은 2018년 연방 상원의원 선거에 나와 당선되었다.

"갈 곳이 없어졌다"

플로리다는 민영화가 아닌 다른 방법들로도 얼마든지 교도소의 보건비 지출을 줄일 수 있었다. 가장 대표적인 방법은 애초에 교도소로 보내는 정신질환자의 수를 줄이는 것이었다. 이미 2008년에 일부 활동가와 판사가 소집한 특별 전문 위원회는 교정 시설과 거리를 오가며 살아가는 수많은 정신질환자에게 구치소와 교도소는 "부적당하고 부당한 안전망"이라는 내용의 보고서를 발표했다. "정신질환에 대한 즉각적인 치료를 요하는 사람이 매년 12만 5000명씩 체포되어 구치소에 수감되었다. 대다수는 정신질환에서 직접적으로 비롯된 경범죄와 비교적 가벼운 중범죄로 유죄 판결을 받은 사람들이다."

특별 전문 위원회에 따르면, 이러한 현실은 비인도적이었으며 "무연고자·경찰 부상·정신질환자에 대한 경찰의 총격 증가"를 초래했다. 또한 비용이 몹시 많이 들었으며, 허술한 주정부의 정신보건 체제의 틈새로 추락하는 사람이 줄어들면 아낄 수 있었을 돈이 법정 업무 가중·교도소 인구 과밀 같은 고가의 '백엔드' 서비스에 낭비되었다. 예를 들어 플로리다주는 정신질환자가 재판을 받을 수 있도록 회복시키는 데에만 매년 2억 5000만 달러를 지출했다. 한편 중증 정신질환자 가운데 성인 2분의 1과 미성년자 3분의 1이 지역사회 안에서 정신과 치료를 받을 길이 전혀 없었

다.[17]

　이러한 조사 결과를 발표한 특별 전문 위원회의 의장은 마이애미-데이드 카운티를 포함한 플로리다주 제11 순회법원의 스티브 라이프먼Steve Leifman 판사였다. 그는 열일곱 살 때 플로리다주의 한 정치인 밑에서 인턴으로 일했는데, 어느 날 주립 정신병원에서 비참하게 살고 있는 10대의 편지를 받았다. 라이프먼은 그 병원을 직접 방문했다가 편지의 발신인이 침대에 묶여 있는 모습을 보았다. 한 경비 요원이 마치 동물원에서 동물을 씻기듯이 벌거벗은 남자들에게 호스로 물을 뿌리는 모습도 보았다. 몇십 년이 지나 이제 중증 정신질환자들은 그러한 모욕을 당하지 않게 되었다. 대신에 법정에 나타나 구치소에 들어가거나 거리로 돌아가거나 하는 무자비한 판결을 받아야 했다. 이러한 암울한 대안에 경악한 라이프먼 판사는 주정부 공무원을 압박해 공공의 안전을 전혀 위협하지 않는 정신질환자를 구치소나 거리가 아니라 치료 시설로 보내는 프로그램을 추진했다. 이는 예산 확보에만 6년이 걸렸으나 시작과 동시에 호평을 받았다. 이 프로그램을 거쳐 간 정신질환자의 재범률은 6퍼센트에 불과했다. 이후 10년간 마이애미-데이드의 정신질환자 수천 명이 이 프로그램 덕분에 형사처벌 체제에서 벗어났다. 라이프먼은 경찰관이 정신과적 위기에 처한 사람에게 더 적절하게 대응할 수 있도록 훈련 프로그램도 추진했다.

미국의 다른 도시들에서도 비슷한 개혁안이 채택되었다. 그 중 하나인 텍사스주 샌앤토니오에서는 2008년 일부 지역 검사와 경찰관이 정신건강 위기 센터를 설립하여 정신질환자를 형사처벌 체제에서 벗어나도록 돕기 시작했다. 이 기관은 10년 동안 5만 명을 치료하여 5000만 달러가량의 세금을 절약했다. 그러나 이러한 노력들이 아무리 훌륭했다 한들, 수많은 중증 정신질환자에게 치료를 제공하지 않기로 한 사회에서는 그들의 영향력이 제한적일 수밖에 없었다. 문제는 시간이 지날수록 점점 더 심각해지기만 했다. 《유에스에이 투데이^{USA Today}》의 보도에 따르면, 2008년 금융 위기 이후 각 주정부는 정신과 치료 예산에서 **총 50억** 달러를 삭감했고, 그 결과 수많은 빈곤층 정신질환자가 "갈 곳이 없어졌다."[18] 아니, 그들이 가는 곳이 딱 한 군데 있긴 했다. 내가 올랜도주에서 만난 국선변호인 보좌관 제임스 피셔는 정신질환자들이 '삶의 질 저하죄'로 체포되어 그들을 수용할 역량이 태부족한 시스템을 순회하는 모습을 매일 목격한다고 나에게 말했다. 이 죄를 저지르는 거의 전원이 저렴한 정신보건 서비스가 존재하지 않는 가난한 거주 지역 주민이다. "우리가 다루는 인구 집단은 경찰을 부르는 것 말고는 그 누구에게도 의지할 자원이 없는 사람들입니다." 그가 말했다.

이 집단에 속한 일부 사람들은 노숙을 함으로써 구치소행을 피한다. 그러나 또 일부 사람들은 교도소에 갇힌다. 2019년 8월 21일, 플로리다 중부에 위치한 로웰 교도소Lowell Correctional Institution 에서 양극성장애를 앓는 셰릴 웨이마라는 여자 재소자가 고관절 부상 때문에 노역 중에 몸을 구부려 변기를 닦기가 너무 힘들다고 호소하자 교도관들은 그를 밖으로 끌고 나가 감시 카메라가 없는 곳에서 폭행했다. 얼마나 심하게 때렸던지 일부 목격자는 그들이 시체를 난타하는 줄 알았다고 했다. 웨이마는 목숨은 건졌지만 몸이 마비되었다. 데이드 교도소의 학대 실태가 헤드라인을 도배한 뒤에도 플로리다주의 교도소는 거의 바뀌지 않았던 것이다. 그 7년 사이에 플로리다주 교도소 시스템은 전과 다름없이 예산이 만성적으로 부족했고 폭력 사건이 50퍼센트 이상 증가했다.

다른 일부 주에서는 재소자 인권운동가들이 독방 감금 제한·외부 감시 강화 등의 개혁을 성공적으로 밀어붙인 덕분에 상황이 그나마 나아졌다. 하지만 수십 년 전부터 다양한 정부 기관을 위해 교도소 내 폭력 실태를 조사해온 연방정부 단속관 스티브 J. 마틴이 보기에 플로리다주는 극단적인 사례가 아니었다. 2020년 7월, 마틴은 "제도적 잔인성은 뿌리가 깊어 계속 되풀이된다"고 말했다. 미네소타주 미니애폴리스에서 조지 플로이드George Floyd가 백인 경찰관에 의해 질식사한 사건으로 미국 전역에 인종차별과 경찰 폭력에 반대하는 시위가 열리던 때였다. 마틴은 교도소 내 폭력은 경찰의 폭력보다도 더 은폐된다고 했다. 그 주된 이유는 대부분의 교도소 시스템이 폭력에 관한 데이터를 수집하지 않거나 발표하지 않기 때문이다. 그러나 마틴은 교도소 폭력의 희생자는 경찰의 과도한 물리력에 불균형하게 희생되는 사람들과 무척 비슷하다는 사실을 경험을 통해 알고 있었다. 그가 조사한 사건들에서 "사망한 재소자는 불균형하게 많은 수가 흑인이었다. 또한 많은 수가 정신장애를 앓고 있었다."[19]

나는 해리엇 크르지코프스키의 집과 가까운 카페에서 마지막으로 그를 만났다. 해리엇은 데이드를 나온 뒤로 독방 감금에 대해, 또 교도소와 구치소를 이 나라 최대의 정신보건 시설로 만든 힘들에 대해서 많은 글을 찾아 읽었다고 했다. 그 덕분에 자신의 경험이 어떠한 맥락에 놓여 있는지 이해할 수 있게 되었다고 했다. 이제는 자신이 목격했던 학대 행위가 더 큰 이야기의 일부이며, 이 사회가 정신질환자를 "인간 폐기물"로 취급한다는 사실을 안다고 했다. 그래서 자신이 대런 레이니 사건에 대해 느껴온 죄책감이 얼마간은 덜어졌다고 했다.

해리엇과 작별하기 전 나는 그에게 다음번에 플로리다주를 방문할 때는 레이니의 유가족과 연락해볼 거라고 이야기했다. 혹시 유가족들에게 전하고 싶은 말이 있는지 묻자 해리엇은 문득 침묵에 잠겼다.

"안타까운 일입니다." 마침내 입을 연 그의 눈에는 눈물이 그렁그렁했다. "절대로 일어나서는 안 되는 일이 일어났습니다. 그일은 그 누구도 **절대로** 처해서는 안 되는 환경에서 벌어졌다고 전해주세요."

얼마 후에 나는 탬파 도심의 웨스트라샐가衡에 있는 1층짜리 벽돌 주택 앞에 차를 세웠다. 창문마다 쇠창살이 쳐져 있었고 회색 건물 외관이 부식되고 있었다. 이 구역은 탬파에서도 가난한 동네 중 하나였고, 그 집은 좁은 길에 늘어선 연립주택 중에서도 맨 끝에 있었다. 입구에서 기다리던 집주인 안드레 채프먼이 나를 맞아 작은 거실로 데려갔다. 커다란 소파 하나로 꽉 찬 거실이었다.

50대 중반인 안드레 채프먼은 대런 레이니의 남동생이었다. 부드러운 갈색 눈에 키가 크고 통통한 체격을 지닌 그는 말을 아끼고 행동을 자제하는 사람으로 보였다. 내가 전화를 걸어 대런 레이니의 삶에 대해 더 자세히 알고 싶다고 하자 만남에 흔쾌히 동의했다. 그는 나를 집 안으로 들인 뒤 대런의 이야기를 자세히 들려주기 시작했다. 어릴 적에는 일요일마다 가족 모두가 길 건너편에 있는 침례교회의 가족 지정석에 앉아 예배를 드렸다. 아버지가 가운데에 앉고 형제가 양옆에 앉을 때가 많았다. 아버지 그레이디는 조지아주 사람이었지만 형제의 어머니와 더 가까이에 살려고 탬파로 이사했다. 안드레에 따르면 당시 이 동네에는 노동자 계급 흑인 가정과 전문직 흑인 가정이 섞여 살았다. 하지만 그 뒤로는 동네가 점점 황폐해졌고 특히 허름한 길에는 너무도 많은 부랑자와 정신질환자가 돌아다녔다. "난 지금 정신이 심각하게 아픈 사람들을 말하는 거예요." 안드레가 덧붙였다.

안드레는 어린 시절의 대런에게는 그런 운명을 예고하는 징후가 전혀 없었다고 말했다. 대런은 우등생이었고 초등학교를 잘 마쳤으며 그 뒤에는 보라는 이름의 삼촌을 따라다니며 동네 체커판과 도박판에서 곧잘 이겼다고 했다. "아, 이 동네에서 형을 이기는 사람은 한 명도 없었죠." 안드레는 이렇게 회상하며 미소를 지었다. 잘생기고 성격 좋은 대런은 여자들에게도 인기가 많았다. 바로 그것이 대런이 받은 축복이자 저주였다. 안드레 생각에 대런의 인생이 극적으로 달라진 시점은 20대 초반에 한 여군과 사랑에 빠졌을 때였다. 어느 날 밤 둘이 술을 마시다가 여자가 총을 꺼내 대런의 가슴을 쏘았다. 총알이 한쪽 폐를 관통했음에도 여자가 경찰을 부르지 말라고 사정했고, 대런은 그것이 자신의 사랑을 증명하고 그들의 사랑을 완성할 것이라 생각하며 그렇게 했다. 그 직후 여자는 대런의 인생에서 사라졌다.

"그때부터 망가지기 시작한 거예요." 안드레가 말했다. "그 사건 때문에 형의 세상이 좀 흔들렸던 것 같아요." 그러나 연인이

쏜 총에 가슴을 맞은 사건이 그를 흔들어놓았을지는 몰라도 그의 너그러운 성품까지 빼앗지는 못했다고 안드레는 설명했다. 그는 대런의 성격이 어땠는지 알려주려고 이웃 한 사람을 초대했다. 회색 집 뒤채에 세 들어 산다는 나이 지긋한 여자였다. 그는 거실 소파에 자리를 잡은 뒤 대런이 자기 집에 들러서 낙엽을 쓰는 등 자잘한 일을 도맡아 주었다고 회상했다. 그 대가로 대런에게 푼돈을 쥐여주기도 하고 음식을 주기도 했는데, 양배추, 옥수수빵, 땅콩 버터에 과일 잼을 바른 샌드위치 중에서 그는 샌드위치를 가장 좋아했다고 했다. "우리는 점점 더 친해졌어요." 그는 대런을 가족으로 여길 정도로, '라샐 골목 민병대'라고 부르던 친구 무리에 그를 끼워줄 정도로 그와 친해졌다. 나이 많은 친구들이 먼저 세상을 떠나면서 민병대 수가 줄고 있는 요즘, 대런이 더더욱 그립다고 했다. "대런은 우리 집 일꾼이었어요. 매일 나를 보러 왔죠. 내가 어딜 다녀오든, 언제 퇴근하든 대런이 현관 앞에 앉아 있었답니다."

체포당해 데이드에 수감되기 전까지 대런은 우리가 앉아 있는 그 집에서 안드레와 함께 살았다. 체포 당시 혐의는 코카인 소지죄였다. 안드레는 당시 대런이 담배는 피웠어도 코카인은 하지 않았다고, 아니 코카인은 당시뿐만 아니라 **그 어느** 때도 하지 않았다고 주장했다. "코카인 같은 건 한 번도 한 적이 없어요. 대마초

도요. 그런 건 절대 안 했어요." 그런데 안드레가 더욱 강조한 사실은 《마이애미 헤럴드》의 보도와 달리 대런은 조현병 환자가 아니었다는 것이었다. "그건 대런이 교도소에 들어갔을 때 그들이 붙인 딱지예요."

나는 피터 슬리스먼 변호사에게 다른 이야기를 들었다. 그는 데이드 교도소의 정신질환자들을 제도적 학대에 노출시킨 플로리다주 교도국을 상대로 소송을 제기한 플로리다 장애인인권단 소속 변호사였다. 슬리스먼은 대런 레이니의 기록에는 폭력 전과는 없지만 마약 관련 범죄로는 유죄 판결을 여러 번 받았다고 했다. 대런이 줄곧 정신병을 앓았다는 증거도 기록에 남아 있었다. "꽤 많은 사건에서 재판을 받을 능력이 없는 것으로 판명되어 장기간 주립 병원에 입원했습니다." "레이니 씨를 절대 보내서는 안 되는 곳이 바로 교도소인 이유"가 그 기록에 담겨 있다고 슬리스먼은 말했다. 다른 수많은 정신질환자와 마찬가지로 레이니가 "마약 중독 치료 또는 지역사회의 정신보건 치료를 받았더라면 훨씬 더 나았을 것"이라고 말했다.

나는 대런의 삶을 더 자세히 알고 싶었을 뿐만 아니라 그 사건에 대해 유가족이 어떻게 생각하는지, 또 누구에게 책임이 있다고 생각하는지 알고 싶었다. 안드레는 대런이 죽었을 때, 한 교도소 목사가 전화를 걸어 애도를 표했지만 학대에 관해 언급은 하지 않았다고 말했다. 그가 이야기를 나눈 형사도 마찬가지로 소극적이었다. "나는 형이 샤워실에서 쓰러진 줄로만 알았어요. 심장마비가 왔던 거라고 생각했죠." 마이애미-데이드 카운티 검시관실은 유가족에게 사망자의 부검 사진을 보내지 않았다. 코라이즌은 유가족에게 연락하지 않았다. 과실은 의심하지도 못한 안드레는 형의 시신을 확인하기 위해 마이애미까지 가지 않고 시신을 화장하자는 제안에 동의했다. 몇 달 후, 피터 슬리스먼이 그에게 전화를 걸어 플로리다 장애인인권단은 대런이 뜨거운 물로 고문당하다 사망한 것으로 추측한다고 전했다. 그때 안드레는 깜짝 놀랐다. 그는 부드러운 말투에 차분한 태도를 지닌 사람이므로, 분노하거나 일반화하여 판단하지도 않았다. 하지만 나와 만난 자리에서 저들이 거의 모든 것을 은폐했다는 사실을 되짚으면서 분노를 숨기지 않았다. "그 작자들은 형을 무슨 실험실 쥐새끼 취급을 해댔으면서 형이 어떻게 죽었는지, 사실은 무슨 일이 있었는지 나한테 알릴 배짱은 없었던 거예요." 그는 이렇게 말하며 고개를 저었다. 부검 사진이 언론에 새어 나오고 언론이 대런의 죽음을 사고사로 규정했을 때 안드레는 "뺨을 한 대 맞은 것" 같았다고 했다.

누구도 책임지지 않았다는 사실은 그보다도 모욕적이었다. "그들이 범죄를 저질렀잖아요. 그럼 형을 살아야죠." 여기서 '그들'에 데이드의 정신보건 의료진도 포함되는지 내가 물었다. 안드레는 잠시 말을 멈추었다. 이윽고 그가 고개를 저었다. 그들은 가족을 부양하기 위해 일한 것뿐이라고 했다. 그러니까 그는 의료진에게 책임을 묻지 않았다. 사건에 직접 가담한 교도관들에게, 그리고 더 힘센 다른 행위자들에게 책임을 물었다. 대런 레이니의 유가족은 변호사와 상담한 뒤 플로리다주와 코라이즌, 그리고 데이드의 몇몇 교도관과 간부를 상대로 민사소송을 제기했다. 결국 이 소송은 피고 측이 450만 달러의 손해배상금을 지불한다는 조건으로 합의되었다. 그러나 이 합의가 사건에 대해 책임을 인정한 것인가 하면 그건 아니었다. 코라이즌의 대외관계 책임자인 마사 하빈은 《마이애미 헤럴드》와의 인터뷰에서 책임을 인정하기는커녕 이 합의가 자사의 관대함과 떳떳함을 보여주는 증거라면서 "소송에 참여한 피고 측 변호사 전원이 코라이즌에는 레이니 씨의 죽음에 책임이 전혀 없다는 사실을 알았지만, 코라이즌은 재판을 종결하기 위해서 합의금으로 10만 달러를 지불했습니다"라고 설명했다.[20] 그래도 여전히 삶을 이어가야 하는 레이니 유가족에게는 이 합의가 일종의 마침표가 되었다. 안드레는 이후 사우스캐롤라이나주로 이사했고, 플로리다주에는 가끔 웨스트 라셀가 집에 사는 맏이 레케시아를 보러 왔다. 그렇게 플로리다에 돌아올 때마다 "많은 기억"이 떠오른다고 했다. 그중 하나는 2007년 아버지가 세상을 떠나기 직전에 안드레와 나눈 대화였다. 아버지의 죽음은 그와 사이가 각별했던 대런을 무너뜨리고 말았다. "형에게는 아버지가 기둥 같은 존재였던 거예요." 세상을 떠나기 전 아버지는 안드레를 따로 불러 대런을 잘 보살펴달라고 부탁했다. "형을 보살피라는 게, 잘 지켜보라는 게 아버지의 유언이었습니다." 안드레가 말했다.

안드레는 벽장에서 가족사진이 가득 든 신발 상자를 꺼냈다. 그는 사진을 뒤적이다가 어떤 사진 한 장을 찾아내더니 미소를 지었다. 평소 즐겨 입던, 조지아주 시골 출신임이 훤히 드러나는 흰 티셔츠와 작업용 데님 멜빵바지 차림의 아버지(별명이 '조지아놈'이었다고 안드레가 말했다)가 찍힌 사진이었다. 안드레는 액자에 든 또 다른 사진을 찾아냈다. 멋들어진 아프로 헤어스타일에 매력적인 미소를 띤 잘생긴 젊은이였다. 그 옆에는 어깨를 드러낸 블라우스를 입은 아름다운 여자가 서 있었다. 대런과 그의 전 부인이라고 했다. 두 사람 사이에는 딸도 있었다고, 그러나 벌써 세상을 떠났다고 했다. 열여섯 살의 나이에, 아버지가 죽었다는 소식을 들은 직후에 심장마비가 왔다고 했다. 그레이디의 죽음으로 시작된 가족의 연쇄 비극이 결국 그 아이에게 이르렀던 것이다.

안드레는 대런과 대런의 딸의 관계에 대해서는 자세한 이야기를 하지 않았다. 그 둘이 이제 함께 있다고, 형의 유골을 안치한 곳에 조카를 묻었다고만 했다. 안드레는 그 사진을 한참 들여다보았다. "나는 계속 애를 썼거든요." 여기서 잠시 그의 목소리가 잠겼다. "어떻게든 이해해보려고요." 이윽고 사진을 내려놓은 그는 붉어진 눈을 문지른 뒤 나를 밖에 세워둔 차까지 배웅했다.

PART 2.

드론
화면 너머

4

드론 조종사의
고립된 몸과 마음

2006년 봄, 크리스토퍼 아론(이하 크리스)는 버지니아주 랭글리에 있는 대테러 공수 분석 센터Counterterrorism Airborne Analysis Center의 창문 없는 방에서 12시간 교대 근무로 일하기 시작했다. 그는 저 멀리 전쟁터에서 드론(무인기)이 보내오는 기밀 영상이 실시간으로 송출되는, 벽처럼 둘러쳐진 평면 모니터 화면 앞에 앉아 있었다. 구름이 잔뜩 끼어 시야를 가리는 날에는 화면에 거의 아무것도 보이지 않았다. 어떤 날에는 산비탈에서 풀을 뜯는 염소나 식사를 준비하는 가족 등 평범하고 평화롭기까지 한 풍경만 펼쳐졌다. 그러나 또 어떤 날의 풍경은 위화감이 들 만큼 내밀했다. 드론 공습으로 죽은 사람들을 관에 실어 운구하는 모습, 한 남자가 식사 후에 들판 가운데 쪼그려 앉아 변을 보는 모습(배설물의 열기가 적외선 카메라에 잡혔다), 한 이맘이 사원 마당에서 남자아이 열다섯 명에게 설교하는 모습 등이 그랬다. '만약 헬파이어^{Hellfire} 미사일이 저 목표물을 죽인다면 미국이 일으킨 종교 전쟁에 대해 저 선생이 제자들에게 가르친 모든 것이 사실로 확인되겠지.' 크리스는 화면을 쳐다보며 생각했다.

크리스는 드론에 장착된 적외선 센서와 고해상도 카메라 덕분에 버지니아주의 사무실에서 이토록 상세한 영상을 볼 수 있었다. 그러나 미사일 조준선에 놓인 사람의 신원이 늘 그렇게 쉽게 확인되는 것은 아니었다. 영상이 자글자글해지거나 화소가 뭉칠 때면, 지팡이를 짚으며 터벅터벅 길을 걷는 민간인이 무장한 반군으로 보이기도 했다. 사람이 얼굴 없는 회색 얼룩으로만 보일 때도 많았다. 크리스는 그들이 누군지를 어느 정도나 확신할 수 있었을까? "좋은 날, 그러니까 환경적·인간적·기술적 요소가 다 맞아떨어지는 날에는 화면에 보이는 사람이 우리가 찾는 그 사람인지 아닌지 확실히 알 수 있었어요. 하지만 나쁜 날에는 말 그대로 '때려 맞추는' 수밖에 없었습니다." 그가 말했다.

처음에는 좋은 날이 나쁜 날보다 많았다. 크리스는 근무시간이 긴 것도 괜찮았고, 심한 압박 속에서 결정을 내리는 일도 괜찮았고, 1만 킬로미터 넘게 떨어진 곳의 목표물을 추적하는 일, 그러다 죽이기도 하는 일의 기이함까지도 다 괜찮았다. 크리스 같은 영상 분석가는 비율로 따지면 공습 조율보다 감시와 정찰을 더 많이 했지만, 때때로 그들이 화면에서 발견한 정보를 상관에게 보고하면 "60초 후, 우리의 보고 내용에 따라 미사일이 발사되기도 하고 아니기도" 했다. 반대로 목표물을 몇 달씩 따라다닐 때도 있었다. 크리스는 프레데터 드론의 공습 장면, 그러니까 카메라가 줌인하고, 레이저 자동 추적이 시작되고, 마침내 미사일이 떨어진 곳에서 연기가 솟아오르는 장면을 실제로 목격한 처음 몇 번은 초현실적인 기분이 들었다고 나에게 말했다. 그러나 한편으로는 경이로운 기분도 들었다고 했다. 몸속에 아드레날린이 솟구쳤고, 사무실의 다른 분석가들과 축하 하이파이브를 나누었다.

크리스는 이례적인 경로를 통해 드론 전투원이 되었다. 그는 매사추세츠주 렉싱턴에서 붉은 고기와 폭력적인 비디오게임이 금지된 가정에서 자랐다. 그의 부모는 1960년대에 베트남전쟁 반대를 외치며 행진했던 히피 출신이었다. 그러나 크리스가 존경한 사람은 2차 세계대전 참전병사였던 과묵하고 차분한 성격의 할아버지였다. 크리스는 탐험가 기질이 있었고 체력적 시험을 즐겼다. 매년 가족과 함께 메인주에서 여름휴가를 보낼 때면 도보 여행을 하거나 숲속을 돌아다녔다. 스포츠 중에는 호전성과 규율을 요구하는 레슬링을 좋아했다. 그는 버지니아주에 있는 윌리엄앤메리 대학교에 진학하여 역사학을 전공했다. 뛰어난 운동선수였고, 동료 학생들에게 독립성과 모험심 강한 카리스마 있는 인물로 통했다. 어느 여름방학에는 혼자 알래스카주로 올라가서 어선의 갑판수로 일하기도 했다.

대학교 3학년이던 2001년 어느 날 아침, 크리스는 아버지의 전화에 잠을 깼다. 뉴욕 월드트레이드센터와 국방부 건물에 불이 났다는 것이었다. 크리스는 진주만 공습 이후 유럽 전선에서 3년간 헌병으로 복무했던 할아버지를 떠올렸다. 자신도 그런 영웅적인 일을 하고 싶었다. 1년 후, 그는 대학의 진로상담실에서 지리와 영상 분석을 전문으로 하는 국가안보 기관인 국립지리정보국National Geospatial-Intelligence Agency을 소개하는 책자를 발견하고 그곳에 지원했다.

크리스는 2005년에 국립지리정보국에서 영상 분석가로 일하기 시작했다. 하지만 그가 분석을 맡은 위성사진은 '테러와의 전쟁'과는 무관한 지역을 찍은 것들이었다. 출근을 시작하고 얼마 지나지 않아, 국방부에서 알카에다와의 전쟁에 드론을 투입할 수 있는지 시험하기 위해 특별 부대를 창실한다는 이메일이 왔다. 크리스는 이 대테러 공수 분석 센터에 지원하여 합격했다. 그는 자기 세대의 가장 중요한 도전이 된 전쟁에 직접 참여하게 된 것에 짜릿함을 느꼈다. 특별 부대의 영향력과 드론 활용도가 커질수록 그의 자부심도 함께 커졌다.

크리스는 국방부 특별 부대에서 1년 남짓 일했고, 그중 몇 달은 아프가니스탄에서 랭글리의 분석 센터와 지상의 특수 부대를 연결하는 접점 역할을 했다. 그 후에는 민간 군사기업에서 얼마간 일했다. 2010년, 드론 전투를 수행하는 다른 민간 업체가 그에게 영상 첩보 분석가 자리를 제안했다. 그런데 계약 조건을 검토하는 동안 크리스에게 이상한 일이 생겼다. 몸이 고장나기 시작한 것이다. 처음에는 두통·한밤중의 오한·관절 통증 등 독감 비슷한 증상이 몇 주 간격으로 반복되었다. 곧이어 메스꺼움·두드러기·만성 소화불량 등 더 심각한 증상이 나타나기 시작했다. 늘 건강하던 사람이 갑자기 기운을 잃고 허약해졌다. 새 일자리가 문제가 아니었다. "서류에 서명할 수가 없었어요." 그가 말했다. 자리에 앉아 이름을 쓰려고만 하면 "손이 말을 듣지 않았어요. 열이 나고 몸이 아프고 구역질이 났어요."

이후 크리스는 렉싱턴의 부모님 집으로 돌아가 건강 회복에 집중했다. 그는 스물아홉 살의 나이에 심각한 쇠약증을 앓고 있었다. "상태가 너무, 너무 나빴습니다." 그가 말했다. 여기저기 병원을 찾아가 보았으나 그 어떤 의사도 원인을 진단하지 못했다. 그는 지푸라기라도 잡는 심정으로 단식·요가·동양 의학을 시도했다. 몸은 결국 전보다 나아졌지만 기분은 계속 곤두박질쳤다. 전혀 의욕을 느낄 수 없었다. 안개 같은 침울함 속에 며칠씩 갇히곤 했다. 꿈속에서는 무고한 사람들이 다치고 죽고 팔다리가 날아가고 얼굴이 고통으로 일그러지는 장면이 실시간으로 아주 자세히 펼쳐졌다. 특히 억지로 의자에 앉아 폭력이 펼쳐지는 광경을 들여다봐야만 하는 꿈을 자주 꿨다. 안 보려고 고개를 돌려도 머리가 휙 제자리로 돌아가서 계속 봐야만 했다.

"마치 내 뇌가 나에게 이렇게 말하는 것 같았어요. 이거 네가 놓친 부분들이야. 꿈꾸는 동안 잘 봐둬."

드론 전투가 유지되는 이유

크리스토퍼 아론이 드론 전투원이 되기 몇 년 전, 미 육군 출신 에릭 페어Eric Fair는 이라크에서 심문관으로 일하기 위해 지원했다. 그는 바그다드 외곽의 아부그라이브Abu Ghraib 수용소에 배정되었다. 교도소였던 아부그라이브는 미국이 이라크를 점령한 뒤 포로수용소로 사용되고 있었다. 2004년 4월, 언론에 유출된 사진들로 인해 이 시설에서 자행되던 사디즘적 학대 행위가 세상에 알려졌다. 사진 속의 미군 병사들은 벌거벗은 재소자들을 피라미드처럼 쌓아올리고, 거꾸로 매달고, 개줄에 묶어 이리저리 끌고 다니며 카메라를 향해 웃고 엄지를 들어 보였다. 이 사진들을 보고 많은 미국인이 충격을 받았다. "우리는 고문하지 않습니다"라고 (사실과 다르게) 강력히 주장하던 조지 W. 부시 대통령도 당황했다. 그러나 에릭 페어는 충격을 받지 않았다. 학대 문제가 불거진 수감동에서 일하지 않았음에도 그 역시 가혹한 처벌을 자주 집행했기 때문이다. 그는 심문 중에 상대를 벽에 내던진 적도 있었고 '스트레스 자세(몸무게가 소수의 근육에 집중되어 스트레스와 고통을 유발하는 자세-옮긴이)'를 시키기도 했다. 또한 다른 심문관들이 포로의 양손을 의자 뒤쪽에서 수갑으로 채우고 몸무게가 앞으로 쏠리게 하는 '팔레스타인 의자' 등 각종 도구를 사용해 괴롭히는 모습도 목격했다. 장로교 신자인 페어는 후에 출간한 회고록 《응보Consequence》 (2016)에서 귀국 후에 겪은 신앙 위기와 반복된 악몽에 대해 썼다. "나는 고문관이다. 나는 고비를 넘기지 못했고 돌아오는 길을 찾지 못했다. 구원받지 못했다. 언제까지고 구원받지 못하리라."[1]

페어 같은 고문관들은 본능적이고 촉각적인 방식으로 손을 더럽혔고, 이는 결국 많은 미국인이 스스로 더럽혀졌다는 느낌이 들게 했다. 반면에 드론 조종사와 센서 조종사는 화면을 보고 '정밀' 타격을 수행했는데, 이는 훨씬 더 깨끗해 보였다. 저널리스트 마크 마제티Mark Mazzetti가 《CIA의 비밀전쟁》(2013)에 언급했듯 원격 살인은 "더럽고 내밀한 심문 작업의 반대"처럼 보였다.[2] 부시의 후임자인 버락 오바마 대통령은 심문 및 고문 관행을 타파하려고 했다. 그는 미군의 해외 주둔을 축소하고 '테러와의 전쟁'의 도덕적 기조를 바꾸겠다는 결의로 백악관에 입성했으며, '테러와의 전쟁'이라는 팽창주의적 용어부터 거부했다. 또한 임기를 시작하자마자 행정 명령을 통해 고문을 금지하고 물고문을 비롯한 소위 '향상된 심문 기법'이 자행되던 관타나모 수용소의 폐쇄를 요구했다. 그러나 오바마 대통령은 두 번의 임기 동안 드론 표적살인 건수를 크게 늘렸고, 격렬한 교전지역이 아닌 지역에 대해 부시 행정부 때보다 열 배 많은 500건가량의 드론 공습을 승인했다.

이처럼 테러 용의자에 대한 체포와 심문이 비공개 '살인 명부kill lists'와 표적살인으로 대체되는 경향이 처음으로 분명히 드러나기 시작한 시점부터, 심지어 일부 매파까지도 이 변화가 어떤 결과를 낳을지 의문을 제기했다. '미 정부는 정확한 목표물을 살해하고 있는가?' '미 국민은 그들의 이름으로 행해지는 이 일의 중대성을 자각하고 있는가?' CIA에서 오사마 빈 라덴 추적팀을 이끌었던 전 요원 리처드 블리는 마제티에게 이렇게 말했다. "모든 드론 공습은 처형입니다. 사형이라는 엄청난 일을 집행하기 위해서는 마땅히 공적 책임이 따라야 하고 공적 논의가 있어야 합니다."[3] 미 성부는 일찍이 1976년에 표적살인을 금지했다. 처치 위원회Church Committee가 CIA를 비롯한 미국 정보기관이 냉전 중에 수행해온 "불법적이고 부적절하며 비윤리적인" 활동, 특히 수많은 암살 시도를 폭로한 뒤 표적살인 금지가 대통령 행정 명령으로 성문화되었다. 이 행정 명령은 2001년까지는 확고하게 유지되었다. 입법자들이 이 명령을 잊지 않은 데다 이는 법적·윤리적 문제이기 때문이었다. 이 명령의 폐기 여부는, 블리의 주장대로 마땅히 논의가 필요한 중대한 사안임에도 공적인 논의가 얼마나 있었는지 살펴보면 조금도 중대성이 느껴지지 않는다. 오바마 행정부 때도, 트럼프 행정부 때도 의회와 대중은 드론 전쟁의 빠른 확산에 거의 이의를 제기하지 않았다. 2016년 대선에서 도널드 트럼프는 미국의 팽창주의적 대외 간섭을 비판하고 그러한 간섭의 종결을 공약으로 내세웠다. 그뿐만 아니라 자신이 대통령이 되면 미국은 오바마 행정부 때보다도 더 자유롭게 비사법적 살인을 수행할 수 있을 것이며, 특히 무장 세력은 물론 그들의 가족도 살해 대상에 포함될 것이라는 놀라운 선언을 했다. 트럼프 행정부 첫 2년 동안 미군이 예멘·소말리아·파키스탄(셋 다 교전국으로 선포되지 않은 지역이다)에 드론으로 퍼부은 공습 횟수가 오바마 행정부 8년간의 공습 횟수를 넘어섰고 아프가니스탄에서 민간인 사상자가 급증했다. 미군부는 목표물의 범위를 확대할 재량도 부여받았다. 그 여파로, 이란의 고위 관료인 가셈 솔레이마니 사령관이 2020년 1월 3일 MQ9 리퍼 드론에서 발사된 미사일에 사망했다. 비사법적·즉결,

또는 자의적 처형에 관한 유엔 특별보고관 아녜스 칼라마르^{Agnes} ^{Callamard}는 이 공격이 국제법을 위반했으며 문제적 선례가 될 수 있다고 말했다. "이와 유사한 공습이 서양 지도자를 대상으로 발생했다면 당연히 전쟁 행위로 간주되었을 것이다." 칼라마르는 말했다.[4]

칼라마르 같은 인권 옹호자들이 우려를 표명할 때도 대중은 침묵했다. 9·11 테러 이후 채택된 고문·무기한 구금 등 가혹한 심문 방법에 대해서는 도덕성을 둘러싼 뜨거운 논쟁이 벌어졌던 반면, 드론을 사용하는 전투 방식은 지금까지 공적 담론의 장에서 거의 논의되지 않았다. 그 첫 번째 이유는 베트남전쟁을 거치며 징병제가 폐지된 이래 미국인들이 그들의 이름으로 치러지는 전쟁에서 점점 멀어진 데 있다. 저 멀리 전쟁이 한창인 나라에서 뭔가 도덕적으로 문제되는 일이 일어나도 대중은 참으로 쉽게 모르는 척할 수 있다. 드물게나마 일반 시민이 관심을 조금 보이는 때에는, 그 일을 저지른 개인을 비난하고 성토할 뿐, 이들이 속한 시스템을 비판하지 않는 경우가 많다. 아브그라이브 포로 학대 사건에서도 비난의 화살은 찰스 그레이너^{Charles Graner}, 린디 잉글랜드^{Lynndie England} 같은 사병들에게 집중되었다. 이 사건으로 그레이너는 10년형을 선고받았고 잉글랜드는 3년형과 불명예제대에 처해졌다. 이 일에 대해 책임을 진 장교는 한 명도 없었다. 미국 교도소

내 잔혹 행위의 책임을 소수의 사디스트 교도관에게 지울 때와 흡사하게, 미국 군인이 전쟁에서 자행하는 폭력은 몇몇 '썩은 사과' 탓이 되고 그럼으로써 전쟁이라는 시스템 자체는 대중의 관심 밖에서 도덕적 정당성을 유지한다.

그동안 드론 전투가 충분히 논의되지 않은 두 번째 이유는 그것을 둘러싼 비밀주의 때문이다. 미 정부는 드론에서 발사되는 레이저 유도 미사일이 부수적 피해를 최소화하며, 국가안보에 "긴박한 위협"이 되는 고위급 표적에 대해서만 승인된다고 주장한다. 그러나 드론 전투에 관한 정보는 대부분 비밀에 부쳐져 있고 사망자의 신원마저 공개되지 않는다. 컬럼비아대학교 법학대학원 인권상담소Columbia Law School Human Rights Clinic와 예멘의 사나 전략연구 센터Sana'a Center for Strategic Studies가 2017년에 발표한 보고서에 따르면, 2002년 이후 파키스탄·소말리아·예멘에서 보고된 700여 건의 드론 공습 가운데 미 정부가 공식적으로 인정한 건수는 20퍼센트에 불과하다. 또한 비정부기구가 "민간인 사상자와 불법 살인에 대한 확실한 증거"가 확보된 공습에 대해 설명을 요구해도 미 정부는 응답하지 않는다.[5]

드론 공습을 승인하는 기준도, 민간인 사망자 수도 모두 비밀에 부쳐져 있다. 영국 런던에 본부를 둔 언론인 단체 탐사보도국Bureau of Investigative Journalism은 미국의 드론 전투 실태를 독자적으로 추적한 결과, 데이터를 수집한 시점부터 2020년 말까지 공식 교전지역이 아닌 곳에서 미군의 드론 공습으로 8858명 내지 1만 6901명이 사망했으며, 그중 2200명이 민간인이었다고 추산했다. 대부분의 드론 공습은 기자들이 접근할 수 없는 외딴 지역에서 벌어지기 때문에 대중에게 알려질 수 없다. 게다가 드론 공습을 묘사하는 정부 측의 매끈한 언어('정밀하다' '정확하다')는 드론 전투가 도입된 후 전쟁이 피를 흘리지 않는 사업으로 바뀌었다는 인식을 한층 강화한다.

이러한 불투명성으로 인해 일반 시민은 기본적인 사실, 즉 이 나라가 누구에게, 왜 폭탄을 떨어뜨리고 있는지부터 알 수 없다. 그런데 뒤집어 생각하면 이 불투명성은 일반 시민에게 편리한 구실이 되어준다. 미국이 벌이는 '끝없는 전쟁'에 대해 아주 깊이 생각하지 않아도 되는 구실로서 이미 많은 국민이 전쟁을 암묵적으로 체념하고 받아들였다. 에버렛 휴스처럼 말하면 드론 원격 살인은 대중이 무의식적으로 위임한 일이며, '테러와의 전쟁'이라는 환상에서 점차 깨어난, 그러나 굳이 자국의 물리력 행사를 실질적으로 제한하고 싶어 하지는 않는 이 나라 국민에게 주어진 좋은 해결책이다. 전쟁에 지친 것과는 별개로, 많은 미국인이 미국은 지리적 제한 없이 마음껏 군사력을 행사할 수 있는 나라라는 생각에 익숙하다. 나아가 미국을 안전하게 지키기 위해, 또 미국의 국력을 과시하기 위해 이 상태를 유지해야 한다고 생각한다.

드론 전투가 공적으로 논의되지 않는 세 번째 이유는 이 전투 방식에는 미국 병사가 사망할 위험이 전혀 없기 때문이다. 이라크 전쟁의 지저분한 지상전에는 수조 달러가 지출되고 수천 명이 희생되었던 반면 드론은 버튼을 한 번 누르는 것으로 테러를 막을 수 있다는 유혹적인 전망을 부추겼다. 리스크 없는 전쟁, 최소한 우리 편은 대가를 치르지 않아도 되는 전쟁이 가능해졌기에 '선량한 사람들'은 표적살인이라는 더러운 사업에 그다지 신경 쓰지 않는다.

파괴된 마을, 조각난 일상

일부 분석가들은 버튼으로 드론을 조종하는 '조이스틱 전사들'도 아무 대가를 치르지 않는다고 주장한다. 원거리와 기술 덕분에 전쟁의 도덕적 부담이 줄고 살인이 비디오게임만큼 초연한 활동으로 바뀌었다는 것이다. 어빙 고프먼의 말을 빌리자면 드론 조종사로 일하는 것은 빌 커티스 같은 교도소 교도관이나 에릭 페어 같은 포로수용소 심문관이 하는 일처럼 '인간 재료'와 매일 상호작용하는 '사람의 일'이 아니었다. 드론 전투는 대상에서 유리된 비인격적인 사무 노동으로, 기술이라는 여과기에 걸러지기 때문에 전투원은 자신의 행동이 낳는 결과에 둔감해진다. 비사법적·즉결, 또는 자의적 살인에 관한 유엔 특별보고관을 역임한 필립 앨스턴Philip Alston은 2010년, 드론 조종사들이 "전쟁터에서 수천 킬로미터 떨어진 곳에 주둔한 채 전적으로 컴퓨터 화면과 원격 오디오를 통해 작전을 수행한다는 점에서 살인에 대해 '플레이스테이션식' 사고방식을 습득할 위험이 있다"고 경고했다.[6]

　앨스턴의 말은 논리적인 이론이었지만, 실제로 원격 전투에 참전하는 병사들의 의견은 전혀 반영되지 않았다. 군사심리학자들이 드론 조종사들과 대화하기 시작했을 때, 그와는 다른 그림이 나타났다. 라이트 패터슨 공군 기지Wright-Patterson Air Force Base 내 항공의학원School of Aerospace Medicine의 웨인 채펠Wayne Chappelle과 릴리언 프린스Lillian Prince는 드론 부대의 첩보 분석가와 장교 141명을 대상으로 살인에 대한 감정적 반응을 평가했다. 조사 대상자 중 4분의 3은 살인에 대해 유리된 감정이나 초연한 감정을 느끼기는커녕 비탄·슬픔·회한 등 부정적인 감정을 느낀다고 응답했다. "부정적이고 혼란스러운 감정"을 장기간(한 달 이상) 느꼈다는 응답자도 많았다. 미 공군이 실시한 또 다른 연구에서는 드론 영상 분석가들이 지상 특수 부대보다도 "파괴된 집과 마을", 산 채로 불타는 사람 등 생생한 폭력에 더 많이 노출되었다는 것이 드러났다.

　이러한 연구 결과를 보면, 영상 분석가에게 원격 조종 살인은 그다지 깨끗한 일이 아니다. 기존의 전투와 방식이 다르긴 해도 살인은 더럽고 혼란스러운 일이었다. 물론 드론 조종사는 전장에 직접 나가지 않으므로 도로변의 급조폭발물IED에 노출될 일이 없다. 이와 달리 전장에 직접 다녀온 귀환병은 급조폭발물 폭발로 인한 뇌손상과 외상 후 스트레스 장애를 겪는 경우가 많다. 이들의 눈앞에는 험비를 타고 거리를 정찰하다가 급조폭발물에 부딪쳐 날아갔던 장면이 다시, 또다시 떠오른다. 드론 조종사는 그런 일을 겪지 않는다.

그렇다면 드론 조종사가 **겪는** 일은 무엇일까? 나는 그 답을 알아내기 위해 어느 날 아침 네바다주에 있는 크리치 공군 기지 Creech Air Force Base를 방문했다. 라스베이거스에서 북쪽으로 65킬로미터 떨어진 곳에 있는 크리치에는 바람이 몰아치는 활주로가 사방으로 뻗어 있었고, 산쑥과 선인장 덤불이 기지를 둘러싸고 있었다. 이곳에서는 드론 조종사와 센서 조종사 900명이 MQ9 리퍼 드론으로 작전을 수행한다. 또한 드론 부대의 높은 스트레스 수치와 번아웃을 해결하기 위해 심리학자·목사·생리학자로 구성된 인간수행팀Human Performance Team도 있다.

인간수행팀의 모든 직원은 지상 관제국에 들어가는 데 필요한 기밀 취급 허가증이 있어, 드론 전투원들이 그곳에서 무엇을 경험하는지 살필 수 있다. 리처드라는 심리학자(내가 인터뷰한 공군 대부분이 이 책에 자신의 성을 밝히지 않길 원했다)는 이 일을 시작하고 2주가 지나 처음 관제국에 들어가 보았는데, 마침 드론 부대가 "공습을 위해 바퀴를 가속하고" 있었다고 했다. 해병대 출신인 리처드는 화면 속에서 미사일이 폭발하는 모습을 지켜보며 아드레날린이 솟구치는 것을 느꼈다. 그 뒤에는 그 일을 잊고 지냈다. 몇 주 후, 아들이 속한 밴드가 공연 중에 국가를 연주했을 때 성조기를 쳐다보다가 문득 기억이 떠올랐다. "국기를 올려다보는 내 눈에 시체가 보였습니다." 그는 충격받았지만 가족에게는 아무 말도 할 수 없었다. 그가 본 것은 기밀 사항이기 때문이었다.

드론 전사들은 그 경계를 매일 넘나든다. 근무를 마친 요원들은 마치 회사원처럼 각자 차를 몰고 기지를 나선다. 방금 전까지 전장에서 싸운 사람이 그 길로 교회에 가거나 아이를 데리러 학교에 간다. 크리치에서 5년간 드론 조종사로 복무한 뒤 은퇴한 제프 브라이트는 이런 전환의 당혹스러움을 이렇게 설명했다. "말 그대로 적에게 폭탄을 떨어뜨리다가 퇴근을 해요. 그럼 20분쯤 있다 '오는 길에 우유 사올 수 있어?' 같은 문자가 와요." 브라이트는 드론 부대에서 일하는 것이 좋았고 자신이 무언가를 바꾸고 있다고 믿었다. 그러나 같은 부대의 다른 조종사들은 스트레스에 대처하는 데 애를 먹었다. 이혼하는 사람이 많았고 자살하는 사람도 있었다.

드론 전투원은 사무실 직원과 달리 그날 하루가 어땠는지 다른 사람에게 자세히 설명할 수 없다. 기밀 제약 때문이다. 또한 이들은 전통적인 병사와 달리 전장에서 다져지는 공동의 연대감에서 힘을 얻을 수 없다. 리처드는 해병대 시절을 이렇게 회상했다. "해병대에는 동지 의식이 넘쳤어요. 전우애 말이에요." 드론 전투원들도 서로 친해지곤 하지만 매일 근무를 마치면 각자의 집으로, 점점 더 전쟁과 단절되고 있는 사회로 돌아간다. 크리치 기지에서는 이 단절이 유독 심하다. 기지를 에워싼 덤불이 라스베이거스의 라이브 공연과 도박장을 광고하는 대형 광고판으로 빠르게 바뀌고 있고, 크리치의 요원 다수가 라스베이거스 주민이다. 나는 기지를 나선 지 한 시간 뒤에 라스베이거스 스트립 거리에서 관광객들이 벨라지오 분수, 하이롤러 대관람차 같은 유명한 조형물 앞에서 셀카를 찍고 이 도시의 수많은 라운지와 나이트클럽, 카지노와 뷔페로 향하는 모습을 보았다. 이 화려하고 과잉된 분위기 속에서는, 거기서 겨우 45분 떨어진 곳에서 바로 이 유흥자들의 이름으로 전쟁이 치러지고 있다는 사실이 더더욱 기이하게 여겨졌다.

크리치 기지의 드론 전투원들은 귀가하기 전에 공군 사역 센터Airman Ministry Center에 잠깐 들르기도 한다. 이 나지막한 베이지색 건물 안에는 푸즈볼(테이블 축구-옮긴이) 테이블, 마사지 의자 따위가 갖추어져 있고 목사와 대화를 나눌 수 있는 방이 여러 개 있다.

재커리라는 목사에 따르면, 센터를 찾아오는 병사들을 가장 무겁게 짓누르는 것은 외상 후 스트레스 장애가 아니다. 이들이 가장 힘겨워하는 것은 내적 갈등과 양심의 가책이다. 한 조종사는 재커리에게 이렇게 물었다고 한다. "전 정말 궁금해요. 제가 저질러온 이 모든 살인에 대해 예수님께서 뭐라고 하실까요?" 그들은 전쟁터에서 아무리 멀리 떨어져 있다 해도 "속을 뒤집는" 장면(그 자신이 찰나에 내린 결정의 결과일 때도 있고, 그들이 **어쩔 수 없는** 결과일 때도 있다)에 끊임없이 노출된 나머지 영적으로 길을 잃고 전혀 다른 종류의 전쟁 상흔을 입는다. 재커리는 그 상흔을 '도덕적 외상'이라고 불렀다.

이 용어는 재커리가 만든 것이 아니다. '도덕적 외상'이라는 말은 정신의학자 조너선 셰이Jonathan Shay의 1994년 저서 《베트남의 아킬레우스Achilles in Vietnam》에 처음 등장했다. 여기서 셰이는 호메로스의 전쟁 서사시 《일리아스》를 재해석하여 베트남전 귀환병들을 괴롭히는 상처의 성격을 탐색한다. 저자에게 《일리아스》는 "아킬레우스의 인격이 무너지는 이야기"다. 상관 아가멤논이 그가 생각하는 '옳음'을 배반하는 순간, 아킬레우스는 환멸을 느끼기 시작하고 "자신의 기준에서 그른 일을 스스로 하겠다"는 욕망을 품는다. 이런 종류의 환멸은 총에 맞거나 전우의 죽음을 목격하는 일만큼 깊은 외상을 남기지 않는다고 생각할 수도 있다. 그러나 셰이는 그렇지 않다고 말한다. "내가 베트남전 귀환병들과의 작업을 통해 굳게 믿게 된 바, 도덕적 외상은 모든 전쟁 외상의 핵심이다. (…) 귀환병은 민간인 생활로 돌아오면, 그리고 무엇보다 자신의 '옳음'이 위반되지 않았다면 얼마든지 공포와 두려움, 비탄을 극복할 수 있다."[7]

도덕적 외상이라는 용어는 9·11 테러 이후 전쟁의 정신적 피해를 다루는 문헌에 점점 더 자주 나타났다. 그런데 그 의미가 조금 달라졌다. 애초에 셰이는 권위자가 '옳음'을 위반하는 사건을 강조했다. 2009년 《클리니컬 사이콜로지 리뷰Clinical Psychology Review》의 한 논문에 따르면, 새로운 세대의 연구자들은 이 개념의 초점을 확대하여 "근본까지 닿아 있는 도덕적 신념을 위배하는 행위를 스스로 행하거나, 막지 못하거나, 목격하는 일"에서 비롯되는 괴로움까지 '도덕적 외상'이라고 불렀다. 다시 말해, 병사들은 전쟁의 혼돈을 헤쳐나가는 와중에 제 손으로 잘못된 행동을 함으로써 혹은 타인이 잘못된 행동을 하는 것을 지켜봄으로써 **자기 자신을** 배반할 때 도덕적 외상을 입고 괴로워한다. 도덕적 외상이 이렇게 정의된 데에는 이라크와 아프가니스탄의 전장에서 병사들이 민간인과 반군을 구별하기 어려웠고 교전 규칙이 유동적이고 혼란스러웠다는 배경이 있다.

앞에서 말한 《클리니컬 사이콜로지 리뷰》논문의 공동 저자인 샤이라 매구언^{Shira Maguen}은 보스턴에 있는 외상 후 스트레스 장애 클리닉에서 귀환병과 상담하는 동안 전쟁의 도덕적 부담에 주목하게 되었다. 매구언을 비롯한 미 보훈부 소속 임상심리학자는 급조폭발물에 험비가 산산조각 난 경험, 교전 중에 동료 병사의 죽음을 목격한 경험 등 기본적으로 공포가 중심이 되는 외상 후 충격에 초점을 맞춰 훈련받는다. 그처럼 '생명을 위협하는' 사건과 외상 후 스트레스 장애의 관계는 확실하게 입증되어 있다. 그러나 매구언이 만난 귀환병들의 경우 그런 사건이 고통의 원인이 아닐 때가 많았다. 적의 공격으로부터 가까스로 목숨을 구했던 사건이 아니라 그들 자신의 윤리적 기준을 위반하는 행위를 목격하거나 수행했던 것이 원인일 때가 많았다.

윤리 위반이라는 위험은 당연히 군인에게 국한되지 않는다. 내가 데이드 교도소에서 인터뷰한 모든 상담사가 자신이 목격했으나 막을 수 없었던 끔찍한 일 때문에 내적 갈등을 겪고 있었다. 로비타 리처드슨은 재소자가 의자에 묶인 채 곤봉질당하는 모습을 보고도 개입하여 그를 돕지 않은 자신이 "어떤 사람인지 잘 모르게 되었다"고 했다. 해리엇 크르지코프스키는 '샤워기 치료'에 대해 알게 된 후 "난 왜 더 나서지 못했을까?"라고 자문했다. 그뿐 아니라 내가 만난 교도관 중에서도 여러 사람이 자신이 해서는 안 되는 일을 했다고 넌지시 언급했다. 가령 빌 커티스는 재소자를 바닥에 내던져 그의 머리뼈를 부술 뻔했다. 그러므로 도덕적 외상은 "근본까지 닿아 있는 도덕적 신념을 위배하는 행위를 스스로 행하거나 막지 못하거나 목격하는 일"과 관계된 직업에 종사하는 사람이라면 누구나 당할 수 있는 산업재해다. 더티 워크를 하는 대다수의 노동자들이 이러한 산업재해를 당한다.[8]

매구언은 자신이 상담한 퇴역 군인들 중 군대의 승인으로 살인을 수행했으나 결과적으로 무방비한 민간인을 희생시킨 이들이 있다는 걸 알게 되었고, 그들의 감정적 피해에 관심을 갖게 되었다. "나는 사람을 죽인 경험에 대해 이야기를 들었다. 자신들이 옳은 결정을 하고 있다고 믿었는데 나중에 알고 보니 차에 가족이 타고 있었더라는 이야기를." 매구언은 살인 행위가 정신적으로 얼마나 부담을 주는지 확인하기 위해, 베트남전 귀환병까지 거슬러 올라가 군 복무 중에 누군가를 살인한 경험이 있는지 묻는 데이터베이스를 검토하기 시작했다. 어떤 설문에서는 피살자가 **누구**였는지, 전투원이었는지 포로였는지 민간인이었는지 묻기도 했다. 매구언은 살인 행위와 사후 증상(알코올 중독·관계 문제·폭력성 분출·외상 후 스트레스 장애 등) 사이에 모종의 관계가 있는지도 살펴보았다. 결과는 놀라웠다. 전쟁 중의 여러 다양한 경험과 비교했을 때 살인은 사회기능 장애 및 "다수의 정신과적 증상과 관계된 유의미하고 독립적인 예측 변수"였다.[9]

이후 매구언은 샌프란시스코의 한 보훈병원에서 정신건강 상담소장으로 일하기 시작하면서 귀환병들을 한자리에 모아 과거의 살인 행위에 대해 이야기하는 집단 상담을 시작했다. 군대에서와 마찬가지로 이는 금기시되는 주제였기 때문에 임상심리학자 사이에서는 흔히 완곡하게 언급됐다. 매구언은 그 자리의 긴장감을 누그러뜨리기 위해 상담을 시작하기에 앞서 다큐멘터리의 한 장면을 틀었다. 화면에 등장한 귀환병이 이렇게 말한다. "전쟁터에서는 죽이든 죽임당하든 둘 중 하나입니다. 전쟁에 나갈 채비 같은 것은 할 수 없습니다." 매구언은 참가자들에게 살인이 그들의 삶에 어떤 영향을 미쳤는지 여러 질문을 던졌다. 분노로 반응하는 사람도 있었고 침묵하는 사람도 있었다. 그러나 많은 사람이 비난이 두려워서 그때까지 그 누구에게도, 배우자나 가족에게도 말한 적 없는 경험을 드디어 말할 기회를 얻었다.

매구언의 집단 상담에 참여한 귀환병들은 공포나 과각성 같은 외상 후 스트레스 장애와 관련된 감정은 별로 강조하지 않았다. 그들은 "내가 저지른 일이 수치스럽다" 같은 말로 자책감과 죄책감을 강하게 드러냈다. 자신은 용서받을 수 없고 사랑받을 수 없는 것 같다고 말하는 사람들도 있었다. 그런 감정은 아무리 시간이 시나도 옅어지시 않았다. 시리적으로 멀리 벼나왔어도 벌로 달라지지 않았다. 한 조종사는 자신이 저 밑에 있는 사람들에게 폭탄을 떨어뜨렸던 일을 잊지 못해 괴로워했다. 그를 괴롭힌 것은 다른 게 아니라 자신과 그들 사이의 그 거리였다. 정정당당하게 적과 맞붙지 않고 용맹하지 않은 방식으로 사람을 죽였다는 사실이 괴로운 것이었다. 모든 조종사가 이 같은 감정에 시달리는 것은 아니다. 하지만 매구언은 이 사람의 이야기에는 거리가 멀고 가깝고의 문제보다도 더 결정적으로 도덕적 외상 여부를 좌우하는 문제가 있다고 보았다. 그것은 자신의 행동을 어떻게 이해하느냐는 점이었다. "자신이 한 일이나 자신에게 일어난 일을 어떤 개념으로 규정하느냐에 따라 큰 차이가 생깁니다. 여기서부터 모든 게 달라져요." 매구언은 말한다.

'외상 후 스트레스 장애'와는 달리 '도덕적 외상'은 의학적 병명이 아니다. 이는 전쟁의 도가니 속에서 사람의 정체성과 영혼에 일어날 수 있는 변화를 파악하려는 시도다. 바로 그런 이유에서, 자신의 상처를 의학적 장애로 축소할 수 없다고 생각했던 많은 귀환병이 이 용어에 공감한다. "외상 후 스트레스 장애라는 진단은 귀환병의 불안을 탈정치화하고 그것을 정신질환으로 규정하려는 경향이 있다." 이라크에서 복무한 뒤 이 전쟁의 도덕성에 의구심을 품던 해병대 장교 타일러 부드로는 이렇게 말했다. "도덕적 외상이라는 말의 가장 큰 쓸모는 이 문제를 정신건강 전문가와 군부의 손에서 뺏어 원래 장소에, 그러니까 사회 안에, 공동체 안에, 가족 안에 돌려놓는다는 것이다. 도덕적 질문들을 제기하고 논쟁해야 할 그 장소에 정확하게 놓으려는 것이다. 이 용어는 '환자'를 다시 시민으로, '진단'을 대화로 변화시킨다."[10]

모두가 이러한 변화를 환영하는 것은 아니었다. 도덕적 외상의 의미와 규모는 여전히 논쟁 거리로 남아 있다. 항공의학원의 웨인 채펠은 내게 말했다. "이 용어는 군대나 심리학계에서 널리 인정되는 용어는 아닙니다." 그는 드론 전투원 사이에 도덕적 외상이 만연해 있다고 생각하지 않는다고 덧붙였다. 많은 드론 전사가 공습으로 인해 "갈등·분노·죄책감·후회" 등 해소되지 않는 부정적 감정에 시달린다는 사실을 밝힌 연구자가 그렇게 말하다니 다소 놀라웠다. 하지만 다시 생각해보니 그다지 놀랄 만한 발언이 아니었다. 전쟁이 도덕적 외상을 입힐 수 있다는 개념은 논쟁적이고 군대 입장에서는 위협적인 개념이다. 의미심장하게도 채펠은 아부그라이브 수용소의 포로들이 당했던 끔찍한 학대를 예로 들면서 도덕적 외상은 "자신이 옳다고 믿는 바에 반대된다고 생각하는 일을 의도적으로 하는 것"으로 정의했다. 그러나 매구언 같은 연구자는 더 평범한 정의를, 군대 입장에서 더 전복적일 수 있는 정의를 채택한다. 도덕적 외상은 군인들이 그들의 지휘관과 사회가 요구하는 대로 정확히 그들의 일을 하면서 겪는 깃이었다.

도덕적 외상과 트라우마로 얼룩지다

내가 크리스토퍼 아론을 만났을 때, 그는 드론 전투 경험에서 회복하는 데 몇 년을 보내고 있었다. 우리는 그의 집에서 가까운 술집에서 처음으로 길게 이야기를 나누었다. 30대 중반인 크리스는 무성한 검은색 머리카락을 뒤로 모아 하나로 묶고 있었다. 참선하는 사람 같은 차분한 태도는 부분적으로 요가와 명상의 효과였지만, 눈빛에 어두운 기색이 있었고 목소리에도 경계심이 느껴졌다. 특히 내가 특정한 임무에 대해 자세하게 물었을 때 그 느낌이 강하게 풍겼다(그는 기밀 사항에 대해서는 아무것도 말할 수 없다고 했다). 나는 그 자리에서 두 시간 동안 그와 이야기를 나눈 뒤, 그가 페이스를 유지할 수 있도록 다음 날 점심에 다시 만나자고 했다. 이튿날, 약속 장소로 향하는데 휴대전화가 울렸다. 크리스가 약속을 다시 잡자고 했다. 전날의 만남 때문에 갑자기 불안증이 시작됐고 밤사이에 등의 통증이 악화되었다고 했다.

드론 전투원 중에는 그 일이 남기는 감정적 찌꺼기를 즉각 알아채는 사람들도 있었다. 크리스는 그런 감정을 서서히 느끼기 시작했고 같은 시기에 세계관의 변화를 겪었다. '테러와의 전쟁'을 열렬히 지지했던 그가 이제 어렴풋하게나마 그 전쟁을 의심하게 되었다. 환멸의 감정은 서서히 단계적으로 다가왔는데, 돌이켜보면 아프가니스탄에서 돌아오고 몇 달이 지났을 때부터였다.

크리스는 자신이 드론 부대 창설에 일조한 것에 자부심을 느끼면서도 이 전쟁의 목표가 언제 달성될 것인지 의구심을 느꼈다. 그러던 어느 날 상관이 그에게 CIA의 상근 정보요원 채용에 지원해 보라고 권했다. 그러려면 거짓말탐지기 시험을 통과해야 했다. 크리스는 제안에 응했으나 시험 도중 팔에 피가 통하지 않아 자신이 받은 질문에 갈팡질팡하다가 그대로 자리를 떠버렸다. 이튿날 그는 상관에게 생각이 바뀌어서 그랬다고 설명했다.

그 후 크리스는 캘리포니아로 여행을 떠났고 오토바이를 빌려 해안을 따라 알래스카주까지 올라갔다. 그곳에서 그는 어느 작은 섬에 있는 수도원에서 한 주간 머물렀고, 가문비나무로 둘러싸인 목조 예배당에서 잠을 잤다. 어려서 동방정교회에 다녔던 크리스는 이 경험을 통해 신앙을 되찾았다. 동부로 돌아왔을 때 그는 상쾌한 기분을 느꼈지만, 돈이 부족해져 유일하게 뽑힐 수 있는 회사에 지원하기로 했다. 크리스는 아프가니스탄에서 드론 전투와 현장 전투를 수행하는 군사 첩보 기업에 지원하는 수밖에 없었다.

이제 크리스는 이상주의자가 아니었다. 2008년 말 다시 한 번 아프가니스탄에 배치되었을 때는 한층 더 깊은 환멸에 빠졌다. 2006년 처음 아프가니스단에 파병되었을 때는 '테러와의 진쟁'이 알카에다와 탈레반의 궤멸을 앞당기고 있다고 믿었다. 그러나 이제는 변화가 멈추었을 뿐만 아니라 상황이 후퇴하는 듯했다. "우리는 수많은 지역에서 통제력을 잃어가고 있었어요." 그가 말했다. 2009년 오바마 행정부가 들어서고 드론 공습 횟수가 "네다섯 배" 늘었다.

크리스는 아프가니스탄에 조지 오웰의 《1984》를 챙겨 갔다. 고등학생 때 읽은 기억으로는, 대부분의 독자에게 그렇듯이, 전체주의 경찰국가를 그린 디스토피아 소설이었다. 그런데 다시 읽었을 때 그에게 가장 와 닿은 대목은 책 속의 등장인물 중 반군 지도자로 알려진 이매뉴얼 골드스타인이 쓴 《과두적 집단주의의 이론과 실제》라는 책이었다. 이 책에서 골드스타인은 "오세아니아의 모호한 국경"에서 "고도로 훈련된 전문가들"이 벌이는 "지속적인" 전쟁의 시작을 묘사한다. 이 전쟁의 주요한 목적은 자원을 빼돌리고 전쟁 자체를 영속화하는 것이다(골드스타인은 "전쟁을 하는 목적은 언제나 다음 전쟁을 치르기에 더 유리한 입지를 확보하는 것이다"라고 말한다).¹¹ 크리스는 '테러와의 전쟁'이 바로 그러한 목적의 끊임없는 전쟁이라는 섬뜩한 느낌을 받았다.

크리스의 환멸이 깊어짐에 따라, 그가 이전에 전쟁은 원래 이렇다며 넘어갔던 사건들이 그에게 더 큰 부담을 주기 시작했다. 영상이 "너무 자글자글하거나 깨져서" 공격 대상을 정확히 확인하지 못했던 순간들, 동료들과 함께 "가끔 우린 저게 애들인지 닭인지 분간을 못 하지"라고 농담하던 일들이 떠올라 그를 괴롭혔다. 그는 나에게 이렇게 말했다. "탈레반 하급 사령관이 있는 것 같다며 어디 외딴 지역에 있는 건물을 평가해보래요. 그런데 거긴 우리가 이미 2, 3일 전부터 사람들이 드나드는 걸 지켜본 곳이거든요. 그런데 위에서 와서 그래요. '우리는 저기에 폭탄을 떨어뜨릴 준비가 됐어. 건물 안에 탈레반 사령관 외에 다른 사람이 있나?' 그러면 나는 그냥 아니라고 해요. '그건 모르겠는데요'라고 할 수가 없으니까요. 이틀 후 길에 장례 행렬이 나타나는데, 우리도 프레데터 드론으로 다 보고 있어요. 그런데 거리를 지나가는 관이 한 개가 아니라 세 개인 거예요."

크리스는 자신의 고충을 거의 아무에게도 털어놓지 않았지만, 대학 시절부터 친구였던 크리스 무니는 그가 어딘가 달라졌음을 알아챘다. 무니가 2009년 아프가니스탄에서 돌아온 그를 공항으로 마중 나갔을 때, 자신감과 열정을 숨김없이 발산하던 대학 시절의 모습은 사라지고 거의 못 알아볼 정도로 그가 변해 있었던 것이다. 크리스는 감정이 메말라 있었고 표정은 가면을 쓴 듯 딱딱했다. "자석 같은 매력을 가진 친구였어요." 그는 크리스와 자동차 여행을 함께하며 그의 에너지와 결단력에 감탄했던 일을 나에게 전했다. 그날 두 사람은 식당에서 함께 저녁 식사를 했는데, 그들의 대화를 우연히 들은 손님이 다가와 나라를 위해 일해주어

고맙다고 인사를 했다. 크리스도 감사를 표했지만 무니는 크리스의 목소리에 생기라곤 없었다고 말했다. 그는 크리스에게 많은 것을 캐묻지 않았지만 뭔가 심각한 일이 있었음을 알았다. "내가 아는 그 녀석이 아니었어요."

도덕적 외상에 대한 새로운 관심은 우리의 전쟁 서사에 줄곧 잠재해 있던 윤리적 사안들을 되짚어보고, '테러와의 전쟁'이 시작되기도 전에 일부 참전용사와 군사 분석가 들이 인식한 트라우마의 근원을 해결하기 위한 노력으로 볼 수 있다. 육군 중위 출신이자 육군사관학교 심리학 교수를 역임한 데이브 그로스먼^{Dave Grossman}은 그의 권위서 《살인의 심리학》(1995)에서 과거의 연구와 귀환병의 기록을 바탕으로 살인의 심리적 대가가 실로 가혹한 경우가 많다고 했다. 귀환병의 소설과 회고록에는 살인의 기억 때문에 괴로워하는 인물이 수없이 등장한다. 이를테면 팀 오브라이언^{Tim O'Brien}의 《그들이 가지고 다닌 것들》에서 화자는 자신이 길에서 수류탄으로 죽였던 베트남 남자의 모습, 그의 일그러진 몸과 피로 번들거리는 목이 잊히지 않는다고 고백한다. 나중에 화자는 실제로 자신이 그 남자를 죽이지는 않았지만 그가 살해당하는 모습을 목격했다면서 "나는 그곳에 있었던 것으로 충분히 유죄"라고 말한다.[12] 문학은 이처럼 양심의 가책에 짓눌린 귀환병들의 마음속에 반복 재생되던 내적 갈등을 생생하게 재현했다.

1970년대 초, 몇몇 정신의학자는 '전쟁에 반대하는 베트남 참전병사단Vietnam Veterans Against the War'의 '수다 모임'에 참석해 귀환병의 이야기를 직접 들었다. 그때까지도 군부는 전쟁에서 정신적 피해를 입은 병사들을 소심한 겁쟁이·꾀병쟁이로 치부하는 경향이 있었다("이 따위 배짱이라니, 젠장, 뭐 이런 겁쟁이가 다 있어." 2차 세계 대전 중 병원에서 조지 패턴George Patton 장군은 한 병사에게 이렇게 쏘아붙였다[13]). 당시 수다 모임에 참여한 예일대학교 정신의학자 로버트 제이 리프턴Robert Jay Lifton은 1973년에 출간한《전쟁에서 돌아오다Home from the War》에서 전쟁에 나가 사람을 죽이고 만행에 가담하는 일의 파멸성을 논하고, 그런 일을 겪은 귀환병을 겁쟁이가 아닌 동정심 강한 사람으로 그려냈다. 리프턴에 따르면 수다 모임 참가자들은 소심함 때문이 아니라 잘못된 전쟁에 가담했다는 죄책감과 분노 때문에 괴로워하고 있었다. 그들은 "더럽고 불가해한 전쟁"에 나갔다가 "그들을 보낸 바로 그 사람들의 눈에, 나아가 그들 스스로의 눈에 불결해"졌다. 이들이 입은 정신적 피해는 도덕적·정치적 문제와 분리될 수 없었고, 전쟁을 끝내기 위한 행동주의야말로 이들의 죄책감을 줄이고 치유를 촉진하는 방법이었다.[14]

1980년 외상 후 스트레스 장애가《정신질환 진단 및 통계 편람Diagnostic and Statistical Manual of Mental Disorders》에 등재되었을 때, 앞으

로는 이 사회가 전쟁의 윤리적 혼돈을 더 솔직하게 인정할 것으로 기대한 사람이 많았다. 여기서 처음으로 정의된 외상 후 스트레스 장애의 증상 중 하나는 비단 살아남았다는 죄책감만이 아니라 "살아남는 데 필요했던 행동"에 대한 죄책감, 즉 병사가 자신의 윤리 규칙을 위반하며 저지른 행위에 대한 죄책감이었다.[15] 그러나 회고록《부도덕한 시간The Evil Hours》(2015)에서 귀환병 데이비드 모리스David Morris는 리프턴 같은 개혁가를 움직였던 도덕적 질문들이 결국엔 "임상의학 편람 속 각주"로 축소되었고 군사심리학자들의 관심은 박격포 공격이나 도로변 폭탄으로 인한 뇌손상으로 옮겨 갔다고 말했다.[16] 그 이유는 병사가 피해자가 된 사건과 그 신체적 피해에 초점을 맞추는 편이 군부에 덜 위협적이었기 때문일 것이다. 또 하나의 이유는 미 국립보훈처 임상심리학자들에게 그편이 덜 난처하기 때문이었을 것이다. 그들은 귀환병사들의 도덕적인 고통을 치료하는 훈련을 받지 않았고, 2009년《클리니컬 사이콜로지 리뷰》의 논문에 따르면 "전쟁 중 태만이나 범죄 등의 다양한 행위가 지나치게 위협적이거나 듣기에 혐오스럽다는 비언어적 메시지를 부지불식간에 전달할 가능성"이 있었다.[17] 이러한 대화를 회피하는 것은 이라크와 아프가니스탄에서 돌아온 병사들에게는 불가피한 일이었다. 그들은 반군 진압 작전에 투입되어 근거리 살인과 민간인 공격을 경험했기 때문이었다. 보스턴대학교의 임상심리학자이자 2009년 논문의 공동 저자인 브렛 리츠Brett Litz에 따르면, "최근의 연구에서 병사들로 하여금 외상 후 스트레스 장애 치료를 받게 하는 외상성 사건의 35퍼센트가 도덕적 외상을 일으킨 사건이었다".

드론 부대가 처음 창설되었을 때, 이 새로운 전투 방식은 근거리 전투의 격렬함(과 위험)을 막아줄 것으로 기대되었던 듯하다. 그러나 원거리 전투는 다른 방식으로 섬뜩할 수 있다. 기존의 전쟁에서 병사들은 자신에게 대응 사격을 할 수 있는 적을 향해 총을 쏘았다. 자신이 죽을 위험을 무릅쓰고 상대를 죽였다. 이 위험을 전적으로 어느 한쪽만이 무릅쓰게 된다면, 전쟁터의 생존 윤리("죽이든가 죽임당하든가 둘 중 하나")가 더 이상 적용되지 않는다면 무슨 일이 일어날까? 미 공군의 교관이자 지휘 조종사 출신인 M. 셰인 리자M. Shane Riza는 《비정한 살인Killing Without Heart》(2013)에 프랑스 철학자 알베르 카뮈의 격언을 인용했다. "죽을 각오를 하지 않고서는 사람을 죽일 수 없다."[18] 리자에 따르면, 무인 항공기는 죽음과 부상의 가능성을 제거함으로써 전사를 암살자로 만든다. 이러한 성격의 전투에서는 명예가 사라진다. 퇴역 육군 대령이며 콜린 파월 국무장관의 비서실장을 지낸 로런스 윌커슨Lawrence Wilkerson도 "병사는 얼마간의 상호 위험을 떠안아야만 한다"는 "전시 윤리"가 원격 전투 때문에 침식되고 있다고 우려를 표했다. "우리가 두

전사 중 어느 한쪽에 완전한 면책권을 부여하고 사람을 죽이라고 하면, 그 사람은 살인자가 된다. 왜냐하면 상대가 나를 죽이려 한다는 확신도 없이 사람을 죽이는 것인 데다 자기는 절대적으로 안전한 상태에서 사람을 죽이는 것이기 때문이다."

드론 조종사는 전통적인 병사와 달리 청동별 훈장이나 용맹valor을 뜻하는 V자 장식이 들어간 전투 기념 배지를 받을 자격이 없다. 2013년 국방장관 리언 패네타Leon Panetta가 국가안보에 중요하게 공헌한 원격 전투 조종사에게 수여하는 '전투 수훈 훈장'을 신설하겠다고 발표했다. 귀환병들은 이 계획에 불만을 쏟아냈고 해당 훈장을 '닌텐도 훈장'으로 부르기도 했다. 군부는 반발에 못 이겨 계획을 보류했다가 결국 사이버 전사에게는 원격remote을 뜻하는 R자로 장식한 배지를 수여하기로 했다. 이러한 부정적인 반응이 분명히 드러낸 것은, 드론 부대의 '조이스틱 전사들'은 전쟁터에 직접 나가 죽음을 무릅쓰는 진짜 병사들보다 덜 명예롭고 덜 용감하다고 여기는 군부와 사회 전체의 시각이었다. 또한 드론 전투원의 열등한 지위는 다름 아니라 정치가와 대중이 드론 전투를 옹호하는 바로 그 이유(더 이상의 인명 피해를 무릅쓰지 않고도 외국 땅에서 치명적인 작전을 수행할 수 있다는 것)에서 비롯되었다는 아이러니가 한층 분명해졌다. 원격으로 사람을 죽이는 드론 조종사는 수천억 달러와 수천 명의 목숨이 낭비된 이라크와 아프가니스탄의 오랜 분쟁 이후, ('우리 편'에 대해서만큼은) 인명 피해와 비용 지출을 최소화하기를 바라게 된 이 사회의 대리인일 뿐이다.

버지니아주 랭글리 공군 기지^{Langley Air Force Base}의 제480 첩보 감시 정찰 편대에는 6000명의 사이버 전사가 "적소에 배치되어" 있다. 이들이 활약하는 '작전장'에는 조도가 낮은 공간에 엄청나게 많은 컴퓨터 화면이 있다. 수많은 전쟁터 위를 선회 중인 드론들이 보내온 영상이 그 화면에 중계된다. 화면 주위에 정렬한 병사 중에는 20대가 많다. 군화와 전투복 차림인 것만 빼면 주식 중개인이나 구글 직원으로 보이기도 한다. 그러나 이들이 내리는 결정은 훨씬 더 무거운 결과를 낳는다. 공군 내부 연구진이 각기 다른 세 기지에 주둔한 첩보 감시 정찰 편대 분석가들을 대상으로 조사를 진행한 결과 그중 20퍼센트가량이 열 번 이상 "적군의 죽음에 직접적인 책임을 느꼈다"고 응답했다. 한 분석가는 "여기엔 극도로 생생한 사건을 수백 번, 수천 번 보고 읽고 들은 사람도 있습니다"라고 연구진에게 설명했다.

"전반적으로 첩보 감시 정찰 편대 병사들은 자신의 임무에 자부심을 느끼고, 미국과 연합군을 성공적으로 보호했다는 점에 특히 기다란 자부심을 느낀다고 보고했다." 연구진은 이렇게 평가했다. 그러나 한편으로는 많은 병사가 감정 마비·가족과 친구 관계에서의 어려움·수면장애·"불쑥불쑥 떠오르는 임무 관련 사건의 간섭적 기억" 같은 고통스러운 증상을 겪고 있다는 사실이 확인되었다.

크리치와 마찬가지로 랭글리에서도 병사의 스트레스를 낮추기 위해 근무시간을 줄였고, 부드러운 빛의 조명을 설치했으며, 기지 내부에 목사와 심리학자를 두었다. 그러나 이슬람국가를 비롯한 적과의 싸움에서 드론이 점점 더 중요한 역할을 맡으며 개개인의 업무량이 증가했다. 내가 랭글리를 방문한 시점에 이 부대의 군의관으로 일한 캐머런 서먼 중령에 따르면 미 중부사령부가 공식적으로 명령한 미사일 공격 횟수는 2013년부터 2017년 중반까지 상당히 증가했으나 드론 부대의 규모는 과거 그대로였다. "똑같은 수의 병사가 똑같은 근무시간 동안 생사를 가르는 결정을 1000퍼센트 더 많이 하게 된 겁니다. 그럼 당연히 일이 훨씬 더 어려워지죠. 도덕적 과부하가 더 심해질 수밖에 없습니다." 그가 나에게 말했다.

대머리에 태도가 퉁명스러운 서먼 중령과 나는 어느 회의실에 들어가 마주 앉았다. 창문 하나 없이, 벽이 온통 원격 전투를 수행하는 비행대의 포스터로 장식된 방이었다. 제480 편대를 조사한 심리학자 앨런 오글Alan Ogle도 그 자리에 동석했다. 오글에 따르면, 이 부대의 외상 후 스트레스 장애 비율은 "그리 높지 않았"다.

그 이유는 대부분이 도로변 폭탄 등 이른바 생명을 위협하는 사건에 노출되지 않았기 때문이었다. 오글은 그보다 더 만연한 문제는 "도덕적 외상"인 듯하다고 말했다.

　나는 제480 편대에 소속된 두 사람에게서 업무가 그들을 어떻게 바꾸어 놓았는지 들었다. 어린애 같은 얼굴에 예민한 눈빛을 가진 스티븐은 남부의 작은 소도시에서 성장했으며 고등학교 졸업 직후 군인이 되었다. 4년이 지난 지금, 그는 이제 누가 죽었다는 소식에도 감정적으로 반응하지 않는다고, 심지어 그와 매우 가까웠던 할머니가 최근에 세상을 떠났을 때도 별 감정을 느끼지 못했다고 말했다. 그동안 끊임없이 살인에 노출된 결과 감정적 마비를 겪고 있는 것이었다. "이 일을 하면 평범한 일보다 죽음을 더 많이 봐요." 스티븐이 나에게 말했다. 그는 작전층에서 일하며 이슬람국가가 저지르는 무수한 만행을 지켜보았다. 한번은 시야가 무척 좋았던 날 어떤 건물을 감시하다가 오렌지색 점프슈트를 입은 남자 열 명이 밖으로 끌려 나와 한 줄로 선 다음 한 명 한 명 참수당하는 모습을 목격했다. "피가 보였어요. 머리통이 구르는 것까지 보였다고요." 그가 말했다. 그러나 궁극적으로 스티븐을 괴롭히는 가장 큰 문제는 적군의 악행을 목격하는 것이 아니라 **자신이** 내린 결정이 치명적인 결과를 낳는다는 사실이었다. 설령 목표물이 테러리스트라 해도 "사람을 죽이는 건 여전히 이상하다"고

했다. 거리가 멀다고 해서 그런 감정이 줄어들지는 않았다. "먼 데서 화면을 통해 전해지는 것이어도 그 일은 실제로 일어나고 있어요. 나 때문에 일어나고 있어요."

내가 만난 또 한 명의 전직 드론 조종사는 화면이라는 장치가 역설적으로 목표물과의 친밀감을 과장할 수 있다고 설명했다. 그는 아직 발표하지 않은 논문에서 이 현상을 "인지적 전투 친밀성"이라고 명명하며, 폭력적인 사건을 고해상도로 면밀히 관찰할 때 형성되는 관계적 애착을 분석했다. 논문의 한 대목에서 그는 이런 시나리오를 제시한다. 조종사가 공습으로 '테러리스트 조력자'를 살해하지만 그의 아이는 살아남는다. 그 후 "아이가 아버지의 산산조각 난 시체로 다가가 파편을 다시 인간 형태로 배치하기 시작해" 조종사를 경악케 한다. 드론 기술이 점차 발전하면서 이론상으로는 원격 공습이 쉬워졌지만, 현장의 원격 전사들은 더 생생하고 강렬한 화면을 지켜보게 되었다. 목표물이 옷을 입고 아침을 먹고 아이들과 노는 등 일상을 살아가는 모습을 더 많이 목도할수록 조종사가 "도덕적 외상을 입을 위험"이 커진다는 것이 이 논문의 결론이었다.

이 설명은 샤이라 매구언의 연구 결과와 일맥상통한다. 그는 베트남에서 전쟁 포로를 죽인 적이 있는 귀환병들 사이에서 트라우마 비율이 유독 높은 것을 발견했다. 매구언은 그들이 피해자와 아는 사이였다는 점에서 원인을 찾았다. "전쟁 포로는 아는 사람이 된다. 그들과 관계를 맺게 된다. 그들을 지켜보고, 그들과 이야기를 나눈다. 마찬가지로 드론 조종사도 목표물을 아주 잘 알게 되는 것으로 보인다. 그들을 쭉 지켜봤기 때문에 다른 종류의 관계, 이를테면 친밀성이 형성된 것이다."

크리스토퍼 아론이 가장 받아들이기 어려웠던 것은 자신이 어떤 면에서는 이 놀라운 힘을 휘두르는 일을 즐겼다는 사실, 그것을 얼마간 재미있어했다는 사실이었다. 드론 관련 일을 그만둔 뒤 그는 기분이 곤두박질쳤고 수치심과 비탄에 젖어 오랜 시간을 보냈다. 그는 친구들을 만나지 않았다. 사람과 친밀한 관계를 맺는 데 관심이 생기지 않았다. 자살사고에 가까운 생각들로 괴로워했다. 크리스는 2013년에야 자신의 깊고 무거운 상처와 제대로 대면하기 시작했고, 그때 뉴욕주 라인벡에 있는 오메가 연구소[Omega Institute]를 찾아가 베트남전의 기관총 사수 출신이 운영하는 피정에 참가했다.

비가 오고 구름이 잔뜩 낀 날씨는 그의 침울한 기분을 되비추는 듯했다. 집단 토론에 들어갔더니 귀환병들이 어려움을 토로하며 내놓고 울었다. 그 또한 그의 기분을 착잡하게만 했다. 그러다 어느 순간, 크리스는 드론 전투원 일을 그만두고 처음으로 자신의 진짜 감정을 숨기지 않아도 된다는 걸 깨달았다. 그는 매일 아침 다른 귀환병들과 함께 명상으로 하루를 시작했다. 점심 때는 모두가 나란히 앉아 식사하며 '공간에 존재하기'라 불리는 연습을 했다. 저녁에는 어느 틈엔가 깊이 잠들어 꿈도 꾸지 않았다. 그렇게 평화로운 잠은 몇 년 만에 처음이었다.

그곳에서 크리스는 미네소타주에서 온 한 베트남전 귀환병과 친구가 되었고 나중에 그를 메인주로 초대하기도 했다. 2015년 가을, 크리스는 친구의 권유로 '평화를 바라는 참전병사단Veterans for Peace'의 보스턴 분회 모임에 참석했다. 바로 그때부터 크리스는 이야기하기 시작했다. 처음에는 그 모임에 온 사람들에게, 그 뒤에는 반전反戰운동 진영에서 조직한 다종교 모임에서, 드론 공습 후 장례 행렬에 자신이 예상한 것보다 더 많은 관이 나타나는 것을 지켜본 일에 대해 이야기했다. 오래된 기억을 파헤치는 것은 힘들었고 때때로 등의 통증이 재발했다. 하지만 치료 효과도 있었다. 그는 이런 방식의 사회참여를 통해 더 큰 공동체와 연결되었다.

한 다종교 모임에서 크리스는 과거에 동료들과 함께 이건 마치 '두더지 잡기' 게임 같다고, 테러리스트를 한 명 죽이면 어디선가 또 다른 테러리스트가 나타나 그 자리를 메울 뿐이라고 이야기했던 일을 전했다. 이제 크리스는 드론 전투를 '끝없는 전쟁'으로 여겼다. 이 전쟁의 단기적 '성공'은 장기적으로 더 많은 증오의 씨앗을 뿌릴 뿐이다. 그 와중에 민간 군사기업들은 자원을 빼돌리며 전쟁의 영속화에서 이익을 취한다. 또 어떤 모임에서 크리스는 "책임의 분산"에 대해 이야기했다. 드론 전투에는 수많은 기관과 결정권자가 이리저리 얽혀 있기에 어떤 행위자가 어떤 행위를 했는지 파악하기 어렵다. 크리스는 군이 원하는 것이 바로 그 상태라고, 왜냐하면 그래야 표적살인 작전에 가담하는 그 누구도 개인적 책임을 느끼지 않을 수 있기 때문이라고 주장했다. 그렇지만 크리스 본인은 **과도한** 회한과 죄책감에 사로잡혔으며, 표적살인으로 인해 사태가 더욱 나빠졌다고 확신했다.

크리스가 사람들에게 자신의 경험을 이야기하는 데서 느낀 위안은 샤이라 매구언과 함께 훈련받은 임상심리학자 피터 요먼스도 잘 아는 효과다. 그는 증언의 공유를 통해 도덕적 외상을 치료하는 실험을 진행하고 있다. 첫 10주간은 매주 한 번씩 귀환병들이 한자리에 모여 이야기하고, 마지막으로 참가자들이 공동체 구성원을 초대하여 공개 의식을 진행한다. 이 치료의 목표 하나는 귀환병들이 수치심을 내려놓도록 돕는 것이라고 요먼스가 설명했다. 또 하나의 목표는 그들이 도덕적 대리인이 되어 동료 시민들에게 진쟁의 진실을 진달하고, 그럼으로써 그들이 한 행위의 책임을 더 많은 사람이 나누어지게 하는 것이다.

어느 날 저녁, 나는 필라델피아 보훈 의료 센터(요먼스가 이곳에서 일한다) 3층의 작은 예배당에서 열린 의식에 참석했다. 연단에 귀환병이 여러 명 앉아 있었다. 체격이 크지 않고 갈색 수염을 단정하게 기른 앤디라는 남자가 눈을 감은 채 두 손을 무릎 사이에 끼우고 있었다. 발언할 차례가 되었을 때, 그는 청중에게 자신이 폭력적인 가정에서 자랐다고 이야기했다. 형과 여동생이 학대당하는 모습을 보면서 "무방비한 사람들을 보호하고" 싶다는 생각을 했다. 그는 고등학교를 졸업한 후 군인이 되었고 이라크에서 첩보 요원으로 활동했다. 어느 날 밤 '순니 삼각지대'에 속하는 사마라시㉮ 근처에서 임무를 수행하던 중 갑자기 어느 주택의 2층 창문에서 총성이 길게 울렸다. 앤디는 공습을 요청했다. 폭파당한 집에서 연기가 걷혔을 때, 그 안에 목표물은 보이지 않았다. "저는 남자 열아홉 명, 여자 여덟 명, 어린이 아홉 명의 시체를 봅니다." 앤디는 눈물을 참으며 말했다. "제빵사들, 상인들, 형들, 여동생들입니다. 저는 거의 매일 이 기억을 재생합니다. 저는 구원을 바라면서, 우리 모두가 전쟁의 진정한 대가에 주춤하고 놀라기를 바라면서 여러분에게 이 현실을 고백합니다."

　　예배당이 조용한 가운데 앤디는 훌쩍이며 자리로 돌아갔다. 이윽고 요먼스와 함께 귀환병 주간 모임을 운영하는 유니테리언 유니버설리즘 목사인 크리스 앤털이 객석의 청중에게 자신의 이야기를 전하고 화해의 메시지를 전달한 귀환병들 주위로 둥글게 모여달라고 청했다. 수십 명이 앞으로 나가 서로 팔짱을 꼈다. "우리가 당신을 위험한 곳으로 보냈습니다." 앤털이 메시지를 말하면 귀환병을 에워싼 민간인들이 따라 말했다. "우리가 당신을 만행이 벌어질 수 있는 곳에 보냈습니다. 우리는 당신의 책임을 함께합니다. 당신이 본 모든 것에 대해, 당신이 한 모든 일에 대해, 당신이 하지 못한 모든 일에 대해 우리가 함께 책임집니다." 그 후 앤털은 다시 한번 청중을 앞으로 불러냈다. 그리고 이번에는 의식을 시작할 때 귀환병들이 은쟁반에 켜두었던 촛불을 들게 했다. 앤디의 쟁반에는 서른여섯 개의 촛불이 켜져 있었다. 그가 요청한 공습에서 살해당한 한 사람 한 사람을 위한 촛불이었다.

그날 의식을 마치고 함께한 저녁식사 자리에서, 요먼스와 앤털은 청중의 참여가 이 의식의 핵심이라고 나에게 설명했다. 이 사회가 점점 전쟁에 거리를 두고 앤디 같은 귀환병이 전쟁의 대가와 결과를 혼자 짊어지는 상황이 도덕적 외상을 더욱 악화시키고 있다고 했다. 앤털은 도덕적 외상을 치유하려면 미국의 전쟁이 자국 병사만이 아니라 이라크인 등 다른 나라 민간인을 해치고 있다는 사실과 대면해야 한다고 주장했다.

피해의 범위를 적국의 민간인으로 확대하는 일은 앤털에게 영적 사명인 동시에 개인적인 사명이다. 앤털 자신이 도덕적 외상을 입은 사람이기 때문이다. 아프가니스탄에서 군인으로 복무할 때, 앤털은 전사한 미군의 관을 수송기에 실어 귀국시키는 의식에 참가했다. 어느 날 칸다하르 비행장에서 의식을 치르던 중 앤털은 저 멀리서 드론들이 이착륙하는 모습을 보고 양심의 가책을 느꼈다. 장송 나팔 소리 속에서 전사자의 이름을 경건히 호명하는 그 의식의 위엄과 피해자의 이름조차 밝히지 않는 드론 전투의 비밀주의 사이의 간극이 그를 괴롭혔다. "뭔가가 무너지는 것을 느꼈습니다." 그가 말했다. 2016년 4월, 앤털은 장교직을 그만두면서 오바마 대통령에게 서한을 보내어 "지구상 어디에서든, 어느 때에든, 누구든 죽일 수 있고 그 이유는 비밀로 부치는" 권한을 미 행정부에 부여하는 "무책임한 살인" 정책을 자신은 지지할 수 없다고 밝혔다. 그 후 하트퍼드신학교에 제출한 박사학위 논문에서 앤털은 현 상황의 "도덕적 위험moral hazard"을 분석했다. 드론 전투에 관한 정보가 공개되지 않고 특수 작전 부대에 대한 의존도가 점차 확대되는 동안 민간인은 "그들의 이름으로 자행되는 폭력"에 대해 "덜 알고, 위험을 덜 무릅쓰고, 그래서 덜 신경 써도" 된다. 그 결과 "사회가 모르는 척하거나 잊으려는 고통을 귀환병이 짊어지는 경우가 많다. 이 와중에 미국 군대는 지구상의 거의 모든 나라에 주둔해 있고, 과거 그 어느 때보다도 거대한 재원과 막강한 살인 역량을 보유하고 있다".[19]

정부가 드론 전투의 정보를 비밀에 부친다는 점에서, 드론 전투원이 대중과 경험을 공유하는 일이 더더욱 중요하다. 그러나 그러한 일은 점점 위험해지고 있다. 국가안보 관련 내부고발자들을 위해 일하는 변호사 제슬린 레이덕은 자신이 대리한 여러 전직 드론 조종사가 본인의 경험을 이야기했다는 이유로 보복을 당했다고 나에게 말했다(어떤 사람은 영화감독의 카메라 앞에서 발언했다가 FBI에 의해 가택수색을 당하고 수사를 받았다). 크리스토퍼 아론은 자신의 과거를 공개적으로 알리기 시작하면서 자기도 그런 일을 당할까 싶어 레이덕에게 연락했다. 처음에는 아무 일도 일어나지 않았다. 그러나 2017년 6월, 누군가 그의 이메일을 해킹한 뒤 익명의 협박 메일이 쏟아져 들어오기 시작했다. 그를 "쓰레기"라고 부르고 "그 떠벌거리는 입 좀 다물라"고 경고하는 악의에 찬 메시지들이었다. 크리스의 아버지까지 똑같이 이메일을 해킹당하고 협박 메일을 받았다. 결국 크리스는 이 괴롭힘의 배후에 누가 있는지 알아보려고 변호사를 고용하고 FBI와 경찰 양쪽에 연락을 취했다(그는 인터넷 명예훼손을 전문으로 하는 로펌 '빈키니앤코먼'의 조 메도우즈^{Joe Meadows}에게 이 일을 의뢰했다).

　　크리스는 이 일로 크게 흔들렸지만, 자신의 경험을 공개적으로 이야기하기를 포기하지 않았다. 한빈은 "영원한 진쟁 시대의 신실한 증인"이라는 이름의 행사에 초대받아 발언했다. 펜실베이니아주 랜스데일에 있는 한 메노나이트 계열 고등학교에서 열린 행사였다. 작은 강당의 연단이 드론 모양 퀼트로 장식되어 있었다. 퀼트의 칸은 총 서른여섯 개였다. 그 하나하나에 미군의 드론 공습으로 살해당한 사람의 이름이 수놓여 있었다. 갈색 재킷을 입은 크리스가 차분한 표정으로 연단에 올라 마이크 위치를 조정하고 주최 측의 초대에 감사의 뜻을 표했다. 그리고 이야기를 시작하기에 앞서 청중에게 "제가 죽인 모든 사람을 위한" 묵념을 올려달라고 청했다.

5

가난과 폭력의
상관관계

크리스토퍼 아론은 이상을 좇아 드론 부대에 입대했다. 헤더 라인 보는 더 실용적인 이유에서 드론 전투원이 되었다. 그에게 군대는 목적지가 아니라 탈출로였다. 평생 빠져나오지 못할 것만 같은 곳에서 탈출하기 위한 편도 티켓이었다.

헤더는 펜실베이니아주 해리스버그에서 태어났다. 여섯 살 때, 부모님의 위태롭던 결혼생활이 쓰라린 이혼으로 끝났다. 헤더와 쌍둥이 자매는 한동안 어머니와 함께 여기저기 떠돌다가 결국 옥수수밭과 낙농장으로 둘러싸인 작은 도시 레바논에 정착했다.

같은 주의 베슬리헴, 앨런타운과 마찬가지로 레바논에도 한때 철강공장이 활기차게 돌아갔다. 헤더 가족이 이곳에 도착했을 때는 외국 수입품이 철강 산업을 초토화한 뒤로, 옛 공장은 마을을 가로지르던 철로 옆 황무지에 볼품없는 건물 몇 채로 남아 있었다. 철강 외에 레바논에서 가장 유명한 특산품은 레바논 볼로냐라는 어두운 빛깔의 훈제 소시지였다. 어느 새해 전날엔 길이 3.5미터, 무게 90킬로그램짜리 레바논 볼로냐를 공중에서 떨어뜨리는 행사가 열렸다. 또 어느 해에는 방송국 촬영팀이 찾아와 훈제 가게에서 볼로냐를 만드는 과정을 찍어 갔다. 프로그램 제목이 "더티 잡스^{Dirty Jobs}"였다.

식당 두어 곳, 쇼핑센터의 상점 몇 곳, 주변 밭을 가로질러 시골 깊숙이 사라지는 시골길. 레바논과 그 주변 카운티에는 그게 다였다. 시를 쓰고 미술에 일찍 흥미를 느낀 상상력 풍부한 아이였던 헤더에게 레바논은 황량하고 무미건조한 동네였다. 헤더는 이 시골 촌구석에서 혼자만 튀는 것 같았다. 헤더 자매가 학교에서 다른 학생들, 그러니까 트랙터를 몰고 다니고 컨트리 음악을 즐겨 듣는 농가 아이들에게 무자비하게 놀림당한 것도 문제를 거들었다. 음악으로 말하자면 헤더는 그런지와 펑크록의 신경질적인 사운드를 좋아했다. 그의 모난 감수성, 그가 느끼던 소외감에 어울리는 음악이었다.

헤더가 다른 도시에 살았거나 다른 가정에서 태어났더라면 괜찮은 문과 대학교에 진학해 고립의 시간을 끝낼 수 있었을지도 모른다. 그러나 늘 돈이 부족했던 가정 형편상 헤더에게 그런 일은 일어나지 않았다. 헤더는 고등학교를 졸업한 뒤 커뮤니티칼리지에 등록해 미술 수업을 들어보았지만 결국 시간 낭비라는 생각이 들었다(수업 수준이 고등학교 수업과 별반 다르지 않았다). 그는 동네 바에서 웨이트리스 일을 시작했고, 해군 출신인 단골손님과 연애를 시작했다. 남자친구가 동거를 제안했을 때, 헤더는 이제 자기도 운이 좀 트이나 싶어 설레었다. "'아, 잘됐다' 싶었어요." 그가 그때를 떠올리며 말했다. 그리고 몇 달 후 남자친구는 술에 취해 집에 돌아와 헤더에게 집을 나가라고 했다.

이 이별로 헤더는 크게 상심했을 뿐 아니라 겁을 잔뜩 먹었다. 앞으로 영영 레바논에 갇히게 될까 봐, 비참한 관계와 미래 없는 일자리의 쳇바퀴를 끝없이 굴리게 될까 봐. 바로 이 두려움 때문에 어느 날 아침 그는 근처 상점가로 차를 몰아 신병 모집 창구 앞에 섰다.

그때까지 헤더가 품어온 미래 계획에서 군 입대는 눈에 띄는 선택지가 아니었다. 그러나 자신의 환경을 바꾸고 싶고 가능하다면 자신의 운도 바꾸고 싶은 절박한 마음에 그는 전 남자친구처럼 해군에 들어가기로 마음먹었다. 해군이 되면 먼 이국의 땅에 갈 수 있을 것 같았다. 그런데 그날은 해군 담당자가 자리에 없었다. 대신 헤더는 우연히 공군 담당자와 이야기를 나누었고, 전투에 배치되는 지상국 영상 분석가 자리를 제안받았다. 헤더는 그게 뭔지 전혀 몰랐지만 이름은 꽤 그럴듯하게 들렸다. 헤더는 군 직무적성검사Armed Services Vocational Aptitude Battery에서 높은 점수를 받은 뒤 텍사스주의 덥디더운 어느 소도시의 첩보 기지에 배치되어 리퍼 드론과 프레데터 드론의 영상을 분석하기 시작했다. 2009년 1월에는 캘리포니아주 새크라멘토에서 북쪽으로 한 시간 거리, 시에라네바다 산맥 기슭에 있는 빌 공군 기지Beale Air Force Base에 전속되었다. 출근 첫 주에 헤더는 병장 두 사람과 함께 아프가니스탄에서 미행 임무를 수행했다. 마침내 바큇자국이 깊이 파인 비포장도로에서 목표물이 포착되었다. "이제 우리가 제거하러 갑니다." 병장 한 사람이 말했다. 헤더는 컴퓨터 화면을 통해 병사들이 잠복해 있던 나지막한 트레일러의 벽을 쳐다보았다. 이어 화면이 번쩍하더니 적외선 카메라에 시체에서 흘러나오는 피가 잡혔다. 섬뜩했지만 한편으론 흥분되었다. "그때는 '우리가 뭔가를 해치웠어!'라고 생각했어요."

영상 분석가는 이처럼 지상에서 반군 소탕 임무를 수행하는 병사들을 위해 공격 시점을 결정하고 일대를 정찰하는 역할을 담당한다. 어느 날 밤 헤더는 아프가니스탄에서 그가 감시하는 지역에 주둔한 한 해병과 스카이프로 담소를 나누었다. 헤더는 그에게 여자친구의 크리스마스 선물로 무엇이 좋을지 조언해주었고, 해병은 자신의 부대를 지원해주는 헤더에게 고맙다고 인사했다. 그러면서 그는 그들이 순찰 중인 지역의 역사와 문화 관습을 다룬 첩보 자료를 읽어본 적이 있느냐고 물었다. 헤더가 읽어본 적 없다고 하자 그가 업무에 도움이 될 거라며 자료를 보내주었다.

내용은 평범했다. 아프가니스탄 사람들의 성씨 목록, 이 지역의 다양한 방언과 부족에 대한 설명이 들어 있는 정도였다. 그런데 자료를 읽다 보니 거북함이 파도처럼 밀려와 헤더를 덮쳤다. 그때까지 그가 아프가니스탄에 대해 알고 있던 사실은 기초 훈련 중에 시청한 지하디스트 비디오에서 본 것이 거의 전부였다. 그 비디오는 미국과 전쟁 중이었던 이슬람교 테러리스트의 사악한 잔혹 행위를 강조하는 끔찍한 영상들이었다. "난 거기 사람들은 다 알카에다 소속이라고 생각했어요." 헤더가 말했다. 이런 감정은 영상 분석을 하면서 더욱 강해졌다. 그가 감시하는 목표물에겐 이름이 없었다. 돌이켜 생각하면, 헤더는 그들의 얼굴조차 볼 수 없었다. 드론 영상으로 분간할 수 있는 것은 몸의 흐릿한 형체 정도였다. 이따금 헤더는 동료들에게 저건 진짜 사람이 아니라고, 실은 사람 모양의 생강 쿠키라고 농담을 던지기도 했다.

그 후 몇 달간 헤더는 전에는 눈길을 주지 않았던 것들, 그러니까 집의 부서진 벽을 고치는 남자, 화롯가에 둘러앉은 가족 등에 눈길을 주기 시작했다. 그와 동시에 내면의 의구심과 씨름하기 시작했다. 자신이 영상으로 지켜본 임무 중에 많은 미군 병사가 목숨을 잃었다. 그런데 테러리즘과 연관된 사람들도 그만큼 많이 죽지 않았던가 하는 의문이 들기 시작했다. 헤더가 목격한 어느 공습에서 목표물은 박격포를 든 남자로 보였는데, 공습 후에 확인해보니 사망자는 어린아이를 품에 안고 어르던 여자였던 적도 있었다.

한동안 헤더는 이런 생각에 따르는 불편한 감정을 잠재우려고 일이 끝나면 바에 가서 취할 때까지 술을 마셨다. 그러다 부대의 심리상담사를 찾아갔다. 헤더는 그에게 자신이 이 일의 의미를 되묻기 시작했다고, 심지어 이 일의 도덕성을 의심하게 되었다고 털어놓았다. 드론이 늘 적절한 목표물을 공격하고 있는 건지 알 수 없었다. 사실 그렇지 않을 때가 많다는 것을 헤더는 알고 있었다.

상담사는 헤더의 선임 하사관에게 그를 당분간 사무직에 배치하라고 요청했다. 그러나 헤더가 임무에 필요하다는 이유로 요청은 기각되었다. 헤더는 계속 영상 분석가로 근무했고 기분이 계속 침울해졌다. 때로는 공습이 끝난 후 화장실로 달려가 문을 잠그고 엉엉 울었다. 밤에 강박적으로 이를 갈기 시작했다. 어느 날 아침, 턱에 찌르는 듯한 통증이 느껴졌다. 이갈이 때문에 어금니에 금이 간 것이었다. 헤더는 다시 한번 상담사를 찾아갔고 정신 상태 평가에서 자살 위험군으로 분류되었다.

빈곤한 사람들은 어디로 내몰리는가

헤더 라인보는 버락 오바마가 대통령에 당선된 직후인 2008년 말에 군에 입대했다. 다시 말해 9·11 테러 이후 개시된 전쟁들이 뉴스 헤드라인에서 점차 사라지고, 미국 국민이 그들의 이름으로 치러지고 있는 '끝없는 전쟁'에 대해 더는 고민하지 않게 된 시점에 군인이 되었다.

대다수의 대중은 전쟁을 잊고 지냈지만, 그래도 타협하지 않는 예외적인 소수가 있었다. 헤더는 출근길에 빌 기지의 입구 근처에서 시위 중인 작은 무리를 발견하곤 했다. 대체로 나이가 꽤 있는 사람들(희끗희끗한 수염, 지팡이, 플리스 점퍼, 버켄슈탁 슬리퍼가 눈에 띄는 전후 베이비붐 세대)이었다. 시위대는 지나가는 사람의 관심을 끌기 위해 구호를 외치고 현수막을 높이 들고, 때로는 가짜 피를 끼얹은 아기 인형을 안고 있기도 했다.

이 시위의 단골 참가자 중에 토비 블로메가 있었다. 샌프란시스코 베이에어리어의 작은 도시 엘세리토에 있는 그의 단층집은 산울타리를 두르고 반진 메시지로 장식되어 있었다. 한 창문으로 "엄마들은 전쟁에 반대합니다"라고 쓰인 포스터가 보이고, 앞마당에는 "드론 살인 반대, 무기 거래 반대"라고 쓴 표지판이 서 있었다. 심지어 현관 초인종에도 "평화를 울리는 벨"이라는 메시지가 방문객을 맞이했다. 어느 날 오후 내가 그 벨을 울리자 키가 크고 피부가 흰 여성이 나와서 나를 안으로 맞이했다.

블로메는 캘리포니아주 남부에서 태어나 베트남전 시대에 성장기를 보냈다. 당시 그는 《타임》이나 《라이프》 같은 대중 잡지를 훌훌 넘기다가 베트남전에 대해 처음 알게 되었다. 그런 잡지는 미군의 폭격에 타버린 민간인 마을의 참상을 사진으로 보도했다. 블로메는 그 이미지들을 줄곧 잊지 못했지만, 정치적으로 목소리를 내기 시작한 것은 그로부터 한참 후의 일이었다. 블로메는 2003년 샌프란시스코에서 열린 이라크전 반대 시위에 참석했다가 코드 핑크Code Pink라는 페미니스트 반전 단체의 활동가에게 전단을 한 장 받았다. 거기에는 워싱턴 D.C.에 가서 한 달 동안 "반전 작업"을 할 여자들을 모집한다고 쓰여 있었다. 블로메는 코드 핑크라는 이름은 처음 들었지만 전단의 메시지에 끌렸다. 그래서 남편과 상의한 끝에 일을 한 달 쉬고(블로메의 직업은 물리치료사였다) 워싱턴에 가기로 했다.

그때부터 지금까지 블로메는 그가 사는 베이에어리어를 중심으로 반전 시위를 조직해왔다. 우리가 차를 마시며 대화를 나눈 그의 거실에는 반전 표지와 시위 도구가 여기저기 널려 있었다.

바닥에는 미군이 드론으로 공격한 나라(소말리아, 예멘, 이라크)의 이름이 붙은 작은 관들이 놓여 있었다. 식탁에는 새 시위 도구를 만들면서 쓴 플라스틱판과 물감통이 놓여 있었다. 블로메는 최근 아프가니스탄에서 드론 공격으로 사망한 피해자를 상징하는, 판지로 만든 실제 크기의 인간 모형 열다섯 개를 완성하는 중이었다. 이튿날 있을 빌 기지 시위와 철야 농성에 가져갈 물건이었다.

블로메가 참가하는 시위는 규모가 크지 않다. 많아야 몇십 명이 모인다. 블로메는 무관심과 잘못된 정보가 원인이라고 생각한다. 베트남전쟁 때와 달리 이제 미국인은 미군의 폭탄에 불타고 파괴된 집의 이미지를 접하지 않는다고 블로메는 한숨을 쉬며 말했다. 현재 미국인이 접하는 것은 지구상 어디에 붙어 있는지조차 잘 모르는 저 먼 나라에서 벌어지는 '정밀 타격'에 대한 이야기뿐이다. 이런 드론 공습이 미칠 피해를 매일 걱정하는 평화주의자에게는 절망적인 상황이다. 그러나 블로메는 절망에 굴복하지 않는다. 그는 작은 행동을 통해 평화를 점진적으로 실현할 수 있다는 믿음을 따른다. 누군가 한 명의 마음이라도 바꾸었다면 그 시위는 성공이라고. 그가 특히 간절하게 마음을 돌리고 싶은 사람은 가상 전쟁의 최전선에 있는 사이버 진사들이다. 블로메가 보기에 빌 기지의 드론 전투원은 피해자(입대하라고 설득하는 "고강도 세뇌"의 젊은 목표물)인 동시에 무고한 민간인의 생명을 해칠 수 있는 그 버튼을 누르는 가해자다. "그들은 사람을 죽이고 있어요. 그러니 그들에겐 책임이 있습니다." 블로메가 말했다. 시위의 목표 중 하나는 현직 병사들에게 전쟁에 관한 중대한 사실을 알림으로써 그들을 자기반성으로 이끄는 것, 가능하다면 심경의 변화까지 겪게 하는 것이다. 그래서 블로메를 비롯한 운동가들은 출근하는 병사들의 시선을 붙잡을 만한 현수막이며 시위 도구를 들고 빌 기지 앞에 자리를 잡는다. 한 시위에는 이런 문구를 썼다. "땅에서 죽어가는 아이들의 울음소리, 드론이 들을 수 있나요?" 수많은 차량이 시위대를 무시하고 지나간다는 사실을 블로메는 인정한다. 그러나 그는 "바깥의 반전운동가들을 보고" 생각을 바꾸었다는 전직 드론 전투원들도 만났다. 거의 모든 시위에서 적어도 한 사람은 차창을 내리고 책자를 받아가거나 손을 흔들어준다고 블로메는 말했다.

헤더 라인보가 겪은 환멸을 생각하면 그도 코드 핑크 시위대에게 손을 흔든 사람 중 한 명이지 않았을까 짐작할 법하다. 그러나 아니었다. 오히려 헤더는 선글라스 너머로 그들을 노려보며 그들의 독선적인 정의감에 치를 떨었다. 시위대를 기꺼워하기는커녕 병사들을 향한 모욕으로 받아들였다. 헤더가 보기에, 기지 앞의 시위대는 버클리와 샌프란시스코에 사는 반전운동가들이 나서

야만 이 병사들의 양심이 깨어나리라고 주장하는 것 같았다.

"그들은 우리가 무엇에도 신경 안 쓸 거라고 생각했어요. 우리를 세뇌당한, 인간도 아닌 로봇 부대로 치부했죠." 헤더가 말했다. "이런 식이었어요. '너희는 지구 반대편의 사람들을 죽이고 있지. 아무 생각도 없이, 양심도 없이.' 하지만 그들이 뭘 알아요. 우리가 어떤 뭣 같은 꼴을 보고 사는지 그들이 뭘 알아요. 우리가 어서 집에 가서 자살이나 하고 싶어 한다는 걸 그 사람들이 어떻게 알겠어요. 우리가 퇴근 후에 술을 진탕 마시면서 이번 주 임무가 얼마나 뭣 같았는지 이야기하는 데는 이유가 있거든요. 나는 시위대를 지나쳐서 집에 돌아가면 밤마다 악몽을 꿨어요."

헤더의 신경을 건드린 것은 병사의 고통을 못 알아보는 시위대의 무지만이 아니었다. 헤더는 우월감을 내뿜는 듯한 그들의 모습이 거슬렸다. 이것은 사회계급적 차이에서 비롯된 인상이었다. 코드 핑크 시위대에는 생활비가 떨어지거나 빚을 질 걱정 없이 반전운동에 전념할 수 있는 교육받은 중산층 여성이 많다. 토비 블로메도 그중 한 사람이다. 반면 드론 부대에는 그런 사치스러운 일은 상상할 수도 없는, 헤더처럼 침체된 시골이나 척박한 소도시에서 자라 고등학교만 마친 사람이 대부분이었다. 베트남전쟁 때 일부 귀환병이 싱병을 연기할 수 있었던 유복한 집안의 대학생 사제들에게 낙인찍히는 기분을 느꼈던 것처럼, 헤더는 자기처럼 살지 않아도 되는 특권을 가진 이들이 자기를 이래저래 판단하는 것에 쓰라린 불쾌감을 느꼈다. "내가 장담하는데, 당신들 중에 내가 누구를 죽이지 않으면 내가 아끼는 사람이 죽게 되는 이 뭣 같은 상황을 겪어본 사람은 아무도 없어." 그는 코드 핑크 시위대에 대해 이렇게 생각했다. 헤더가 보기에, 그들은 군대 같은 위계 조직 안에서 권력이 어떻게 작동하는지에 대해서도 무지했다. 그들이 구호를 외치며 설득하려는 하급 병사들은 드론 전투에 대해 발언할 권한이 거의 없다. "그들은 아무 영향력도 없는 사람들을 개인적으로 공격하는 거예요. 그 기지에 있는 병사들은 드론 전투에 대해 어떻게 할 수 있는 영향력이 전혀 없어요." 헤더가 격분하며 말했다.

그러나 다른 관점에서는 헤더 같은 하급 병사들도 상당한 영향력을 가진다고 말할 수 있다. 가령 충분히 많은 수의 병사가 일을 그만두거나 병역을 거부한다면 군부도 이 문제에 주목할 수밖에 없을 것이다. 드론 전투원의 번아웃 비율이 높아서 인력 부족 문제가 심각하기 때문이다. 게다가 베트남전쟁에서는 젊은이들이 전쟁에 징병되었던 반면 지금은 그 누구도 억지로 군인이 되지 않는다. 헤더는 본인의 선택으로 군인이 되었다. 미국 군대는 1973년 징병제가 전원 자원병 체제로 전환되었다. 이 변화에 대한 일반적인 해석은, 반전파가 베트남전 확산을 막기 위해 시작한 징병 거부 운동이 점차 큰 인기를 얻자 리처드 닉슨^{Richard Nixon} 대통령이 그 기세를 떨어뜨리기 위해 징병제를 폐지했다는 것이다. 그러나 역사학자 베스 베일리^{Beth Bailey}가 밝혀냈듯이, 닉슨이 징병제 폐지의 정치적 이점을 염두에 두긴 했지만 그의 결단을 이끌어낸 것은 좌파 대학생의 반전 시위가 아니었다. 닉슨을 실제로 움직인 것은 밀턴 프리드먼^{Milton Friedman}과 그의 제자인 마틴 앤더슨^{Martin Anderson} 같은 우파 경제학자였다. 백악관은 징병제와 관련하여 위원회를 소집하고 앤더슨에게 위원장을 맡겼다. 여기서 앤더슨은 군 복무를 개인의 선택 문제로 재정의할 것을 요구했다(프리드먼도 같은 위원회에 있었다). 전문 군대를 운영하는 일은 국가보다 자유시장이 더 잘하리라는 것이었다. 징병제를 엇나간 정부 사업, 개인 자유의 침해로 간주하던 보수파도 이 관점을 지지했다.

그로부터 몇십 년이 흐른 지금, 보수파 경제학자만이 이 관점을 지지하는 것은 아니다. 아이비리그의 많은 진보적인 대학생이 이 관점을 채택한다. 하버드대학교의 엄청난 인기 강좌인 정치철학자 마이클 샌델의 "정의론"을 수강하는 학생들도 그렇다. 샌델이 저서 《정의란 무엇인가》에 쓰기를, 수업 중에 징병제와 전원 모병제 중 어느 쪽에 찬성하느냐고 물으면 대다수의 학생이 전원 모병제라고 답한다. 시민이 강요가 아닌 선택으로 복무하는 체제가 모든 사람에게 이롭다는 이유에서다. 그러면 샌델은 다시 질문한다. "부유한 시민이 가난한 시민에게 돈을 지불하고 자기 대신 전쟁에 나가 싸우게 하는 것은 정당한가?" 이는 가설상의 질문이 아니다. 남북전쟁 당시 북부에서는 돈을 주고 대리 복무자를 구하는 것이 합법이었기에, J. P. 모건과 앤드루 카네기를 포함한 수만 명의 부유한 시민이 징병을 면할 수 있었다. 샌델의 수업에서는 거의 모든 학생이 그것은 "일종의 계급 차별"이므로 부당하다고 대답했다.

여기서 샌델은 또다시 질문한다. "유복한 사람은 대리 복무자를 고용할 수 있었던 남북전쟁 시스템이 부당하다면, 모병제 역시 같은 이유에서 부당하지 않은가?" 모병제에서 군인이 되는 사람은 군역을 수행하는 대가로 여러 가지 물질적 혜택(입대 상여금, 교육 기회)을 보장받는데, 결국 그 돈은 시민이 공동으로 지불하는 세금이다. 이론상, 군 복무를 선택하는 사람은 자발적으로 그렇게 한다. 그런데 만약 군 복무 외에는 그런 혜택을 누릴 방법이 없어서 입대하는 사람이 불균형적일 정도로 많다면? 샌델은 이렇게 대답한다. "사회의 일부 구성원에게 다른 좋은 선택지가 없다면, 입대를 선택하는 사람들은 사실상 경제적 곤경에 의해 징집되는 것일 수 있다. 이러한 경우 징병과 모병의 차이는 전자는 강제적이고 후자는 자발적이라는 것이 아니다. 징병과 모병은 서로 다른 종류의 강제를 구사할 뿐이다. 전자는 법이 강제하고, 후자는 경제적 곤경이 강제한다."[1]

교육받을 기회와 일자리가 비교적 평등하게 주어지는 사회에서는 경제적 곤경이 누가 군인이 되는가를 강제로 결정하지 않을 것이다. 그러나 불평등한 사회에서는 이야기가 다르다. "그럭저럭 괜찮은 여러 일자리 중 하나를 선택할 수 있는 상황에서야 유급 복무라는 선택지가 그 사람의 제한된 선택지가 아니라 그 사람의 선호를 반영한다고 말할 수 있다." 샌델은 주장한다.[2] 이어 그는 한국전쟁 귀환병이자 연방 하원의원인 찰스 랭글Charles Rangel이 이라크 전쟁에 징병제를 재도입하자고 주장한 신문 사설을 인용한다. 랭글에 따르면, 불균형하게 많은 저소득층과 소수인종이 입대 상여금과 교육 기회에 끌려 군인이 된다. 랭글에 따르면 뉴욕시의 "자원병 중 70퍼센트가 저소득층에 속하는 흑인 또는 라틴계였다."[3]

이 현상은 어느 정도나 일반적일까? 미 국방부는 전쟁터에서 사망하거나 부상당한 병사들의 사회경제적 지위를 따로 추적하지 않는다. 정치학자 더글러스 L. 크라이너Douglas L. Kriner와 프랜시스 X. 셴Francis X. Shen은 미국의 이라크 침공 이후 이 주제를 독자적으로 연구하기 시작했다. 이들은 2차 세계대전까지 거슬러 올라가는 자료를 수집하여 전쟁 사상자가 많이 발생한 지역의 사회경제적 조건을 분석했다. 그 결과 2차 세계대전에서는 사상자 비율이 높은 지역사회와 그렇지 않은 지역사회의 중위 가계소득이 거의 비슷한 것으로 나타났다. 베트남전쟁 때는 둘 사이에 차이가 나타났다. 사상자가 집중된 지역사회의 소득은 그렇지 않은 지역사회보다 평균 8200달러 낮았다. 징병제가 폐지된 뒤에 시작된 이라크전과 아프가니스탄전에서는 그 차이가 (물가상승을 적용한 실제 가치로) 1만 1000달러까지 벌어졌다. 전쟁 중 부상에 있어서도 같은 격차가 두드러지게 나타났다. 가장 소득이 낮은 지역에서는 "가장 소득이 높은 지역에 비해 50퍼센트 더 많은 부상자"가 발생했다. 가난한 지역일수록 부상당한 귀환병이 많았다는 점에서 가난한 지역 주민은 잘사는 지역 주민보다 전쟁의 영향을 훨씬 더 많이 보고 느끼는 경향이 있었다.[4]

'희생의 분담shared sacrifice'은 미국 문화에 깊게 뿌리내린, 저 옛날 식민지 시대부터 주장된 이상이다. 예를 들어 토머스 페인Thomas Paine은 조국을 위해 복무하라는 부름에 응답할 때는 "당신이 어디에 사는지, 어떤 계층의 삶을 영위하는지는 중요하지 않다"고 선언했다.[5] 그러나 현대 미국에서는 그것이 아주 중요하다고, 크라이너와 셴은 분석했다. 이들에 따르면 "군사적 희생에 있어 미국은 양면적이다." 전쟁의 부담을 떠안은 노동자계급이 있고 그로부터 점점 자유로워지는 부유층이 있다. 이 불평등의 주요한 특징 하나는 비가시성이다. 크라이너와 셴에 따르면, 다수의 미국인(특히 자칭 공화당원의 57퍼센트)이 군사적 희생은 사회경제적 지위에 관계없이 모두에게 공평하게 분배된다고 믿는다. 또한 이렇게 생각하는 사람 중 대다수는 군 복무가 순전히 개인적 선택의 문제이며 사회경제적 조건과는 무관하다고 생각한다.

물론 희생의 분담이라는 이상이 현실에서는 그리 충실하게 실천되지 않았다. 식민지 시대 영국과의 전쟁에서는 시민의 민병대 복무 의무를 면제하는 법안이 200개 넘게 통과되었다. 베스 베일리에 따르면 이 조치는 "경제적으로 성공하고 사회적으로 지위가 높은 계층에 이익"을 안기는 동시에 그 부담을 "가난하고 출세 못 한 사람들"에게 불균형하게 떠안겼다.[6] 그러나 희생의 분담이 그저 허황된 설화였던 것은 아니다. 2차 세계대전에는 유명 운동선수와 연예인 수십 명, 아이비리그 학생 수천 명이 참전했다. 전사자 가운데 하버드대학교 재학생과 졸업생 수는 육군사관학교 출신 전사자 수에 버금가는 453명이었다. 역사학자 앤드루 바세비치는 2차 세계대전 당시 정부가 '패터슨의 공리公理'로 군 복무를 유도했다고 말한다. 당시 전쟁차관 로버트 패터슨Robert Patterson은 민주주의 사회에서 "모든 시민은 동등한 권리와 의무를 가지며" 조국을 수호할 의무는 "모두가 나누어 맡아야지, 일부 소수가 떠맡아서는 안 된다"는 원칙을 표명했다.[7] 바세비치는 《신탁의 위반 Breach of Trust》에서 이 공리는 9·11 테러 이후 사회 전반의 불평등을 십분 반영하는 새로운 합의로 대체되었으며, 그 결과 최근의 전쟁에는 미국인 100명 중 겨우 한 명이 참전했다고 지적했다. 그는 이렇게 전쟁에 참전한 인구를 "또 다른 1퍼센트"라고 불렀다. 2008년 금융 위기 이후 월스트리트의 금권주의자를 가리키게 된 '1퍼센트'라는 이름을 가져와 정반대의 운명에 처한 사람들을 지칭한 것이다. 바세비치에 따르면 국방의 부담을 떠안은 1퍼센트는 소득 상위 1퍼센트와 거의 겹치지 않는다. "아주 부유한 사람은 자신의 아들이나 딸을 군대에 보내지 않는다. 또한 군을 제대한 사람 중에 금권 부대에 합류하는 사람은 거의 없다." 육군 대령 출신이자 아들을 이라크전에서 잃은 바세비치는 미국의 엘리트 계층이 가끔 스포츠 행사 같은 데서 나라를 위해 힘썼다며 귀환병에게 감사 인사를 퍼붓는 모습에 조금도 감동하지 않는다. 바세비치가 인용한 여론조사에서 나라를 위해 힘쓰는 군인은 미국에서 "가장 끔찍한 10대 직업" 중 3위였다.[8]

희생의 분담에서 면제시켜주는 것은 그저 부당한 일에 그치지 않는다. 그것은 '선량한 사람들'이 가난한 시민들을 자기 대신 싸우게 하고는 그 전쟁과 거리를 두게 되는 주요한 원인이다. 역사학자 데이비드 M. 케네디^{David M. Kennedy}도 샌델과 비슷하게 현재의 시스템이 대리 복무자를 고용하던 남북전쟁 시스템과 얼마나 다른지 묻는다. "군 복무의 그 어떤 위험에도 노출되지 않은 압도적 대다수의 미국인은 사실상 그들의 동포 중 가장 혜택받지 못한 사람들을 가장 위험한 사업에 고용해놓고는 본인들은 피 흘리지 않고 방해받지 않고 자신만의 일을 계속하고 있는 것이다."⁹

목숨을 걸고 전쟁터에 나가는 병사들은 이 위험한 사업을 수행한 것에 대해 그나마 얼마간의 존경을 받는다. 그들의 상처와 희생은 기념되고 인정받는다. 반면에 컴퓨터 단말기 앞에 앉아 싸우는 사이버 전사의 심리적, 감정적 상처는 거의 인정받지 못한다. 이들의 상처는 숨겨진다. 헤더 라인보는 빌 기지에서 근무를 시작하고 얼마 후에 아프가니스탄의 탈레반 본거지 한 곳에서 해병대를 원격 엄호하는 임무에 배정되었다. 글로벌호크 드론에 장착된 카메라에 급조폭발물, 매복 중인 반군 등 위협이 포착되면 지상의 해병대에 경보를 울리는 일이었다. 교묘하게 위장한 반군이나 급조폭발물은 카메라로 확인하기가 어려웠기에 스트레스가 상당했다. 어느 날 헬리콥터에서 내린 해병대가 안전해 보이는 건물을 급습했다. 그러나 그들이 건물에 들어가는 순간 반군의 습격이 시작되었다. 헤더는 이 충돌을 실시간으로 지켜보았다. 한 병사가 피 흘리며 죽어가는 모습도 보았다.

몇 달 후에는 수송대가 급조폭발물에 당했다. 연료 트럭에 불이 붙어 또다시 '아군'이 쓰러졌다. 이번에도 헤더는 영상을 실시간으로 지켜보았다. 그리고 집에 돌아와 인터넷을 돌아다니다 그 날 사건에 관한 뉴스를 클릭했다. 기사는 전사자의 이름을 나열하고는 한 병사에게는 아내와 어린 아들이 있다고 전했다. 헤더는 기사를 읽다가 흐느끼기 시작했다.

그로부터 일주일 후 헤더는 부대원이 모인 파티 자리에서, 그 것도 상관 앞에서 또 울음을 터뜨렸다. 상관은 "훌륭한 싸움을 하고 있다"는 말로 그를 위로하려 했다. 그건 헤더가 기초 훈련 과정에서 귀에 못이 박히도록 들었던 구호였다. 병사의 임무는 사람 목숨을 구하고 저 '테러리스트'와 '두건 중독자towel-heads' 무리로부터 조국을 보호하는 것이라고 했다. 반항적인 기질의 헤더마저도 이 메시지를 내면화했다. 자신들이 훌륭한 싸움을 하고 있다고 믿었다. 그러나 그날 상관의 입에서 나온 그 말은 공허하기만 했다. 헤더는 실망스럽게 끝나버린 그 임무, 탈레반 소탕에 조금도 기여하지 못한 그 임무에 이 구호가 어울리는지 의심했다. "그 수송대는 아무것도 해내지 못했습니다. 그들은 실로 쓸데없이 죽었어요." 그가 말했다.

그때까지만 해도 헤더에게 무고한 아프가니스탄 사람들도 죽지 않았는가 하는 의구심은 아직 떠오르지 않았다. "난 우리의 기술력이 더 좋았다면 구할 수 있었을 사람들이 안타깝기만 했어요. 이른바 적에 대해서까지 동정심이 생긴 건 아니었어요. 우리 국민에 대한 자기보호 본능을 느꼈던 거죠." 마침내 변화가 시작된 시점은, 스카이프로 친해진 해병이 헤더에게 담당 지역에 관한 자료를 보냈을 때였다. 크리스토퍼 아론이 그랬듯 헤더의 주 업무는 공습 조율이 아니라 감시였다. 그러나 그가 상부에 뭘 보고하느냐에 따라 미사일이 발사될 수도 있고 아닐 수도 있었다. 헤더는 그로 인해 무고한 민간인이 죽을 수도 있다는 사실을 깨달았다. 때로 그를 가장 괴롭힌 것은 공습 자체가 아니라 공습 뒤의 일이었다. 연기가 걷히고 나면 헤더는 생존자들이 유해를 모으거나 폐허를 뒤지는 모습을 지켜보았다. "우린 누군가에게 폭탄을 떨어뜨리고 그냥 내빼는 게 아닙니다. 그 뒤로도 계속 따라다녀야 하죠. 폭탄이 터진 다음 열기가 가라앉기를 좀 기다리면 조각난 시체가 보여요. 그리고 그게 뭔지 알죠. 저건 그 남자의 하반신이겠구나, 저건 다리겠구나. 그렇게 쭉 보고 있으면 가족이 와서 데려가요. 조각조각을 주워서 죽은 사람을 담요에 담아요."[10]

헤더는 이러한 이미지가 주는 스트레스 탓에 밤중에 이갈이를 한 것이었다. 또 헤더는 딸의 안부가 걱정되어 점점 더 자주 전화를 거는 어머니와 이야기를 나누기 시작했다. 헤더 모녀는 전보다 사이가 더 돈독해졌다. 두 사람 다 그때 힘든 시간을 보내고 있었다는 이유가 컸다. 그 무렵 헤디의 이미니는 전이성 유방암을 진단받았다. 헤더 본인은 고통이 느껴지지 않을 때까지 술을 마시다 잠드는 습관에 빠져 있었다. 어머니의 병에 대해 전해 들은 직후 그는 펜실베이니아주로 돌아가 어머니와 자신을 함께 돌보기 위해 조기 제대를 요청했다.

헤더가 더는 군 생활을 할 생각이 없다는 것을 알아차렸는지, 군은 그의 요청을 흔쾌히 수락했다. 빌 기지에서 근무한 지 3년이 지난 2012년 3월, 헤더는 감정적으로 허약해진 상태로, 또한 어머니와 쌍둥이 자매가 알아보지 못할 만큼 달라진 모습으로 레바논으로 돌아갔다. 열아홉 살에 이곳을 떠났을 때는 통통한 볼과 반짝이는 파란색 눈동자가 어린아이 같기만 했는데, 이제는 수척하게 뼈만 남았다. 턱선은 날카로웠고 볼은 움푹 팼으며 눈 밑은 평생 잠을 못 잔 사람처럼 그늘져 있었다. 얼마 전부터 시작된 악몽은 헤더가 잠을 잘 자지 못하게 했다. 헤더는 사악한 괴물이 자신을 따라다니는 꿈을 꾸었다. 드론 영상 속의 목표물처럼 팔다리가 짧고 배는 불룩한 사람 모양의 생강 쿠키는 물리적 실체도 없이 헤더 주변을 얼쩡거렸다. 이 보이지 않는 괴물은 진^{jinn}이 분명했다. 중동 지역 전승에 나오는, 연기 없는 불로 이루어진 악령 말이다. 이제 그들은 복수를 위해 헤더를 쫓아다니는 것 같았다. 그의 위를 맴돌고, 그가 괴로워하는 이유를 그가 가장 사랑하는 사람들에게 폭로했다. 어느 꿈에는 헤더의 자동차 앞 유리에 익명의 편지가 붙어 있었다. 수신인은 펜실베이니아주 칼라일에서 컴퓨터 프로그래머로 일하는 헤더의 아버지였다. 헤더에게 아버지는 '엄청난 현자'였다. 어릴 때 아버지와 함께 눈 덮인 숲을 걷거나 집의 판자벽을 고치던 순간이 헤더에게는 소중한 기억으로 남아 있었다. 아버지는 다정한 양육자였다. 헤더는 "도덕적 의무가 무엇인지를, 윤리적인 결정을 내리는 방법과 다른 인간을 존중하는 법을" 아버지에게 배웠다. 꿈속의 편지에는 이렇게 쓰여 있었다. "네가 무슨 일을 저질렀는지 아버지는 아셔?" 헤더는 "어떤 새끼가 이딴 걸 써놨어?"라고 생각했다. 그리고 곧 비명을 질렀다. 근처에서 생강 쿠키 남자가 자신을 몰래 지켜보고 있었다.

"모호한 회색 인간들"

이런 종류의 피해가 발생하는 직업은 드론 전투원만이 아니다. 헤더가 공군에 입대한 2008년, 프란시스코 칸투Francisco Cantú는 헤더와는 다른 전쟁터에 투입되기 위해 훈련받기 시작했다. 이 전쟁의 최전선은 이라크나 아프가니스탄이 아니라 미국의 남쪽 국경이었다. 이곳에 주둔한 미 국경순찰대는 멕시코 및 중앙아메리카에서 유입되는 마약과 이주자를 감시한다. 공원 관리인으로 일하다 은퇴한 멕시코계 미국인인 칸투의 어머니는 그의 할아버지도 100년 전에 멕시고 혁명의 혼란을 피헤 국경을 넘어오지 않았느냐며 아들을 말렸다. 하지만 칸투는 고집을 꺾지 않았다. 국경 지역의 꾸밈없는 아름다움을 사랑한 그는 국경순찰대 요원이 되면 그 지역을 아주 특별한 방식으로 이해할 수 있으리라고 확신했다. 혹시 누군가를 체포하는 일이 생기더라도 두 문화를 물려받은 자신은 "그들의 고향에 대한 지식을 갖고 그들의 언어로 대화함으로써" 이주자들을 안심시킬 수 있을 거라고 어머니를 설득했다.

《선은 장벽이 되고》라는 회고록에서 칸투는 이 확신이 3년 6개월 사이에 어떻게 무너졌는지 이야기한다. 신입 훈련 중에 한 교관은 멕시코 마약 카르텔에 의해 처형당한 미국 경찰관의 끔찍한 사진들을 보여주며 "앞으로 이런 일이 생길 겁니다"라고 경고했다. 그러나 칸투가 현장에서 마주친 것은 "그저 평범한 사람들"이었다. 마약상에게 무자비하게 착취당하며 마약을 운반하는 사람, 절망적인 빈곤과 폭력을 피하려고 때론 목숨이 위험한 상황에서도 국경을 넘는 여자와 어린이였다. 국경 인근의 사막에서는 탈수증에 걸리지 않으려고 자기 오줌을 마시는 사람도 있었다. 썩어서 개미에 뒤덮인 시체도 있었다. 칸투는 이주자를 추적해 체포하는 일을 능숙하게 해냈지만, 여기에는 대가가 따랐다. 그는 강박적으로 이를 갈기 시작했고, 기묘하고 섬뜩한 악몽을 꾸기 시작했다. 시체가 잔뜩 나오고 늑대에게 쫓기는 꿈이었다.[11]

칸투는 자신이 그런 꿈을 꾸는 이유를 이해하고 싶어 이런저런 책을 찾아 읽었다. 그중 한 권이 이라크전 귀환병의 도덕적 외상을 다룬 종군기자 데이비드 우드^{David Wood}의《우리가 저지른 일 What Have We Done》이었다. 우드는 이렇게 썼다. "오랫동안 외상 후 스트레스 장애와 혼동되어왔지만 도덕적 외상은 더 미묘한 상처로서, 플래시백이나 병적인 놀람 증상이 아니라 '슬픔, 회한, 비탄, 수치, 반감, 도덕적 혼란'을 특징으로 한다. 이런 특징은 신체적 반응이 아닌 꿈이나 의구심 같은 미묘한 감정적 반응으로 드러난다."[12] 칸투는 이 개념이 자신의 문제에 부합한다고 느꼈다. 회고록에서 그는 "전투를 경험한 사람만 도덕적 외상을 입는 게 아니다"라고 썼다. 2018년 초에 이 책을 출간할 때 칸투는 국경순찰대 사람들의 비난을 각오했다. 그러나 실제로는 국경순찰대와 정치적으로 가장 멀리 떨어진 사람들이 책을 비난하고 나섰다. 칸투가 텍사스주 오스틴 같은 도시에서 낭독회를 열면 이주민 인권운동가들이 나타나 불매를 외쳤다. 그를 '나치'라고 부른 사람도 있었다.[13]

칸투가 국경순찰대를 미화하는 책을 썼다면 그런 비난이 놀랍지 않았을 것이다. 하지만 그는 회고록에 국경순찰대의 현실을 가차 없이 폭로했다. 한 대목에는 요원들이 이주자의 개인 소지품에 대고 오줌을 싼다고 썼다. 또 한 대목에서는 요원들이 체포된 이주자를 '쓰레기 같은 놈' '멍청한 늙다리' 등 인간성을 부정하는 말로 부른다고 증언했다. 그러나 낭독회를 찾아오는 운동가들은 그런 대목을 회개의 표시로 읽지 않았고, 제도적 인종차별의 유해함을 밝히려는 시도로는 더더욱 읽지 않았다. 그들은 그것을 개인적 타락의 증거로 여기고 저자에게 분노를 터뜨렸다.

이들이 칸투의 평판을 떨어뜨리려고 나선 배경에는 트럼프 대통령이 불붙인 분노가 있었다. 그는 미등록 이주자를 '강간범' '짐승'이라고 불렀고, 국경순찰대가 그들을 비인도적으로 취급할 것을 공개적으로 촉구했으며, 미등록 이주자 일제 단속을 위해 이민관세집행국Immigration and Customs Enforcement 요원까지 파견했다. 칸투의 회고록이 출간되기 직전에는 트럼프 행정부의 '무관용 정책'으로 영아와 유아까지 포함한 아동 2700여 명이 부모와 격리되었다는 뉴스가 보도되었다. 후에 법원 기록으로 확인된바 격리된 아동 중 545명(그중 60명이 5세 미만이었다)의 부모가 그 후 2년 넘게 소재 파악이 되지 않았다.* 트럼프 행정부는 대중의 거센 항의에 부딪혀 결국 가족 분리 정책은 철회했지만, 이후에도 가혹한 이주 억제책은 계속 집행되었고 국경은 점점 더 군사화되었다. 2018년 12월에는 과테말라 아동 두 명이 국경순찰대에 구금된 상태에서 사망하는 일까지 발생했다. 트럼프 행정부가 '멕시코 대기(미국 국

---

* 관계 당국은 피해자의 어린 나이에도 개의치 않는 듯했다. 제프 세션스Jeff Sessions 법무장관은 국경 지역 검찰에게 "우리는 어린이를 떼어놔야 한다"고 강조했다.

경을 넘어온 망명 신청자들이 멕시코로 돌아가 대기하다 망명 심사 당일 출석하게 하는 제도-옮긴이)'라는 새로운 정책을 채택한 뒤에는 중앙아메리카에서 밀려온 수만 명의 난민이 멕시코의 임시 야영지에 머물며 입국 허가를 기다리게 되었다. 일련의 사태에 격분한 소수의 시민들은 국경순찰대와 이민관세집행국의 모든 요원은 돌이킬 수 없이 부도덕한 사람이라고, 손에 피를 묻히는 군홧발의 불한당이자 "미국의 게슈타포"라고 성토했다.

이 성토는 이해할 만한 것이다. 그러나 칸투 같은 국경순찰대 요원에게 '나치' 딱지를 붙이기 전에, 진짜 나치의 악행을 경험했던 한 작가의 글을 살펴보면 좋을 듯하다. 이탈리아의 소설가 프리모 레비^{Primo Levi}는 《가라앉은 자와 구조된 자》 중 〈회색지대^{La zona grigia}〉라는 에세이에서 죽음의 수용소에 나타났던 노동 분업에 주목했다. 가장 추악하고 모욕적인 일, 가령 유해를 쓸어 치우거나 피해자를 선정하는 일 등이 포로에게 위임되었고, 그 일을 맡은 포로는 특권(여분의 빵 한 조각, 죽음을 피할 수 있으리라는 희망)을 누렸다. 나치가 이 전략을 택한 이유 중 하나는 인력 부족 때문이었고, 또 하나는 도덕적인 이유였다. 레비에 따르면, 나치는 그들을 죽이는 것으로 만족할 수 없었다. 그들을 불결하게 민들이야 했다. "그들에게 죄의 부담을 지게 하고, 피로 물들이고, 최대한 그

246

들의 이름을 더럽히고, 그렇게 그들을 공모 관계로 묶음으로써 다시는 등 돌릴 수 없게 해야 했다."[14]

레비가 보기에 바로 이것이 "국가사회주의가 저지른 가장 악마적인 범죄"였다. 나치는 "선택(특히 도덕적 선택)의 여지가 0으로 축소된", 강압된 협력이라는 "회색지대" 안에서 피해자의 무죄성을 강탈했다. 그런데 "특권층 포로"에 대해선 어떻게 판단하면 좋을까? 자발적인 부역자는 자신의 의지로 "체제가 저지르는 죄의 매개물이자 도구"가 되었으므로 "그들이 행한 죄의 정당한 주인"이었다.[15] 그러나 종국에 레비는 판단을 유보하기를 주장하며, "연민과 엄격함"으로 그들이 마주했던 절박한 상황과 난처한 선택들을 숙고해보기를 요청한다.[16]

레비가 묘사한 상황은 극단적인 동시에, 어느 정도 독특하다. 이에 비하면 전체주의가 아닌 사회에서는 도덕적 선택의 여지가 무한에 가깝게 크고, 협력을 거부했을 때의 대가는 훨씬 사소하다. 그러나 레비가 애써 강조하듯이 "모호한 회색 인간들", 즉 절망적인 상황에서 스스로를 더럽히는 역할에 내몰린 사람은 다른 모든 인간과 별반 다르지 않다("우리는 진흙과 영혼으로 빚어진 혼합물"이며 그들의 영혼은 우리 모두에게서 "거울처럼" 엿보인다고 레비는 말한다). 〈회색지대〉의 또 한 가지 주제는 권력이다. 레비에 따르면 권력은 "인간이 만든 모든 종류의 사회 조직에 존재"하며, 인간은 어떤 상황에서든 불결한 임무가 반드시 힘없는 집단과 개인에게 배정되도록 권력을 행사할 수 있다. 수용소에 처음 도착했을 때 레비는 "불행을 함께하는 동반자들의 연대를 기대"했다. 다시 말해, 무력한 처지에 놓인 사람들은 그들끼리 동맹을 맺고 권력자에게 협력하지 않을 것이라고 기대했다. 수용소에서 풀려날 즈음 그의 생각은 완전히 바뀌어 있었다. 포로들은 너무도 절박했던 나머지 권력자의 감언이설에 쉽게 흔들렸고, 그 과정에서 피해자와 가해자의 경계가 흐릿해지곤 했다. 나치 수용소가 극단적인 예이긴 하나 결국 레비의 글이 우리에게 일깨우는 바는, 어떠한 사회질서에서든 권력 격차가 존재하는 한 그 질서의 맨 아래에 있는 사람들이 부정한 시스템의 "매개물이자 도구"로 기능할 수 있다는 것이다. 왜냐하면 그들에게 권력이 없다는 그 사실이 권력을 행사하려는 욕망을 강화하기 때문이다. 혹은 나치 수용소의 포로들에게 가해진 강제력만큼 노골적이진 않더라도 어떤 강제적인 힘에 속박되기 때문이다. 그런 힘 중 하나가 경제적 곤경이라는 압력이다.

경제적 곤경 탓에 더티 워커가 된 사람에게도 때때로 도덕적 선택의 여지가 있는 것이 사실이다. 해리엇 크르지코프스키가 대린 레이니 사건의 진실을 알게 되었을 때, 그는 교도소를 그만둘 수도 있었다. 또는 사건을 상부에 보고하고 가해자에게 책임을 묻기를 주장할 수도 있었다. 조지 맬링크로트는 담당 환자가 폭행당했다는 이야기를 듣고 그렇게 행동했다. 권력자에게 협력하기를 거부하는 행동이 어느 정도 위험을 초래할 수는 있었어도 고발자의 목숨을 앗아갈 정도는 아니다. 데이드 교도소는 레비가 묘사한 "지옥 같은 환경"이 아닌 것이다. 그러나 역설적이게도 선택의 여지가 있다는 바로 그 사실이 더티 워커가 느끼는 공모 의식과 죄의식을 강화할 수 있다. 해리엇이 침묵한 가장 큰 이유는 교도관을 적으로 돌리고 싶지 않아서, 또는 해고당하고 싶지 않아서였다. 이것은 충분한 이유였다. 그러나 이 이유가 충분히 정당한가? 해리엇은 그 답을 알 수 없었고, 자신이 시스템의 피해자인지가해자인지 줄곧 헷갈렸다. 해리엇만이 아니라 내가 만난 교도소의 다른 상담사들도 그저 돈을 계속 벌어야 한다는 그 이유 때문에 학대 사실을 보고하지 않았다. 이들과 달리 폭행 사건을 고발했다가 해고당한 맬링크로트는 환자를 위해로부터 보호할 의무가경제적 사정보다 우선시되어야 마땅하다고 생각했을 것이다. 원칙을 고수하는 이 훌륭한 입장은 의료윤리학계와 인권운동 진영의 입장이기도 하다. 그러나 맬링크로트는 그런 입장을 고수하면서도 위험을 덜 무릅써도 되었던 사람이다. 그는 부유한 가정에서자란 독신자였고, 해리엇처럼 안전망 없이 어린 자식을 부양하는처지가 아니었다. 그에 비해 해리엇을 비롯한 여러 상담사들은 경제적 곤궁에서 비롯된 모순된 충동에 시달리면서 더 조심스럽게 데이드의 회색지대 안에서 길을 짚어나가야만 했다.

국경순찰대 안에도 같은 갈등에 시달리는 사람들이 있다. 그리고 이주자들이 어떤 꿈과 희망을 품고 더 나은 삶을 찾아 국경을 건너려 하는지 잘 아는 요원일수록 더 심한 갈등을 느낀다. 칸투의 회고록을 보면, 그가 어머니에게 국경순찰대 훈련소에서 만난 신입 중 거의 절반이 자신과 같은 라틴계임을 말하는 부분이 있다. "몇몇은 스페인어를 쓰면서 자랐고, 몇몇은 국경 근처에서 살았대요. (…) 이 사람들은 남을 억압하려고 순찰대에 들어온 게 아니에요. 이 일이 사회에 공헌하고 삶의 기반을 잡고 경제적 안정을 보장하는 기회라 들어온 거예요."[17] 이는 2008년에 입대한 칸투의 동기들에게만 해당되는 이야기가 아니다. 2016년에도 미 국경순찰대의 요원 대다수가 라틴계였다. 도널드 트럼프 대통령 당선자가 순찰대 요원 확충 계획을 발표했을 때《로스앤젤레스 타임스Los Angeles Times》의 한 기자는 캘리포니아주 임페리얼밸리에 있는 국경순찰대 훈련소를 찾아갔다. 신입의 대다수가 라틴계였다. 그중 한 사람인 마이클 아라우조는 자신의 삼촌들이 예전에 불법으로 국경을 건너왔다고 했다. 그런 그가 왜 국경순찰대를 선택했을까? 경제적 곤경 때문이있다. "실업률이 17피센트로 주 전체에서 두 번째로 높은 카운티에서 구할 수 있는 일자리"라서였다. "여기

사람들은 다 이 일에 관심이 좀 있어요. 이런 괜찮은 일자리가 진짜 거의 없거든요." 아라우조가 설명했다.[18]

인류학자 조샤 헤이먼^{Josiah Heyman}은 이민귀화국^{Immigration and Naturalization Service}의 멕시코계 직원을 연구하여 비슷한 사실을 확인했다. 이들은 노동시장이 고도로 분절화된 미 남서부의 가난한 지역에서 부모가 할인점이나 포장 창고 같은 주변부 일자리를 전전하는 모습을 보며 성장했다. 이러한 맥락에서 이민귀화국은 매우 매력적인 직장, '좋은 일자리'이지만 한편으로는 사회적 불편감이 뒤따를 가능성이 있다. 이민귀화국 같은 정부 기관의 일자리는 그러잖아도 도덕적 위험이 내재하는데 라틴계는 배신자로 비난받을 위험까지 추가로 감수해야 한다. 헤이먼의 인터뷰에 따르면 한 이민귀화국 직원은 친한 친구에게 "넌 내 동포^{compadres}를 잡아들이고 있어"라는 말을 들었다.[19] 프란시스코 칸투 역시 회고록을 출간한 뒤 '배신자'로 비난받았다. 이 상황은 흑인 교도관이 흑인 재소자에게 유색인종을 조직적으로 억압하는 형사사법 체제에서 일한다고 비난받는 것과 일맥상통한다.

물론 국경순찰대에 들어오는 모든 사람이 달리 대안이 없어서 이 일을 하는 것은 아니다. 확고한 신념을 품고 국경순찰대에 들어와 이주자를 무자비하게 취급하는 이들도 있다. 2019년 《뉴욕 타임스》의 한 기사는 국경순찰대의 사기가 떨어지고 있으며,

그 원인은 트럼프 대통령의 정책에 대한 반발이라고 분석했다. 한 요원은 사람들이 자기를 "애 살인마"라고 부른다고 불평했다. 또 한 요원은 주문한 음식에 누가 침을 뱉을까 봐 식당에 못 가게 되었다고 말했다. 정부 기관이 흐느끼는 어린아이들을 음식도, 물도, 의학적 처치도 제공되지 않는 과밀한 수용소에 몰아넣을 때, 그 직원들은 이런 대가를 치렀다. 그러나 자신이 하고 싶지 않은 일을 억지로 떠맡았다며 고충을 털어놓은 요원은 소수에 속했다. 대다수의 요원은 태연한 태도를 보였고 트럼프 행정부의 가혹한 정책을 지지하기까지 했다. 《뉴욕 타임스》 기사는 국경순찰대를 이주자 단속의 "기꺼운 집행자"라고 표현했다. 순찰대 내부자들만 볼 수 있는 국경순찰대 페이스북 페이지에 요원들이 이주자와 그들을 지지하는 의회 의원을 냉담한 인종차별적 언어로 조롱하는 모습에서도 같은 태도가 발견된다. 어떤 요원은 국경순찰대에 구금된 상태에서 사망한 16세 청소년에 대해 "뭐, 쯧"이라는 말을 남겼다.[20]

이런 메시지를 올리는 요원은 동정의 여지가 없다. 갈등을 느끼는 소수의 요원 또한 "그들이 행한 죄의 정당한 주인"이 맞다. 그들은 레비의 글에 나오는 사람들과 달리 명령 수행을 거부한다고 해서 실해딩할 위험은 진혀 없기 때문이다. 대힉 졸업자이기에 얼마든지 다른 직업을 선택할 수 있었던 칸투 같은 요원은 더더욱 유죄라고 말할 수도 있다. 자신의 회고록에서 인정한 대로 칸 투는 본인의 **선택**으로 국경순찰대 요원이 되었고, (초반에 잠시나마) 필요 이상의 잔혹 행위를 저지른 것도 본인의 선택이었다. 어머니 도 그에게 이렇게 말했다. "넌 그저 현실을 지켜보고 있던 게 아니 다. 넌 거기에 가담하고 있었던 거야. 어떤 시스템 안에 들어간 이 상, 오래지 않아 너도 연루될 수밖에 없고 그 독을 흡수할 수밖에 없어." 칸투가 뒤늦게 회한을 느꼈다는 사실이 피해자에게 위로가 되었을 가능성은 거의 없다. 프리모 레비도 그런 데에서 전혀 위 안받지 못했다. 그는 수용소의 부역자에 대해 이렇게 썼다. "대다 수의 억압자가 그들의 행위 중에나 (더 흔하게는) 행위 후에 자신이 지금 무도한 짓을 하고 있다고, 또는 했다고 깨달았다. 아니면 의 구심과 불편함 정도는 느꼈던 것이 사실이다. (…) 그래도 이 정도 고통은 그들을 피해자 명부에 올리기에 충분하지 않다."[21]

그러나 칸투의 회고록에서 분명히 드러났듯, 이 시스템의 잔 혹성은 개별 요원의 행동을 총합한 것 이상이다. 이 시스템의 잔 혹성은 정치가들이 고안하고 시민 다수가 찬성한 정책의 산물이 다. 인권운동가들이 이민관세집행국과 관세국경보호청U.S. Customs and Border Protection을 '악당 기관'으로 규정했을 때도 도널드 트럼프 의 지지층은 그러한 법 집행 기관의 정책에 환호했다. 2016년 대 선에서 트럼프의 당선에 기여했고 그의 임기 내내 계속되었던

'MAGA(Make America Great Again, '미국을 다시 위대하게')' 집회에서도 해당 기관을 칭송하는 목소리가 이어졌다. 진보주의자들은 이 주민 배척주의가 이처럼 공공연히 전시되는 것에 경악했지만, 가혹한 이주 억제책이 트럼프 행정부 때 처음 시작된 것이 아니라는 사실을 그새 잊고 있었다. 트럼프의 '무관용 정책'이 빚어내는 소동 속에서 칸투는 《뉴욕 타임스》에 기고한 사설 〈수용소는 잔인하다. 사막도 그렇다Cages Are Cruel. The Desert Is, Too〉에서 부모와 자녀를 분리 구속하는 조치는 최근에 시행된 가장 눈에 띄는 정책일 뿐이며 이 잔혹한 역사는 오래전으로 거슬러 올라간다는 사실을 지적했다. 1990년대에 클린턴 행정부는 텍사스주 엘패소 같은 도시에 국경순찰대를 파견하여 불법 이주자를 체포했다. 이러한 단속 정책은 월경越境을 저지하는 효과가 아니라 월경을 더 위험하게 만드는 결과로 이어졌다. 궁지에 몰린 이주자들은 사막을 걸어서 횡단하려고 했는데 거기서 살아남는 사람은 많지 않았다. 《뉴욕 타임스》의 기자 매니 페르난데스Manny Fernandez에 따르면, 2000년부터 2016년까지 국경순찰대에 공식 집계된 이주자 사망자는 6000명이 넘는다.

이 모든 일이 트럼프 행정부가 들어서기 전에 일어났다. 아동 이주자를 무허가 구금 시설에 억류하는 정책은 오비미 행정부 때 시작되었다. 오바마 대통령은 이민 행정 명령을 통해 전임 조지

W. 부시 대통령보다 더 많은 이주자를, 아니 역대 모든 정부가 추방한 사람을 다 합친 것보다도 많은 수의 이주자를 추방했다. 그런데도 이 나라 국민은, 특히 이 유감스러운 결과가 보이지도, 들리지도 않는 곳에 있는 사람들은 이러한 비인도적인 정책에 거의 조금도 격분하지 않았다.

칸투는 사설에 이렇게 썼다. "대다수 미국인은 국경에서 일어나는 일이 눈에 띄지 않기에 잊고 지낸다. (⋯) 대중의 눈길이 미치지 않는 곳에서 국경을 넘는 사람들을 저지하는 더러운 일은 적대적인 사막이 마저 맡는다."[22]

헤더 라인보는 드론 부대에서 복무한다는 이유로 누군가에게 '나치'로 불린 적은 없었다. 그러나 많은 사람이 그를 낮잡아보았다고, 제대하고 몇 년 뒤에 나를 만난 자리에서 이야기했다. 그는 키가 크고 몸이 말랐으며 풍성한 검은 머리카락이 어깨를 덮었고 눈빛이 강렬하면서도 약간 슬퍼 보였다. 우리가 만난 날 그는 짧게 자른 청바지에 황록색의 짧은 민소매 윗옷을 입었다. 드러낸 양팔에는 문신이 가득했다. 빌 기지를 떠나온 그날 새겼다는 문신에는 'À rebours(프랑스어로 '반골'이라는 뜻)'라는 글자가 들어 있었다. 군대 안에서는 억눌러야만 했던 자신의 성향을 표현한 구호였다. 그 반항적인 기질이 10대 시절에는 그런지 음악에 끌리게 했고, 빌 기지에서는 군 내부고발자들에게 공감하게 했다. 전직 첩보 요원 출신 첼시 매닝은 내부고발자 중 한 사람으로, 이라크전에 환멸을 느낀 끝에 수십만 건의 기밀문서를 위키리크스(정부나 기업 등의 비윤리적 행위가 담긴 비밀 문서를 공개하는 웹사이트-옮긴이)에 유출했다. 군부의 눈에 매닝은 배신자였다. 헤더에게 매닝은 용기 있는 인물이었다. 많은 병사가 본인이 하는 일의 도덕성을 남몰래 의심하면서도 매닝처럼 위험을 무릅쓰고 나서지 못했고 헤더도 마찬가지였다. 헤더는 빌 기지에서 근무하는 동안 병역거부자 등록을 잠시 고민했지만, 잘못하면 사형까지 선고받을 수 있는 '이적 행위' 혐의로 매닝이 군사재판에 회부되는 것을 보고 단념했다. 매닝 사건의 심사가 시작되었을 때 헤더는 그간의 침묵을 깨고 포트 미드에 가서 매닝에 대한 연대를 표명하기로 했다. 그가 선택한 장소는 포트 미드의 법원 앞에서 열린 시위였다. 그 자리에는 이런저런 반전 단체에 소속된 활동가들이 있었고 코드 핑크 사람들도 있었다. 헤더는 발언자들이 줄을 서서 기다리는 쪽으로 갔다. 이윽고 자기 차례가 돌아왔을 때 헤더는 "안녕하세요. 저는 헤더 라인보라고 합니다. 드론 전투원 출신이에요"라고 자신을 소개했지만 사람들의 야유에 발언은 중지되었다.

인권운동가들이 프린시스코 킨투의 낭독회에 니다니 그의 책을 불매하자고 외쳤던 것처럼, 이날의 시위대도 헤더의 이야기

에 귀 기울이기보다 그를 비난하고 싶어 했다. 헤더는 그들의 반
응에 격분했다. "그때 난 '다들 나가 뒈져!'라고 말하고 싶었어요."
그가 말했다. 그가 아무리 죄책감에 시달려도, 밤에 끔찍한 악몽
을 꾸어도 그들은 그를 조금도 동정하지 않았다. 그런 사람들에게
자기의 소신을 밝히는 게 무슨 소용인가 싶었다. 몇 달 후 헤더는
다시 한번 공개적으로 발언하려다가 또다시 좌절했다. 이번에 그
가 선택한 공간은 《가디언The Guardian》의 사설란이었다. 며칠 연속으
로 악몽 때문에 잠을 설치다가 써 내린 그 글은 이렇게 시작한다.
"정치가들이 무인 항공기인 프레데터, 리퍼 드론을 옹호하는 말을
할 때마다 나는 그들에게 몇 가지만 묻고 싶어진다. 먼저, 헬파이
어 미사일에 소각당한 여자와 어린이를 당신은 지금까지 몇 명이
나 보았는가?" 글은 다음과 같이 이어진다.

> 대중이 알아야 하는 사실은, 드론이 제공하는 영상이 통상적으로 무기를
> 든 사람을 발견할 수 있을 만큼 명확하지 않으며, 구름이 적고 햇빛이 쨍한
> 아주 맑은 날에도 마찬가지라는 것이다. 우리는 우리가 정확한 사람을 죽
> 였는지, 틀린 사람을 해친 건 아닌지, 무고한 시민의 목숨을 빼앗은 건 아
> 닌지 늘 의심한다. 영상이 열악하거나 각도가 나쁘기 때문이다.
> 대중이 알아야 하는 또 한 가지 사실은, 무인 항공기를 조종하고 거기서 들
> 어오는 첩보를 분석하는 일을 사람이 하고 있다는 것이다. (…) 아프가니스

탄 땅에 발을 디디진 않았어도, 나는 그곳에서 벌어지는 전투를 화면을 통해 매우 상세하게, 며칠씩 연속으로 지켜보았다. 누군가 죽어가는 모습을 볼 때의 기분을 나는 안다. 무섭다는 말로는 한참 부족하다.[23]

헤더는 이렇게 자신의 소신을 공유하면 대중이 드론 전쟁의 숨겨진 대가를 더 잘 알게 되리라고 생각했다. 그리고 자신의 비통한 감정이 배출되리라고도 기대했다. 제대하고 1년쯤 지났을 때 헤더는 그가 복무했던 드론 부대의 한 병사가 기지 근처 자택에서 스스로 목숨을 끊었다는 소식을 들었다. 사망자는 "올해의 공군"에 뽑힌 적도 있는 모범적인 군인이었다. 그 직후에는 헤더도 개인적으로 아는 병사가 스스로 목숨을 끊었다. 《가디언》에 기고한 사설에서 헤더는 자신을 비롯한 많은 드론 전투원이 자살 외에도 "우울증, 수면장애, 불안증"에 시달린다고 썼다.

헤더가 《가디언》에 글을 기고한 데는 이유가 있었다. 2013년, 에드워드 스노든Edward Snowden이 이 매체를 통해 미 국가안보국이 국민의 사적인 이메일과 전화 통화를 비밀리에 감시해왔다는 사실을 내부고발했기 때문이다. 이로써 국가 기관의 대중 감시에 대한 전국적인 논쟁이 시작되어 연방국회 회의실부터 에이티앤티AT&T, 구글 같은 원격통신 기업의 이사회까지 널리 번졌다. 헤더는 자신의 글이 그만한 파장을 일으키리라는 허황된 기대는 하지 않았다.

그래도 자신의 글이 계기가 되어 누군가는 드론 전투 귀환병의 고통에 대해 숙고와 대화를 시작하리라고, 전통적인 귀환병의 부상보다 눈에 덜 띄지만 그에 못지않게 심각한 드론 전투 귀환병의 부상이 더 널리 알려지리라고 기대했다.

사설이 온라인에 게재된 날, 헤더는 노트북을 켜고《가디언》의 웹사이트에 접속하여 독자 댓글을 살펴보았다. 글이 올라온 지 몇 시간도 안 되었는데 댓글이 수백 개나 달려 있었다. 댓글을 읽어나가며 헤더는 점차 충격에 휩싸였다. "솔직한 건 좋아요, 헤더. 하지만 당신은 지금 구속되어 재판을 기다리고 있어야 할 사람이죠." 한 독자는 이렇게 썼다. 이것이 좌파의 반응이었다. 드론 공습이 잘못된 일임을 굳이 설득해 알릴 필요가 없는 그들에게 헤더는 전쟁 범죄자일 뿐이었다. 우파는 헤더를 배신자라고, 겁쟁이라고, 불평할 이유가 없는 "탁상 전사"라고 욕했다. 그의 글은 대화가 아니라 비난에 불을 붙였다. 이념의 좌우를 아우르는 적대적인 메시지가 홍수처럼 쏟아졌다. 얼마 후 헤더는 어리둥절하고 미칠 듯한 심정으로 노트북을 닫았고, 자신에 대해 악의적인 이야기가 돌고 있다는 친구들의 충고를 따라 며칠간 온라인에 접속하지 않았다. 결국 부정적인 관심은 사그라들었지만, 그 자리를 메운 것은 부정적인 관심만큼 신경을 거스르는 침묵이었다.

《베트남의 아킬레우스》에서 조너선 셰이는 귀환병의 도덕적 외상을 치유하는 가장 좋은 방법은 그것을 공유화하는 것이라고 썼다. 누군가가 귀환병의 이야기에 "귀 기울이고, 그것을 공동체의 다른 사람들에게 진실되게 다시 전달"할 때 도덕적 외상이 가장 잘 치유될 수 있다는 말이다.[24] 내가 필라델피아에서 참석했던 재향군인회의 핵심도 이것이었다. 그곳에서는 민간인이 모여 귀환병이 전하는 전쟁의 진실에 귀 기울이고 공동의 책임을 인정했다.

그런데 만약 사회가 귀 기울이고 싶어 하지 않는다면? 전쟁의 진실을 전하는데도 듣는 사람이 의심부터 하거나 금세 화제를 바꾼다면? 사람들이 자신의 이름으로 치러지는 전쟁에 대해서조차 휴스가 말한 "알고자 하는 **의지**"가 없다면? 언론과 인권운동가들이 드론 전투에 대해 가장 자주 비판하는 지점은 시민이 알고 싶어도 알 수 없게 진실을 가리는 그 불투명성이다. 미국시민자유연맹에서 국가안보정책 법률 부국장을 지낸 자밀 재퍼는 이렇게 말한다. "대중은 정부의 결정을 평가하는 데 필요한 정보를 입수조차 할 수 없었다. 과도한 비밀주의는 공적 논의를 빈곤하게 만들고 민주적 절차를 타락시켰다."[25]

투명성이 결여되어 있다는 비판은 옳다. 2017년 컬럼비아대학교 법학대학원 인권상담소와 사나 전략연구 센터는 미국 정부

가 표적살인 작전을 "일관되고 과도하게 비밀로" 취급하고 있다
고 평가했다. 오바마 행정부는 이러한 비판에 응답하여, 예멘이나
북아프리카 같은 지역에 대해서는 드론 공습으로 살해당한 민간
인 수를 의무적으로 공개하게 하는 등 제한적이나마 몇 가지 투명
성 확대 조치를 채택했다. 2019년 트럼프 행정부가 이 "불필요한
보고 요건"을 삭제했을 때 의회나 대중은 거의 반대하지 않았다.[26]
트럼프 대통령은 드론 공습의 표적을 고위급 반군으로 제한한 규
정도 삭제했다. 이에 대한 반응도 침묵이었다.

이 조용한 반응은 드론 전투가 얼마나 '문명화'(엘리스가 말한
문명화, 즉 일상적 폭력이 은폐되고 위장된 채 용인되어가는 과정인 문명화)
되었는지를 분명히 보여준다. 지상군의 침략이나 전통적인 폭격
에 비하면 드론의 살상 능력은 하찮다고 지적하는 사람들이 있다.
비교 기준이 사망자 수와 부수적 피해라면 분명 그렇다. 그러나
이 상대적 '인간다움'은 독특한 위험을 초래하고 있다. 예일대학교
의 법리학자 새뮤얼 모인[Samuel Moyn]의 말을 빌리면, (거의 아무도 이의
를 제기하지 않는) 글로벌 헤게모니를 유지하고자 "지구상에서 놀랄
만큼 넓은 지역"에서 감시와 살인 작전을 수행 중인 미 정부가 '우
리 군대는 사망자 수를 최대한 적게 유지하려고 노력한다'며 "전
쟁을 일종의 미덕으로 제시"할 수 있게 된 것이다. "미국이 전쟁
에서, 특히 민간인 사망에 대해서 폭력을 억제하고 최소화하는 경

향은 외국에 대한 물리력 행사를 비판하기 더 어렵게 만들 뿐이다." 모인은 주장한다.[27] 다시 말해, 전통적인 전투에 비하면 드론과 특수 작전 부대는 그 파괴력이 작고 민간인 사상자 수가 적다는 사실 때문에, 역설적으로 그러한 물리력을 사용하는 것이 옳은지 아닌지 질문하는 것 자체가 더 어려워지고 있다. 미국이 일으킨 전쟁이 획득한 이 "도덕적 광택", 즉 결백함은 끝없는 전쟁의 앞날을 더 괜찮아 보이게 만든다.

나아가 드론 전투는 전통적인 폭로 방식으로는 폭로되지 않는다고 예술가이자 지리학자 트레버 패글런은 말한다. 선동꾼이자 비밀스러운 장소에 매력을 느끼는 사람인 패글런은 9·11 테러 이후 드론과 미군의 비밀 기지를 촬영하기 시작했다. 그런 사진을 찍으려면 이정표도 없는 도로 옆에 울타리를 둘러친 시설을 찾아가서 고성능 망원경이 부착된 카메라까지 동원해야 했다. 그렇게 그가 몰래 찍은 사진들은 정부의 비밀주의 논리를 뛰어넘어 비밀 기지의 존재를 증거 자료로 남기는 듯했다. 예를 들어 9·11 테러 이후 네바다주 데저트 록 공항Desert Rock Airport에서는 "고문 택시"가 포로를 이곳저곳의 비밀 시설로 이송했다. 그러나 그런 사진에는 미군의 은밀한 활동이 제대로 찍히지 않았다. 이에 패글런은 그 비밀스러운 세계의 불투명성을 강조하기 위해 흐릿하고 영묘한 이미지로 알레고리를 만들기로 했고 그렇게 찍은 사진들은 전보다 더 시선을 끌었다. 예를 들어 네바다주 하늘을 찍은 사진에는 얼핏 새로 보이는 희미한 검은색 반점들이 흩어져 있다. 부연 구름의 가장자리를 떠다니거나 일출의 어른거리는 빛 속에 잠긴 그것들은 리퍼 드론과 프레데터 드론이다. 이런 사진을 보면, 이제 무장 드론은 거의 감지되지 않게 풍경 속에 스며들어, 우리가 그것을 알아보는 능력은 물론 그 존재를 알아차리는 능력까지 뛰어넘었음을 깨닫게 된다.

2009년에 출간한 《지도 위의 빈 점들Blank Spots on the Map》에서 패글런은 기밀 방어 활동이 벌어지고 있는 "검은 세계"에 대해서는 대법관 루이스 브랜다이스의 유명한 잠언인 "햇빛은 가장 강력한 살균제"라는 말이 속 편한 환상에 불과하다고 주장했다. 미군의 비밀주의는 웬만해서는 대중에게 폭로되지 않는다. 그것은 오히려 "그 주변의 세계를 조각하는" 경향이 있다. 비밀 예산을 만들어내고, 증거에 관한 비밀 규정을 만들어내고, "검은 세계"에 고용된 사람이 결정적인 정보를 밝히지 못하도록 강제하는 비밀 서약을 만들어낸다.[28] 책의 한 대목에서 패글런이 전하는 이야기에 따르면, 어느 비밀 시험장에서 일하던 노동자들은 피부에 이상한 두드러기를 일으키는 알 수 없는 질병에 걸린 뒤 자신들이 유독한 화학물질에 노출되었다고 의심했다. 그중 몇 사람이 목숨까지 잃자 이들은 불법 행위에 의한 사망으로 소송을 제기했다. 이 소송에서 원고의 이름은 전혀 호명되지 않았다. 그들 모두가 비밀 서약에 서명했기 때문이다(정부가 '국가 기밀'임을 내세워서 그 어떤 증거도 공개하지 않았기에 이 소송은 기각되었다). "검은 세계"는 그저 눈에 띄지 않는 군사 기지들을 가리키지 않는다. 그것은 광대하며 점점 더 광대해지고 있는, 햇빛 한 줄기도 뚫고 들어갈 수 없는 지식과 정보의 저장소라고, 패글런은 말한다.

이 통찰은 암울하다. 그러나 패글런마저 인정하듯 국가가 '빈 점들'을 감추는 능력은 절대적이지 않다. 그의 사진과 책을 관통하는 공통된 주제 하나는 비밀주의에 존재할 수밖에 없는 내적 모순이다. 예를 들어 물리적 장소를 숨기려면 그 존재를 어떤 식으로든 공표할 수밖에 없다는 모순이 있다. "지도 위의 빈 점은 그들이 은폐하려는 대상의 윤곽"이다. 패글런 자신도 바로 이 지도 위의 빈 점들에 이끌려서 "검은 세계"의 비밀 기지에 주목하게 되었다. 그는 예술가가 되기 전에, 캘리포니아대학교 버클리에서 지리학으로 박사학위를 받았다. 기록보관소를 조사하던 어느 날, 그는 미국 지질조사국^{U.S. Geological Survey}의 자료에서 넓은 땅덩이들이 수정되어 있는 것을 발견했다. 이 '빈 점들'이 그의 흥미를 끌었다. 정부 문건의 검게 지워진 부분들이 탐사 저널리스트와 역사학자의 시선을 끌 때가 있듯이, 숨겨진 물체는 이런 식으로 무심코 스스로 시선을 모을 수 있다. 패글런이 쓴 말을 따오자면, "그 윤곽은 대부분 훤히 잘 보인다."[29]

　드론 전투를 은폐하려는 그 모든 노력에도 사실 드론 전투는 별로 비밀스럽지 않다. 그 존재는 훤히 보이는 곳에 숨어 있기에, 패글런이 비밀 기지를 찾아내 촬영했던 것에 비하면 일반 시민이 발견하기가 훨씬 더 쉽다. 얼마나 많은 사람이 미군의 드론 공습으로 살해당했는지 알고 싶다면 비영리 탐사보도 매체인 탐사보도국Bureau of Investigative Journalism의 웹사이트에 들어가기만 하면 된다. 상세한 사망자 추정치를 온라인에 발표하는 단체는 그 밖에도 여럿 있다. 드론 전투원이 자신의 경험에 대해 발언하는 일이 위험하다고는 해도, 몇몇은 그 위험한 일을 했다. 기밀 제약 때문에 드론 전투에 대해 보도하기가 어렵다고는 해도, 많은 진취적인 저널리스트가 어떻게든 방법을 찾아내 보도했다. 가령 매클래치McClatchy(미국의 신문 기업-옮긴이)의 조너선 랜데이Jonathan Landay는 일급 기밀로 분류된 첩보 보고서를 입수하여, 정부의 주장과 달리 드론 공습은 국가안보에 '임박한 위협'을 가하는 테러리스트가 아니라 하급 반군을 죽이는 일이 많다는 사실을 보도했다. (관타나모의 수석 검사였던 전 공군 변호인은 랜데이에게 이렇게 말했다. "나는 내 담당 의사들이 '임박하다'라는 말을 정부가 정의하는 뜻으로 쓰지 않는 것에 감사합니다. 그랬다간 코감기만 걸려도 생명 유지 장치를 떼어버릴 테니까요."[30]) 《인터셉트The Intercept》의 라이언 데버로Ryan Devereaux 기자 또한 입수한 기밀 문서를 통해 아프가니스탄 동북부에서 드론 공습으로 살해당한 피해자 중 대다수가 이름을 확인할 수 없는 행인이었음을 확인했다.

사실 미국 국민은 자국군의 드론이 정찰하는 지역의 민간인에 대한 이야기를 거의 접하지 못한다. 그러나 이에 관한 정보도 찾으려고만 하면 쉽게 찾아낼 수 있다. 가령 뉴욕대학교 법학대학원의 글로벌 정의 연구소Global Justice Clinic와 스탠퍼드대학교 국제 인권 및 갈등해결 연구소가 2012년에 발표한 보고서 〈드론 밑에서 살아간다는 것Living Under Drones〉은 미군이 파키스탄에서 수행한 드론 공습의 증인과 생존자 130여 명의 인터뷰를 담고 있다. 그중에는 칼릴 칸이라는 사람이 있었다. 소도시 다타켈에서 드론이 반군 집회로 의심된 무리에 미사일을 떨어뜨렸을 때 칸은 현장으로 달려가 그날 내내 "조각난 시체를 모아 관에 넣"었고, 마을 사람들은 수십 개의 관을 거리로 운구했다고 연구진에게 말했다. 그 집회는 광산 분쟁을 해결하기 위해 소집한 부족 장로들의 모임이었다. 한 시골 주민은 이렇게 말했다. "저들이 늘 우리를 감시하고 있습니다." 또 다른 주민은 이렇게 말했다. "우리는 무서워서 아무것도 못 합니다." 끊임없이 윙윙거리며 머리 위를 맴도는 눈 없는 비행기는 "감정적 쇠약, 드론이 머리 위에 나타나기만 해도 건물 안으로 날려 들어가거나 숨는 행동, 기절, 악몽을 비롯한 침투적 사고, 큰 소음에 과도하게 놀라는 반응"을 일으켰다. 어떤 사람

들은 너무 겁이 나서 아이들을 학교에 보내지 않았다. 어떤 사람들은 사람이 많은 장소를 피했다.[31]

마음만 먹으면 이런 보고서는 쉽게 찾을 수 있다. 많은 사람이 그럴 마음을 먹지 않을 뿐이다. 펜타곤을 촬영한 패글런의 "검은 세계" 연작 사진집 《보이지 않는Invisible》에 리베카 솔닛Rebecca Solnit의 글이 실렸다. "패글런이 묘사한 지도 위의 빈 점들은 마음 속의 빈 점들, 그리고 공적 대화 속의 빈 점들과 동류다." 헤더 라인보의 《가디언》 사설에 쏟아진 반응을 보건대, 이 점들이 계속 비어 있는 이유는 정부의 비밀주의 때문이라기보다는 다수의 '선량한 사람들'이 자세한 것까지는 알아내지 않기로 선택했기 때문이다. 그들은 어둠 속에 남아 있기를 원한다.[32]

나를 만나 인터뷰를 한 시점에 헤더는 이 사회가 진실을 듣고 싶어 하지 않는다고 결론짓고 진실을 공론화하려는 노력을 그만둔 상태였다. 대신 스스로를 치유하는 데 집중하고 있었다. 그가 선택한 방법은 요가, 명상, 트라우마와 감정적 고통을 극복하도록 돕기 위해 고안된 실험적 마사지 요법이었다. 이 점에서 헤더는 자신이 아버지를 닮아간다고 느꼈다. 그의 아버지는 언제나 타인에게 인정받음으로써가 아니라 자기 내면을 들여다봄으로써 성취감을 느끼는 사람이기 때문이었다. 헤더에겐 도저히 그 가르침을 따르지 못한 순간들이 있었다. 자신의 선택으로 군에 입대한 날도 그중 하나였다. 사실 그때 헤더는 살던 동네를 떠나고 싶어서만이 아니라 타인의 인정을 바라서도 그 길을 택했다. 군인이 되면 그를 비웃고 의심하던 모든 사람이 틀렸음을 증명할 수 있을 것 같았다. 발코니에 국기를 내거는 집이 많고 군 복무를 높이 평가하는 애국적인 분위기의 그 작은 동네에서 자신도 무언가를 해낼 수 있는 사람임을 보여줄 수 있을 것 같았다. 그중에서도 헤더는 아버지로부터 인정을 받고 싶었다. 기초 훈련을 받으러 떠나기 전 헤더는 아버지를 만나러 갔다. 그리고 자신은 군인이 되어 나라를 위해 일하기로 했다고 알리면 그가 분명 자랑스러워하리라고 기대했다. 그러나 아버지는 딸의 결정을 듣고 부드럽게 경고할 뿐이었다. "군대의 임무는 전쟁을 하고 사람을 죽이는 것임을 잊지 마라."

PART 3.

도살장에서
벌어지는 일들

6

착취의 연결고리가 된
도살장 노동자

플로르 마르티네스는 어린 시절 멕시코 중북부 산루이포토시주^州에서 전기도, 물도 들어오지 않는 작은 벽돌집에서 조부모와 함께 살았다. 집은 아름다운 산기슭에 있었지만 그들은 가난했다. 할아버지는 난폭한 알코올중독자여서 술에 취하기만 하면 갑자기 분노를 터뜨리며 할머니를 죽이려 들었다. 그러면 아직 어린 소녀였던 플로르는 집 안을 뛰어다니며 칼과 총을 숨겼다. 열두 살의 어느 날엔 할머니를 칼로 찌르려는 할아버지를 삼촌이 침대 위에 엎누르는 모습을 의자 뒤에 웅크린 채 지켜보았다.

그날 밤, 할머니는 산루이포토시를 떠날 거라고, 플로르는 2주 후에 엄마가 와서 데려갈 거라고 했다. 그때까지 할머니가 자기 **어머니**인 줄로만 알았던 플로르는 깜짝 놀랐다. "아니, 아니야." 할머니가 설명하기를, 플로르의 엄마는 출산 후 곧바로 다른 소도시에 있는 부잣집에 입주 가정부로 들어가는 바람에 자기가 낳은 아이를 잠깐도 돌보지 못했다고 했다. 알고 보니 어머니는 그사이 남자를 만나 새 가족을 꾸렸고 더 나은 삶을 찾아 텍사스주 중부의 람파사스라는 곳으로 떠날 예정이었다. 어머니와 의붓아버지가 미국으로 떠난 뒤 플로르는 그들이 돈을 마련해 밀입국 중개인을 보낼 때까지 몇 달 동안 두 살, 네 살짜리 이복 남동생 둘을 돌봐야 했다. 그는 먹을 것을 구하려고 새벽 4시에 일어나서 바지선에 몰래 올라타고는 쓰레기 더미 속에서 버려진 음식(썩은 바나나, 곰팡이 핀 토르티야)을 찾아냈다.

험한 삶이었지만 플로르는 낙담하지 않았다. 언젠가는 자신에게도 행운이 찾아올 거라고 믿었다. 이러한 낙천적인 성격은 삶의 다음 단계에서 검증되었다. 플로르가 막 열다섯 살이 되었을 때 그들 남매를 텍사스로 보낼 중개인이 나타났다. 국경에 도착한 플로르는 (헤엄을 칠 줄 몰랐기 때문에) 그 사람이 모는 뗏목에 매달린 채 리오그란데강을 건너기 시작했다. 그때 중개인이 고함을 질렀다. "라 미그라! 라 미그라!(이민국! 이민국!)" 헬리콥터가 머리 위를 선회하면서 배를 돌리라고 지시했다. 그들은 어느 덤불 뒤에 몸을 숨겼다가 다시 한번 강을 건너 이번에는 무사히 반대편 기슭에 도착했다. 그러나 남매를 람파사스에 데려다주기로 한 사람이 나타나지 않았다. 중개인은 플로르 남매를 다시 멕시코로 데려와 마약상과 매춘부가 드글거리는 허름한 하숙집에 맡겼다. 어느 날 밤 플로르는 바깥 화장실에 가다가 중독자가 주사를 놓는 모습을 보았다. 남매는 거기서 한 달 반을 살았다. 작고 더러운 방에서 잠을 잤고 밥도 다 거기에서 먹었다. 이윽고 어머니가 다시 돈을 마련했고, 플로르 남매는 이번에는 무사히 람파사스에 도착했다.

그들의 집은 의붓아버지가 취직한 목장의 한쪽 끄트머리에 있는 손님용 숙소였다. 목장 주인인 미국인 부부는 플로르를 반갑게 맞이했다. 그들은 그를 '시시(애기)'라고 불렀고, 학교에 다니고 영어를 공부하게도 도와주었다. 의붓아버지는 그들만큼 마음이 넓지 않았다. 그는 플로르에게 이 집에 살려면 값을 치러야 할 거라고 말했다. 의붓아버지가 염두에 둔 값은 섹스였다. 플로르가 그의 접근을 거부해도 그는 태연했다. "뭐야, 네 엄마가 널 지켜주기라도 할까 봐?" 그는 어머니가 과거에 플로르를 방치했다는 사실을 들먹이며 플로르를 비웃었다. 의붓아버지는 몸집이 커서 플로르를 쉽게 제압할 수 있을 듯했지만 플로르는 그가 무섭지 않았다. 그동안 죽을 고비에서 여러 번 살아남고 할머니가 어떤 학대를 당하는지 지켜본 플로르는 겁 없이 저항할 줄 아는 사람이 되어 있었다. 의붓아버지가 정말로 자신에게 손댄다면 가만있지 않겠다고 굳게 마음먹었다. 어느 날 집에 불이 다 꺼져 있을 때 의붓아버지의 손이 다리에 닿자 플로르는 비명을 질렀다. 그는 플로르의 입을 막았지만 플로르는 몸부림치며 그의 손아귀에서 빠져나와 미친 듯이 그를 걷어찼다. 이 소동에 잠이 깬 어머니가 방에 들어와서 무슨 일이냐고 물었다. "엄마, 저 사람이 날 만졌어요!" 플로르는 악을 쓰며 말했다. 그러나 어머니는 마치 **플로르에게** 잘못이 있다는 듯 차갑게 쏘아보더니 뺨을 때렸다. 어찌나 세게 때렸는지 플로르는 벽에 머리를 박고 입에서 피를 흘렸다.

이 일로 플로르는 아무도 자신을 지켜주지 않을 거라는 의붓아버지의 말이 옳다는 것을 깨달았지만, 그렇다고 그의 접근을 받아들일 순 없었다. 플로르는 그가 또 잠자리에 기어들 때를 대비해 베개와 시트 사이에 칼을 숨겨두었다. 결국 의붓아버지는 짜증을 내며 그를 집에서 내쫓았다. 그때 플로르가 느낀 것은 깊은 안도감이었다. 걸어서 목장을 벗어나면서 마침내 자유로워졌다고 생각했다. 몇 시간 뒤, 다리에 피로감이 몰려왔다. 땅거미가 지는 동안 플로르는 육교 근처의 둑에 앉아 몸을 웅크렸다. '이제 잠은 어디서 잔담?' 그런 생각을 하며 어두워지는 하늘과 지나가는 자동차들을 바라보았다. 마지막 빛줄기가 사라지기 직전, 트럭 한 대가 플로르 앞에서 속도를 줄였다. 운전사가 차창을 내리더니 그에게 스페인어로 말을 걸었다. 자신은 멕시코계 사람이고 근처에 가족과 함께 산다며 플로르에게 같이 가자고 했다.

플로르는 그 집에 1년 가까이 머물렀다. 그사이에 어머니에게 연락하여 자신이 머무는 곳을 알렸고, 따로 연락하고 싶었던 사람의 연락처를 물어보았다. 바로 친아버지였다. 그도 텍사스주에 산다는 말을 들은 적이 있었다. 찾아봐서 나쁠 것이 없겠다 싶었다. 어머니가 그의 이름으로 된 주소를 찾아 보냈고 플로르는 우편으로 그에게 편지를 보냈다. 일주일쯤 지나 키가 매우 크고 어깨가 떡 벌어졌으며 수염이 덥수룩한 남자가 플로르가 사는 집 앞에 차를 세웠다. 팔을 뻗어 아버지와 포옹할 때 플로르는 이렇게 키 큰 사람이 자기 아버지라는 게 믿기지 않았다. 플로르는 아버지와 함께 브라조스 카운티로 갔다. 이 시골 마을에는 텍사스농업기술대학교가 있었고, 관목과 농지가 광활하게 펼쳐져 있었으며, 상업 및 산업 시설이 몇 군데 있었다. 그중 하나는 샌더슨 팜스Sanderson Farms의 닭고기 정육공장이었다.

텍사스주 토박이 저널리스트 로런스 라이트Lawrenc Wright는 그의 2018년 저서 《주여 텍사스를 구하소서God Save Texas》에서 텍사스의 160만 미등록 이주민을 묘사하는 새로운 표현을 제시했다. 그들은 '그림자 인간'이다. 텍사스에는 카우보이와 목장만큼 많은 그림자 인간이 도처에 있다. "텍사스에 사는 사람은 저 그림자 인간들을 모를 수 없다. 이들은 나머지 우리 모두가 거의 인지하지 못하는 아슬아슬한 줄 위를 걷는다. 이들은 한순간에 모든 것을 빼앗길 수 있고, 애초에 그들로 하여금 고향 땅을 떠나 지하에서 살 기회를 붙잡게 했던 빈곤과 폭력과 절망 속에 다시 내던져질 수 있다. (…) 그림자 인간들이 제공하는 값싼 노동력이 이 나라를, 특히 국경 주들을 떠받치고 있다. 이들은 노예가 아니지만, 그렇다고 자유민도 아니다.'"[1]

브라조스 카운티의 그림자 인간들은 농장과 식당, 조경·건축 현장에서 일하는 등 이런저런 저임금 노동에 종사한다. 일부는 카운티의 행정 중심지인 브라이언에 있는 샌더슨 팜스 정육공장에서 일한다. 아버지를 따라 브라조스 카운티에 오고 몇 년 후 플로르도 그 공장에 지원했다. 지원서에는 본명이 아니라 그가 구한 가짜 영주권에 적힌 '마리아 가르시아'라는 이름을 썼다('플로르 마르티네스'도 본명은 아니다). 회사는 서류를 문제 삼지 않고 즉시 그를 채용했다. 이 공장에는 미등록 이주민이 많았다. 관리자들은 그 사실을 잘 알았고, 누구라도 불만을 제기한다면 이민국을 부르겠다고 주기적으로 임포를 놓았다.

플로르는 얼마 안 가 공장을 그만두었다. 관리자가 정말로 이민국에 연락해서는 아니었다. 일을 시작하고 몇 달 후, 회사에서 관리자를 늘릴 계획이라는 소식을 듣고 그 자리에 관심이 있을 만한 사람, 즉 몇 년 전에 만나 얼마 전에 남편이 된 마누엘에게 알렸다. 마누엘이 관리자로 취직하자 플로르의 상황이 다소 어색해졌다. 남편이 자신의 본명을 알기 때문이기도 했고, 마침 그 무렵 마누엘이 시민권을 받았기 때문이기도 했다. 그렇다는 것은 플로르도 곧 진짜 영주권을 발급받을 수 있다는 뜻이었다. 우편으로 영주권이 도착하자 '마리아 가르시아'로 계속 일하는 게 어리석어 보였다. 혹시라도 이민국에서 나와 서류를 확인하면 문제가 복잡해질 것 같았다. 플로르는 마누엘과 상의한 끝에 공장을 그만두기로 했다.

플로르는 일을 그만두면서도 언젠가 다시 이 공장에 돌아와, 그때는 좀 덜 그늘진 환경에서 일하게 될 것을 예감했다. 하지만 당장에는 그저 안도했다. 플로르가 하던 일은 컨베이어벨트, 이른바 '해체 라인'에 걸린 채 회전하는 죽은 닭들에서 분비샘을 제거하는 것이었다. 목 잘린 닭의 행진은 눈 뜨고 보기 힘들었다. 더욱 역겨운 것은 닭의 배설물과 생 내장이 뿜어내는 각종 악취였다. 이젠 그 냄새를 몇 시간씩 들이마시지 않아도 된다는 게 그저 좋았다.

플로르는 한동안 세 아이를 키우는 데 전념하다가 막내딸이

학교에 들어간 뒤 다시 일자리를 찾기 시작했다. 처음에는 텍사스 농업기술대학의 구내식당에 시간제로 취직해 샐러드를 만들었다. 어느 날 그가 성실하고 쾌활하게 일하는 모습을 눈여겨본 한 손님이 그에게 다른 일자리를 제안했다. 그는 칙필에이^{Chick-fil-A} 체인점 점주였고, 플로르는 그곳 카운터에서 영어로 주문을 받기 시작했다. 영어를 거의 할 줄 몰랐던 플로르는 급하게 영어를 배웠고 그 와중에도 팀장으로, 교대조 조장으로, 지점 매니저로 쭉쭉 승진했다. 유일한 문제는 지점 매니저가 받는 돈이 최저임금보다 약간 더 많은 수준이라는 것이었다. 플로르는 자신이 그보다는 더 나은 대우를 받아야 한다고 생각해 점주를 찾아갔다. "아이고, 그간 고생이 많았어요." 그 뒤에 나온 말은, 플로르가 영어를 잘하게 되면 임금을 인상해주겠다는 것이었다.

닭고기 정육공장 해체 라인의 시급은 11~13달러다. 다른 일반 공장보다는 적은 편이었지만, 플로르가 선택할 수 있는 범위에서는 그곳이 제일 나았다. 그래서 플로르는 정육공장에서 일하는 것의 단점을 애써 무시하고 다시 한번 샌더슨 팜스에 지원했다. 이번에 배정받은 일은 '생닭 걸기', 즉 상자에서 닭을 꺼내 컨베이어벨트의 쇠고랑에 발을 거는 일이었다. 벨트에 걸린 닭은 전류를 통과하고(여기서 기절한다) 자동 목 절단기를 통과해(여기서 목이 잘린다) 뜨거운 물에 씻긴다(여기서 깃털이 빠진다). 때때로 일어나는 일인데, 혹시라도 이 과정에서 살아남는 닭이 있으면 사람이 직접 칼로 목을 자른다. 처음 그 광경을 보았을 때 플로르는 엉엉 울면서 다시는 닭고기를 먹지 않겠다고 맹세했다. 그러나 그 이후에는 본인의 고통이 너무 심해서 닭을 걱정할 겨를이 없었다. 생닭걸기 라인에서는 한 사람이 1분에 65마리를 벨트에 걸어야 했다. 이 광폭한 속도를 따라가려면 한 손에 한 마리씩, 한 번에 두 마리를 꺼내 벨트에 거는 즉시 몸을 굽히고 다음 두 마리를 꺼내야 했다. 다부진 체구의 남자들도 이 동작을 몇 시간씩 반복하는 걸 힘들어했다. 손이 작고 몸집도 자그마한 플로르에게는 이 일이 견딜 수 없이 고통스러웠다. 일을 시작하고 며칠 만에 아래팔의 감각이 사라졌다. 통증으로 인한 마비였다. 밤에는 목과 어깨가 욱신거려 진통제를 먹어야 했다.

도저히 참지 못한 플로르는 관리자에게 다른 일을 시켜달라고 요청했다. 이번에는 컨베이어벨트 맨 끝에 위치한 포장 라인에서 닭고기를 비닐 백에 넣는 일이 주어졌다. 무거운 무게를 들어올리는 동작은 훨씬 줄었지만 이쪽의 반복 동작은 더욱 심각한 긴장을 유발했다. 비닐 백이 한데 뭉쳐 있어 손끝으로 비집어야 하는 일이 많았기 때문이다. 플로르는 손목과 손가락에 통증을 느끼기 시작했고 특히 왼손의 상태가 심각해졌다. 얼마 후 그는 공장 의무실을 찾아갔다. "이렇게는 못 해요. 저 좀 도와주세요." 그는 간청했다. 플로르는 발굴 라인에 재배정되었다. 여기서는 왼손의 긴장이 줄었지만, 곧 오른손이 아프기 시작했다.

플로르는 늘 통증에 시달렸지만, 몸의 아픔보다도 더욱 고약한 아픔이 있었다. 그를 가장 괴롭힌 것은 통증에 뒤따라오는 언어적, 감정적 홀대였다. 그 어떤 관리자도 그에게 상태가 어떤지 묻지 않았다. 오히려 그를 꾸짖었다. "일하기가 싫은 모양이지" 하고 쏘아붙이는 사람도 있었다. 공장 관리자들은 그저 해체 라인을 최고 속도로 돌리는 데만 관심이 있는 듯했고 말 안 듣는 어린애를 꾸짖듯 일선 노동자를 다그쳤다. 플로르는 생존자이고 낙천주의자였지만, 이들의 모욕적인 말투에 할아버지가 할머니에게 고함치던 일이 떠올라 견디기 어려웠다. 그중에서도 가장 모욕적인 처사는 작업 중에 화장실에 가려면 허락을 구해야 하는 것이었다. 점심시간 30분에, 작업 중 휴식이 짧게 한 번 있었지만 그 시간엔 화장실이 만원이었다. 작업 중에 화장실에 가겠다고 하면 혼날 때가 많았다. 관리자를 무서워하는 일부 여성 노동자는 작업복 안에 바지를 한 겹 더 입고 정 급할 땐 선 채로 오줌을 쌌다. 그보다 더한 괴롭힘도 경험하고 이겨낸 플로르는 아무도 무섭지 않았기에 정 급할 땐 허락 없이 화장실에 갔다. 그러면 관리자들은 이를 불복종 행위로 여기고 그를 매섭게 노려보았다.

남편 마누엘이 관리자라는 사실도 얄궂게 작용했다. 플로르는 집에서 그에게 불만을 털어놓았다. "당신들은 왜 그렇게 일하는 사람들을 압박해?" 남편이 일선 노동자 편에 서기를 바라며 이렇게 물으면 그는 "당신들만 당하는 게 아니니까, 그쯤은 견디라고" 하고 매정하게 대꾸했다. 관리자가 **그 윗사람들**에게 받는 압박에 비하면 플로르가 느끼는 압박은 아무것도 아니라고, 회의에 들어가면 왜 일선 인력을 더 세게 압박하지 못하느냐고 추궁당한다고 했다.

노동자들은 피투성이가 되어 퇴근했다

2018년 내가 플로르 마르티네스를 처음 만난 곳은 벽돌로 지어진 교회를 마주 보는 '과달루페 성모 회관'이라는 브라이언의 주민 시설이었다. 이날 이곳에서는 가금류 도축 노동자의 권리를 교육하는 세미나가 열렸다. 이 자리에는 노스캐롤라이나주에서 온 과테말라 이주민과 아칸소주에서 온 멕시코 이주민도 참석했다. 타이슨 푸드^{Tyson Foods}의 본사가 있는 아칸소주는 미국에서 닭고기 생산량이 가장 많은 주에 속한다. 사람들은 쉬는 시간이면 바깥에 옹기종기 모여서 세미나 주최 측이 준비한 가정식 플라우타와 타말레를 먹으며 스페인어로 담소를 나누었다.

가금류 정육공장에 본토박이 미국인이 이토록 적은 이유는 무엇일까? 팟캐스트 〈디스 아메리칸 라이프^{This American Life}〉는

2017년 12월에 앨라배마주 앨버트빌 주민 몇 명에게 이 질문을 던졌다. 앨라배마주 동북쪽 구석에 있는 이 작은 소도시에는 닭고기 공장이 두 개 있다. 미국에서는 1990년대 닭고기가 콜레스테롤이 적다는 장점을 내세워 소고기 대용 식품으로 자리매김한 이후 닭고기 정육산업이 폭발적으로 성장했다. 닭고기 소비량이 급증하면서 앨버트빌 같은 지역에 새 일자리가 생겨났는데 그 자리는 주로 멕시코계와 과테말라 이주민이 차지했다. 본토인들은 이에 분개하면서 왜 정육공장이 미국인을 고용하지 않는지 의아해했다. "일자리가 필요한 사람들이 널려 있는데 공장에서 더 이상 미국인을 고용하지 않아요." 1970년대부터 닭 내장을 포장했다는 팻이라는 여성이 불평했다.[2]

앨라배마주의 유력 정치가 중에도 같은 견해를 가진 사람들이 있다. 그중 한 사람인 연방 상원의원 제프 세션스는 이주민에 대해 강경한 입장을 내세웠고, 특히 앨라배마주 가금류 산업의 노동자 구성을 바꾸어야 한다고 주장했다(세션스의 친한 친구이자 반이주민 단체 넘버스유에스에이NumbersUSA의 창립자인 로이 벡Roy Beck은 〈디스 아메리칸 라이프〉에서 세션스가 "이주민 문제를 자신의 간판 사안으로 만든 데는 앨라배마주 가금류 공장 관련 경험이 결정적이었다"고 말했다). 과거에 세션스는 이주민 문제를 성토하는 앨비트빌 주민 회의에 참석해서, 관대한 이주 정책 때문에 외국인이 몰려와 "많지도 않은 일자리를 빼앗고 미국인을 계속 실업 상태로 내몰고 있"음을 그 자리를 통해 확신했다(제프 세션스는 1997~2017년 앨라배마주 연방 상원의원이었고, 5장에서 설명한 대로 2017년 초 트럼프 행정부의 법무장관으로 임명되어 이주자 가족 분리 정책을 주도했다.-옮긴이).

문제의 일자리가 미국 본토인에게 실제로 얼마나 매력적인지는 확실히 말하기 어렵다. 다만 어느 정도는 이주민 **때문에** 본토인에겐 매력이 떨어지는 일자리가 된 것이 사실이다. 왜냐하면 앨버트빌에서든 다른 어디에서든 닭고기 공장 일은 '이주민 노동'이 되었고, 그 결과 이 산업에 종사하는 모든 노동자의 임금과 협상력에 이주노동자가 하방 압력으로 작용하여 일의 위상이 낮아졌기 때문이다. 팻이 일하는 정육공장에서도 똑같은 일이 벌어졌다. 이 공장에는 노동조합이 있었지만 앨라배마주는 노동조합 의무 가입이 금지된 주이기에 신규 채용자는 노조에 가입하지 않아도 되었고 수많은 이주노동자가 노조에 가입하지 않았다. 그러자 한때 94퍼센트에 달했던 노조 가입률이 40퍼센트로 떨어졌다. 그와 함께 팻의 소득도 줄었다. 〈디스 아메리칸 라이프〉의 해당 회차가 방송된 2017년에 그의 시급은 11.95달러로, 인플레이션이 제대로 반영되었다면 받았을 금액의 거의 절반 수준이었다. 2002년 가금류 도축 노동자의 평균 임금은 제조업 전체 평균 임금보다 24퍼센트 적었다. 2020년에는 그 차이가 40퍼센트로 벌어졌다. 이론상 닭고기 수요 증가는 노동자의 협상력 증대로 이어져 임금을 상승시켰어야 했다. 그러나 실제로는 적은 임금에도 일하고 싶어 하는 이주민의 공급 증가가 업계의 부담을 덜어주었다(회사 측이 노조에 가입하지 않고 불평도 거의 하지 않는 절박한 이주노동자를 선호한다는 사실은 팻 같은 본토인도 감지하고 있었다).

이 역학에 주목한 경제학자 필립 마틴$^{Philip\ Martin}$은 채소 수확, 호텔 객실 청소 같은 틈새 노동시장에 이주민이 진입하면 그러잖아도 힘든 노동이 더욱 힘들어지고 본토인에겐 더더욱 매력 없는 노동, 더티 워크가 된다고 분석했다. "이주자를 고용할 수 있는 한 고용주는 더러운 일을 개선할 필요를 전혀 느끼지 않는다. 그리하여 미국인은 더러운 일에 점점 더 매력을 느끼지 못한다."[3] 고분고분한 외국인에게 대체될까 두려워하는 본토박이 저숙련 노동자들의 계급 불안과 인종차별이 뒤섞여, 이주민들은 사회적 더러움을 획득한다(팻은 "그들 때문에 우리 모두가 쫓겨날 거라고 생각하게 됐죠"라고 말했다).[4]

물론 진보적인 견해를 가진 사람들은 이주노동자를 이런 식으로 바라보지 않는다. 그들이 보기에 이주노동자는 다른 모든 사람이 하지 않으려는 힘들고 보람 없는 일을 하는 사람들이다. 대개의 경우 진보주의자는 이주자를 불결한 침범자가 아니리 수완 좋은 노력가로 칭송한다. 그러나 대량소비를 위해 동물을 죽이는 노동에 대해서는 이야기가 달라진다. 일단 가축을 공장식으로 사육하고 도축하는 산업에는 동물 학대, 호르몬제·항생제 남용, 환경오염 등 진보주의자가 혐오하는 많은 문제가 걸려 있기 때문이다. 베스트셀러《동물을 먹는다는 것에 대하여》(2009)에서 작가 조너선 사프란 포어Jonathan Safran Foer는 공장에서 생산한 고기를 "고문당한 살"이라고 표현했다.⁵ 소수 대기업의 이익 극대화라는 단 하나의 목표하에, 유전자를 변형한 닭과 소, 돼지를 질병이 들끓는 더러운 헛간에 빈틈없이 몰아넣은 채 햇빛을 차단하고 이루 말할 수 없는 잔혹 행위와 고통에 노출시키며 극단적으로 살을 찌운 뒤에 죽여 뼈를 발라낸 살이라는 의미다.

공장에서 생산한 고기를 먹는 것은 이 고문에 가담하는 것이라는 이 책의 메시지는 건강과 생태계에 관심을 갖고 전통적인 농가에서 생산한 유기농 고기를 소비하거나 채식을 선택하는, 점점 늘고 있는 소비자층에 반향을 일으켰다. 그런데 공장식 축산 고기가 비참한 고기라면, 그 동물을 난도질하는 사람, 거대 기업에 고용되어 닭을 벨트에 걸고 힘줄을 자르는 도축 과정에 직접 관여하는 사람은 어떤 사람일까? 정육산업의 실태를 폭로하는 기사들에서 도축 노동자는 흔히 수완 좋은 노력가가 아니라 비정한 야만인으로 그려진다. 가령《동물을 먹는다는 것에 대하여》의 한 챕터는 제목이 "우리의 새로운 사디즘Our New Sadism"이다. 이 글에 따르면,

타이슨 푸드의 한 시설에서는 노동자들이 "의식이 멀쩡한 새의 머리통을 규칙적으로 뜯어냈다." 또 KFC가 "올해의 우수 공급업체"로 선정한 어느 시설에서는 "닭을 걷어차고 짓밟고 벽에 내던지고 눈에 씹는담배를 뱉었다."[6] 이런 글에는 사람이 동물을 죽이는 일을 하면 사악한 고문자가 될 수밖에 없다는 전제가 깔려 있다. 포어가 도축 노동자 중 심각한 혹사의 피해자인 경우도 많다는 사실을 신중하게 짚고 넘어간 반면, 동물권 옹호 단체들은 거의 그러지 않는다. 가령 '동물을 윤리적으로 취급할 것을 주장하는 사람들People for the Ethical Treatment of Animals(PETA)(이하 페타)'은 웹사이트에 "사디스트 일꾼들"이라는 제목의 잠입 취재 영상을 올리면서 가축을 학대하는 사람들을 중죄로 처벌해야 한다고 주장했다. "이 영상에서 확인되는 극심한 고통에 대한 심드렁한 태도와 노골적인 사디즘은 이런 범죄의 소굴이 한 군데 폭로될 때마다 어김없이 또다시 나타난다." 페타는 한 게시물에서 이렇게 선언했다.[7]

이처럼 좌파와 우파는 서로 다른 이유에서 한목소리로 도축 노동자를 폄하한다. 직업상 동물의 살과 피를 직접 만지는 사람을 더럽게 여기는 경향은 오랜 옛날부터 여러 문화권에 존재해왔다. 역사학자 윌슨 J. 워런Wilson J. Warren에 따르면 "도쿠가와 시대 일본에서 푸주한은 불결한 계층인 '에타穢多'로 분류되어 별도의 구역에서 거주하고 일해야 했다. 인도에서도 죽은 동물을 다루는 사람은 불가촉천민에 속했다."[8] 프랑스, 영국 같은 나라에서는 도축 노동에 대한 비난이 전면에 덜 드러나긴 했어도 그것을 도덕적으로 오염된 일로 여기기는 마찬가지였다. 철학자 존 로크는 1693년에 발표한 논문《교육론》에 "열등한 피조물의 고통과 파멸을 즐기는 사람은 동족을 매우 동정적으로, 혹은 자비롭게 여기기가 쉽지 않을 것"이라는 이유에서 푸주한을 배심원에서 제외한 영국의 관습을 기록했다.[9]

그로부터 200여 년 후인 1906년 미국에서는 정육산업에 대한 맹렬한 폭로문학인《정글The Junggle》이 발표되었다. 업턴 싱클레어Upton Sinclair가 이 소설을 출간한 시점이면 푸주한이라는 숙련된 장인이 마을 사람들의 수요를 채우던 시대는 끝나고, 거대 정육회사가 철도를 이용하여 교외 농촌의 가축을 대도시에 집결된 도축장으로 운송하는 시대가 열린 뒤였다(또한 이 시기의 정육회사들은 독점금지법 부재를 이용하여 시장 경쟁을 억제하고 이익을 극대화했다).《정글》의 배경은 시카고의 한 도축장이다. 이 작품은 허구이긴 하나, 싱클레어는 7주간 현장을 취재한 뒤 충격적인 현실을 있는 그대로 묘사함으로써 강렬한 소설을 써냈다.《동물을 먹는다는 것에 대하여》에서 포어가 그랬던 것처럼 싱클레어도 대량도축을 징그러울 만큼 상세히 묘사했다. "강물 같은 죽음의 행렬"을 주재하는 노동자들은 피투성이가 되어 퇴근했다.[10] 그러나 포어와 달리 싱클레어의 가장 중요한 목표는 동물 학대를 강조하는 것이 아니었다. 사회주의자였던 그가 변혁하고자 했던 것은 노동자의 곤경이었고 그는 그것을 극적으로 묘사했다. "내가 계획 중인 소설의 목표는 이윤을 위해 남성과 여성의 노동을 착취하는 시스템이 인간의 마음을 어떻게 부수는지를 말하는 것입니다." 싱클레어는 출판사에 이렇게 알렸다.[11] 이 시스템에 상심하는 한 사람이 《정글》의 주인공 유르기스 루드쿠스다. 리투아니아 이민자인 유르기스는 아메리칸 드림을 좇아 시카고에 온다. 나이 든 아버지가 정육공장에서 일하다가 폐 감염증에 걸려 세상을 떠나지만, 유르기스는 장례식도 제대로 치르지 못한다. 늘 위험에 노출된 채 겨울철 난방이나 화장실 같은 기본 편의마저 제공되지 않는 공장에서 일하던 유르기스는 결국 부상을 입은 뒤 해고당한다. 그 공장엔 "손을 씻을 곳조차 없었다."[12] 독자는 이 밖에도 여러 대목에서 정육산업의 노동환경은 위험할 뿐만 아니라 불결하다는 사실을 짐작할 수 있었다.

사회주의 신문에 연재되었다가 책으로 출간된 《정글》은 대중에게 선풍적인 인기를 끌었다. 특히 죽은 쥐와 결핵에 걸린 소가 한데 갈려 아무것도 모르는 소비자에게 팔려나가는 장면이 많은 독자를 충격에 빠뜨렸다. 시어도어 루스벨트 대통령은 싱클레어를 백악관 오찬에 초대했고 (사회주의의 대의에 공감한 것은 아니었겠지만) 정육산업이 흉악한 독점 체제가 되었다는 주장에 공감하여 곧 시카고에 조사관을 파견했다. 그 결과 같은 해 육류검사법 Meat Inspection Act과 무해식품의약품법Pure Food and Drug Act이 제정되었다. 앞서 출간한 작품들은 평단 내에서도 상업적으로도 모두 실패했던 스물일곱 살의 젊은 작가 싱클레어는 이 열렬한 반응에 도취되었지만 이내 정신이 번쩍 들었다. 대중이 더러운 고기를 먹는 두려움에서 벗어나는 순간 거대 정육회사들이 다시 예전처럼 무자비하게 노동자를 착취하리라는 그의 예상이 맞아떨어졌기 때문이다. 《정글》을 읽고 분개했던 사람들은 노동자가 혹사당하는 일이 아니라 자신이 더러운 고기를 먹을 위험에 분개했던 것이라고 싱클레어는 유감스럽게 말했다. "나는 대중의 심장을 노렸으나 뜻하지 않게 대중의 위장을 강타했다."[13]

싱클레어가 세상을 떠난 해인 1968년, 시카고 정육공장의 노동환경은 대중의 관심에서 멀어진 지 오래였다. 그래도 그사이에 얼마간 변화가 있었는데, 이는 대중이 아니라 노동자가 요구해서 성취한 것이었다. 변화를 끌어낸 중요한 세력 중 하나가 전미정육노동자조합United Packinghouse Workers of America이었다. 이 단체는 고의적으로 노동자들 사이에 인종적·민족적 분열이 부추겨지던 상황에서 노동자 세력을 하나로 결집했다. 20세기 초 정육공장 인력은 대부분 동유럽 이주민이었다. 1930년에는 시카고 정육공장 노동자의 3분의 1이 흑인이었다. 이들은 처음에 파업파괴자로 고용되었다가 더없이 가혹하고 탐탁지 않은 일을 떠맡은 경우가 많았다. 이처럼 강력한 "사회적, 문화적 아파르트헤이트"[14]로 인해 인종이 다른 노동자들은 근무 중에나 후에 한데 섞이지 못했다. 서로 어깨를 걸고 파업을 일으키기는 더더욱 어려웠다. 이에 전미정육노동자조합은 인종 통합적인 집회를 열고, 공장 근처의 바와 선술집에서도 인종을 통합하고, 흑인이 조합 임원에 선출되도록 장려하는 등 노동자 내의 인종 분열을 해소하기 위해 많은 노력을 기울였다. 아프리카계 미국인을 대상으로 하는《시카고 디펜더The Chicago Defender》같은 언론도 해당 노조가 "편견을 타파"하기 위해 분투하고 있다고 보도했다.[15] 그러한 노력이 2차 세계대전 이후부터 결실을 맺기 시작해, 도축 노동자의 평균 임금은 제조업 전체 평균 임금보다 15퍼센트 많아졌다.

그렇다고 도축 노동이 쉬워진 건 아니었다. 그것은 여전히 더럽고 어려운 일이었으며, 많은 사람이 경멸하는 행위, 즉 동물 살해와 관련된 것도 여전했다. 하지만 이후 수십 년간 도축 노동자는 그럭저럭 괜찮은 임금을 확보했고 단체교섭권을 행사했다. 이제는《징글》이 시대에 뒤떨어진 것으로 보일 징도였다. 이러한 노동환경 개선의 흐름은 1970년대 초까지 유지되다가, IBPIowa Beef

Packers라는 정육회사가 새로운 생산 모델을 도입하면서 새로운 국면을 맞이했다. IBP는 운송 비용을 줄이기 위해 도시가 아니라 농가와 목장에서 가까운 시골 지역에 공장을 세웠다. 시골 지역은 노동조합에 적대적인 경향이 있어 노동비용 감축 효과까지 있었다. 네브래스카주 다코타시티의 거점 공장에서 파업이 발생하자 IBP는 멕시코에서 파업파괴자를 수입하여 대응했다. 이는 이 회사가 시장 경쟁에서 우위를 차지하기 위해 시행한 "저임금 전략"의 하나였다. 곧 경쟁 업체들이 이 전략을 따라 하기 시작하면서 도축 노동자의 호시절이 끝났다. 1990년 정육공장의 평균 임금은 제조업 전체 평균보다 20퍼센트 적어졌다. 그사이 상해 발생률도 급격히 증가했다. 한때 안정적이었던 도축 노동은 극단적인 탈숙련화를 거치며 점점 더 위험하고 일시적인 일자리로 전락했다.

'고문당한 살'은 도축 노동자의 몸에도 많았다. 이들은 피부가 찢어지고, 근육이 파열되고, 손가락이 부푼다. "나는 상처가 많아요. 손에, 팔에, 심장에, 마음에, 영혼에. 회사는 날 일꾼이 아니라 폐물로 취급해요." 한 도축 노동자는 자신이 처한 잔혹한 환경을 설명했다.[16] 많은 정육공장에서 **연간** 이직률이 100퍼센트를 넘어섰다. 그렇다면 사람도 적은 시골 지역의 정육공장은 그 빈자리를 메울 건강한 인력을 어떻게 구했을까? 해외 저숙련 노동자의 유입을 추진했던 필수노동자 이민 동맹Essential Worker Immigration

Coalition (미국육류협회American Meat Institute가 이 단체의 회원이었다) 같은 로비 단체가 이 문제의 해결에 일조했다. 일부 정육회사는 중개업자를 고용하여 이주민은 물론 시에라리온 같은 전쟁 지역의 난민을 미국으로 수입했다. 1990년대에 도축 노동자의 약 4분의 1이 미등록 이주민이었다. 이들은 사회적 지위가 낮은 탓에 자신의 권리를 행사하기 어려웠고 심지어 어떤 권리가 있는지 알지도 못했다. 2005년, 휴먼라이츠워치는 정육공장 노동자의 기본 권리가 조직적으로 침해되고 있으며, 이 문제는 도축산업 종사자 중 이주노동자의 비율이 높다는 사실과 불가분의 관계에 있다고 보고했다. "이 글에 보고된 모든 폐습, 가령 산업재해와 질병을 예방하지 못하는 위험한 환경, 산업재해 보상을 회피하는 경향, 노동자의 결사 자유 침해 등은 노동자의 대다수인 이주민의 취약성 그리고 그러한 취약성을 이용하려는 고용주의 적극적인 의도와 직결되어 있다."[17]

더티 워크 중에는 침체되고 척박한 시골 지역 주민이 주로 담당하는 노동이 있다. 앞서 살펴보았듯이 많은 교도소가 '시골 게토'에 있다. 이와 달리 도축 노동은 외국인이 담당하는 경우가 많다. 이들 '그림자 인간'의 노동은 미국인의 식량 체계와 식단에서 점점 더 중요한 역할을 맡고 있다. 1960년부터 2019년까지 미국의 1인당 닭고기 소비량이 세 배 이상 증가하면서 닭고기는 소고기와 돼지고기를 누르고 미국인이 가장 좋아하는 육류가 되었다. 2019년 미국에는 닭고기 패스트푸드 체인점이 2만 개가 넘으며, 산업 규모가 총 340억 달러에 이른다. 미국의 먹이사슬의 보이지 않는 저쪽 끝에 '그림자 인간들'이 있다. 이 사슬은 공장식 농장과 정육공장에서 시작하여 슈퍼마켓과 KFC의 치킨너겟으로 끝난다. 에버렛 휴스식으로 말하면, 도축 노동자는 닭고기 체인점의 소비자를 계속 만족시키기 위해 누군가는 해야만 하는 불쾌한 일, 그러나 미국 본토인은 비위가 약하거나 수완이 없어 하지 못하는 일을 함으로써 이 사회의 문제를 해결하고 있는 것이다.

"대농장식 자본주의"

나는 플로르 마르티네스를 만난 브라이언의 세미나에서 바로 그러한 의견을 여러 차례 들었다. 후안이라는 과테말라 이주노동자는 자신이 오래 일한 노스캐롤라이나주 정육공장에는 가끔 백인이 들어오지만 그들은 점심시간까지 일한 뒤 나가서 다시 돌아오지 않는다고 했다. "그 사람들은 '내가 여기서 하루 종일 일할 정도로 미치진 않았거든'이라고 해요." 후안이 작게 웃으며 말했다. 그날 후안을 비롯한 여러 노동자는 브라이언의 이주노동자 인권 수호 단체인 '센트로 데 데레초스 라보랄레스(노동자 권리 센터)'의 초청으로 그 자리에 참석할 수 있었다. 식순이 절반쯤 지나고,

삶아서 으깬 콩과 빈스와 신선한 타말레로 점심을 먹은 뒤, 한 무리의 노동자가 앞으로 나와 촌극을 공연했다. 헤어네트, 작업복, 오렌지색 라텍스 장갑 차림의 사람들이 허리 높이의 탁자 뒤에 나란히 서서 공장에서 일하는 장면을 연기했다. 이들은 손을 빠르게 움직이고 같은 동작을 계속 반복하면서 생산라인에서 이루어지는 이런저런 작업을 흉내 냈다. 그들을 감시하는 한 남성 관리자는 "바모스(서두릅시다)!" "라피도(빨리)!" 하고 주기적으로 소리를 질렀다. "네세시토 이르 알 바뇨." 이윽고 한 여성 노동자가 화장실에 가야 한다고 말했다.

"아구안타르세!" 남자가 소리쳤다. 참으라는 뜻이었다.

"노 푸에도 에스페라르." 여자가 대답했다. 못 참는다는 뜻이었다.

"아구안타르세!" 남자가 으르렁거렸다.

나는 촌극을 공연한 사람 중 레지나(가명)라는 여성 노동자와 대화를 나누었다. 50대 중반의 멕시코 이주민인 그는 손톱을 밝은 색으로 칠했고 장난꾸러기 같은 미소를 지었다. 그러나 샌더슨 팜스 공장에서 2년간 일한 경험을 이야기하기 시작하는 순간, 얼굴에서 미소가 사라졌다. 일을 그만둘 무렵 그는 양손에 손목 터널 증후군을 앓고 있었다. 무서운 상사를 옮기넌 사람과 심하게 부딪히는 바람에 고관절에도 부상을 입은 상태였다. 레지나는 촌극 연기가 힘들었다고 말했다. 하지만 몸보다도 마음이 아팠다고 했다. 화장실에 가지 못하고 참아야 했던 일들이 떠올라서였다. 그는 그런 일이 너무 잦아서 방광에 문제가 생겼고, 만약을 대비해 생리대를 착용하기 시작했다고 했다.

"논리적으로 따지면 나에겐 화장실에 갈 권리가 있었지만, 해고당하고 싶지 않았습니다." 레지나는 풀 죽은 눈빛으로 말했다. 그러면 어떤 기분이 들었느냐고 내가 묻자 그는 침묵에 잠겼다. "슬프고, 화나고, 무력한 기분." 그는 대답했다. 그리고 울었다. 남편과 이혼한 뒤 여러 명의 아이를 혼자 키우고 있던 그는 돈이 필요하니까 해고당하면 안 된다는 이유에서 모욕을 참고 관리자들에게 복종했다. "우리는 궁핍함 때문에 어쩔 수 없이 그런 곳에서 일하는 거예요." 그는 눈물을 닦고 말했다.

몇 주 후 나는 다시 한번 브라이언으로 찾아가 가금류 정육공장에서 일했거나 일하고 있는 사람을 여러 명 더 인터뷰했다. 모두 멕시코 이주민이었다. 모두 여성이었고 모두 부양할 가족이나 자식이 있었다. 왜 그 공장에서 일하느냐고 물으면 모두가 레지나와 비슷하게 답했다. 돈이 필요해서, 그리고 햄버거 가게에서 패티를 굽거나 모텔에서 변기를 닦는 일보다는 정육공장 일의 임금이 더 많아서였다. 괜찮은 일자리가 별로 없는 브라조스 카운티에서 라틴계 이주민(이들의 빈곤율은 37.4퍼센트에 달한다)이 구할 수 있는 일자리는 겨우 그 정도였다. 한 사람을 뺀 모두가 자신의 경험을 이야기하던 중에 울었다.

그 눈물이 말하는 것은, 도축 노동자가 단순히 혹사 때문에 괴로워하는 게 아니라는 사실이다. 그들은 모욕감을 느낀다. 인류학자 앤절라 스튀시Angela Stuesse의 가금류산업에 대한 민족지학 연구서 《근근이 살아가기Scratching Out a Living》(2016)에도 같은 감정을 느끼는 사람들이 등장한다. 1945년까지 닭고기는 돼지고기, 소고기와 달리 남부 주에서 소규모로 생산되었다. 그런 지역 중 하나인 미시시피주에서 현장 연구를 한 스튀시에 따르면 2차 세계대전 이전에는 주로 백인 여성이 가금류를 생산했다. 그러다 1970년대 들어 아프리카계 미국인이 정육공장에 들어오자 많은 백인이 이 산업을 떠났다. 닭고기 정육산업이 고수익 사업으로 급성장한 1990년대에는 흑인과 라틴계 주민이 정육공장에서 일했다(2020년 기준으로 닭고기와 달걀은 미시시피주의 가장 중요한 농산물로, 총 매출액이 28억 달러에 달했다). 스튀시는 그 수익이 노동자에게 거의 분배되지 않는다는 점에서 닭고기 정육산업을 "대농장식 자본주의plantation capitalism" 시스템으로 규정했다. 이 개념은 노동자의 인간성을 박탈하는 환경에서 주로 소수인종이 일하고, 기업의 소유주와 임원은 거의 대부분 백인이라는 사실을 지적한다. 과거 대농장에서와 똑같이 가금류 정육공장에서는 관리자가 전권을 휘두르며 일선 노동자를 가혹하게 취급한다. 고된 노동으로 물리적 상처뿐만 아니라 감정적 상처도 남는다는 것까지 과거 대농장에서와 똑같다. 도축 노동은 "몸의 고통보다 더한 고통을 유발한다. 관리자의 만성적인 홀대는 노동자의 존엄성, 자존심, 정의감을 위협하기에 정신을 다치게 한다."[18]

노예제를 연구하는 역사학자라면 '대농장식'이라는 표현을 문제 삼을 수도 있겠다. 그러나 나는 브라이언의 도축 노동자를 만나 그들이 겪은 모욕에 대해 들으면서 그 용어를 거듭 떠올릴 수밖에 없었다. "여기에 없는 건 채찍뿐이에요." 레지나는 이렇게 말하며 관리자들이 그를 무자비하게 채근할 때 그러듯이 손가락을 튕겨 보였다. 어떤 이들은 몸이 고장나기 시작하는 순간 회사가 그들을 쓰고 버리는 "기계"로 취급한다고 묘사했다. 플로르 마르티네스의 친구 리비아 로조를 만나서도 비슷한 이야기를 들었다. 그는 샌더슨 팜스 공장에서 18년간 일하는 동안 어깨가 망가졌고 손목을 다쳤으며 오른팔이 말을 듣지 않아 옆구리에 축 늘어진 상태였다. 부상 때문에 그 얼마 전 일을 그만둔 로조는 다시는 일자리를 구하지 못할까 봐 걱정하고 있었다.

후아니타도 비슷한 이야기를 들려주었다. 미등록 이주민인 그는 남편과 어린 세 아이와 함께 브라이언의 트레일러촌에 살고 있었다. 트레일러 안에 들어가 보니 창문마다 블라인드가 내려져 있었다. 작은 주방의 레인지 위에서는 두 개의 커다란 냄비가 뭉근히 끓으며 증기를 내뿜고 있어 공기가 텁텁하고 축축했다. 후아니타는 아이들을 돌보는 사이사이 냄비에 소금을 뿌리거나 플랜틴 바나나를 썰어 넣었다. 유독 보채는 한 아이가 먹을 걸 달라고 울면 네스퀵 코코아를 주어 잠깐이나마 입을 다물게 했다. 다른 두 아이는 방 한구석의 닳아빠진 소파에 널브러져 텔레비전을 보고 있었다. 그는 이렇게 좁은 집에서 여러 가족을 부양해야 하는 처지였기에, 처음 정육공장 일을 시작했을 때 다른 나이 많은 노동자들이 "자긴 아직 젊어. 여기서 일하면 안 돼"라고 했던 경고를 귀담아듣지 않았다. 시급 12.20달러라는 큰돈에 건강보험(하지만 비용의 4분의 1은 본인 부담이었다)까지 누릴 수 있었으니까. "저는 신입 교육 때 와 하고 감탄했어요." 후아니타가 말했다.

일을 시작한 직후 후아니타는 더러워서 미끄덩거리는 공장 화장실에서 미끄러졌다. 넘어지면서 바닥을 짚은 왼손이 곧 아프기 시작했다. 의무실을 찾아갔더니 의사가 손목에 붕대를 감아주면서 활동을 제한하라고 했다. 그 후 후아니타는 닭가슴살을 포장하는 라인에 배정되었는데, 그 무시무시한 작업 속도 탓에 의사의 권고를 따를 수 없었다. 그러나 관리자는 후아니타를 조금도 이해해주지 않았고, 아무래도 그를 쫓아내려고 작정한 듯싶었다. 한번은 후아니타가 그날따라 유난히 손이 아파서 의무실에 붕대를 감으러 다녀오느라 작업 시간에 2분 늦은 적이 있었다. 그 관리자는 "당신은 늘 늦지. 포장 물량이 부족하다고! 이건 못 넘어가" 하고 그를 꾸짖었다. 후아니타가 결국 손목의 통증 때문에 울음을 터뜨리고 조퇴를 요청하자 그는 후아니타를 해고하겠다고 협박했다. "당신 기분 같은 건 상관없어. 계속 일해. 안 그럼 해고야."

그 후 다른 부서에서 일하는 중에는 닭고기를 살균하는 화학약품이 눈에 튀는 사고가 발생했다. 눈물이 어찌나 심하게 흐르고 눈이 부었던지 의무실 간호사는 후아니타를 오스틴의 전문의에게 보냈고 후아니타는 수술이 필요하다는 진단을 받았다. 수술비와 이후 진료비는 후아니타가 지불해야 했다. 공장에 돌아와서도 눈이 계속 말썽을 일으켰는데, 의무실 간호사는 그 문제가 공장 일과 무관하다고 판단했다. 나와 인터뷰를 하던 중 후아니타는 서류철을 꺼내 자신의 의료 기록을 보여주었다. 회사 측에서 발부한 서류에 그 간호사는 "근무와 무관한 부상, 알레르기"라고 적었다. 후아니타는 서류를 노려보며 말했다. "난 알레르기 같은 건 한번도 일으킨 적 없어요." 그가 또 다른 서류를 찾아내 보여주었다. 후아니타의 건강보험 적용 범위를 외부에서 검토한 평가서였다. 그에 따르면 그의 왼손, 왼쪽 손목, 어깨의 부상은 작업과 무관하기에 보험을 적용할 수 없었다.

"그들은 내가 그만두길 바랐어요. 사람이 다치면 회사는 그런 식으로 나와요." 후아니타는 말했다. 그의 건강보험은 공장 의무실에서 받은 값싼 연고와 붕대에만 적용되었다. 결국 후아니타는 공장을 그만두었다. 우리가 만난 날 그는 실직 상태였다. 미등록 이주민인 데다가 몸도 성하지 않아 과연 다시 일자리를 구할 수 있을지 불분명했다. 눈물은 멈추었지만 시력이 예전 같지 않았다. 특히 밝은 햇빛에 노출되면 시야가 흐려졌기에 트레일러 안의 창문을 전부 블라인드로 가려둔 것이었다. 샌더슨 팜스는 그를 "쓰고 버리는 쓰레기처럼" 취급했다고 후아니타는 말했다.

철저히 은폐하기

나는 후아니타의 집을 나와 샌더슨 팜스 공장으로 차를 몰았다. 관리자나 운영자를 만나 일선 노동자의 처우에 대해 이야기를 듣고 싶었다. 업턴 싱클레어가 《정글》을 쓴 시대에 그런 이야기가 궁금한 외부인은 시카고 같은 대도시에서 걸어서 갈 수 있는 거리에 있는 도축장을 찾아가 주변을 돌아보기만 하면 답을 얻을 수 있었다. 그런 외부인 중 한 사람인 영국인 저널리스트 러디어드 키플링Rudyard Kipling은 1899년 《여행 서한Letters of Travel》에 "영국인은 다들 시카고 도축장을 보러 간다고들 한다"라고 썼다. 이 책에서 키플링은 몇 블록씩 이어진 도축징에서 소와 돼지가 어떻게 도실되는지를 생생하게 묘사했다. "도시에서 한 6마일(약 9.5킬로미터-

옮긴이)만 가면 도축장이 나온다. 그곳을 본 사람은 그 광경을 영원히 잊지 못할 것이다."[19]

그로부터 100년 후, 미국의 도축장은 교도소와 마찬가지로 사회의 "눈에 거슬리지 않는 변두리"로 자리를 옮겼다. 시골은 사업하기 좋은 환경인 동시에 대중의 시선이 미치지 않는 곳이었다. 브라이언의 샌더슨 팜스 공장은 고속도로변의 산업 단지에 있었다. 구불구불한 차로를 따라가자 철제 출입구가 나왔다. 문 위에는 '여기서부터 사유지'라고 쓰인 표지판이 붙어 있었다. 구름이 잔뜩 끼고 비가 내리는 날이었다. 계속 차를 몰아 완만한 언덕길을 올라가니 주차장과 보안 출입구가 나타났다. 그 너머 멀지 않은 곳에 커다란 벽돌조 건물이 있고, 그 입구 옆의 깃대에 깃발 두 개(하나는 별이 쉰 개 들어 있는 성조기, 하나는 별이 한 개 들어 있는 텍사스 주기)가 비에 젖어 축 늘어져 있었다. 보안 출입구로 걸어가는데, 겹겹이 쌓은 나무 상자를 망으로 덮은 트럭 한 대가 내 옆을 지나갔다. 그날 아침 꽥꽥거리는 산 닭을 이곳에 실어 나른 그 나무 상자들이 저 담장 너머에서 동물이 대량으로 도축되고 있다는 사실을 알려주는 유일한 힌트였다. 이제 그 상자들은 비었고 빗물에 얼룩져 있었다.

공장의 소유주이자 운영자인 샌더슨 팜스는 세계에서 가장 큰 닭고기 정육회사 중 하나이자 미시시피주 유일의 《포춘》 선정

1000대 기업이다. 1947년 로렐이라는 소도시에서 이웃에게 병아리와 모이를 공급하는 것으로 사업을 시작한 가족 회사가 1987년에는 상장하며 공개 회사가 되었다. 1990년대 들어서는 노동조합의 세력이 약하고 무엇보다 환경 규제가 느슨한 다른 주(조지아주, 루이지애나주, 텍사스주)로 사업을 확장했다. 텍사스주 브라이언의 공장은 1997년에 문을 열었다. 그로부터 15년 후 환경텍사스 Environment Texas라는 비영리 단체가 발표한 보고서에 따르면 이 공장은 텍사스주 수질 오염의 제1 원인으로, 그해에만 120만 파운드(약 54만 4000킬로그램)의 유해 물질을 개천과 강에 방류했다. 이는 샌더슨 팜스에 국한된 문제가 아니다. 워싱턴의 비영리 단체 환경보전프로젝트 Environmental Integrity Project가 발표한 2018년 보고서에 따르면, 미국 전역의 정육공장이 매일 방류하는 질소는 평균 331 파운드(약 150킬로그램), 그러니까 인구 1만 4000명인 도시의 미처리 하수에 들어 있는 양에 달했다. 일부 닭고기 정육공장은 해당 지역의 규제를 일상적으로 위반하고도 제대로 처벌받지 않았다. 닭고기 정육공장은 규제가 느슨해서 "훨씬 많은 오염 물질을 방류해도 되는" 주에 몰려 있다. 부유한 지역에 사는 '선량한 사람들'이 이 상황에 별 문제를 느끼지 못하는 이유 중 하나는 그로 인한 심각한 결과기 그들에겐 느껴지지 않기 때문일 것이다. 환경보전프로젝트가 밝혔듯 정육공장은 "라틴계와 아프리카계 주민 비율이 높고 빈곤선 이하에서 살아가는 주민이 많은" 고립된 지역에 불균형하게 몰려 있으며, 그러한 지역사회는 "달리 대책이 없어 식수와 천연자원을 잃는다."[20]

정육 산업의 더러운 부산물(가축의 피와 분변)은 다름 아니라 도축장 안에서 더티 워크를 하는 사람들이 사는 땅의 개천과 강으로 흘러든다. 텍사스주 교육청의 2015년 조사에 따르면 브라이언에 사는 초중고생의 74퍼센트가 경제적으로 어려운 상황에 처해 있었다.

샌더슨 팜스를 비롯한 많은 닭고기 정육회사가 '수직적 통합'이라는 사업 전략을 채택하여 사료 제분소, 병아리 부화장부터 닭을 운반하는 트럭에 이르는 모든 것을 소유한다. 타이슨 푸드가 처음 내세운 이 전략을 통해 거대 기업들은 정육 시장을 지배하고 막대한 이익을 거두었다. 저널리스트 크리스토퍼 레너드^{Christopher Leonard}가 《고기 시장의 뒷거래^{Meat Racket}》(2014)에서 밝혔듯, 이 전략이 시골 지역사회나 닭과 돼지를 공장에 납품하는 농가에는 훨씬 불리하다. 농가가 받는 돈은 회사 내부의 비밀 계산식으로 정해지는데, 흔히 파산에 내몰릴 정도로 낮은 수준이다. 계약 조건에 불만을 제기하는 사람은 사업에서 쫓겨나기 일쑤다(병아리를 소유한 회사가 공급을 중단하면 그만이다). 레너드에 따르면 타이슨 푸드 같은 대기업이 지배하는 시골 지역에는 이 암담한 상황을 가리키는 은

어가 있다. "닭됐다chickenized."[21]

정육회사들은 긍정적인 대외 이미지를 구축하려고 힘써왔다. 2018년 샌더슨 팜스는 "진실 말하기"라는 제목의 광고 캠페인을 시작하여 이 회사가 새롭게 채택한 '투명성 사명'을 홍보했다. 마케팅 부서장 힐러리 버로우스는 이렇게 선언했다. "우리가 어떤 일을 왜 하는지 투명하게 알린다면 고객과 소비자는 가금류 생산을 더 잘 이해할 수 있을 뿐 아니라 더 기분 좋게 가족에게 음식을 먹일 수 있을 것입니다."[22]

이 사명이 브라이언 공장의 보안 출입구 직원들에게까지 전달되지는 않은 모양이었다. 내가 안에 들어가고 싶다고 하자 그들은 그럴 수 없다고 했다. 한 사람이 나에게 공장 전화번호를 적은 종이를 내밀며 공장을 방문하려면 반드시 사전에 허가를 얻어야 한다고 설명했다. 차로 돌아가 그 번호로 전화를 걸었더니 전화를 받은 사람이 또 다른 번호를 알려주었다. 샌더슨 팜스의 미시시피 본사에 있는 재무 총책임자 마이크 코크렐의 번호였다. 그 번호로 전화를 걸자 강한 남부 사투리를 구사하는 친절한 비서가 받았다. 그는 내 이름을 받아 적더니 코크렐 씨는 회의 중이라고 설명했다. 그는 사정이 허락하는 대로 메시지를 전달하겠다면서 내게도 다시 전화해달라고 했다.

나는 한 시간 후 다시 전화를 걸어, 내가 지금 브라이언 공장

앞에 있으며 방문 허가가 나기만을 기다리고 있다고 설명했다. 그러나 코크렐 씨는 여전히 회의 중이었다. 다시 한 시간이 지나 전화를 걸었다. 비서는 코크렐 씨가 여전히 바쁘다면서 전화 통화와 이메일 때문에 오후 내내 시간이 나지 않을 테니 내가 오늘 공장에 들어가기는 불가능할 거라고 했다.

그 후 몇 주간 나는 샌더슨 팜스 본사에 전화를 걸어 브라이언 공장을 방문하게 해달라고 거듭 요청했다. 코크렐과의 인터뷰도 요청했다. 인터뷰 요청도, 공장 방문 요청도 받아들여지지 않았다. '투명성 사명'을 선포한 회사답지 않은 모습이었다. 그러나 정육산업은 워낙 비밀스럽기로 유명해서 나는 딱히 놀라지 않았다. 미국의 여러 주에서 정육공장 내부를 사진이나 동영상으로 촬영하는 행위를 범죄로 규정하고 있다. 이는 내외부의 고발을 막는 이른바 '재갈법ag-gag law'이 도입된 결과다(일부 주에서는 해당 법이 위헌으로 판결되어 폐지되기도 했다).

마침내 나는 샌더슨 팜스의 사업장 정책에 관한 글을 하나 받았다. 원래 옥스팸 아메리카Oxfam America의 보고서에 대응해 그 회사가 내놓았던 두 쪽짜리 보도자료였다. "배출 불가"라는 제목으로 발표된 이 보고서는 닭고기 정육공장 노동자들이 화장실에 가지 못하는 문제에 초점을 맞추고는 이 문제가 만연해 있다고 설명했다. 옥스팸 연구진이 처음 접촉했을 때 샌더슨 팜스는 해명을 거부했다. 하지만 보고서가 발표되고 언론에도 얼마간 보도되자 샌더슨 팜스는 즉각 혐의를 반박하고 나섰다. 내가 받은 보도자료에 따르면 "본사는 그 어떤 직원에게도 화장실 사용 시간을 박탈하지 않습니다. 샌더슨 팜스는 직원이 필요할 경우 화장실 시설을 사용할 수 있게 해야 한다는 직업안전보건국^{Occupational Safety and Health} Administration(OSHA)의 규준을 엄격히 준수합니다."

보도자료는 다음과 같이 이어진다. "샌더슨 팜스의 가장 소중한 자산은 우리의 직원입니다. 그러므로 우리는 직원들을 귀하게 여기고 존경하며 그들의 근면한 노동에 더없이 감사합니다."

해체 라인 노동자를 정말로 귀하게 여기고 존경하면 어떤 변화가 나타나는지를 플로르 마르티네스는 직접 경험했다. '플로어 노동자^{floor worker}'라고 불리는, 일선 노동자이면서 관리자 역할도 일부 겸하는 자리에 배정되었을 때 플로르는 연민하는 마음을 보여주려고 노력했다. 일선에서 누군가가 너무 지치면 자기가 그 자리를 맡아 쉬게 해주었다. 사람들에게 소리를 지르는 대신 미소를 지으며 격려의 말을 건넸다.

플로르의 동료들에겐 이 접근법이 잘 맞았다. 그들은 플로르가 그 자리를 맡은 지 사흘 민에 일곱 시간 근무를 기준으로 역대 가장 많은 수의 닭을 가공하는 성과로 화답했다고 플로르가 자랑스럽게 설명했다. 그러나 관리자들에겐 이 방법이 맞지 않았다. 그들은 플로르가 너무 무르다고 꾸짖었다. 한번은 어느 관리자가 플로르에게 장갑을 한 사람당 한 켤레씩 지급하라면서 누군가 더 달라고 하면 여분이 없다고 말하라고 지시했다. "하지만 사무실에 장갑이 한 박스나 있잖아요." 플로르는 이의를 제기했다. "사람들이 쓰는 거예요. 그들에겐 비품이 필요하다고요." 관리자는 양보하지 않았다. "플로르, 제발, 내가 하라는 대로 해요."

플로르는 관리자가 노동자를 윽박지르는 모습을 보면서 어린 시절 할머니를 위협하던 할아버지를 속절없이 지켜보던 일을 떠올렸다. 그가 보기에 도축 노동은 특히 여성 노동자의 존엄성을 심각하게 훼손했다. 그들은 화장실에 가지 못해 방광염에 걸렸다. 성적 괴롭힘까지 당했다("빨리 돌려, 어젯밤처럼 빨리 돌리란 말이야!"). 내가 참석했던 과달루페 성모 회관에서의 세미나에서도 성폭력이 주요 사안으로 다루어졌다. 세미나에서는 오스틴에서 온 법률가 두 명이 성폭력의 정의와 그에 대한 대처 방법을 설명했다. 세미나가 열린 2018년 가을은 미디어 및 연예 산업계에서 성폭력이 점점 심각해지던 끝에 미투(#MeToo) 운동이 이루어지며 피해자들이 남성 권력자들의 학대와 폭력을 고발하기 시작하던 참이었다. 그로부터 1년 전 할리우드의 영화제작자 하비 와인스타인Harvey Weinstein의 성폭력 전력이 폭로되었고 비슷한 사건이 연달아 보고

되었다. 나는 이 세미나에서 미투 운동의 영향력이 얼마나 빠르게 확산되었는지를 실감할 수 있었다. 한편으로는 미투 운동이 부딪힌 장벽이 무엇인지도 확인할 수 있었다. 변호사를 통해 가해자를 고소하는 일은 보복과 공적 모욕이 뒤따를 수 있기에 할리우드의 여성 배우나 여성 뉴스 앵커에게도 쉽지 않은 일이었다. 하물며 **약간의** 불만을 표출하기만 해도 보복당할 수 있는 라틴계 이주노동자에게 그런 일은 불가능에 가까웠다. 회사 측의 보복만이 문제가 아니었다. 법률가들의 발표에 이은 토론 시간에 노스캐롤라이나주의 한 노동자는 관리자의 상습적인 성폭력을 상부에 보고한 여성의 이야기를 전했다. 피해자의 남편은 그 사실을 알고 격분했는데, 분노의 대상은 가해자인 관리자가 아니라 자신의 **아내**였다. 정육공장 내 젠더 역학은 노동자 가정 내 젠더 역학을 너무도 여실히 반영했다. 여성 노동자가 기댈 수 있는 안전한 장소는 거의 없었다.

관리자들이 플로어 노동자에게 요구하는 가혹한 태도에 대해 남편 마누엘에게 호소했을 때, 플로어는 너무 많은 걸 느끼지 말고 좀 더 관리자답게 생각하라는 말을 들었다. 관리자답게 생각한다는 것은 최대한 많은 닭을 가공해서 상여금을 받을 생각만 하는 것이있다. 연말에 마누엘은 플로르가 기뻐할 거라 생각하며 그에게 자랑스럽게 상여금 수표를 보여주었다. 물론 플로르는 생활에 보탬이 될 돈이 반가웠다. 상여금 덕분에 오랜 트레일러 생활에서 벗어나 옆 동네인 칼리지스테이션 근처에 2층짜리 집을 구할 수 있었다. 그러나 시간이 지나면서 플로르는 남편이 받아 오는 가욋돈이 더 이상 반갑지 않았다. 그건 더러운 돈이었다.

"난 그 사람한테 말했어요. '당신, 라인의 속도를 왜 바꿨어? 왜 사람들을 죽이려고 해? **당신**은 **나**를 죽이려고 해. 대체 왜 그래야 하는데?' 그 사람에겐 힘이 있었어요. 위에 올라갈 힘이." 플로르가 말했다.

여기서 '위'는 관리자와 운영진이 모이는 회의를 뜻했다. 남편이 회의에 참석할 수 있다면 당연히 일선 노동자 편에서 목소리를 내야 한다고 플로르는 생각했다. 그러나 플로르도 인정했다시피 그 자리의 진짜 권력은 관리자가 아니라 운영진에게 있었다. 그들이 생산량을 결정했고, 생산량이 라인의 가동 속도를 결정했다. 운영진이 관리자를 대하는 어조도 모욕적이었다. 관리자는 회사의 고위급 임원들을 대신해 더러운 일을 할 뿐이었고, 그렇게 거둔 이익은 조 샌더슨 같은 사람에게 돌아갔다.*

---

* 조 샌더슨은 2017~2018년 미시시피주에서 가장 연봉이 많은 최고경영자였다. 그의 연봉은 1000만 달러가 넘었다.

'오염하는' 침입자를 향한 혐오

플로르 마르티네스를 비롯해 내가 인터뷰한 도축 노동자들은 그들이 혹사당하는 이유가 운영진이 그들을 바라보는 태도에 있다고 생각했다. 운영진의 눈에 그들은 절대로 자신의 권리를 수호하지 못하는 유순한 이주민이었다. "그래서 그러는 거예요. 우리가 영어를 잘 못하니까 스스로를 변호할 수 없다고 생각해서요." 리비아 로조의 말이다. 다른 선택지가 거의 없는 사람, 또한 사회의 눈에 자신이 보이지 않는다고 느끼는 사람은 스스로를 변호하기가 어렵다고 여러 노동자가 나에게 말했다. 그러나 사실 이들은 보이지 않는 존재가 아니다. 브라조스 카운티에서는 오히려 무척 눈에 띄는 존재다. 이들은 '타자'로 공격받는다. 텍사스주는 이들 '그림자 인간'에 기대어 살아가면서도 이들을 비방한다. 2017년 텍사스주 주지사 그레그 애벗Greg Abbott은 텍사스 내 지역 자치체가 미등록 이주민을 보호하는 '성역 도시' 역할을 하지 못하도록 금지하는 법안에 서명했고, 법 집행 기관에 이민관세집행국의 요청에 협조하라고 촉구했다. 나는 샌더슨 팜스의 노동자를 인터뷰하러 가던 길에 텍사스주 지방 라디오 방송에서 이주자 문제를 논하는 것을 들었다. 진행자는 텍사스주에 밀려들어 오는 라틴계 이주민은 "미국을 증오하며" 그들이 미국의 유산과 가치를 위협한다고 열변을 토했다. 그는 이주민이 '더럽다'고 말하진 않았으나 그렇게 말한 것이나 다름없었다. 그는 미국 사회가 이주민을 흡수한 결과 사회가 침식되고 오염되었다며 이주민을 침입자로 묘사했다.

트럼프 대통령이 취임한 후 그런 이야기가 점점 더 자주 들려온다고, 내가 인터뷰한 모든 사람이 우려했다. 전에 없이 험악한 말들이 혐오와 폭력을 부채질하고 있다고 했다.** 그러나 이는 텍사스주에서는 오래되고 익숙한 일이었다. 과거에도 멕시코 이주민은 어렵고 불쾌한 일을 떠맡고도 비난당했다. 역사학자 데이비드 몬테자노David Montejano의 《텍사스주를 구성하는 앵글로 사람과 멕시코 사람Anglos and Mexicans in the Making of Texas》(1987)에 따르면, 1920~1930년대 텍사스주의 수많은 농장이 멕시코 이주민을 밭 일꾼으로 고용했다. 이들은 근면하게 일하는 동시에 임금 수준을 억제해준다고 칭송받았다(한 농장주는 이렇게 말했다. "멕시코인이 없다면 백인 노동자계급은 (…) 높은 임금을 요구하면서 멕시코 사람이 하는 일의 절반도 안 할 것이다"[23]). 그러나 그들은 이웃과 동료 시민으로는 인정받지 못했다. 텍사스 시골 지역은 대체로 인종 격리가 심했고, 교육 기관

** 2019년 8월 3일, 국경 도시 엘패소의 월마트에서 총기 난사 사건으로 스물세 명이 살해당했다. 이는 미국 역사상 가장 많은 라틴계 주민이 사망한 사건이었다. 정부 발표에 따르면, 범인 패트릭 크루시어스Patrick Crusius는 범행에 앞서 에잇챈 게시판에 백인 민족주의 선언문을 올려 라틴계의 텍사스 '침공'을 비난했다고 한다.

도 마찬가지였다. 몬테자노에 따르면 텍사스주에서는 멕시코인은 더러우므로 인종 격리가 필요하다는 대중 정서가 반복적으로 조성되었다. 여기서 '더럽다' 함은 단순히 위생 상태가 나쁘다는 뜻이 아니라 사회적으로 불결하다는 뜻이었다. 앵글로 사람(백인)은 "멕시코인을 열등하고 불결하고 혐오스럽게"[24] 여겼으며, 이주노동자가 지저분한 일을 한다는 사실이 그러한 인식을 한층 강화했다. 이주민의 일은 '멕시코인 노동'으로 불렸다. 그 일을 하는 사람들은 "자신이 더러운 존재이며 앞으로도 계속 그러할 것임을 배워야 했고 목격해야 했다. 그들은 깨끗해질 수 없었다."[25]

그들은 아무리 중요한 일을 해도 자신의 주제를 알게 된다. 이처럼 미국 사회는 멕시코계 이주민을 더러운 존재로 분류함으로써 이들이 사회질서를 위협할지 모른다는 가상의 위협을 중화한다고 몬테자노는 말한다. 그의 분석은 인류학자 메리 더글러스Mary Douglas의 연구에서 큰 영향을 받았다. 더글러스는 그의 권위서 《순수와 위험Purity and Danger》(1966)에서 오물을 "제자리에서 벗어난" 것으로 정의했다.[26] 오물은 본질적으로 더러워서가 아니라 사회질서의 근간을 이루는 양식이나 전제와 조화되지 않는다는 이유에서 혐오스럽게 여겨진다. "오물은 질서를 거스른다." 그래서 위험하다. 그런데 무언가를 디리운 것으로 분류하는 일은 더럽지 **않은** 것, 깨끗하게 유지해야 하는 것을 분리하는 일이기도 하다. "오물이 있는 곳에 체계가 존재한다. 질서가 부적절한 요소의 거부와 관련되는 한, 오물은 사물의 체계적 질서화 및 분류의 부산물이다."[27] 부적절한 요소는 쓰레기, 배설물 같은 무생물일 수도 있지만 사람일 수도 있다. "넘지 말아야 할 선을 넘는 사람", 그래서 사람들이 자신의 순수한 위치를 지키기 위해 필사적으로 접촉을 피하는 이를 더글러스는 "오염하는 사람"이라고 불렀다.[28]

몬테자노가 연구한 과거의 멕시코 이주노동자가 그들이 하는 일 때문에 더럽게 여겨졌는지, 아니면 그들의 존재 자체가 더럽다고 여겨졌는지는 확실히 알 수 없다. 이는 비단 멕시코 이주노동자만의 특징이 아니다. 인도에서 '불가촉천민'이라 불리는 가난하고 소외된 최하층민은 변기를 닦는 등의 불결한 일을 떠맡아왔다. 또한 이들은 그 위의 다른 계층 사람과 물리적으로나 사회적으로 접촉해서는 안 된다. 유럽에는 그 정도로 제도화된 계급은 없었으나 일부 소외된 집단이 '오염하는 사람'으로 여겨졌다. 그중 하나가 '고리대금업을 하는 유대인'이다. 서양 경제에서 금융업이 광범위해지고 불가결해지는 와중에도 유대인이 하는 금융업은 부도덕한 것으로 치부되었다. 중세 유럽에는 기독교인 고리대금업자도 많았으나 가장 무자비하고 교활하게 기독교인에게 폭리를 취하는 탐욕스러운 고리대금업자로 지목된 것은 유대인이었다. 기독교 지도층은 돈을 빌려주고 이자를 받는 사업을 죽음에 이르는 대죄로 선고하는 한편, 그들이 보호하지 않아도 되는 유대인이 (기독교 성경에서 금지한) 대금업을 대신 수행하는 것에 조용히 안도했다. 15세기에 교황 니콜라오 5세$^{Nicholas\ V}$는 "이 사람들(유대인)이 대금업을 하는 것이 기독교인끼리 하는 것보다 바람직하다"고 했다.[29]

대금업이 유대인에게 전적으로 부정적으로 작용한 것은 아니다. 영국인 역사학자 사이먼 샤마$^{Simon\ Schama}$에 따르면 대금업자는 "잉글랜드 유대인 집단의 권세가"였고[30] 일부는 아름다운 분수대와 사냥터를 갖춘 호화 저택에 살기도 했다. 그러나 유대인 사회 전체에 대해서는 이야기가 달라진다. 1518년 독일 레겐스부르크의 한 길드 연합은 유대인 고리대금업자들이 기독교인의 "돈을 우려먹고 몸과 물건을 손상시켰다"며 진정서를 제출했다.[31] 1년 후, 500여 명의 유대인이 레겐스부르크에서 추방당했다. 그러나 그 어떤 구체적인 보복 행위보다도 해로운 것은 대중의 상상력에 주입된 '더러운 유대인' 이미지였다. 유대인은 곧 악덕 대금업자라는 스테레오타입은 교회가 대금업을 승인한 뒤로도 오랫동안 이어졌다. 반유대주의의 정전인 《시온 장로 의정서$^{The\ Protocols\ of\ the\ Elders\ of\ Zion}$》(1903)에도 "유대인은 고리대금업자"라는 모략이 기술되있다. 또 그로부터 몇십 년 뒤 독일 나지당은 공식 강령을 통해 유대인 금융업자가 지배하는 "폭리 노예제를 분쇄"할 것을 주장했다.[32] 저 옛날 중세 시대에도 기독교인이 유대인보다 더 높은 금리로 돈을 빌려주는 경우가 흔했다는 사실, 그뿐 아니라 잉글랜드 같은 지역에서는 유대인에게 더 많은 세금을 징수하거나 사후에 재산을 몰수하는 방법으로 대금업 수익을 국고로 환수했다는 사실은 대체로 무시되었다. 샤마는 이렇게 썼다. "유대인 대금업자가 죽으면 그 재산의 (최소) 3분의 1이 왕실에 귀속되었으니, 유대인의 영리는 탐욕스러운 왕실의 금고를 채울 즉각적인 이익의 원천이 되었다. 유대인이 더러운 일을 떠맡고 오명을 뒤집어쓰는 동안 그 이익은 왕실이 취한 것이다."[33]

더티 워크를 떠맡을 이주민이 줄어든다면 정육공장의 도살장은 어떻게 유지될 수 있을까? 우리는 이 질문에 대한 답을 2019년 8월의 미시시피주 모턴에서 확인할 수 있다. 트럼프 행정부는 미시시피주의 닭고기 정육공장들에 일제 단속을 실시하여 600여 명의 이주민을 체포했다. 그 결과 모턴의 정육공장 등에 트럼프의 지지층인 백인 노동자계급을 위한 일자리가 생겨났다. 그러나《뉴욕 타임스》에 따르면 결국 이 일자리에 지원한 백인은 거의 없었다. 정육공장의 시급은 같은 지역의 패스트푸드점이나 소매점보다 몇 달러 많은 11.23달러였고, 여기에 끌린 지원자의 대다수는 아프리카계 주민이었다. 신입 직원들은 이 돈에 만족했다.

그러나 그에 뒤따르는 도덕적인 문제는 기껍지 않았다. 많은 사람이 일제 단속의 인종차별적 성격에 대해 불편한 심경을 드러냈다. "그들은 마치 라틴계 사람들이 누굴 죽이려 한다는 듯이 달려들었습니다."[34]

미시시피주에서든 다른 어디에서든, 흑인과 라틴계 주민이 차지한 일자리는 보통 백인에게는 매력이 없는 일이다. 2020년 4월에 발표된 연구에 따르면 정육산업의 일선 노동자 중 백인의 비율은 19퍼센트다. 라틴계 이주민, 아프리카계 주민, 베트남이나 미얀마에서 온 아시아계 이주민 등 소수인종 비율은 거의 80퍼센트에 달하고 그중 절반이 저소득층이다.

플로르 마르티네스의 가족도 저소득층이다. 나는 어느 날 저녁식사에 초대받아 그가 사는 이층집을 방문했다. 우리는 주방에 앉아 소파 데 노팔(선인장과 토마틸로로 맛을 낸 멕시코식 스튜)을 먹으면서 바로 옆 거실의 하얀 새장에 사는 플로르의 애완 앵무새가 지저귀는 소리에 귀를 기울였다. 나는 플로르의 아들과 막내딸도 소개받았다. 둘 다 아직 어머니 집에 살았다. 남편 마누엘은 그 집에 살지 않아 소개받지 못했다. 플로르는 그들이 이혼했다고, 이제는 자기 혼자 살림을 꾸려야 하는데 샌더슨 팜스 공장을 그만두고 실림이 더욱 어려워졌다고 설명했다. 플로르는 두 번째로, 그리고 분명 이번을 마지막으로 공장을 그만둔 뒤 동네의 타코벨 체인점에서 시급 9달러에 일하고 있었다.

플로르는 그로 인한 스트레스에 대해서도 이야기했다. 그 얼마 전 웰스 파고 은행에서 독촉장을 보내 1만 1000달러를 상환하지 않으면 곧 강제 퇴거가 집행된다고 알렸다. 그래도 플로르는 샌더슨 팜스 공장을 그만둔 결정을 후회하지 않는 듯했다. 그는 그저 그 일을 계속할 수 없었다고 했다. 내가 이유를 묻자 플로르는 자신의 아이폰을 가져와 영상 하나를 찾아서 나에게 보여주었다. 그가 공처럼 둥글게 말린 오른손을 왼손으로 마사지하면서 관절과 마디를 하나하나 주무르는 영상이었다. 플로르는 매일 아침 이렇게 마사지를 한다고 했다. 손가락을 펴기 어려울 만큼 고통이 심해서 옷을 입는 것조차 너무 어렵다고 했다. "여기, 손가락이 이렇게 말려 있는 거 보이죠?" 플로르는 영상 속에서 계속 펴보려고 하지만 다시 손바닥 쪽으로 굽어드는 가운뎃손가락을 가리키며 말했다. 마치 고무로 된 것처럼 힘줄이 안으로 휙 말렸다. 이렇게 해서 손가락을 펴는 데 20분이나 걸릴 때도 있다고 했다. 게다가 이 과정을 기록으로 남겨야 한다는 사실도 모욕적이었다. 플로르는 정육공장 의무실에서 부상에 대한 '증거'가 필요하다는 말을 들은 뒤 이 영상을 찍었다. 결국 공장 의사가 몇 가지 검사를 하더니 고통의 원인은 낭창 아니면 관절염이라고 진단했다. 다시 말해 공장 일과는 무관한 선천병이니 회사 측에 책임이 없다는 것이

었다. "당신 건은 종결되었습니다. 기각됐어요." 간호사가 그에게
알렸다. 이후 플로르가 찾아간 외부 병원에서는 그에게 낭창이나
관절염이 없음을 확인해주었다.

플로르는 그때 심정을 이렇게 설명했다. "너무나 화가 났어
요. 관리자가 싫었어요. 인사부가 싫었어요. 모든 사람이 싫었어
요." 플로르는 증오가 어떤 감정인지 모르는 사람이 아니었다.
10대 시절 자신을 성적으로 학대하려던 의붓아버지를 상상 속에
서 죽이곤 했다. 그러나 이처럼 강렬한 증오심은 처음이었다. 가
난했던 어린 시절, 술에 취한 할아버지의 폭력, 학대 가정에서 도
망쳐 나온 일, 미등록 이주자로서의 삶. 그중 어떤 것도 플로르의
밝은 성격에 그늘을 드리우지 못했다. 아무리 암담해 보이는 상황
에서도 플로르는 곧 괜찮아질 거라고, 괜찮아질 방법이 생길 거라
고 믿었다. 그 굳건했던 믿음을 샌더슨 팜스 공장이 뒤흔들었다.
이 흔들림을 감지한 플로르는 공장에 계속 다니는 것이 무의미하
다고 판단했다. 그래서 공장을 그만두고 자신의 자존심을 지키기
를 선택했다.

그로부터 얼마 후 나는 플로르가 자원봉사자로 일하던 노동
자 권리 센터에 취직했다는 소식을 들었다. 과거에 칙필에이 체인
점 점주에게 좋은 인상을 주었던 성실한 태도와 쾌활한 미소 같은

그의 자질이 다시 한번 사람들에게 좋은 인상을 준 결과였다. 이 센터는 이주노동자가 모욕적인 일터 환경에 맞서 싸울 수 있도록 교육하고 세력화하는 노동 및 종교 단체 연합의 일원이다. 내가 방문한 날처럼 이 센터는 이주노동자를 위한 세미나를 열고, 시위 같은 직접 행동을 조직한다. 내가 방문한 날의 시위에서는 참가자들이 샌더슨 팜스 공장 입구(사유지 표지판이 걸려 있는 그 출입구) 앞 잔디밭에 서서 "엘 바뇨 포르 파보르(화장실 좀 쓸게요)"라고 쓰인 현수막을 흔들며 일선 노동자가 화장실에도 가지 못하는 환경을 규탄했다. 이 시위는 지역 언론에 얼마간 보도되었고, 그것이 샌더슨 팜스를 당황하게 만들기에 충분했던지 이후 문제가 개선되었다. 노동자를 혹사하던 관리자 몇몇이 해고당하기까지 했다.

플로르가 노동자 권리 센터에서 일하던 2020년 3월 초, 도축 노동자들은 새로운 위험을 걱정하기 시작했다. 코로나바이러스였다. 그들이 걱정하는 데는 충분한 이유가 있었다. 교도소와 마찬가지로 정육공장에도 곧 전염병이 창궐했다. 이는 많은 사람이 밀집하여, 흔히 옆 사람과 어깨가 닿을 만큼 비좁은 공간에서 일하는 환경 때문이기도 했지만, 대유행이 시작되고도 정육회사들이 일선 직원을 보호하는 일보다 공장을 계속 풀가동하는 일에 훨씬 더 골몰했기 때문이었다. 샌더슨 팜스도 예외가 아니었다. 대유행 초기에 플로르는 회사가 마스크를 지급하지 않을 뿐만 아니라 질병통제예방센터에서 권고한 2미터 거리두기 간격도 지켜지지 않는다는 이야기를 일선 노동자들에게 들었다. 3월 20일, 샌더슨 팜스의 램프킨 버츠^{Lampkin Butts} 회장은 "출근"에 관한 사내 회보를 발행하여 "중요한 인프라 산업"에 종사하는 직원들에겐 "특별한 책임"이 있다면서 근무 일정 준수를 강조했다. 작업자 간의 간격을 넓히기 위해 라인 가동 속도를 늦추겠다는 말은 없었다. 3월 말에야 회사는 직원들에게 마스크를 지급하기 시작했고 손소독제도 얼마간 비치했다. 또 매일 아침 의무적으로 체온을 재게 하고 화씨 100도(섭씨 37.7도)가 넘는 사람은 귀가시켰다. 그러나 콧물, 기침 등의 증상을 보이는 사람은 귀가시키지 않았다. 많은 사람이 느끼기에 회사가 직원들의 동요를 막기 위해 감염된 직원 수를 숨기고 있는 듯했다.

플로르는 이 모든 상황을 추적하는 일을 하다가 어느 날 아침 열이 나기 시작했다. 그날부터 며칠을 침대에 누워 꼼짝 못 했다. 머리가 지끈거렸고 물을 아무리 마셔도 목이 바싹 탔다. 원인은 코로나바이러스로 밝혀졌다. 그는 며칠 동안 바이러스와 싸우면서 어쩌면 이번엔 고비를 못 넘길 수 있겠다고 생각했다. "정말로, 정말로 아팠거든요." 그가 말했다. 증상은 결국 잦아들었지만, 목숨을 앗아갈 수 있는 또 하나의 질병이 그의 몸에서 빌견되있다. 유방암이었다. 나는 이 모든 이야기를 문자 메시지로 들었다. 어느 날 문자에서 플로르는 센터를 그만두었다는 소식을 전했다. 노동환경을 개선하겠다는 단체가 정작 내부 직원에겐 건강보험이나 가족 병가를 보장하지 않는다는 사실을 격리 중에 알게 되었던 것이다. "나는 노동자의 권리를 위해 싸웠고 그 권리가 나한테도 있는 줄 알았어요. 나는 더 이상 여기서 일하지 않을 거예요." 그는 이렇게 썼다.

그러나 상황이 절망적인 것과는 별개로 플로르는 자기연민이나 패배주의에 빠진 기색이 전혀 없었다. 그는 다시 한번 죽을 고비를 넘기고 살아남았다는 사실에 용기를 얻어 앞날을 낙관하는 듯했다. "이건 정말 기적이에요. 나는 원래 지금까지 살아 있을 사람이 아니거든요. 그런데 난 여기 이렇게 있어요." 그는 썼다.

"지금은 일을 못하니까 사실상 수입이 전혀 없어요. 하지만 우린 괜찮아요. 멕시코 사람은 고생해서 살아남는 데 익숙하니까."

7

정육산업을 움직이는
거대한 그림자

에버렛 휴스의 말을 빌리면, 더티 워커는 "우리 모두의 대리인"으로서 사회의 다수 시민이 암묵적으로 동의한 불미스러운 일을 수행하는데도 위임자인 우리는 더티 워커에게 거리를 두고 그들을 멸시한다. 더티 워커의 한 예는 미국의 교정시설에서 일하는 교도관이다. 1970년대에 각 주에서 정신병원을 폐쇄한 이후 구치소와 교도소는 사실상 이 나라의 정신병원이 되었다. 더티 워커의 또 다른 예는 표적실인을 수행하는 드론 전투원이다. 이들은 9·11 테러 이후 점점 전쟁에 대해 관심을 잃고 냉담해지는 국민을 대신해 전쟁을 치르고 있다. 이 두 가지의 더티 워크, 그리고 휴스가 그의 글에서 논한 모든 종류의 더러운 노동은 국가가 위임했다. 즉 국민이 그들의 고용주이며, 이 점에서 더러운 노동자는 무슨 불량배가 아니라 사회의 대리인이라는 사실이 더욱 명백해진다.

그런데 미국을 비롯한 모든 현대 사회에 공통적으로 존재하는 더티 워크가 한 가지 있다. 여기서 시민은 고용주가 아니라 소비자로서 그 노동을 뒷받침하고 이익을 취한다. 플로르 마르티네스는 정부 기관이 아니라 사기업에서 일했지만, 이 산업에 가장 막강한 영향력을 행사하는 힘은 바로 미국인의 식욕이다. 사람들은 어마어마한 양의 닭고기, 소고기, 돼지고기를 먹어치우지만 그 고기가 생산된 현장에는 근처에도 갈 필요가 없다. 건강에 대한 관심이 높아지고 한때는 낯설었던 케일 같은 채소가 점점 더 인기를 끌고 있다는 점에서 미국인의 동물성 단백질 섭취가 줄고 있다고 짐작하는 사람도 있을 것이다. 통계에 따르면 현실은 그렇지 않다. 1960년 미국인의 1인당 육류 소비량은 약 73.4킬로그램이었다. 20년 후인 1980년에는 약 87.5킬로그램이었다. 그로부터 20년 후인 2000년에는 붉은 고기는 줄고 닭고기는 느는 등 육류 내 균형이 달라지긴 했어도 전체 소비량은 여전히 상승세였다. 그러다 2008년 금융 위기를 거치며 소비량이 약간 줄었다. 가계가 어려워진 사람들이 육류를 원하는 만큼 소비할 수 없기 때문이었을 것이다. 이 하향세는 오래가지 않았다. 미 농무부는 2018년 미국인의 1인당 육류 소비량을 약 100.8킬로그램으로 추산했다. 이는 역대 최고치이자 정부 기관 영양학자들이 권고하는 동물성 단백질 섭취량의 두 배이며, 세계 전체의 1인당 평균 육류 소비량의 두 배를 넘어선다.

통계에서 알 수 있듯이, 미국인이 원하는 것은 마음껏 소비할 수 있는 저렴한 고기다. 그래서 샌더슨 팜스, 타이슨 푸드 같은 기업들이 공장을 그렇게 빠르게 돌려 투자액 1달러당(또한 한 시간당) 최대한 많은 고기를 생산하는 것이다. 정육산업의 대변인들은 이 효율성이 모두에게 이익이라고 주장한다. 고기를 저렴하게 공급하면 사람들이 원하는 만큼 고기를 사 먹을 수 있다고 말이다. 그러나 마이클 폴란Michael Pollan이 주장하듯이 이 저렴한 가격 뒤에는 일련의 대가가 숨어 있다. 환경(축산업은 온실가스를 가장 많이 배출하는 산업 중 하나이며 삼림 파괴와 수질 오염의 주요 원인이다)과 공중보건(심장질환 발병률 상승, 항생제 남용으로 인한 약물 저항성 감염증)이 그 대가를 치른다. 또한 살아 있는 동물이 그 대가를 치른다. 아무리 고기를 좋아하는 사람이라도 공장식 농장과 정육공장에서 벌어지는 일을 목격한다면 그것을 인정할 수밖에 없을 것이다. 폴란은《잡식동물의 딜레마》(2006)에 이렇게 썼다. "디른 어떤 니리도 식용 가축을 우리처럼 집중적으로 또는 야만적으로 사육, 도축하지 않는다. 역사상 그 어떤 민족도 자신이 먹는 동물과 이렇게 멀리 떨어져 산 적이 없다.”[1]

이 먼 거리는 물리적인 거리이자 심미적인 거리다. 슈퍼마켓에서 파는 스테이크와 닭다리는 이 시스템의 잔인성을 감추는 무색무취의 포장재에 들어 있다. 뼈가 없는 햄버거 패티, 빵가루를 입힌 치킨너겟 같은 식품은 아예 고기로도 보이지 않아서 그것을 만드느라 동물이 살해당했다는 사실을 쉽게 잊을 수 있다. 노르베르트 엘리아스는 이러한 욕망에 놀라지 않았을 것이다. 그는 《문명화 과정》에서 “충격적인 일”이 은폐되는 과정을 설명하면서 도축을 예로 들었다. 원래 중세 시대 상류층은 일상적으로 식탁에서 “생선을 통째, 새를 통째 (⋯) 그뿐 아니라 토끼나 양도 통째로, 송아지는 4분의 1 토막을” 잘랐다. 시간이 흐르면서 규준이 달라졌다. “고기 요리가 동물을 죽이는 행위와 관계있다는 사실을 최대한 상기시키지 않는다는 새로운 규준이 자리 잡았다. 오늘날의 고기 요리는 많은 경우 조리와 절단을 통해 동물의 원래 형태가 감춰지고 바뀌기 때문에 그것을 먹는 동안 요리의 기원을 거의 연상할 수 없다.”

엘리아스는 이어 이렇게 쓴다. “그 일은 상점이나 부엌에서 전문가들이 처리한다. (⋯) 커다란 고깃덩어리나 심지어 생선 한 마리를 식탁에서 자르는 것에서 시작하여, 죽은 동물을 보는 데서 오는 불쾌감의 한계치가 높아지다가, 자르는 행위가 무대 뒤편의 전문화되고 고립된 공간으로 옮겨지는 이 곡선은 전형적인 문명화 곡선이다."[2]

21세기 미국에서 고기를 먹는다는 것은 이 곡선의 저쪽 끝에 서는 것이다. 그 거리가 얼마나 안전한지, 도축 노동자가 매일같이 마주하는 불쾌한 광경을 소비자는 텔레비전 화면에서 잠깐도 볼 수 없다. 동물권 운동가 게일 아이스니츠[Gail Eisnitz]는 《도살장[Slaughterhouse]》(1997)에서 그가 정육공장 여러 곳에서 어렵게 취재한 가축 학대 실태를 방송에 내보내고자 ABC방송사의 뉴스 프로그램 〈20/20〉의 제작자를 설득하려 한 일에 대해 썼다. 제작자는 자료를 마음에 들어 했으나 결국 "일반 시청자가 보기에 지나치게 잔인한" 내용이라는 이유로 제안을 받아들이지 않았다. 그날 아이스니츠가 텔레비전 앞에 앉아 채널을 이리저리 돌려보니 어느 프로그램은 "경찰이 재소자를 두들겨 패서 자백을 받아내는" 장면을 내보냈고, 어느 드라마에는 강간 장면이 나왔으며, 심야 뉴스는 "30분 내내 전쟁, 기아, 학살을 보도"했다. 그런 장면은 "일반 시청자가 보기에 지나치게 잔인하지" 않다고 판단되었던 것이다.[3]

정치학사 티머시 패키릿[Timothy Pachirat]은 정육공장을 "사회의 평범한 구성원은 접근할 수 없는" 고립되고 폭력적인 장소, (사회학자 지그문트 바우만Zygmunt Bauman의 용어를 빌려) 일종의 "감금 지대"로 설명한다.[4] 패키릿은 이 지대에 들어가기 위해 소고기 정육공장에 지원했다. 그곳의 주요 인력은 이주민과 난민이었고 하루 약 2200마리씩 일주일에 1만여 마리의 소가 도축되고 있었다. 후에 패키릿은 이 숫자에 착안해《12초마다 한 마리씩》(2013)이라는 제목의 책에 정육공장 관련 경험을 썼다. 그만한 수의 동물을 그 정도 속도로 죽이다 보면 소의 분변과 피, 토사물, 내장이 튀어 지저분해질 수밖에 없다. 또한 엄청난 잔인성과 폭력이 요구된다. 패키릿은 이 공장에서 5개월 반을 일했는데, 중간에 슈트(경사로)에 배정된 적이 있었다. 전기가 흐르는 장대를 이용해 소가 공장 안으로 이어지는 구불구불한 울을 통과하게 하는 일이었다. "소들은 충격을 받으면 튀어 오르고 발을 찼으며 (…) 날카롭게 울부짖는 경우도 많았다." 한 마리가 쓰러져도 라인은 계속 움직이기 때문에 주저앉은 소는 다른 소들에게 짓밟힌다. 소는 슈트 끝에서 컨베이어벨트에 올라서고 노킹 박스(기절 상자)에 들어가 머리에 기절총을 맞는다. 어느 날 패키릿은 노킹 박스 안에 들어가서 이 도구를 어떻게 사용하는지 알아보았다. 그가 소의 눈 위 몇 센티미터 지점을 겨눈 다음 방아쇠를 당기자 소의 머리통에서 피가 뿜어져 나왔다. 죽은 소는 카트에 실려 컨베이어벨트로 옮겨졌다. 몇 초 후, 노킹 박스에 다음 소가 "공포에 질려 눈을 커다랗게 뜨고 머리를 흔들거리며" 들어왔다. 그 후 한 동료가 패키릿에게 노킹 일은 하지 말라고 경고했다. "그 일을 하면 사람이 홱 맛이 가거든." 패키릿은 이미 슈트에서 소의 코를 톡톡 쓰다듬고 벨벳 같은 가죽을 살펴보는 등 동물과 계속 직접적으로 접촉하면서 그런 기분을 느꼈기에 그의 말에 공감할 수 있었다. 그는 이렇게 썼다. "나는 맛이 가는 바로 그 기분을 느끼고 있다. 슈트에서 일하는 사람 중엔 그런 상태인 사람이 많다. 이 말은 살아 있는 동물과 그것을 몰아세우는 사람 사이의 끝없는 대립이 얼마나 생경하고 난폭한지를 포착하고 있다."[5]

"물리적 위험보다 더한 가장 끔찍한 위험은 감정이 다치는 거예요." 어느 돼지고기 정육공장의 노동자가 게일 아이스니츠에게 한 말이다. "도살장에 온 돼지들이 나한테 다가와서 강아지처럼 코를 문대요. 2분 후에 내가 죽일 텐데." 이 공장에는 그로 인한 고통을 누르려고 약물이나 알코올을 남용하는 사람이 많았다. "유일한 문제는, 그렇게 술로 감정을 억눌러봤자 깨고 나면 그대로라는 거죠." 이 문장에서 나는 톰 베네즈를 비롯해 여러 교도관에게 들었던 이야기를 떠올렸다. 도축 노동자는 교도관과 비슷한 대응 기제에 의지하고 있다. 아이스니츠는 생계를 위해 동물을 죽이는 사람은 그 자신의 영혼에도 깊은 상처를 남길 수 있다고 쓴다.[6]

패키릿의 결론은 이와는 다르다. 노킹 박스에서 동물을 죽이는 일은 인간의 감정에 심각한 상처를 입힐 수 있는 것이 사실이다. 한 동료는 그에게 "그런 일을 누가 하고 싶어서 하나. 밤에 악몽을 꾸는데"라고 말했다. 그러나 대다수의 노동자는 일 때문에 고통받지 않는 듯했다. 이것이 가능한 중요한 이유 하나는 노동 분업에 있었다. 소고기 정육공장에는 도축 노동이 내장 뜯어내기, 간 걸기, 머리 조각내기 등 실로 다양한 하위 분야로 세분화되어 있다. 즉 동물을 죽이는 행위가 자잘하게 나뉘어 있었다(그래서 소를 실제로 죽이는 것은 노킹 담당자뿐이라고 생각하는 노동자가 많았다). 나도 어느 닭고기 공장을 방문해서 비슷한 인상을 받았다. 어느 부서는 간을 빼고, 어느 부서는 목을 자르고, 또 어느 부서는 '결함' 부위를 제거했다. 이들이 닭을 조각내고 솎아내는 동안 바닥에는 핏물 섞인 분홍빛 폐수가 하수구를 향해 흘렀고 내 신발 밑창에도 튀었다. 눈에 보이는 것도 충격적이었지만, 그 냄새는 입을 틀어막고 싶을 정도로 끔찍했다. 그러나 나는 닭의 목을 자르고 간을 빼는 일이 어떻게 평범한 일이 되는지 쉽게 짐작할 수 있었고, 실제로 내가 만난 샌더슨 팜스 노동자들은 도축 노동을 힘든 감정과는 무관한 기계적인 작업으로 생각했다. 패키릿이 일했던 소고기 정육공장의 슈트 노동자들까지도 어느 정도 시간이 지나면 그 일에 익숙해졌고 그러지 못하는 패키릿을 약해 빠졌다고 조롱했다. 그가 소를 몰아 노킹 박스에 넣는 일에 전기 장대를 쓰지 않겠다고 하자 한 동료가 "뭐 이딴 머저리가 다 있어!"라고 그를 윽박질 렀다. "소에게 충격을 줘서 뭐하게요?" 패키릿이 묻자 그가 대답 했다. "뭐하긴, 고통스럽게 고문하는 거지.'"[7]

이 대화만 놓고 보면, 동물을 죽이는 사람은 "고통에 심드렁 한 태도"를 갖게 된다는 페타의 주장은 틀리지 않았다. 실제로 도 축 노동은 잔혹성과 사디즘을 조장할 수 있다. 그러나 이 잔혹성 에 대한 책임은 어느 쪽이 더 무겁게 져야 할까? 동물을 기절시키 고 죽이는 노동자인가(페타의 일부 회원은 도축 노동자를 중죄로 처벌해 야 한다고 주장한다)? 아니면, 그러한 대가에 대해 고민 한 번 하지 않고 고기를 먹는 소비자인가? 패키릿은 소고기 정육공장을 그만 둔 후 한 친구에게 이 질문을 던졌다. "그 친구는 노동자의 책임이 더 크다고 열변을 토했다. 동물의 목숨을 빼앗는 물리적인 행동을 그들이 수행한다는 이유에서였다." 패키릿은 반대 주장을 펼쳤다. "이 끔찍한 일을 다른 사람에게 위임한 채 먼 거리에서 이득을 보 고, 그러면서 그에 대한 책임은 회피하는 사람들이 더 큰 책임을 져야 한다. 이 사회에서 기회가 가장 적은 사람들이 떠맡는 도축 노동에 대해선 더더욱 그렇다."[8]

"주문량 맞추기"

도축 노동은 무조건 끔찍하다고 주장하는 사람들이 있다. 페타 같은 동물권 운동 단체의 입장이 그렇다. 페타와는 관점이 다른 단체들도 대량소비를 위해 가축을 죽이는 일을 즐거운 노동으로 보진 않는다. 정육산업의 노동환경에 관한 휴먼라이츠워치의 2005년 보고서에 따르면 "우리가 먹는 동물을 죽이고 난도질하는 일은 늘 잔인하고 힘들고 위험한 일이었"지만 21세기 들어 정육공장은 "땀을 착취하는 공장을 넘어 피비린내 나는 공장이 되었는데, 이는 비단 동물을 죽이는 일 때문만이 아니다. 정육산업은 적은 임금과 긴 노동시간, 잔혹한 대우, 주로 이주민으로 이루어진 노동자에 대한, 때로 생명까지 위협하는 착취를 바탕으로" 돌아간다.[9]

그러나 다른 종류의 더티 워크와 마찬가지로 정육산업의 노동환경은 정해진 숙명이 아니다. 정부의 규정과 규제가 그러한 환경을 만들어왔다. 정부는 적어도 이론상으로는 도축당하는 동물과 도축하는 인간 모두를 위해 이 노동을 덜 끔찍하게 만들 힘이 있으나, 그들이 실제로 어떤 결정을 내려왔는가는 물론 전혀 다른 문제다. 1906년 업턴 싱클레어가 《정글》을 발표한 직후 육류검사법이 도입되었고, 이때부터 정부는 대중을 경악시킨 비위생적인 관행이 반복되지 않도록 정육산업을 규제하기 시작했다. 농무부는 2차 세계대전 이후 수십 년간 산업 현장에 감찰관을 파견하여 도축된 고기를 조사했고 필요한 경우에는 공장 가동을 멈추고 문제 있는 고기를 라인에서 제거했다. 이 시스템은 완벽하지는 않았어도 소비자에게 안심하고 고기를 먹어도 된다는 믿음을 주기에 충분했다. 그러다 1980년대 들어 레이건 행정부가 기존 시스템을 '현대적이고 과학적으로' 간소화했다. 이 새로운 시스템에서는 기업이 공장 가동 속도를 더 높일 수 있었고 연방정부는 현장 파견 인력을 줄일 수 있었다. 1991년 《애틀랜타 저널컨스티튜션The Atlanta Journal-Constitution》에 게재된 스콧 브론스타인Scott Bronstein의 폭로 기사에 따르면 "매주 남부 전역에서 누런 고름을 흘리거나 녹색 분변이 묻거나 유해한 세균에 감염되었거나 폐병, 심장병, 악성 종양, 피부병에 걸린 닭 수백만 마리의 고기가 폐기 처분되지 않고 출하되어 소비자에게 팔리고 있"었다. 연방 감찰관들은 농무부의 안전 인증 표시가 '무의미'해졌다고 기자에게 말했다. 어느 정육회사의 대변인까지 이렇게 인정했다. "우리는 이 문제를 잘 알고 있습니다. 하지만 해결책을 아직 찾지 못했죠."10

그로부터 6년 후인 1997년, 클린턴 행정부는 이 문제에 대한 친기업적 해결책으로 식품안전관리 인증 시스템 '해썹HACCP'을 도입했다. 해썹은 안전 문제를 획기적으로 개선할 정책으로 포장되었으나, 실제로는 품질 인증 권한을 회사 측에 넘기고 연방 감찰관의 역할을 무작위 추출 검사로 축소했을 뿐이다. 감찰관들은 해썹의 진짜 뜻이 'Have a Cup of Coffee and Pray(커피를 마시며 기도나

합시다)'라고 농담했다. 해썹의 다음 버전인 힘프(HIMP, 해썹 조사 모델 사업)의 진짜 뜻은 'Hands in My Pocket(수수방관합시다)'이라고 들 했다. 현장에 파견되는 연방 감찰관 수가 줄어들던 그 시점에 정육회사들은 고기에 과초산이나 염소를 뿌리기 시작했다. 화학 약품 스프레이(유럽에서는 소비자의 극렬한 반대로 사용이 금지되었다)에는 동물을 병들게 하는 공장식 농장의 불결한 환경을 개선하는 효과가 전혀 없었다. 정육공장의 지나치게 빠른 가동 속도를 늦추는 효과도 전혀 없었다. 심지어 유해 병원균을 죽이는 효과가 있는지 어쩐지도 확실치 않았다. 화학 약품 스프레이의 확실한 장점은 이 저렴한 방법으로 농무부가 파견 인력을 더더욱 감축할 수 있고 정육회사는 생산 속도를 더더욱 높일 수 있다는 것이었다. 《워싱턴 포스트The Washington Post》와 인터뷰한 농무부의 한 가금류 감찰관은 이렇게 말했다. "회사들이 공개적으로 말하진 않지만, 라인 속도가 그 정도로 빨라지면 지나가는 닭에서 분변 등의 오염을 발견할 수가 없습니다. (…) 약품으로 어떻게든 되겠지 하는 거예요."[11]

그런데 화학 약품 스프레이는 눈에 덜 띄는 곳에도 작용했다. 많은 노동자가 공기를 통해 약품을 들이마셨다. 닭고기 정육공장은 '물질 안전성 유인물'을 게시하여 약품 사용이 인체에 미칠 수 있는 악영향을 직원들에게 경고할 의무가 있었다. 가령 과초산은 "심장, 폐, 간을 비롯한 대부분의 체내 장기를 손상할" 수 있었다.

2011년, 과초산과 염소를 사용하는 뉴욕주의 한 닭고기 공장에서 일하던 감찰관이 폐출혈을 일으킨 뒤 사망했다. 그때부터 닭고기 공장의 공기 오염에 관한 불만이 점점 더 자주 제기되었다. 내가 참석한 텍사스 브라이언의 세미나에서도 같은 불만이 거듭거듭 제기되었다. 아칸소주 노동자도, 노스캐롤라이나주 노동자도, 텍사스주 노동자인 플로르 마르티네스도 목과 폐가 늘 아프다는 이야기를 했다. "목이 불에 타는 느낌이 든다니까요." 플로르가 말했다. 그러나 그때까지 농무부와 식품의약품안전청 어느 쪽도 화학 약품이 노동자와 감찰관의 건강에 미치는 영향을 검토하지 않았다. 과초산 노출에 대한 공식적인 기준도 없었다.

2020년 봄 미국의 도축 노동자들은 목숨을 앗아갈 수 있는 또 다른 물질을 들이마실까 봐 두려움에 떨었다. 코로나바이러스였다. 교도관과 마찬가지로 도축 노동자는 대유행 중에 '필수노동자'로 지정되어 근무를 계속하기를 요구받았다. 그러나 교도관과 마찬가지로 도축 노동자는 경청만 하사받았지 개인 보호 장비나 안전한 노동환경은 보장받지 못하는 경우가 많았으며, 의료진과 응급대원에게 쏟아진 것과 같은 대중의 찬사는 더더욱 받지 못했다. 질병통제예방센터에 따르면 대유행이 시작되고 7월 초끼지 도축 노동자 1만 6000여 명이 코로나바이러스에 감염되었고 그중

86명이 사망했다. 대량감염이 뒤늦게 파악되었다는 점, 또 질병통제예방센터에 자료를 제출한 지역이 21개 주에 그쳤다는 점을 감안하면 실제 피해는 이보다 훨씬 더 컸을 것이다. 질병통제예방센터의 자료는 불완전하긴 해도, 대유행병이 어느 지역사회를 강타했고 어느 지역사회를 피해갔는지 분명히 보여준다. 코로나바이러스 감염증으로 사망한 도축 노동자 중 87퍼센트가 인종적·민족적 소수자였다.

질병통제예방센터에 자료를 제출한 지역 중 하나인 콜로라도주에서는 2020년 4월 그릴리라는 소도시의 소고기 정육공장에서 집단감염이 발생해 노동자 세 명이 사망했다. 이 공장의 확진자 중 64퍼센트가 일을 쉬지 않았다는 사실이 밝혀진 뒤 주정부는 공장 폐쇄를 명령했다(지역 보건 당국 관계자는 이 공장에 '아파도 출근하기' 문화가 있다고 설명했다). 그러나 겨우 8일 후, 공장은 다시 문을 열었고 집단감염이 계속 확산되었다. 곧 세 명의 노동자가 더 사망했는데, 그들 모두 소수자였다. 몇 달 후《워싱턴 포스트》가 보도한 바에 따르면, 폐쇄 명령이 내려지고 이 공장의 소유주인 제이비에스 푸드JBS Foods는 유력한 동맹에 협조를 요청했다. 백악관이었다. 질병통제예방센터장 로버트 레드필드Robert Redfield는 곧바로 콜로라도주 보건청장 질 헌세이커 라이언Jill Hunsaker Ryan에게 전화를 걸었는데, 이는 부통령 마이크 펜스Mike Pence의 지시에 의한 것이 분명했다. 라이언은 지역 보건 담당자에게 보낸 이메일에 이렇게 썼다. "제이비에스가 부통령에게 연락해서 레드필드 센터장이 나에게 전화를 걸었습니다." 이 이메일에 따르면 질병통제예방센터장은 "바이러스 노출이 의심되더라도 증상이 없는 사람들은 다시 출근할 수 있도록" 콜로라도 주정부의 방침 변경을 요청했다. 《워싱턴 포스트》는 이 결정이 콩고계 난민인 비엔베누 쳉강구의 가족에게 미친 영향을 추적했다. 그는 어느 날 밤 근무를 마친 뒤부터 기침을 하고 열이 나기 시작했다. 그는 곧 양성 판정을 받았고, 고혈압 환자인 일흔세 살의 어머니까지 감염되었다. 쳉강구는 건강을 되찾았으나 그의 어머니는 그러지 못했다. 쳉강구는 콩고 내전을 피해 안전해 보이는 미국으로 망명한 것이 과연 현명한 판단이었는지 의심하게 되었다. "난 미국이 우리가 믿었던 낙원이 아니라는 걸 깨닫고 있습니다."[12]

　연방정부가 압력을 가해 계속 가동시킨 공장은 콜로라도주의 제이비에스 공장만이 아니었다. 2020년 4월 26일 자《뉴욕 타임스》에는 정육산업의 다급한 현실을 호소하는 전면 광고가 실렸다. 타이슨 푸드의 최고경영자 존 타이슨의 공개서한이었다. 그런데 이 편지는 전염병에 쓰러지고 죽어가는 노동자의 다급한 현실이 아니라, 고기를 못 먹게 될 수도 있는 소비자의 나급한 현실을 호소하고 있었다. "돼지고기·소고기·닭고기 공장이 강제로 폐쇄되고 있습니다. 폐쇄 기간이 아무리 짧아도 공급 사슬에서 수백만 킬로그램의 고기가 사라질 것입니다. 공장을 재가동하기 전까지는 상점에 우리 상품을 충분히 공급할 수 없을 것입니다. (…) 식량 공급 사슬이 무너지고 있습니다."[13]

이 광고가 게재되고 이틀 후, 도널드 트럼프 대통령은 국방물자생산법Defense Production Act에 근거하여 정육공장을 계속 가동하라는 행정 명령을 발동했고 이로써 각 주와 지역 정부가 보건상의 이유로 내린 조치들이 무효화되었다. 트럼프 대통령의 행정 명령에 따르면 "식량 공급 사슬 내의 소고기·돼지고기·가금류('육류와 가금류') 가공업체는 운영을 계속하여 주문량을 맞춤으로써 국민에게 계속 단백질을 공급해야" 했다.[14] 그러나 언론이 곧 밝혀낸 대로, 정육산업의 가장 중요한 우선순위는 미국 국민에게 단백질을 공급하는 것이 아니었다. 《뉴욕 타임스》에 문제의 광고가 실린 그달, 타이슨 푸드는 250만 파운드(약 113만 4000킬로그램)의 돼지고기를 외국, 그러니까 중국에 수출했다. 타이슨 푸드와 더불어 국내 육류 공급에 차질이 빚어질 수 있다고 떠들어댔던 스미스필드 푸드Smithfield Foods도 중국에 1800만 파운드(약 816만 4600킬로그램)의 돼지고기를 수출했다. "지난 4월 미국 정육회사는 역대 최고치인 12만 9000톤의 돼지고기를 중국에 수출했다."[15]

그러나 트럼프 행정부는 언론의 폭로에 개의치 않고 정육산업의 또 다른 시급한 문제를 해결해주었다. 코로나바이러스 대유행 중에도 비위생적이고 과밀한 공장에서 일하는 노동자들이 회사를 상대로 소송을 제기하지 못하게 한 것이다. 트럼프 행정부는 회사 측이 질병통제예방센터의 보건 및 안전 지침을 준수하고자 "성실하게 노력"하기만 했다면 노동자가 바이러스에 노출된 것에 법적 책임을 지지 않아도 된다는 내용의 각서를 발표했다. 이 각서는 노동부가 작성하고 직업안전보건국 차관보 로런 스웨트^{Loren Sweatt}가 함께 서명했다. 직업안전보건국은 1970년 "이 나라의 모든 노동자에게 안전하고 건강한 노동환경을 보장하는" 사명을 띠고 출범했다. 그러나 이 기관은 제한된 자원(환경보호청^{Environmental Protection Agency} 예산의 약 10분의 1에 불과한 예산으로 운영된다)과 재계의 반대 때문에 사명을 다하기가 늘 어려웠다. 재계는 직업안전보건국이 자유 기업 체제에 부당하게 간섭한다고 한결같이 주장해왔다. 그렇지만 전염병 대유행이라는 사태를 맞아 직업안전보건국은 마땅히 더 주도적인 역할을 맡아야 했다. 가령 이 기관은 긴급 임시 규준을 마련함으로써 회사들이 일정한 규칙을 따라 노동자의 감염을 예방하게 할 수 있었다. 여기에는 참고할 만한 선례가 이미 있었다. 2009년 신종 플루가 크게 유행할 때 오바마 행정부는 노동환경에 적용할 전염병 대응 규준을 마련했다. 코로나바이러스 감염증 사망자가 늘고 전국의 정육공장에서 집단감염이 발생하자 직업안전보건국의 일부 부서는 2009년의 규준을 보강한 긴급 규준을 만들어 발표를 기다리고 있었다.

그러나 그 어떤 긴급 규준도 공표되지 않았다. 직업안전보건국이 한 일이라곤 일련의 각서를 통해 각 산업계가 따를 만한 지침을 내놓은 것뿐이었고, 구속력이 없는 이 지침들은 회사 측에 새로운 법적 의무를 부과하지 않겠다는 메시지를 노골적으로 전달했다. 이에 소수의 노동조합 지도층과 노동운동가는 직업안전보건국이 본래의 사명을 도외시하고 있다고 비난했다. 그러나 당시 노동장관 유진 스컬리어Eugene Scalia의 배경과 신념을 아는 사람에겐 이러한 상황 전개가 전혀 놀랍지 않았다. 연방대법관 앤터닌 스컬리어Antonin Scalia의 아들이자 깁슨 던 앤 크러처Gibson, Dunn & Crutcher 법률회사의 파트너 변호사였던 유진 스컬리어는 애초에 노동자의 권리를 옹호하기 위해 노동장관이 된 것이 아니었다. 그는 직업안전보건국이 시행하는 노동자 보호책을 비롯한 정부의 각종 규정과 규제에 정통한 사람이었고, 그동안 주로 규제를 약화하고 훼손하는 일에 종사해온 사람이었다.

스컬리어가 처음 전국적으로 유명해진 것은 2000년 봄, 직업안전보건국이 개발 중인 새로운 인체공학 규준의 초안에 대중의 의견을 반영하기 위해 열린 노동부 공청회 자리를 통해서였다. 이 규준의 목표는 가금류 정육공장 노동자를 비롯해 매년 수십만 명의 노동자를 괴롭히는 손목 터널 증후군, 건염 등의 근골격계 질환을 해결하는 것이었다. 노동조합들은 오래전부터 그러한 규준을 요구했고 재계는 반대했다. 워싱턴 D.C.에 있는 노동부 청사 1층의 창문 없는 강당에서 열린 이 공청회에 재계 대표로 참석한 스컬리어는 직업안전보건국의 초안을 지지하는 증인들을 매섭게 공격했고, 근골격계 질환과 직업상 위험 인자를 관련짓는 연구들에 이의를 제기했다. 그 관련성을 뒷받침하는 방대한 증거가 있는데도 말이다. 일례로 국립직업안전보건연구소National Institute for Occupational Safety and Health는 600여 건의 연구를 검토하여 "근골격계 질환과 특정한 물리적 환경 사이에는 밀접한 관계가 있으며 노출 수준이 높을수록 관계가 더욱 깊다"고 결론지었다.[16] 스컬리어는 이에 개의치 않고 인체공학은 '쓰레기 과학'이라는 말을 공청회에서도 하고 카토연구소Cato Institute의 보고서에서도 했다. 이 보고서는 근골격계 질환이 직업상 위험 인자보다는 '심리적 인자(노동자가 자신의 일을 좋아하느냐의 여부 등)'와 더 관련이 깊다고 주장했다.

공청회에는 당시 봉제섬유노조의 보건안전이사였던 에릭 프루민Eric Frumin도 참석했다. 스컬리어는 인체공학을 '쓰레기 과학'으로 치부했지만 정작 그가 대변하고 있던 UPS 같은 기업은 직원의 부상을 방지하기 위해 인체공학 원리를 채택하고 있었다. 프루민은 이들의 전략이 속으로는 기후변화를 인정하면서도 겉으로

340

는 과학적 증거가 없다며 기후변화를 부인하는 석유산업의 전략과 똑같다고 지적했다. "이 고도의 기만은 기후변화에 대해 우리가 목격한 일들만큼, 혹은 퍼듀Purdue사가 옥시콘틴에 대해 한 말만큼 사악하기 짝이 없습니다. 이 문제가 다른 문제들만큼 주목받지 못하는 이유는 매일 땀 흘리는 노동자의 문제라서죠. 그러나 예방 가능한 심각한 건강상의 위험으로부터 노동자를 보호하는 데 과학을 사용하지 못하게 막는 것은 너무도 위험합니다."

2000년 11월, 직업안전보건국은 스컬리어의 방해를 뛰어넘어 인체공학 규준을 채택했고, 이로써 향후 10년간 창고와 정육공장 노동자를 비롯해 총 400만 노동자가 직업적 부상을 예방할 수 있을 것으로 기대되었다. 그러나 이 규제는 오래가지 못했다. 2001년 조지 W. 부시가 대통령이 된 뒤 공화당 의원들이 뉴트 깅리치Newt Gingrich의 '미국과의 계약Contract with America'의 한 조항을 발동하여 정부 규제를 신속히 검토하고 투표를 통해 무효화했기 때문이다. 인체공학 규준이 폐기되자 반복성 긴장장애에 노출된 노동자는 직업안전보건법의 포괄적 의무 조항에 의지하는 수밖에 없었다. 이 조항은 "공인된 위험이 없는" 환경을 조성하는 것을 고용주의 의무로 규정했지만, 표현이 모호한 탓에 시행하기가 까다롭고 시간이 오래 걸렸으며 위반 사실을 입증하기도 어려웠다. 가령 2002년 북미식품상업노조United Food and Commercial Workers International는 위반 사실을 충분히 입증할 수 있겠다는 판단하에 필그림스 프라이드Pilgrim's Pride가 소유한 텍사스주 러프킨의 정육공장을 고발했다. 이 노조의 안전보건국장 재키 노웰Jackie Nowell은 러프킨의 공장을 방문해 노동자들을 만난 뒤 "나는 지난 20년간 이런 환경은 본적이 없다"고 말했다(그곳의 많은 노동자가 운영진에게 뭔가를 요구하기 어려운 미등록 이주민이었다).[17] 북미식품상업노조는 인체공학 규준이 없더라도 그 정도로 지독한 환경에 대해서는 회사 측에 책임을 물을 수 있겠다고 보고 고발장을 제출했다. 그러나 노웰을 경악케 했던 환경이 직업안전보건국에겐 그리 경악스럽지 않았던 모양인지 고발은 기각되었다.

정육산업의 족쇄에 대하여

인체공학 규준이 그대로 남아 있었더라면 러프킨의 정육공장 노동자들은, 또한 플로르 마르티네스 등 브라이언의 정육공장 노동자들은 다른 삶을 살 수 있었을지도 모른다. 그 규준이 사라지지 않았더라면 도축 노동자는 신체적 부상에 덜 시달렸을지 모르고 감정적인 모욕도 덜 당했을지 모른다. 정계와 정부는 보건 및 안전 규준을 고의로 위반하는 회사를 더 강력하게 처벌한다거나 공장 가동 속도를 늦추는 등 다른 많은 방법을 통해서도 도축 노동자가 겪는 부상을 줄일 수 있었으나 그러지 않았다.

그런 일이 일어나지 않은 이유는 불변의 구조적 환경 때문이 아니라 그런 일을 막으려고 결집한 정치 세력들, 그리고 특정한 사상과 의제에 몰두한 시민들 때문이었다. 여기가 다른 나라였다면, 아니 그저 다른 시대이기만 했어도 단결한 노동자들이 공장의 가동 속도를 낮추라고 요구하고 노동환경을 개선하라고 요구했을 것이다. 미국 경제의 다른 많은 부문과 마찬가지로 정육 산업에서도 1970년대 이후 노동조합 세력이 급격히 축소되었다. 2차 세계 대전 이후 전미정육노동자조합은 전체 조합원을 위한 기본 협약을 협상할 수 있었던 반면, 지금은 노조가 남아 있는 공장에서도 노동자가 임금과 노동조건에 영향력을 거의 행사하지 못한다. 그 중에서도 노동자의 힘이 유독 약한 곳이 바로 가금류 정육공장이다. 브라이언의 샌더슨 팜스 공장에는 노조가 있는데도 운영진이 노동자를 모욕적으로 취급하는 것을 막지 못했다(내가 인터뷰한 노동자 가운데 노조에 가입한 사람은 한 명도 없었다).

노조의 힘이 약해지는 동안 다른 세력, 즉 단결한 재계는 힘을 키웠다. 전미제조업자협회National Association of Manufacturers와 미국 상공회의소U.S. Chamber of Commerce가 만든 로비 단체인 전미인체공학동맹National Coalition on Ergonomics이 없었다면 직업안전보건국의 인체공학 규준은 그렇게 쉽게 폐기되지 않았을 것이다. 전미인체공학동맹은 수년에 걸쳐 그러한 규제가 미국 기업의 경쟁력을 위협한다고 주장하고 있었다. 이 단체의 변호인 중 한 사람이 유진 스컬리어였다. 그는 정부의 민간 부문 규제가 유해하고 부당하다고 굳게 믿었다. 이 믿음은 레이건 시대 이후 카토연구소 같은 보수파 두뇌집단의 보고서를 통해, 또한 시카고대학교 같은 교육기관을 통해 그 영향력과 세력범위를 넓혀왔다(스컬리어는 시카고대학교 법학대학원을 졸업했다. 이 학교에서 시작된 법경제학 운동은 법적 추론에 신고전주의 경제학을 적용하는 접근법으로, 트럼프 행정부가 임명한 연방대법원 판사 중 다수가 이 관점을 채택했다). 규제 반대론자들은 "상업에 대한 족쇄는 부당하고 억압적이며 무분별하다"는 제임스 매디슨James Madison 전 대통령의 말을 즐겨 인용하면서 노사 문제는 입법부의 개입 없이 당사자끼리 해결해야 한다고 주장했다.[18] 2000년의 인체공학 공청회에서 드러난 대로 스컬리어는 이 관점의 열렬한 신봉자였다. 그로부터 10년 후 스컬리어는 또 다른 '상업의 족쇄'에 주목했다. 2008년 금융 붕괴를 촉발한 무모한 거래 관행을 척결하기 위해 2010년에 제정된 도드프랭크법Dodd-Frank Act이었다. 이 법이 발효된 후 월스트리트 기업들은 우수한 변호사를 대거 고용하여 이 법의 규제 조항을 법정에서 다투었다. 스컬리어가 이 일에 얼마나 선뜻 뛰어들었는지 증권거래위원회Securities and Exchange Commission 직원들은 도드프랭크법이 '유진 스킬리어 완전 고용법'이라고 농담을 하기도 했다.

오랫동안 노동자 보호에 반대하고 재계의 이익을 대변해온 스컬리어의 이력은 많은 노동조합 지도자가 그의 노동장관 후보 지명에 모욕감을 느낀 이유를 설명해준다. 물론 도널드 트럼프가 그를 그 자리에 앉힌 이유도 설명해준다. 트럼프는 2016년 대선 과정에서 일반 노동자의 대변자를 자처했지만 백악관 입성과 함께 우선순위를 뒤집어 부유층의 세금을 줄이고 환경과 노동자를 보호하는 방책을 하나하나 들어냈다. 그는 대통령이 되자마자 모든 연방정부 기관은 새로운 규제를 하나 도입할 때마다 기존의 규제를 두 개씩 없애야 한다고 공표했다. 트럼프 행정부 초기 2년 반 동안 노동부를 이끈 앨릭스 아코스타Alex Acosta는 실제로 규제를 얼마간 폐지했다. 그러나 트럼프 행정부 내 강경파는 그 정도의 변화 속도에 만족하지 못했다. 아코스타가 물러나고 그의 자리를 이어받은 스컬리어는 임금 체불 등의 착취 관행으로부터 저임금 노동자를 보호하는 규제, 그런 규제가 존재하는지 아는 사람도 거의 없는 규제를 집중적으로 제거함으로써 변화를 가속화했다. 이 변화는 "미국의 임금노동자와 구직자, 은퇴자의 복지를 촉진하고 증진하고 향상"한다는 노동부의 공식 역할에 어긋나는 것이었다. 스컬리어 본인은 처음부터 끝까지 일관되게 행동했다. 그는 사회의 더 힘센 행위자에게 이익이 되는 규제를 조용히 도입했다. 그중 하나는 기업들이 수백만 명의 긱 워커gig worker(고용주의 필요에 따라

단기로 계약을 맺고 일회성 일을 맡는 근로자로서 디지털 플랫폼을 기반으로 공유경제가 확산되면서 등장했다.-옮긴이)를 더 쉽게 '독립 계약자'로 분류하게 해주는 규제안이었다(정규 직원과 달리 독립 계약자에게는 최저임금, 시간 외 수당, 기타 수당을 보장하지 않을 수 있다). 여기서 알 수 있듯 스컬리어는 모든 규제가 아니라 특정한 규제에 반대했다. 규제 철폐라는 의제에 가려진 그의 진짜 의제는 아마도 기업 권력 확장이었을 것이다. 예컨대 독립 계약자 규제는 우연찮게도 스컬리어가 일했던 법률회사의 의뢰인인 우버Uber, 도어대시DoorDash(배달 앱-옮긴이) 같은 기업의 권력을 증대할 수 있었다.

20년 전 연방의회가 인체공학 규준을 철회했을 때와 마찬가지로, 2020년에도 재계의 의견이 관철되었고 노동계의 의견은 묵살되었다. 4월 28일 미국노동총연맹 산업별조합회의 의장 리처드 트럼카Richard Trumka는 노동장관에게 서한을 보내어 정육산업을 비롯한 경제 부문의 '필수노동자'를 코로나바이러스 감염증으로부터 보호할 긴급 임시 규준을 공표하라고 촉구했다. 이에 스컬리어는 직업안전보건국에는 포괄적 의무 조항에 따라 무책임한 기업을 처벌할 권한이 이미 있으므로 그런 조치는 불필요하다고 주장했다. 직업안전보건국은 코로나바이러스와 관련하여 노동환경이 안전하지 않다는 고발을 2020년 10월 말까지 1만 긴 넘게 접수했다. 그중 이 기관이 포괄적 의무 조항에 따라 소환장을 발부한 건은 단 두 건이었다. 그 후로 소환장을 약간 더 발부했는데, 그중 두 곳이 정육공장이었다. 하나는 스미스필드 푸드가 소유한 사우스 다코타주 수폴스의 돼지고기 공장이었다. 1200명의 노동자가 감염되고 네 명이 사망한 이 공장은 벌금 1만 3494달러를 선고받았다. 또 한 곳은 '아파도 출근하는' 문화가 있다는 콜로라도주 그릴리의 소고기 공장이었다. 이곳은 벌금 1만 5615달러를 선고받았다. 오바마 행정부 시절 직업안전보건국장 수석 고문을 지낸 데버러 버코위츠Deborah Berkowitz는 20억 달러 규모 기업들에게 이 정도 벌금은 '손목 한 대 때리기'에 불과하며, 다른 회사들에게 경고의 메시지를 전하기는커녕 위법 행위를 부추기는 효과가 있다고 보았다. "노동부가 할 일은 안전 비용을 삭감하는 기업들에게 노동자를 위험에 몰아넣었다간 큰 대가를 치르리란 걸 분명히 알리는 것입니다. 그런데 이 쥐꼬리만 한 벌금은 정반대의 메시지를 보내는 셈이죠. '사람이 일하다가 병에 걸리거나 죽어도 걱정할 것 없다'라고." 버코위츠를 비롯한 많은 관계자가 이런 식의 가벼운 처벌은 도축 노동자 다수가 이주민과 소수인종이라는 사실과 무관하지 않다고 본다. "이들은 흑인과 라틴계 주민이고, 나는 이 행정부가 그들을 조금도 신경 쓰지 않는다고 생각합니다." 버코위츠의 말이다. 트럼프가 백악관에 입성한 때부터 코로나바이러스 대유행이 시작되기 전까지 정육공장의 현실에 가장 촉각을 곤두세웠던 정부 기관은 직업안전보건국이 아니라 이민관세집행국이었다. 이 기관의 요원들은 테네시주 빈스테이션의 한 정육공장에서 97명의 이주노동자를 체포했다. 이 일제 단속은 10년 만의 최대 규모였다. 대유행 중에는 일제 단속이 중단된 듯했다. 아마도 정육공장을 계속 가동하는 데 이주노동자가 반드시 필요하다는 인식 때문이었을 것이다. 그러나 그처럼 국민의 식량을 계속 생산하기 위해 이주노동자가 무릅쓴 희생은 조금도 부각되지 않았다. 2020년 8월 트럼프 대통령은 한 영상에 다양한 '필수노동자'와 함께 등장했다. 우체국 직원 한 명, 간호사 몇 명, 트럭 운전사 한 명이었다. "이들은 위대하고 위대한 사람들입니다." 그는 이렇게 선언했다.[19] 백악관 이스트룸에서 촬영한 이 영상은 공화당 전당대회 기간에 텔레비전을 통해 전국에 송출되었다. 이 영상에 도축노동자는 등장하지 않았다.

망신 주기를 통한 규제

이주노동자가 도축 노동을 도맡고 있는 나라는 미국만이 아니다. 독일에서도 정육공장의 더티 워크는 가난한 이웃 나라(불가리아, 루마니아)에서 온 사람들에게 위임되는 경향이 있다. 이들은 하청업자를 통해 고용되고, 비좁은 공간에서 일하며, 무지비하게 착취당한다. 그 당연한 결과로 독일의 정육공장에서도 코로나바이러스 집단감염이 발생했다. 2020년 6월, 노르트라인베스트팔렌 주의 한 공장에서 노동자 1500명이 양성 판정을 받자 지역 당국은 휴교령과 봉쇄령을 선포했다. 그런데 이 공장의 소유주인 퇴니스Tönnies는 집단감염에 대해 이주노동자를 비난하려다가 곧 반발에 부딪혔다. 독일의 노동부 장관 후베르투스 하일Hubertus Heil은 퇴니스가 "지역 전체를 볼모로 삼았"다며 그 비용을 배상하라고 요구했다.[20] 퇴니스는 사과와 더불어 지역사회의 대대적인 검사를 위해 비용을 부담하겠다고 제안했으나, 하일은 그 정도로 만족하지 않고 자신은 이 회사에 대한 신뢰가 '제로'라고 언론에 밝혔다. 이후 그는 정육산업을 "무책임이 조직화되어 있는" 시스템으로 규정하면서 감시 강화, 하청 계약 금지 등 "근본적인" 변화를 촉구했다.[21]

이처럼 정부 공무원은 위험하고 모욕적인 노동환경이 세상에 폭로되었을 때 그러한 환경에서 이익을 취하는 회사를 망신 주는 방식으로 대응할 수 있다. 미국에서도 그런 일이 있긴 있었다. 2009년 직업안전보건국은 법을 고의로 위반하는 기업을 사회적으로 고발하는 사업을 시작했다. 2014년 텍사스주의 듀폰DuPont 공장에서 노동자 네 사람이 유해 화학물질에 노출된 뒤 질식사한 사건이 발생하자 당시 직업안전보건국을 이끌던 전염병학자 데이비드 마이클스David Michaels는 이렇게 선언했다. "**그 어떤 방법으로도** 이 노동자들을 그들의 사랑하는 가족에게 돌려보낼 수 없습니다. (…) 우리 직업안전보건국은 듀퐁과 화학산업 전체가 이 메시지를 똑똑히 듣기를 바랍니다."[22] 듀크대학교의 경제학자 매슈 존슨[Matthew Johnson]은 〈망신 주기를 통한 규제[Regulation by Shaming]〉라는 논문에서 기업의 명예를 실추시키는 전략의 억제 효과를 분석했다. 존슨에 따르면 지역 언론과 업계 간행물을 통해 그러한 메시지를 발신하면 해당 지역의 동종 업계 시설에서 규제 위반 사례가 30퍼센트 감소한다. 또 한 번의 뉴스 보도가 직업안전보건국의 안전 조사 200회에 해당하는 효과를 낼 수 있다.

트럼프 행정부는 이와 다른 접근법을 취했다. 2020년 9월 24일 노동차관 패트릭 피젤라[Patrick Pizzella]는 직업안전보건국을 비롯한 집행 기관에 "예외적인 상황이 아닌" 이상 기업의 규제 위반 행위를 공개하지 말라고 지시했다.[23] 대유행병 관련 규제 위반에 대한 정부의 공식 발표가 그대로 중단되었다. 이 정부의 우선순위에는 노동자의 생명을 보호하는 일보다 정육회사의 명예를 보호하는 것이 앞섰을 것으로 보인다. 일터정의[Justice at Work]라는 비영리 단체가 펜실베이니아주에 있는 메이드라이트[Maid-Rite] 공장의 도축 노동자를 보호하지 못한 책임을 묻기 위해 직업안전보건국을 상대로 소송을 제기했을 때도 도축 노동자의 생명이 얼마나 경시되고 있는지 여실히 드러났다. 직업안전보건국은 2020년 3월에 해당 공장의 노동자들이 과밀한 공간에서 어떠한 방벽도 없이 일하느라 "긴박한 위험"에 노출되어 있다는 고발을 접수했다. 그러나 이 기관은 공장을 조사하지도 않고 위험이 긴박하지 않다고 판단했다. 또한 몇 달 후 뒤늦게 조사관을 파견했을 때는 해당 공장의 인사부장에게 미리 언질을 주었다. 이 소송에서 일터정의를 대리한 변호사 매슈 모건Matthew Morgan은 회사에 미리 언질을 주는 것이 관행인지 물었다. 직업안전보건국의 감찰관은 아니라고 대답했다. "그런데 이때는 왜 그렇게 했습니까?" 모건이 물었다. "제가 코로나바이러스 감염증에 걸리고 싶지 않아서요." 이 감찰관에 따르면, 직업안전보건국은 **감찰관** 업무의 '작업위험분석'을 실시했으며 그 결과를 근거로 공장을 방문하기 전에 추가적인 예방책을 취해도 문제없다고 판단했다. "직업안전보건국은 직원을 보호할 권리가 있습니다." 감찰관은 모건에게 말했다. 메이드라이트의 노동자들은 바로 그 권리를 누리지 못했다.

감시 태만만이 문제가 아니었다. 농무부는 가금류 정육공장 15군데에 대해 가동 속도 제한을 해제했다. 전미고용법률프로젝트National Employment Law Project에 따르면 이 15개 공장은 심각한 부상이 발생한 기록이 있거나 규제 위반으로 소환당한 전적이 있거나 아니면 제한 해제 시점에 집단감염이 확산되고 있는 시설이었다.

코로나바이러스 대유행 중에 미국에서도 '망신 주기를 통한 규제'가 있긴 했다. 그 대상은 정육회사가 아니라 도축 노동자였다. 보건복지장관 알릭스 에이자^{Alex Azar}는 양당 의원이 참석한 한 회의에서 정육공장의 집단감염이 일터 환경보다는 노동자의 "가정 및 사회적" 생활과 관련 있다고 발언했다.[24] 사우스다코타주 주지사인 공화당의 크리스티 노엄^{Kristi Noem}은 그 주의 정육공장에서 발생한 확진자의 "99퍼센트"는 "같은 공동체, 같은 건물, 때로는 같은 집에 살기" 때문에 감염된 것이라고 주장했다. 교도소 내 학대가 폭로되면 일부 '성격이 잔혹한' 교도관이 원인으로 지목당하듯이, 이러한 발언의 함의는 집단감염을 촉발한 도덕적 결함이 노동자를 착취하는 시스템이 아니라 소수의 무분별한 개인, 즉 '썩은 사과'에게 있다는 것이다.

네브래스카주 크리트에 사는 멕시코계 이주민 둘체 카스타녜다는 그러한 발언에 동의할 수 없었다. 크리트에는 스미스필드 푸드가 소유한 돼지고기 공장이 하나 있다. 카스타녜다는 이 공장에서 일하지 않았지만, 그의 아버지가 거기서 일했다. 대유행 초기에 카스타녜다는 공장이 노동자들에게 N95나 수술용 마스크가 아니라 헤어네트를 지급하고 있다는 사실을 알게 되었다. 스미스필드는 공장을 폐쇄하겠다고 발표했다가 또 급히 결정을 번복하고 공장을 계속 가동했다. 결국엔 마스크가 지급되었고 작업지 사이사이에 플라스틱 방벽이 설치되었지만 이 방벽은 고정된 것이 아니었다. 여전히 많은 노동자가 공장이 매우 위험하다고 생각했다. 카스타네다의 아버지는 기저질환이 있었지만, 다른 많은 사람과 마찬가지로 회사의 보복이 두려워서 직업안전보건국에 공장의 환경을 고발하지 못했다. 2020년 5월 27일 카스타네다는 자신이 공장을 고발하기로 했다. 그는 고발장에 공장의 문제를 조목조목 썼고 특히 구내식당이나 화장실에서 사회적 거리두기 지침이 지켜지지 않고 있다는 점, 누가 바이러스에 노출되었고 양성 판정을 받았고 감염증에 걸렸는지 등에 관한 정보가 직원들에게 공개되지 않는다는 점을 강조했다. 그때까지 이 공장에서만 벌써 100여 명의 노동자가 감염증에 걸렸고, 이 때문에 크리트가 속한 설린 카운티는 전국에서 1인당 감염률이 가장 높은 지역 중 하나가 되었다.

카스타네다는 고발장을 제출한 뒤 조심스럽게 기대를 품었다. "그렇게 고발장이 접수되기 시작하면 그 사람들도 여기로 와서 무슨 일이 벌어지고 있는지 직접 볼 생각이 들지 않을까 하는 희망을 좀 품었어요." 곧바로 직업안전보건국의 연락을 받고는 희망이 부풀었다. 그런데 직원은 사회적 거리두기 준수는 노동자 책임이지 회사 책임이 아니라고 말했다. "그러면서 '고용주가 거기 앉아서 하루 종일 감시할 순 없지 않느냐'라더군요." 직업안전보건국에서 현장 조사를 나올 가능성이 있느냐는 카스타네다의 질문에 직원은 스미스필드가 "모든 것을 준수"하고 있기 때문에 그럴 가능성은 적다고 대답했다.

통화를 끝내기 직전에 직원이 카스타녜다에게 마지막으로 건넨 조언은, 가족들에게 말해서 다들 마스크를 쓰고 사회적 거리두기를 실천하라는 것이었다. 자신들이 그런 기본적인 조치를 **여태** 취하지 않았다는 듯, 공장 환경이 아니라 그들의 개인적 행실이 문제인 듯 말하는 데 카스타녜다는 "뺨을 한 대 맞은 것 같았다". 이 쓰라린 기분은 몇 주 후 신문 기사에서 스미스필드의 최고경영자 케네스 설리번Kenneth Sullivan이 네브래스카주 주지사에게 보낸 편지를 보았을 때 더욱 깊어졌다. 설리번은 사회적 거리두기가 "노트북을 가진 사람들만이 이해할 수 있는 섬세한 지침"이라고 썼다.[25] 피트 리케츠Pete Ricketts 주지사는 독일의 노동부장관이 퇴니스에 대응한 것처럼 이 모욕적인 주장에 대응할 수도 있었으나 그러지 않았다. 설린 카운티 같은 지역을 볼모로 삼았다며 스미스필드를 망신 주고 자신이 가진 힘을 총동원해 이 산업을 개혁하겠다고 선언할 수도 있었으나 그러지 않았다. 그러기는커녕 보다 편리한 표적에게 책임을 지웠다. 그는 노동자를 비난했다. "바이러스가 많이 확산되는 장소에서 무엇이 보이나요? 사람들이 한데 밀집해 있는 게 보입니다. 우리의 식품 제조업게가 딱 그렇습니다."[26] 네브래스카주 주 상원의원 토니 바르가스Tony Vargas의 NPR 인터뷰에 따르면, 바로 그때부터 네브래스카주의 도축 노동자들은 상점 점원에게 외면당하고 미용실에서 머리를 자르기 전에 어디서 일하느냐는 질문을 받기 시작했다. 다시 말해 이들은 '오염시키는 사람'으로 취급받기 시작했다. 더티 워커는 흔히 이런 식으로 자신의 도덕적인 결함이 문제라고 느끼게 된다. 둘체 카스타녜다도 스미스필드 푸드의 대변인이 코로나바이러스 집단감염의 원인으로 "전통적인 미국 가정과는 다른 특정 문화권의 생활환경"을 지목했다는 기사를 읽고 그런 기분을 느꼈다.

"그건 우리가 좋은 환경에서 살고 있지 않다는 뜻이에요." 그는 경악하며 말했다. "우리가 더럽다는 뜻입니다."

윤리적 소비의 양면성

정육공장의 필수노동자들이 더러운 존재가 된 느낌을 강요받는 동안, 금융이나 컴퓨터공학 분야의 필수적이지 않은 노동자, 이른바 "노트북을 가진 사람들"은 정육공장의 현실로부터 그 어느 때보다 멀리 떨어진 거리에 안전하게 머물렀다. 프레시다이렉트FreshDirect, 인스타카트Instacart 같은 배달회사 덕분에 이제는 고기를 먹기 위해 굳이 정육점 주인이나 슈퍼마켓 점원과 접촉하지 않아도 된다. 컴퓨터나 스마트폰에서 단 몇 번의 클릭이나 터치로 소고기, 돼지고기, 닭고기를 원하는 만큼 집으로 배달시킬 수 있다. 그 고기가 어디에서 오는지 생각할 필요가 전혀 없다.

그러나 마이클 폴란의 《잡식동물의 딜레마》, 조너선 사프란 포어의 《동물을 먹는다는 것에 대하여》 같은 책이 베스트셀러로 인기를 누리면서, 이제는 많은 사람이 자신이 먹는 고기가 어디에서 오는지에 대해 생각한다. 이제 점점 더 많은 소비자가 고기를 살 때 포장재에 붙은 라벨을 꼼꼼히 읽는다. 이 소비자층이 기하급수적으로 증가하는 것과 더불어, 건강한 식습관을 권장하고 식량산업 시스템의 개혁을 요구하는 '좋은 먹거리' 운동이 부상했다. 폴란은 이 운동이 아주 다양한 운동 단체와 시민 단체를 아우르는 "커다랗고 울퉁불퉁한 천막"이라고 표현했고 운동 내에서 의제가 서로 상충하는 경우도 있지만, 이 운동의 한 목표는 더 양심적으로 사고 먹도록 소비자를 설득하는 것이다. 이 생각을 실천하는 방법 중 하나가 이른바 '로커보어locavore'다. 지역식을 하는 사람들은 인근 농장에서 직접 식품을 구입하는데, 가장 좋은 것은 가족이 소규모로 운영하는 농장에서 유기농법과 지속가능한 농법으로 생산한 식품이다. 공장식 사육장이 아니라 목장에서 풀을 먹여 키운 소, 유전자 조작 옥수수와 항생제 대신 씨앗과 풀과 곤충을 먹이고 놓아 기르는 닭의 달걀 같은 것 말이다.

지역식은 사회과학에서 말하는 '윤리적 소비virtuous consumption' 중 하나로, 자신의 가치관에 맞는 음식에 구매력을 쓴다. 이 운동에 매력을 느끼는 점점 많은 수의 미국인이 자기가 먹는 음식에, 또 그것을 생산한 사람에게 연결된 감각을 느끼고 싶어 한다. 생산자 직판 시장, 지역사회 연계 농업 프로그램 등을 통하면 가능한 일이다. 지역식은 매력적인 비전이며, 그 이점도 다양하다(더 영양가 있고, 동물을 더 인도적으로 대할 수 있고, 더 환경 친화적이다).

그러나 지역식에도 맹점은 있다. 그중 가장 눈에 띄는 것은 소규모 가족 농장에서 노동자가 겪는 일이다. 정치학자 마거릿 그레이Margaret Gray는 뉴욕주 허드슨밸리의 농장 노동자를 인터뷰하면서, 그 대다수가 미등록 이주민이거나 외국인 계절노동자이며 열악한 환경에서 일주일에 60~70시간씩 일하고도 급여는 얼마 못받는 경우가 많다는 사실을 발견했다. 노동자들은 그에게 이렇게 말했다. "우리는 그늘 속에 삽니다." "그들은 우리를 쓰레기로 취급합니다."[27] 《노동과 로커보어Labor and the Locavore》(2013)에서 그레이는 어느 작은 농장의 푸주한에게 왜 그의 손님들은 이 문제에 주목하지 않는 것 같은지 이유를 묻는다.

"그들은 일꾼을 먹는 게 아니니까요."

그레이는 이렇게 쓴다. "그가 이어 설명하길, 자기 경험상 고객들의 가장 중요한 관심사는 자기 몸에 뭘 집어넣을 것인가다. 그러니 농장 노동자의 노동환경은 그들에게 우선순위가 되지 않는다."[28]

이 대화를 보면 윤리적인 식생활을 추구하는 많은 이가 왜 노동자 복지보다도 식량 생산 체계 내의 동물 복지에 훨씬 더 민감한 모습을 보이는지 짐작할 수 있다. 이들은 '방목' '인도적 환경 인증' 같은 라벨이 붙은 고기를 구입하는 데는 진심이지만, 그런 라벨에 노동자에 관한 정보는 나와 있지 않다. 이 대화는 윤리적 소비의 한계도 분명히 보여준다. 윤리적 소비는 정치의 문제를 개인의 자기만족감을 최우선시하는 시장 거래로 환원할 위험이 있다. 그렇게 될 때 개인은 자신의 건강에, 그리고 특정한 종류의 순수, 즉 항생제를 투여한 고기를 먹지 않는 순수한 상태, 식탁과 몸에서 가공식품을 추방한 순수한 상태에 관심을 쏟지, 적정 임금이나 노동자 혹사에 대해서는 무심한 경향이 있다. '좋은 먹거리' 운동이 시장에서 상품을 선택하는 행위로 축소되면 식품업의 생산 환경 같은 구조적 문제는 사람들의 관심사에서 밀려날 수 있다. 이 운동은 독선적이고 엘리트적이라는 인상을 주기도 한다. 도시의 가난한 지역에는 풀 먹인 소, 유기농 닭을 파는 생산자 직판 시장이나 상점이 아예 없는 경우가 많고, 설령 있더라도 주민들이 감당하기 어려운 가격표가 붙어 있다. 홀 푸즈Whole Foods 같은 슈퍼마켓에서 파는 유기농 고기는 월마트Walmart에서 파는 할인 패키지 상품보다 훨씬 비싸다. '팜 투 테이블farm-to-table' 식당(여러 세대에 걸쳐 재배된 희귀한 채소부터 풀을 먹여 키운 양까지 모든 재료를 인근 지역에서 조달하는 지역식 식당)에서 한 끼를 먹으려면 평범한 동네 식당에서 먹을 때의 두세 배 가격을 지불해야 한다. 패스트푸드점과는 비교할 것도 없다.

가처분 소득이 많은 사람에겐 윤리적 소비가 쉬운 일이다. 근근이 살아가는 사람에겐 그렇지 않다. 푸드 스탬프에 기대어 살아가는 사람에겐 더더욱 그렇지 않다. 소비에서 발생하는 윤리 격차는 계급 격차를 고스란히 반영한다. 가난한 사람들이 KFC와 월마트에서 나쁜 고기를 소비할 때 부유한 사람들은 멋진 식당과 홀푸즈 같은 상점에서 윤리적인 고기를 소비한다. 그런 소고기와 닭고기에 붙은 라벨은 소비자가 스스로에게서 순수함과 미덕을 느끼게 해준다. 삶의 다른 많은 영역에서와 마찬가지로 여기서도 미덕은 특권과 한 쌍을 이루어, 부유한 소비자는 공장식 축산에서 벌어지는 불순하고 더러운 관행에 가담하는 기분을 돈으로 떨쳐낼 수 있다. 불순하고 더럽게 생산되는 식품은 미덕, 윤리가 부족한 소비자의 몫이다. 누가 미덕이 부족한 소비자인가 하면, '해체 라인'에서 간을 걸고 내장을 뜯어내며 공장을 계속 가동하는 도축 노동자들이다.

PART 4.

현대 사회의
뒤편으로

8

시추선 생존 노동자를
둘러싼 모순된 시선들

2010년 4월 21일 아침, 세라 래티스 스톤은 앨라배마주와 루이지애나주에 있는 병원들에 미친 듯이 전화를 걸어 화상으로 실려 온 환자 중에 자신의 남편 스티븐이 있는지 찾았다. 스티븐이 멕시코만 해상의 반잠수식 시추선 '딥워터 호라이즌Deepwater Horizon'에서 3주 연속 근무를 마치고 집으로 돌아오기 하루 전, 대형 폭발 사고가 터졌던 것이다.

　시추선 소유주인 트랜스오션Transocean 측에서 전화를 걸어 '불의의' 사고로 시추선에 있던 사람들이 대피했다는 소식을 전했고,

그 후 몇 시간 동안 세라는 공황과 부정의 상태를 왔다 갔다 했다. 어느 순간엔 남편이 괜찮을 거라고 되뇌다가, 다음 순간엔 다시는 그를 보지 못하리라고 생각했다. 페이스북에 다른 직원 가족들이 올린 섬뜩한 메시지가 올라왔다. "바다에 불이 났어요!" "시추선이 불타고 있대요!" 세라는 그중 한 사람과 연락이 닿았다. 두 사람은 텔레비전을 켜고 사고 현장 중계를 함께 지켜보았다. 방송에서 폭발 규모가 너무 커서 생존자가 없을지도 모른다는 가능성을 제기했을 때 두 사람은 동시에 전화기를 떨어뜨리고 비명을 질렀다.

세라는 텍사스주 휴스턴 바로 서쪽에 있는 소도시 케이티에서 자랐고 스티븐과 결혼해 그곳에 정착했다. 집을 사려고 신청한 대출이 얼마 전에 승인되어 스티븐이 근무를 마치고 집에 돌아오면 함께 부동산 중개업자를 만날 계획이었다. 그러나 이젠 스티븐이 집에 돌아올 수 있는지조차 알 수 없었다. 어느 병원에서도 스티븐과 관련된 정보를 얻지 못했다. 이윽고 트랜스오션에서 다시 전화가 걸려왔다. 폭발 사고로 인해 사망자가 여럿 발생했지만 스티븐은 시추선에서 무사히 탈출했다고 했다. 생존자들은 현재 페리를 타고 뉴올리언스의 한 호텔로 향하고 있다고 했다. 세라는 어머니와 상의한 뒤 여행가방을 싸서 휴스턴 공항으로 차를 몰았다. 그리고 당시 구할 수 있는 가장 빠른 항공편으로 뉴올리언스로 향했다. 다음 날 새벽 3시 30분경 세라는 스티븐의 전화를 받았다. 스티븐은 세라와 다른 직원 가족들이 모여 있는 호텔로 가는 중이라고 했다. "당신, 괜찮은 거지?" 세라는 남편에게 물었다. "응, 괜찮아." 그가 대답했다.

그러나 스티븐이 사고 생존자를 위해 따로 준비된 연회장으로 비척비척 들어오는 모습을 보았을 때 세라는 그가 괜찮지 않다는 걸 바로 알아보았다. 얼굴에 표정이 없었다. 스티븐을 비롯한 모든 생존자가 충격과 트라우마에 시달리고 있는 듯했다.

"남편이 걸어 들어올 때 그의 눈빛을 보고 뭔가 끔찍한 일이 있었다는 걸 알아차렸어요." 세라는 이렇게 회상했다.

더러운 기름을 뽑아내는 사람들

대중이 그들로부터 멀리 떨어진 장소에서 그들을 위해 수행되는 더티 워크에서 이익을 취하는 방법으로는 몇 가지가 있다. 하나는 정육공장에서 생산된 고기를 소비하는 것이고, 또 하나의 방법은 더러운 노동으로 시추되고 파쇄되는 화석연료를 소비하는 것이다. 1936년 잉글랜드 북부 요크셔주와 랭커셔주의 탄전을 방문한 조지 오웰은 땅 밑에서 자원을 캐는 사람들이 사회를 어떻게 떠받치고 있는지 생각했다. 그가 갱도로 내려가서 본 것, "열기, 소음, 혼란, 어둠, 더러운 공기, 무엇보다도 견딜 수 없이 비좁은 공간"은 한 편의 지옥도였다. 지옥을 가득 채운 광부들의 고된 노동은 사회에 필수적이었던 동시에 사회의 눈에 보이지 않았다. 오웰은 《위건 부두로 가는 길》(1937)에 이렇게 썼다. "서양 세계의 물질대사에서 광부는 땅을 경작하는 농부 다음으로 중요한 사람이다. 광부는 검댕 묻은 기둥으로서 검댕이 묻지 **않은** 거의 모든 것을 어깨로 떠받치고 있다."

오웰은 이어 이렇게 썼다. "우리가 하는 사실상 모든 일, 빙과를 먹는 것부터 대서양을 건너는 일까지, 빵을 굽는 일부터 소설을 쓰는 일까지 모든 일이 석탄 사용과 직간접적으로 관련되어 있다." 먼지 가득한 좁은 터널 안에서 노동자들이 허리를 굽히고 석탄을 퍼서 컨베이어벨트에 올리는 그 모습을 볼 수만 있다면 "우월한 사람들이 우월함을 지킬 수 있는 것은 오직 광부들이 분골쇄신 일하기 때문임을 똑똑히 알 수 있다. 당신과 나와 《타임스 문학 부록》 편집자와 유약한 시인들과 캔터베리 대주교와 《유아를 위한 마르크시즘》의 저자 동지 X까지, 우리 모두가 상대적으로 품위 있는 삶을 살 수 있는 것은 **정말이지** 땅 밑에서 눈까지 시꺼메지고 목구멍에 석탄 먼지가 잔뜩 낀 채 강철 같은 팔과 배의 근육으로 삽을 꽂아대는 가난한 막장꾼들 덕분이다."[1]

오웰 시대에 재, 먼지, 더러운 공기 같은 석탄 채굴의 더러움은 일꾼의 옷과 얼굴과 몸을 더럽히는 물리적인 더러움이었다(오웰에 따르면 "그들의 가장 뚜렷하고 독특한 특징은 코에 있는 푸른 흉터다. 모든 광부는 이마와 코에 파란 흉터가 있으며 이 흉터는 죽을 때까지 사라지지 않는다"[2]). 세라의 남편이 시추선에서 일하기 시작했을 때, 이제 채굴산업의 더러움은 물리적인 더러움이 아니라 도덕적인 더러움과 연관되었다. 환경을 중요하게 여기는 사람들에게 석유산업은 1989년 알래스카주의 프린스 윌리엄 해협을 시커멓게 뒤덮은 엑슨 발데스호 원유 유출 사고 같은 환경 재난과 탄소 배출로 지구를 위협하는 산업이다. 송유관 건설, 시추 사업은 알래스카주의 국립북극야생동물보호구역 같은 연약한 생태계를 위협한다. 대학과 자선단체 등 사회의 권위 있는 기관들이 점점 더 이 산업과 거리를 두고 있다. 지구의 앞날을 걱정하는 사람이라면 누구나 석유산업에서 일자리를 찾는 게 아니라 석유산업에 반대하는 목소리를 낼 것이다. 아이오와주의 한 대학 캠퍼스에서 열린 시위에는 "더러운 기름 말고 깨끗한 에너지를 만드는 일자리를 달라"라는 팻말이 있었다. 점점 더 많은 환경주의자, 과학자, 젊은 시민이 이러한 관점을 공유하고 있다.

그러나 석유산업계의 탐욕을 비난하기는 쉬워도 그들의 생산품을 쓰지 않기는 어렵다. 풍력, 태양광 등 대체에너지로의 전환이 활발하게 논의되고 있다지만 2019년 전 세계에서 소비된 에너지원의 84퍼센트는 여전히 화석연료였으며 화석연료 소비량이 전보다 늘어난 지역도 많았다.[3] 이 추세의 한 원인은 중국과 인도에서 중산층이 부상한 데 있다. 또 한 원인은 미국이 남기고 있는 거대한 탄소 발자국이다. 이 나라는 세계 인구의 5퍼센트가 채 안 되면서 세계 에너지의 25퍼센트 이상을 소비한다. 《위건 부두로 가는 길》이 세상에 나온 지 80여 년이 지난 지금, 세계 자본주의의 물질대사에서 '더러운 기름'이 과거의 석탄만큼 중요한 이유는 무엇보다도 미국인의 생활양식과 미국 정부의 정책 때문이다. 오바마 대통령은 기후변화 문제를 해결해야 한다는 발언을 자주 했지만, 그의 임기 동안 미국의 1일 원유 생산량은 360만 배럴이나 늘었다. 오바마 행정부 말기에 미국은 세계에서 석유를 가장 많이 생산하는 나라였다.* 그다음의 트럼프 행정부는 미국의 '에너지 패권'을 회복하겠다며 더더욱 노골적으로 화석연료산업을 장려하고 환경 규제를 폐지했다.

스티븐 스톤의 어릴 적 꿈은 석유산업 종사자가 아니었다. 그는 주변의 자연을 즐기는 데 훨씬 관심이 많았다. 그는 어린 시절 내내 테네시강에서 헤엄치고 집 근처의 원시림을 누비는 등 야외에서 많은 시간을 보냈다. 그의 고향인 앨라배마주 그랜트는 애팔

---

* 이 순위는 원유와 천연가스를 합한 것이며, 원유만으로는 러시아와 사우디아라비아에 이어 미국이 3위였다.

래치아 산맥 기슭에 자리한 작은 소도시였고 스티븐은 그런 목가적인 환경에 어울리는 사람이었다. 하지만 나이가 좀 들자 기회가 적은 외딴 시골이 갑갑하게 느껴지기 시작했다. 그는 고등학교를 채 마치기도 전에 어머니가 아버지와 이혼한 뒤로 다니던 양탄자 공장에서 야간조로 일하기 시작했다. 고등학교를 졸업한 뒤에는 공장을 그만두고 해군에 입대했다. 그는 2년 반을 복무하고 2007년에 제대했다. 그 주된 이유는 햇살 가득한 주둔지(아루바, 파나마시티)에서 음주와 파티에 지나치게 탐닉했기 때문이었다. 그랜트로 돌아온 스티븐은 석유회사들에 전화를 걸어 시추선 일자리가 있는지 알아보았다. 석유회사가 해군 출신을 선호한다는 말을 듣기도 했고, 최종 학력이 고등학교 졸업인 앨라배마주 시골 남자가 구할 수 있는 일자리로는 시추선이 단연 보수가 좋아서였다. 얼마후 스티븐은 휴스턴으로 날아가 글로벌샌타페이GlobalSantaFe라는 해양시추회사(후에 트랜스오션에 매각된다)의 잡역부 자리에 면접을 보았다.

그때 스티븐은 공항 셔틀버스에서 옆자리에 앉은 빨간 머리 여자에게 말을 걸었다. 그 빨간 머리가 유타주 파크시티에서 열린 선댄스 영화제에 다녀오던 세라였다. 이 대화는 세 시간이나 이어졌다. 세라와 스티븐은 서로 비슷하게 물려받은 남부의 유산(각각 앨라배마주와 텍사스주에서 자랐다)부터 두 사람의 아버지가 똑같이 좋아하는 휴스턴의 해산물 식당 캡틴 톰스에 이르기까지 온갖 것에 대해 이야기하며 유대를 형성했다. 그 후 두 사람은 전화번호를 교환했다. 1년 후 두 사람은 부부가 되었다.

어떻게 보면 세라와 스티븐은 특이한 한 쌍이었다. 세라는 대학을 졸업한 내향적인 사람이었던 반면 스티븐은 전형적인 남부 남자로 농담을 잘하고 놀고 웃기를 좋아했다. 하지만 세라는 스티븐과 처음 이야기를 나눈 그 순간부터 그의 지적인 면모와 그가 읽은 책에 관한 이야기와 그의 진중한 눈빛에 사로잡혔다. 나중에 알게 되었지만 스티븐은 시추선에 근무하러 갈 때도 반드시 소설, 시, 철학책 등 읽을거리를 챙겼다. 공책도 가져가서 시를 쓰고 그림을 그렸다. 대학까지 졸업한 사람이 시추선 잡역부와 결혼한다는 것은, 그가 아무리 취미로 시를 쓰는 사람이라 해도 신분 하락으로 여겨질 수도 있는 일이다. 그러나 세라에겐 그와 결혼하는 것이 자연스럽게만 느껴졌다. 세라가 아는 케이티 주민은 누구나 가족 중에 석유산업에 종사하는 사람이 있었다. 세라의 아버지도 수십 년간 석유산업에 종사했으니, 이 또한 세라와 스티븐을 이어준 공통점 중 하나였다. 어릴 적에 아버지가 집을 몇 달씩 비우는 일도 많았던 세라는 배우자가 2, 3주 연속으로 시추선에서 일하는 생활이 낯설지 않았다. 스티븐이 집에 없을 때는 그가 그립기도 했지만 자신이 좋아하는 일, 특히 미술 작업을 하며 그 시간을 즐

370

겁게 보냈다. 대학에서 회화와 사진을 전공한 세라는 언어보다는 시각 매체를 통해 자신을 표현하는 게 늘 더 편했다. 대학을 졸업한 뒤에는 병원이나 가구점에 납품하는 복제화를 그려 돈을 벌었다. 보수는 변변찮았고 다른 화가의 작품을 베끼는 게 탐탁지 않았지만 그 일을 통해 자신감을 키울 수 있었고 창작 욕구를 발산하는 일이 자신에게 얼마나 중요한지도 깨달았다.

세라의 창작욕은 딥워터 호라이즌 폭발 사고 이후 더더욱 뜨거워졌다. 텔레비전 화면에서 원유가 유출되는 장면을 본 세라는 남편을 설득해 멕시코만으로 향했고 그 일대를 돌아다니면서 영상과 사진을 찍었다. 회화 작업에도 본격적으로 착수했다. 그중 하나가 사고 생존자들의 초상화 연작이었다. 주제에 걸맞게 유화 물감으로 그린 이 작품은 사고가 발생하고 몇 주 후에 세라와 스티븐을 비롯한 생존자들이 워싱턴 D.C.에서 열린 하원사법위원회의 청문회에 증인으로 섰을 때의 경험을 바탕으로 했다. 딥워터 참사는 여전히 계속되고 있었고, 본격적인 조사가 시작되자마자 예정된 참사였음이 드러났다. 사고의 직접적인 원인은 시추선 기둥을 통해 올라온 메탄가스가 시멘트 파이프의 균열에서 새어 나와 갑판 전체에 퍼진 상태에서 불이 붙었기 때문인 것으로 분석되었다. 그러나 많은 전문가가 지적한 대로 사고의 근본적인 원인은 회사 측의 태만한 위험 관리 그리고 맹목적인 이윤 추구에 있었다. 이는 석유업계 전체의 문제였지만, 비피^{BP}에서 특히 두드러지게 나타난 문제이기도 했다. 루이지애나주 해안에서 79킬로미터 떨어진 마콘도 시굴 유정^{Macondo Prospect}에 대한 독점권을 보유하고 트랜스오션으로부터 딥워터 호라이즌을 임대한 회사가 바로 비피였다. 이 기업은 1990년대에 구조조정을 단행하여 기술 부문을 대거 외주로 돌렸고 '전략적 생산 부서'의 생산량을 최대로 끌어올리는 데 초점을 맞추고 있었다. "1달러도 헛되지 않게"라는 사훈으로 대표되는 비피의 생산성 제일주의는 경제 분석가들에겐 호평을 받았으나 안전 전문가들 사이에선 우려의 목소리가 높아졌다. 2005년에는 비피가 소유한 텍사스시티 정유공장이 폭발하여 직원 열다섯 명이 죽고 수백 명이 다쳤다. 이 사고를 조사한 미국화학안전위원회^{U.S. Chemical Safety Board}는 해당 공장의 안전 문화에 "심각한 결함"이 있었다고 보았으며 "공장의 기반 시설 및 처리 설비의 태반이 파손되었음에도" 예산을 25퍼센트 삭감한 회사에 책임을 물었다.[4] 직업안전보건국은 2007년부터 2010년까지 비피에 대해 760건의 안전 규정 위반을 적발했으니, 이는 석유산업 전체에서도 기록적인 건수였다. 딥워터 호라이즌은 임대료가 하루에 100만 달러인 데다 마콘도 유정에서 목표 생산량을 채우지 못하고 있었기에 조업 속도를 늦출 만한 문제는 무시하라는 압력이 점점 높아지고 있었다. 시추선 직원들은 그런 문제를 제기했다가는 일자리를 잃을까 봐 두려워했다. 그랬으니 파이프의 균열, 폭발 방지 밸브의 결함 같은 불길한 징후가 연달아 나타났는데도 무시되었던 것이다. 시추선이 폭발하기 불과 몇 시간 전 비피의 한 임원은 딥워터의 7년 연속 무사고 조업을 축하했다. 사고 발생 후 비피는 서둘러 유정을 막으려 했으나 87일 동안 원유가 유출·확산되어 모든 곳이 시커멓게 더럽혀졌다. 여러 주의 해안에 타르 덩어리가 밀려 올라왔고 새우와 굴 양식장이 폐쇄되었다. 마콘도 유정이 밀봉될 때까지 유출된 원유의 양은 엑슨 발데스 사고 때 유출된 양의 스무 배인 약 2억 1000만 갤런으로 추정된다.

이 사고는 인간에게도 피해를 주었고 세라는 그것을 그림에 담으려고 했다. 그중 한 작품이 사망자 열한 명 중 한 사람인 고든 존스의 형제 크리스Chris Jones의 초상화다. 세라는 의회 청문회 동안 그의 옆자리에 앉았다. 그림 속의 크리스는 입술을 굳게 다물고 있고 청회색으로 칠한 얼굴은 괴로움으로 일그러져 있다. 또 다른 초상화의 인물은 입을 벌린 채 연푸른색 눈동자에서 희미하게 빛나는 눈물을 떨군다. 남편 셰인 로쉬토를 사고로 잃은 내털리다. 〈생존자들〉이라는 제목이 붙은 이 연작은 청문회실을 가득 채웠던 지독한 슬픔을 꾸밈없이 생생하게 보여준다. 그런데 세라가 그린 스티븐의 초상화에는 뭔가 다른 것이 담겨 있다. 증언 중에 찍은 사진을 바탕으로 그린 그림 속에서 수염을 기른 스티븐은 어딘가 먼 곳을 보듯 눈빛이 멍하다. 슬픔에 잠겼다기보다는 넋을 잃고 표류하는 사람 같다.

그로부터 수년 후 내가 캘리포니아 샌클레멘테의 한 술집에서 두 사람을 만났을 때도 스티븐은 여전히 표류하는 모습이었다. 당시 두 사람은 캘리포니아주 출신인 세라의 아버지가 은퇴 후에 고향에 돌아올 생각으로 사둔 집에 머물고 있었다. 이제 20대 후반이 된 스티븐은 덥수룩한 갈색 머리카락과 풀 죽은 나른한 눈빛의 소유자였다. 그날 그는 세라가 하는 말에 이따금 고개를 끄덕일 뿐 입을 거의 열지 않았으며 자신의 시선을 애써 제자리에 붙잡아두려 했다. 사고 당시 눈에 띄게 다친 사람도 있었지만 스티븐은 화상이나 신체적 부상 없이 시추선을 탈출했다. 나도 나중에 알게 된 것이지만, 눈에 띄는 상처가 없다는 사실은 축복인 동시에 저주였다. 친구들은 스티븐이 왜 그렇게 힘들어하는지 이해하지 못했고, 스티븐 본인도 지난 일을 극복하지 못하는 자신을 부끄럽게 여겼다. 사고 이후 그는 직업을 가지지 못했다. 사람들을 만나는 자리도 피했다. 잠도 제대로 잘 수 없었다. 폭발 사고는 그럴 만하게도 밤에 발생했고 스티븐이 근무를 끝내고 잠들어 있던 방 위쪽의 계단이 무너졌다. 충격에 놀라 잠에서 깬 스티븐은 허겁지겁 탈의실로 달려가 작업용 방화복을 걸친 뒤 갑판으로 나갔다가 시추선 전체가 연기에 휩싸인 모습을 보았고 공황에 빠진 동료들의 비명을 들었다. 세라는 남편이 아직도 밤마다 그런 일을 다시 겪을까 봐 두려워하고 있음을 깨달았다. "제가 생각하기엔요, 스티븐은 늘 그때처럼 잠에서 깰 준비를 하고 있는 거예요."

나는 그날 이후 며칠에 걸쳐 스티븐과 세라의 집을 몇 번 더 방문했다. 두 사람은 비슷비슷하게 생긴 회색 집이 모여 있는 주택단지의 이층집에서 케일이라는 테리어견, 애완 담비 두 마리와 함께 살고 있었다. 만남의 횟수가 늘 때마다 스티븐은 좀 더 마음을 열었고 말수도 늘었다. 그는 내게 그랜트에서 보낸 어린 시절과 해군에서 복무한 경험에 대해 들려주었다. 또 자신이 쓴 시를 몇 편 낭송해주었고 셰익스피어, 예이츠, 소로 등 자신이 소장한 시집도 보여주었다. 스티븐은 폭발 사고를 겪은 뒤에도 전과 다름없이 독서를 즐겼지만 좋아하는 장르가 달라졌다. 이제 그는 주로 과학소설을 읽었고 특히 우주 공간에 대해 집착에 가까운 흥미를 보였다. 세라는 남편의 새로운 취향을 "현실에서 멀어지고자 하는, 지구에서 벗어나고자 하는" 강박의 징후로 해석했는데, 스티븐은 그 해석을 부정하지 않았다. 그는 폭발 사고 이후 현실에서 멀어지기 위한 또 하나의 방법으로 알코올에 의존해왔다는 사실도 부정하지 않았다. 술을 마시면 잠들기가 쉬워졌다. 하지만 때로는 술을 마시고 돌발 행동을 했다. 어느 날 밤 그는 친구와 술을 마신 뒤 차에 시동을 걸고 일방통행로를 과속으로 역주행하다가 결국 벽돌담을 들이받았다. 이 사고로 경추가 부러지고 폐가 찢어졌다. 나와 만난 시점에 스티븐은 술을 많이 줄인 상태였으나 침울한 기색이 짙었고 연신 대마초를 피웠다. 내가 그 집에 있는 내내 스티븐은 거실 소파에 앉아 녹색 컵에 담긴 블랙커피를 홀짝이면서 몇 분에 한 번씩 담배를 말아 불을 붙였다. 정신과에서 불안증을 가라앉히라고 처방한 의료용 대마초였다. 그 병원은 스티븐의 상태를 외상 후 스트레스 장애로 진단했다.

스티븐이 겪은 일(죽음의 문턱에 다녀왔고 그로 인해 안정감을 상실했다)을 생각하면 일리가 있는 진단이다. 급조폭발물^{IED} 폭발에서 살아남은 이라크전 귀환병과 마찬가지로 스티븐은 시끄러운 소리에 예민해졌고 편집증적인 공포와 공황 발작에 시달렸다. 때론 냉장고에서 얼음이 덜컥거리는 소리만으로도 증상이 시작된다고 세라가 나에게 설명했다. 내가 그들을 만나기 며칠 전 세라는 차의 계기반에 칼이 놓여 있는 것을 발견했다. 백미러에 비친 뒤차가 자신을 따라오는 게 틀림없다고 생각한 스티븐이 칼을 거기에 꺼내둔 것이었다.

그러나 많은 귀환병이 그러듯 스티븐은 또 다른 무언가에 시달리고 있었다. 그건 엄밀히 말해 공포가 아니라 분노와 환멸이었다. 스티븐은 폭발 사고 직후, 그러니까 생존자들이 뉴올리언스의 호텔에 도착했을 때 처음 이 감정에 사로잡혔다고 나에게 말했다. 지칠 대로 지친 데다 아직 충격에서 벗어나지 못한 직원들은 가족을 만나기도 전에 어느 회의실로 안내받았고 거기서 트랜스오션의 관리자가 여론 조작 훈련이라도 하듯 연설을 늘어놓았다. 스티븐은 그때부터 입에 쓴맛이 돌았다고 했다. 몇 주 후에는 트랜스오션 대리인의 연락을 받고 그와 커피를 마시게 되었다. 대리인은 시추선에서 분실한 개인 소지품에 대한 배상금으로 5000달러를 제안했고 스티븐은 수락했다. 그러자 상대는 그가 부상을 입지 않았음을 확인하는 서류에도 서명해달라고 했다. 스티븐은 말문이 막혔다. "여기에는 서명 못 해요." 그는 대리인에게 말했다. "내가 다쳤는지 안 다쳤는지 아직 모릅니다. 이제 막 일어난 일이잖아요."

트랜스오션과 비피 모두 사고 생존자를 인격적으로 대해야 할 인간이 아니라 법적으로 책임져야 할지도 모르니 미리 단속해야 하는 문젯거리로 취급한다는 것을 스티븐은 점점 깨닫게 되었다. 석유산업을 비판적으로 바라보는 사람이라면 기업이 그런 식으로 나올 것을 예상했겠지만, 스티븐은 그런 사람이 아니었다. 트랜스오션의 일자리에 지원했을 때 그는 시추선 일의 위험성을 잘 알았던 동시에 기업들이 노동자를 최대한으로 보호하고 있다고 믿었다. "나는 모든 게 회사가 정한 안전 지침대로 이루어지는 줄 알았어요." 스티븐이 말했다. 그는 사고 후에야 석유회사들이 안전에 얼마나 돈을 아끼는지, 딥워터 호라이즌에서 얼마나 많은 경고 신호가 무시되었는지를 기사로 읽고 환멸에 빠졌다. "난 대체 어떤 회사를 위해 일한 거죠?" 스티븐은 혼란스러워했다.

스티븐은 딥워터 호라이즌이 폭발하고 1년이 안 되어 또다시 비슷한 의문에 빠졌다. 트랜스오션이 회사 역사상 "안전 성과 최고의 해"를 기록했다며 여러 고위급 임원에게 고액의 상여금을 지급했기 때문이다. 이 결정이 발표되기 불과 몇 달 전, 양당이 참여하는 국가위원회가 딥워터 원유 유출 사고에 대한 보고서를 오바마 대통령에게 제출했다. 이 보고서는 6개월에 걸친 심도 깊은 조사 끝에 해당 사고가 "비피, 핼리버튼Halliburton, 트랜스오션이 저지른 일련의 명백한 실수와 관련되어 있으며, 이 실수들이 드러내는 위험 관리의 제도적 태만은 산업계 전체의 안전 문화를 의심케 한다"고 결론지었다.[5] 또한 이 보고서는 덜 위험한 다른 방법을 선택할 수 있었음에도 비용과 시간을 우선시하여 더 위험한 방법을 택한 아홉 건의 결정을 적시했다. 그런데도 트랜스오션은 그해를 "안전 성과 최고의 해"로 정하고 임원들에게 상여금을 지급한 것이다. 그때까지만 해도 트랜스오션의 직원이었던 스티븐은 그 소식을 듣고 화가 나서 사직서를 제출했다. "그때 그만뒀어요." 그가 말했다. "망할 것들, 난 이딴 회사와는 상종하기 싫다, 그런 기분이 들어서요."

《베트남의 아킬레우스》에서 정신의학자 조너선 셰이는 전쟁 귀환병이 겪는 도덕적 외상이 주로 상관이 '옳음'을 위반하여 그리스어로 '메니스menis'라고 하는 감정을 불러일으킬 때 발생한다고 분석했다. 셰이는 "이 의분의 감정은 사람의 존엄성을 해치는 사회적 배신에서 비롯"된다고 설명한다.[6] 《일리아스》에서 아킬레우스는 상관 아가멤논이 자신이 생각하는 도덕적 질서를 위반할 때 메니스에 사로잡히는데, 셰이는 베트남전에서 존엄성을 훼손당했다고 느낀 많은 귀환병에게서 똑같은 감정을 거듭 발견했다. 나는 스티븐을 사로잡은 것도 바로 이 감정이라고 생각한다. 그는 비단 자신의 안정감만이 아니라 도덕 감각과 신뢰까지 무너뜨린 석유 산업에 깊은 배신감을 느끼고 있었다.

"내가 직원으로서 회사에 개인적으로 배신당한 면도 있어요. 하지만 그보다 더 넓은 의미의 배신이 있습니다. 나는 이 산업이 이렇게까지 지독한 줄 몰랐습니다." 그는 잠시 말을 멈추었다. "이 산업은 인간한테서 희망을 뺏고 환상을 부수는 것 같아요."

그런데 스티븐은 또 한 가지 배신에 괴로워하고 있는 듯했다. 바로 그 자신이 저지른 배신이었다. 폭발 사고의 막대한 피해 규모가 밝혀졌을 때 스티븐은 자연을 사랑하는 자신이 더러운 일에 연루되었다고 느꼈다. 이 느낌은 아내를 따라 멕시코만에 가서 유출된 기름이 밀려들기 시작한 해안을 돌아볼 때 더욱 강해졌다. 이 여행 중에 두 사람은 앨라배마주의 멕시코만에 있는 도핀아일랜드에도 들렀다. 깨끗한 흰 모래가 쌓여 긴 띠를 이루고 있는 풍경으로 유명한 이 섬은 스티븐이 어릴 적 가족과 함께 휴가를 보낸, 그가 특별히 좋아하는 곳이었다. 딥워터 사고 후 섬의 이곳저곳에 주황색 방책이 둘러쳐졌고 모래가 기름에 뒤덮였다. 스티븐은 이 광경에 슬픔과 수치심을 동시에 느꼈다. "어릴 적부터 알았던 그 아름다운 곳이 똥통이 되었어요. 그렇게 만든 사람 중 하나가 나 자신이고요."

원유 유출 사고의 여파를 확인하면서 자신이 살아온 세계에 대해 심난한 감정을 느끼기는 세라도 마찬가지였다. 그는 자신이 장밋빛 렌즈를 통해 세계를 보아왔음을 깨달았다. 그는 어린 시절 내내 시추선이 사실은 환경에 유익하다고, 왜냐하면 물속에 내려앉은 시추선은 물고기가 살아갈 암초가 되어주기 때문이라고 배웠다. 그러나 멕시코만 여행에서 찍은 영상은 다른 이야기를 들려주었다. 그러던 어느 날 비피가 환경 보호에 힘쓰고 있다고 주장하는 텔레비전 광고를 보고 세라는 격분했다. 하지만 스티븐과 달리 세라는 사람들이 무책임한 기업과 책임지려고 노력이라도 하는 기업을 뭉뚱그려 비난하는 것이 거슬렸다. 또 딥워터 사고 후 환경 단체들이 죽은 노동자보다도 기름 유출에 피해를 입은 펠리

컨과 돌고래에게 훨씬 더 많은 관심을 쏟는 게 거슬렸다. 뉴스에 는 죽은 바닷새와 해양 포유류의 영상이 거의 매일 보도되었다. 시추선 노동자의 얼굴은 단 한 번도 화면에 나오지 않았다. 세라 는 노동자가 그토록 눈에 띄지 않는 이유를 이해할 수 없었다. "너 무 이상했어요." 그가 말했다.

스티븐에겐 그게 그리 이상하지 않았다. 딥워터에서 일하는 사람 대부분이 '블루칼라'에 그 자신과 비슷하게 외딴 소도시에서 자란 '시골뜨기'라고, 다시 말해 '윗사람'이 내려다보는 종류의 사 람들이라고 스티븐은 나에게 설명했다. 그런데 그는 대중이 죽은 노동자보다 죽은 돌고래에게 더 쉽게 공감하는 이유가 하나 더 있 다고 했다.

"사람들은 환경을 순수함 그 자체라고 생각해요." 스티븐이 말했다. "반대로, 우리는 그딴 업계에서 일하니까, 당해도 싸다 이 거죠."

석유산업의 지리적·지역적 특성

스티븐은 그런 식으로 생각하는 사람들에게 별 유감이 없는 듯했다. 어쨌든 그는 트랜스오션에서 돈을 벌던 사람이었으니까. 스티븐은 잡역부 일로 1년에 6만 달러 넘게 벌었고, 경력이 쌓이 는 대로 급료가 오르게 되어 있었다(잡역부는 시추선에서 식당 조리사

다음으로 보수가 적은 최하급 노동자다). 폭발 사고만 일어나지 않았더라면 그 일을 계속했을 것 같다고 스티븐은 나에게 말했다. 그를 비롯한 딥워터 호라이즌의 블루칼라 노동자 대부분이 같은 이유에서, 즉 보수가 좋았기 때문에 그 일을 했다. 미국에서 셰일가스 붐이 이는 동안 바켄 지층이 있는 윌리스턴 분지Williston Basin 같은 지역에 노동자계급 남성 수천 명이 몰려든 것도 같은 이유였고, 그중에는 한 달에 1만 달러 넘게 버는 사람들도 있었다. 딥워터 호라이즌에서도 고등학교 졸업장이 전부인 사람이 1년에 10만 달러 넘게 벌 수 있었다. 물론 잡역부 일은 고되었다. 한 번에 12시간씩 장비를 쌓고 시추 진흙을 개는 등 잡다한 일을 쳐내느라 쉴 틈이 없었다. 그러나 고향 그랜트에서 사람들이 수당도 휴가도 거의 없이 일하면서도 돈 걱정을 하던 것에 비하면 훨씬 나았다. 스티븐은 선상 근무를 마치고 집에 돌아오면 세라와 함께 여행을 다녔다. 두 사람은 돈 걱정 없이 유타주의 자이언국립공원 같은 곳을 찾아다녔다.

《뉴욕 타임스》에 따르면 딥워터 호라이즌 노동자들에게 그 일자리는 "원래라면 누릴 수 없었을 삶을 누리는 길"이었다.[7] 그들은 원래라면 누릴 수 없었을 특전과 혜택을 시추선에서 일함으로써 누릴 수 있었다. 그러니 석유산업의 '더러운 현실'을 알고도 모르는 척하며 특전을 챙기는 시추선 노동자가 환경주의자에게 조금의 연민도 사지 못하는 것은 당연하다면 당연한 일이었다. 천연자원보호회의Natural Resources Defense Council는 화석연료산업이 수질을 오염시키고, 땅을 황폐하게 만들며, 미국 전체 배출량의 75퍼센트에 달하는 탄소를 배출하고 있다고 보고했다. 스티븐은 그런 보고가 사실이라고 인정했다. 하지만 시추선 노동자가 더러운 현실에 연루되었다고 생각하는 수많은 사람이 정작 자기 차에 기름을 넣을 때는 그들 자신이 더러운 현실에 가담하고 있다고는 전혀 생각하지 않는다는 걸 스티븐도 세라도 잘 알고 있었다. "우리의 일상이 그 현실을 만들어내고 있다는 걸 다들 잊으려고 하죠." 스티븐이 말했다. 값싼 고기를 원하는 요구가 있기에 샌더슨 팜스와 타이슨 푸드가 존재하듯이, 값싼 기름을 원하는 미국인의 끝없는 요구가 있기에 석유산업이 존재한다는 뜻이다.

이 노동을 누가 하게 되는지는 일차적으로 계급이 결정하지만 지역과 지리도 그에 못지않게 큰 영향을 미친다. 1994년 사회학자 윌리엄 프로이덴버그William Freudenburg와 로버트 그램링Robert Gramling은 《험한 바다의 기름Oil in Troubled Waters》에서 미국의 대표적인 해안 지역인 루이지애나주와 캘리포니아주를 대상으로 해양 시추 사업의 위상과 영향력을 비교함으로써 석유산업의 지역성을 분석했다. 해양 시추가 환경에 미치는 악영향이 처음으로 관심을 불러 모은 계기가 바로 1969년 캘리포니아주 연안 샌타바버라 해협에서 발생한 시추선 폭발 및 원유 유출 사고였다. 이 사고로 촉발된 대중의 성토는 이듬해 국가환경정책법^{National Environmental Policy Act}이라는 역사적인 법을 끌어냈다. 나아가 당시 내무장관 월터 히켈^{Walter Hickel}은 캘리포니아주 연안의 시추 사업을 일시 정지시켰다. 그로부터 20여 년 후에 이루어진 프로이덴버그와 그램링의 연구에서 캘리포니아주 주민 가운데 이 정책을 바꾸라고 요구하는 사람은 거의 없었다. 두 사람이 인터뷰한 캘리포니아주 사람들은 거의 한목소리로 해양 시추에 반대했다. 반대 의견이 너무도 압도적이어서 연구진은 질문을 바꾸어 '해양 시추에 대해 다른 의견을 가진 캘리포니아 사람을 한 사람이라도 알고 있느냐'고 물었다. 거의 모든 응답자가 모른다고 대답했다.

남부의 루이지애나주에서도 1970년대에 폭발 사고가 연달아 발생해 멕시코만을 오염시켰고 사망자까지 발생했다. 그러나 캘리포니아주와 달리 이 지역은 해양 시추를 금지하지 않았다. 프로이덴버그와 그램링이 연구를 수행한 1994년까지 멕시코만의 외변 대륙붕에는 1만 3000개가 넘는 생산 유정이 시추되었다. 연구진이 만난 루이지애나주 주민은 한목소리로 해양 시추에 찬성했다. 반대 의견은 아예 존재하지 않았으며, 소수의 응답자만이 유보적인 견해를 가진 사람을 알고 있다고 대답했다.

이처럼 극명하게 다른 태도는 무엇으로 설명할 수 있을까?

일단 이념의 차이가 있다. 캘리포니아주는 환경에 관심이 높고 산업을 불신하는 주민이 많은 진보적인 주였던 반면 루이지애나주는 산업에 호의적인 사람이 많은 보수적인 주였다.

이러한 태도 차이는 극명하게 다른 경제 전망에서 비롯된 것이기도 했다. 프로이덴버그와 그램링이 만난 캘리포니아주 주민은 해양 시추 금지령이 경제 발전을 저해하리라고 예상하지 않았다. 또한 그들 중에는 (한 응답자의 표현을 빌리면) "바로 그런 종류의 쓰레기가 없는 곳을 **찾아**" 캘리포니아주로 이주한 사람이 많았다.[8] 이들에게 시추선과 유정탑은 캘리포니아주의 아름다운 자연을 더럽히는 눈엣가시였다. 반면 루이지애나주 사람들은 이런 식으로 생각할 여유가 없었다. 석유산업은 일자리가 고갈된 지역에 일자리를 공급해주는 산업이었다. 두 주의 이념 차이는 사실 이러한 경제 전망의 차이에서 비롯된 면이 크다고 연구진은 설명했다.

그로부터 10여 년 후 캘리포니아대학교 버클리의 사회학자 앨리 러셀 혹실드Arlie Russell Hochschild는 루이지애나주 내포 지역의 티 파티Tea Party(미국의 조세 저항 운동-옮긴이) 활동가를 인터뷰하기 시작하면서 비슷한 점을 발견했다. 이들은 버클리 주민과 마찬가지로 기름 묻은 새우를 먹거나 호수와 강의 오염을 목도하는 걸 좋아하지 않았지만 시추 사업이 자신의 생존과 직결되어 있다고 생각하는 경향이 강했다. "석유회사가 많이 들어올수록 일자리가 늘어나고, 일자리가 늘어나면 지역이 발전한다"는 것이 이들의 논리였다.[9] 그리고 이 논리에 따라 세금 감면, 규제 완화 같은 방법으로 석유산업을 적극 유인하기를 원했다. 프로이덴버그와 그램링과 달리 혹실드는 시추 사업에 대한 견해가 그렇게 획일적이지만은 않다고 분석했다. 대학 교육을 받은 젊은 도시 거주민은 다른 의견을 가지는 경우도 많았다. 거의 한목소리로 시추 사업에 찬성한 집단은 교육 수준이 낮고 작은 소도시에 오래 거주한 주민들이었다. 그런데 혹실드는 우연히 읽은 기업 컨설팅 보고서에서 오염 물질을 대량으로 방출하는 석유산업 시설의 부지 선정과 관련하여 바로 이 집단이 지목된 것을 발견했다. 보고서에 따르면 가장 이상적인 부지는 "저항성이 가장 낮은 사람"이 많이 사는 지역이었다. "저항성이 가장 낮은 사람"의 특징 하나는 작은 소도시에 오래 거주한 주민이라는 것, 또 하나는 최종 학력이 고등학교 졸업이라는 것이었다.[10]

정치적으로 진보적이고 환경 의식이 높은 지역의 주민은 쉽게도 이런 계층을 내려다보는 동시에 자신이 그들에게 의존하며 살아가고 있다는 사실은 편리하게 잊는다. 딥워터 호라이즌 사고에 대한 국가위원회의 보고서는 이렇게 지적했다. "석유와 천연가스가 멕시코만 경제에서 차지하는 중요한 역할을 제대로 이해하는 국민이 많지 않다. 많은 국민이 교통수단에 필수적인 에너지를 누리면서 그 직접적인 위험은 조금도 감수하지 않는다." 이 말 그대로, 잘사는 캘리포니아주 사람들은 에너지산업의 직접적인 위험을 못사는 루이지애나주 사람들에게 떠넘겼고, 루이지애나주 사람들은 캘리포니아주 사람들을 대신해 석유화학공장과 해양 시추 사업을 운영하는 더러운 일을 맡았다. 알고 보면 루이지애나주 주민이라고 해서 늘 두 팔 벌려 석유산업을 환영한 것은 아니었다. 1930년대에 내포 지역의 어부와 사냥꾼은 '텍사스 잡놈들'이 석유를 뽑아낸답시고 그들의 생계 수단인 땅에 운하를 파고 소금 돔에 구멍을 뚫는 데 분개했다. "이건 우리를 침략한 거나 마찬가지예요." 한 주민은 이렇게 말했다.[11] 그러나 시간이 지나면서 분개심 대신 실리주의가 들어섰다. 먼저 쉘Shell이 유전을 운영하는 블랙 바이유(내포) 같은 지역의 주민들이, 이어 해양 시추 붐이 일면서는 해안의 소도시와 마을 주민들이 석유산업이 만들어내는 일자리를 환영했다.

1990년 말 멕시코만 해상에서 생산되는 석유가 미국 국내 에너지 생산량의 3분의 1을 차지하기에 이르렀다. 석유산업에 종사하는 루이지애나주 주민에게 이 산업은 생계 수단이었던 동시에 자부심의 원천이었다. 그러나 루이지애나주는 '미국의 에너지 연안'이 되는 대가로 미국 내에서 가장 심각한 대기 오염과 습지 황폐화 같은 악영향을 감수해야 했다. 루이지애나주에서 시추선 노동자의 손자로 태어난 역사학자 제이슨 테리엇Jason Theriot의 《미국의 에너지, 위험에 빠진 연안American Energy, Imperiled Coast》(2014)에 따르면, 루이지애나주 정계에서는 1990년대 말부터 석유산업이 끼치는 악영향을 상쇄할 수 있도록 주에 대한 지원이 확대되어야 한다는 주장이 나오기 시작했다. 이들의 근거는, 루이지애나주에서 생산되는 석유와 천연가스는 태반이 수송관을 통해 다른 지역으로 공급되었다가 결국 뉴잉글랜드 등 잘사는 지역의 물질대사에 흡수되는 반면 루이지애나주 해안은 폭우와 허리케인에 점점 더 취약해졌고 기후변화로 인한 해수면 상승 때문에 문제가 점점 더 심각해질 전망이라는 것이었다. 연방 상원의원 메리 랜드루Mary Landrieu는 루이지애나주가 "토지 사용과 석유 생산이 환경에 끼치는 영향에 대해 적절한 보상을 받지 못했다"며 해양 시추에서 발생하는 정부 세입의 더 많은 몫을 지역의 습지 복구에 할당하게 하는 보호 및 재투자법Conservation and Reinvestment Act 제정을 이끌었다. 그러나 이들 정치가는 재투자를 요구하면서도 실질적인 법적 행동은 거의 하지 않았고 해양 시추 금지령을 내리지도 않았다. 그랬다가는 루이지애나의 중심 산업을 잃을 위험이 있었기 때문이다. 테리엇은 이렇게 평가했다. "이들은 복구 의제를 추구하는 동시에 주 경제의 핵심 동력을 유지하기 위해 둘 사이의 미묘한 경계선을 조심스럽게 걸었다."[12]

물론 전국에서 가장 가난한 주에 속하는 루이지애나주가 경제의 핵심 동력을 유지하려 한 것은 이해할 만한 일이다. 그러나 석유산업은 지역의 장기적인 발전과는 무관할 때가 많다. 지지자들은 석유산업을 성장의 촉매로 환영하지만, 자원 채굴에 지나치게 의존하는 지역사회는 흔히 만성 빈곤에서 벗어나지 못한다는 연구 결과가 여럿 있다. 일단 이런 지역은 유가가 떨어져 산업이 침체되면 그 영향을 고스란히 받는다. 또한 많은 경우 인적 자본에 대한 투자가 부족한 데다 기업의 감세 요구까지 겹쳐져 학교 같은 공공시설을 유지할 자원이 없다. 대표적인 예가 '암 골목Cancer Alley'이라고 불리는 루이지애나주의 한 산업 지구다. 이곳에 밀집한 150여 개의 화학공장과 정유공장은 엄청난 양의 오염 물질을 내뿜으면서도 납세를 회피했으며, 그 결과 대기와 공교육의 질이 모두 심각하게 나빠졌다. 멕시코만 복구 네트워크Gulf Restoration Network의 사무국장 신시아 사토는 나에게 이렇게 설명했다. "이런 지역은 재산세를 걷어야 학교를 운영할 수 있죠. 그런데도 돈은 거의 또는 전혀 벌지 못하면서 오염 물질만 잔뜩 얻고 있는 실정입니다." 루이지애나주의 나머지 지역도 사정은 별반 다르지 않다고 사토는 설명했다. 그는 석유에 의존하는 경제를 가정폭력에 비유했다. 달리 가진 게 없다는 두려움 때문에 피해자가 제 발로 집에 돌아오는 것과 비슷하다고 말이다. "우리는 소득을 기대하며 견딥니다. 하지만 여전히 미국에서 가장 가난한 주에 속하죠."

사토를 만나고 며칠 후, 나는 그가 말한 빈곤을 아주 가까이에서 목격했다. 항구도시 모건시티는 1947년 그 앞바다에서 최초의 해양 시추가 시작되었다. 내가 이곳에 와서 처음 들어선 도로의 중앙선에 그 획기적인 사업을 기념하는 명판이 서 있었고, 그 옆에 놓인 시추선 조각상은 그동안 풍화되고 산화되었는지 부식된 금속 표면 여기저기에 녹이 넓게 슬어 있었다. 모건시티는 1970년대에 석유수출국기구OPEC의 수출 금지령으로 유가가 상승했을 때 '신흥 도시'가 되었다. 항구에 시추선이 빽빽이 정박했고 거리는 일자리를 찾아온 사람들로 붐볐다. 하도 많은 외지인이 갑자기 몰려들어 '잡역부 임시 수용소'가 생겼을 정도였다. 그러나 1980년대 중반에 이르러 유가 하락과 함께 석유 붐이 끝났다. 내가 찾아갔을 때 잡역부 임시 수용소는 사라진 지 오래였고 내가 이곳에서 본 시추선이라고는 시추선박물관Rig Museum의 볼거리가 된 미스터 찰리라는 이름의 누런 철근 더미뿐이었다. 항구에서 이어진 자갈길 끝에 위치한 이 박물관은 진짜 시추선에 올라가 보고 싶은 관광객에게 투어를 제공했다. 나는 프랑스인 관광객 두어 명과 함께 시추선 투어에 나섰다. 안내자의 설명에 따르면, 미스터

찰리는 1986년까지 유정을 시추했고, 원래는 고철로 폐기될 운명이었으나 버질이라는 지역 주민이 매입하여 볼거리로 꾸몄다. 그날의 관광객 수로 보나, 트레일러촌 안에 위치한 박물관의 규모로 보나 대단한 볼거리는 아니었다. 투어를 마친 뒤 나는 시추선 노동자였다가 이제는 이 박물관의 큐레이터로 일하는 브라이스 메릴과 잠깐 이야기를 나누었다. 그는 모건시티의 호시절이 지나갔다는 사실을 부정하지 않았다. "예전엔 여기에 시추선이 70대씩 있었어요." 그가 항구를 가리키며 말했다. "이제 다섯 대 남았어요. 지난 4년간 인구 2500명이 빠져나갔고 문을 닫은 업체가 스물다섯 내지 서른 군데 됩니다."

그 후 나는 점심을 먹은 뒤 이번에는 제임스 호타드를 만나러 갔다. 키가 작고 가슴팍이 두툼한 남자인 호타드는 시추선에 해저 장비를 공급하는 오셔니어링Oceaneering에서 직원 훈련을 담당하고 있었다. 그는 모건시티에 사는 거의 모든 사람이 일자리를 구할 수 있던 때를 회상했다. "고등학교에 다니다가도 됐다 싶으면 학교를 그만두고 용접공으로 일하면서 4만에서 5만 달러를 벌었어요." 요즘에는 뜻이 있는 젊은이들은 대학에 진학하고, 졸업하자마자 다른 지역으로 가버린다고 했다(그즈음 루이지애나주립대학교를 졸업한 그의 딸도 곧 휴스턴으로 이사할 계획이었다). 나는 차를 몰고 모건시티를 둘러보면서 그 이유를 어렵지 않게 짐작할 수 있었다. 중심 상가는 사람이 없는 빈사 상태였다. 이곳은 이제 신흥 도시가 아니라 유령 도시였다. 거주 구역의 집들은 현관이 무너지고 지붕이 내려앉고 나무 기둥이 튀어나와 있는 등 심각하게 파손된 상태였다. 어느 집 앞에는 낡은 농구 골대에 찢어진 그물이 걸려 있고 그 옆에 빈 쇼핑 카트가 놓여 있었다. 전에 어디서 본 듯한 장면이었으나 그 자리에서는 기억을 정확히 떠올리지 못했다. 나중에야 그게 어디였는지 떠올랐다. 플로리다시티에서 데이드 교도소를 찾아가는 길에 잠시 차를 세우고 망고와 리치를 파는 노점상 지미와 이야기를 나누었을 때, 그의 옆에도 빈 쇼핑 카트가 있었다.

아무도 주목하지 않는 죽음

더티 워크는 특정 계급에게 불균형하게 배정될 뿐 아니라 특정 장소에 집중되어 있다. 교도소는 주로 '시골 게토'에, 정육공장은 외딴 산업 단지에 지어진다. 누구에게나 눈엣가시인 정유공장과 시추선은 캘리포니아주에는 들어서지 못하고 '저항성이 가장 낮은 사람'이 많이 사는 곳에 들어선다. 더티 워크의 지리는 인종 불평등과 계급 불평등을 반영하는 동시에 한층 강화하기에, 낙인 찍힌 산업과 시설은 빈곤한 지역에 집중되기 마련이다. '암 골목'이 그런 곳이다.

물론 모든 사람이 석유산업을 낙인찍힌 산업으로 여기는 것은 아니고, 그 산업에 종사한 것을 후회하는 것도 아니다. 모건시티를 방문하기 며칠 전 나는 시추 기술자인 릭 파머를 만나 저녁 식사를 함께했다. 우리는 라파예트 근처의 라 빌라 서클이라는 외부인 출입 제한 주택단지에서 만났다. 그곳에서 그는 기둥이 늘어선 현관과 목련을 심은 앞마당이 있는 큰 벽돌집에 살았다. 파머의 어린 시절은 지금처럼 넉넉하지 않았다. 이름 그대로 농부 집안에서 태어난 그는 열여덟 살에 처음 석유산업에 입문하여 잡역부로 일하는 한편 미시시피주립대학교에서 석유공학을 전공했다. 이제 막 예순 살이 된 그는 경제적 안정을 누리고 있었으며, 평범하고 지루하지 않은 직업 생활에 그저 만족한다고 했다. 그에게 시추선 일은 '모험'이었다. 그는 바다에 나와 있는 기분을, 일을 해냈을 때의 쾌감을 사랑했다. 물론 35만 내지 40만 달러에 이르는 연봉도 나쁘지 않았다.

이런 게 더티 워크라면 아마 수많은 미국인이 기꺼이 하려 들 것이다. 벽돌을 깐 그 널찍한 집에서 파머가 자신이 얼마나 운이 좋았는지 이야기하는 걸 듣는 동안 나도 그렇게 생각했다. 그러나 모든 사람이 그가 운이 좋았다고 생각하진 않을 듯하고, 파머 본인도 늘 그렇게 생각한 것은 아니었다. 1984년, 그가 유정을 파고 있는데 어디서 장비가 무너져 내렸다. 그 파편에 동료 한 사람이 그 자리에서 사망했고 파머는 영구적인 장애를 얻었다. 나와 저녁식사를 하는 동안 그는 휠체어에 앉아 있었고, 그의 집은 휠체어로 돌아다닐 수 있도록 복도와 문간이 널찍했다. 그가 일한 모든 시추선이 그렇게 설계된 것은 아니었다. 파머는 두 손과 두 무릎을 바닥에 대고 기어 화장실에 가야 했다. 그는 자신이 처한 상황에 절망했고, 고통을 덜려고 술에 기대기도 했다. 고통이 줄지 않자 자살을 생각했다. "사고를 겪고 2년 후에 이제 끝내자 했어요." 다행히 친구들의 말을 듣고 재활 센터를 찾아갔다. 그곳의 정신과 의사가 베개를 건넸을 때, 파머는 그것을 힘껏 잡아 뜯었다. "왜 나예요?" 그는 울부짖었다. 가톨릭교 집안에서 성장한 파머는 결국 베개를 내던진 뒤 예수가 십자가에 못 박힐 때 겪은 고통을 떠올렸다. 그는 절망 끝에 "우리 모두 버림받은 존재"라는 사실을 깨달았다. 그때부터 그는 독실한 신자가 되었다.

죽음의 문턱까지 다녀오는 경험은 석유산업에서 그리 드문 일이 아니다. 나에게 파머를 소개한 사람은 같은 라파예트 주민인 릴리언 에스피노자갈라로, 그가 사는 목조 주택은 석유산업에 관한 책으로 가득했다. 릴리언은 1973년에 이 산업에 입문하여 멕시코만 시추선 최초의 여성 잡역부 중 한 사람이 되었다. 그때만 해도 시추선에 여자 화장실이 없었고, 이 일은 그에게 썩 어울리는 직업이 아니었다. 아버지가 석유산업에 종사하긴 했지만, 릴리언은 고등학교 동창생 여럿이 베트남전에서 죽어 돌아온 뒤 반전운동에 뛰어들었다. 어느 시위에서는 "거대 석유기업이 지구를 강간하고 있다"라는 제목의 책자를 사람들에게 나눠주기도 했다. 그는 모험을 좋아 캐나다까지 갔다가 카리스마 있는 반전운동가와의 관계가 어긋난 뒤 결국 루이지애나주로 돌아왔고, 학업을 재개할 돈을 마련하고자 일자리를 찾기 시작했다. 그러던 어느 날 아버지가 집에 돌아와 시추선에서 여자도 고용하기 시작했다는 소식을 전했다. "그거 해볼 만하겠네." 릴리언은 말했다. 얼마 후, 그는 반전 메시지가 적힌 천조각을 덧댄 즐겨 입던 청바지를 팔아 작업복을 구해 입고 옅은 금발 위에 안전모를 쓴 채 첫 근무에 나섰다. 반전 운동을 함께한 친구들은 릴리언의 행보에 다들 깜짝 놀랐다. 릴리언은 자신이 그 일을 재미있어한다는 것에 놀랐다. 시추선 일은 "바다 한가운데 성에 사는 것 같았다"고 릴리언은 나에게 말했다. 그는 그 일을 여러모로 좋아하게 되었다.

그러나 릴리언은 거기서도 사람들이 무의미하게 죽어나가는 모습을 보는 것만큼은 좋아할 수 없었다. 그는 현장에서 두 번의 인명 사고를 겪었다. 그중 하나인 1981년 사고에서는 부식된 설비를 발견하고 경보를 울리려 했지만 용접공 한 사람이 죽고 그 자신도 심각한 부상을 입었다. 릴리언은 의식을 잃은 채 피를 흘리며 헬리콥터에 실려 응급실로 이송되었다. 그리고 그 사고로 오른손의 뼈가 여러 개 부서져 영구적으로 손상되는 바람에 더 이상 잡역부로 일할 수 없게 되었다. 하지만 릴리언은 그 사고를 계기로 직업을 바꿀 수 있었다. 그는 다른 시추선 노동자들이 같은 일을 겪지 않도록 예방하는 산업 안전 컨설턴트가 되었다.

시추선의 산업재해는 어느 정도 불가피한 문제다. 그러나 사고율이 모든 나라에서 동일한 것은 아니다. 국가위원회가 오바마 대통령에게 제출한 딥워터 사고 보고서에 따르면 "다수의 동일한 기업이 미국과 유럽 양쪽에서 조업하는데도" 2004년부터 2009년까지 발생한 해양 시추 중 사망자는 "미국이 유럽보다 네 배 이상 많았다".[13] 이 격차를 어떻게 설명할 수 있을까? 1980년대에 북해에서는 167명이 사망한 파이퍼 알파Piper Alpha 폭발 사고 등 인명 사고가 연달아 발생했다. 이에 노르웨이와 영국은 사고 예방의 책임을 기업에게 묻는 방향으로 규제를 강화했다. 미국은 규제를 완화했다. 그 이유 하나는 석유산업계가 규제에 완강히 반대하고 나섰기 때문이다. 또 하나의 이유는 멕시코만에서 안전 및 환경 기준을 감독하는 연방정부 기관인 미국광물관리청U.S. Minerals Management Service이 석유 및 천연가스 임대 사업의 사용료 징수도 감독했기 때문이다. 임대 사용료는 세금에 이어 두 번째로 큰 미 연방정부 세입원이었으니, 국가위원회가 보고서에 인용한 공무원의 말대로 이 기관이 석유산업을 "경찰이 아니라 동업자로서" 대한 것도 무리가 아니었다.[14] 기업들이 점점 더 먼 바다로 나가 점점 더 위험하게 석유를 시추하기 시작하는데도 관행은 달라지지 않았다. 대통령이 바뀌어도 마찬가지였다. 국가위원회의 보고서에 따르면 "멕시코만의 조업이 심해로 이동하면서 안전상 위험이 급증했으나 지난 몇십 년간 대통령들, 의원들, 기관장들은 안전을 보장하는 일이 아니라 심해 시추에서 발생하는 엄청난 세입에만 몰두했다. 돌이켜 보건대, 문제는 사고가 일어날지의 여부가 아니라 사고가 언제 발생할지뿐이었다."

릴리언 에스피노자갈라는 국가위원회의 보고서에 고문으로 참여하여 노동자 안전과 관련된 장을 작성하는 데 힘을 보탰다. 릴리언에 따르면 딥워터 호라이즌 폭발 사고는 몇 가지 긍정적인 변화를 끌어낸 면도 있었다. 광물관리청이 폐지되고 안전환경집행국Bureau of Safety and Environmental Enforcement이 신설되었다. 안전 규제도 얼마간 강화되었다. 하지만 나를 만난 자리에서 릴리언은 이 변화에 대해 이야기할 기분이 아니었다. 그도 그럴 것이 우리가 만난 2019년 5월 2일은 마침 그가 거의 죽을 뻔했던 사고의 서른여덟 번째 기념일이었기 때문이다. 게다가 그 전날 트럼프 행정부가 딥워터 사고 후에 통과된 안전 규제를 무효화하는 유정 관리 규칙 개정안을 내놓았다. 이 규칙은 시추선 안전 장비에 대한 외부 감사 의무를 없앴고 폭발 방지 밸브의 검사 기준도 낮추었다. 규제 완화를 주도한 인물은 석유산업계의 긴밀한 동맹인 스콧 앤젤^{Scott}이었다. 그는 트럼프 대통령에 의해 안전환경집행국장에 임명된 뒤 안전 규제를 위반한 것으로 알려진 석유회사의 임원들을 계속 만나고 다녔다. "구조대가 오고 있습니다." 앤젤은 임원들에게 이렇게 약속했다.[15] 릴리언은 이 약속이 시추선 노동자에게 의미하는 바를 에둘러 말하지 않았다. "그는 이 산업에 연관된 사람들을 얼마든지 죽일 수 있고, 그건 그의 영혼에 평생 남을 겁니다." 릴리언은 같은 라파예트 출신인 앤젤에 대해 이렇게 말하면서도 앤젤이 양심의 가책을 느끼리라는 예상은 자신의 지나친 바람일 것이라고 인정했다. 수년 전 앤젤이 주의원직에 출마했을 때 릴리언은 각 후보에게 전화를 걸어 해상 안전에 관한 대책을 물었다. 그때 한 후보는 이렇게 대답했다. "해상 안전? 그건 이슈가 아니에요, 릴리언. 지금 일자리가 없잖아요! 루이지애나 사람들이 중요하게 여기는 유일한 문제는 일자리란 말입니다."

이 후보의 말은 결국 루이지애나주는 해안 환경오염을 막을 여유가 없는 것과 마찬가지로 시추선 노동자의 부상과 사망을 막을 여유가 없다는 것이었다. 그러나 릴리언은 이 논리를 인정할 수 없었다. 그 자신이 죽음의 문턱에 다녀온 경험 때문이기도 했지만, 딥워터 호라이즌 사고로 목숨을 잃은 열한 명의 노동자를 추모해야 했기 때문이다. 딥워터 사고는 릴리언에게 9·11 테러 같은 충격을 주었다. 하지만 그와 동시에 안전의 초점이 개인에게 잘못 맞춰져 있음을 깨닫는 계기가 되었다. 개인적 안전이란 "안전모를 써! 굴러떨어지지 마!"로 요약된다. 노동자는 훈련 과정에서 이 메시지를 귀에 못이 박히도록 듣고, 자기가 알아서 사고를 피해야 한다고 생각하게 된다. 릴리언도 잡역부 시절엔 그렇게 생각했다. "시추선에서 일할 때는 우리가 당하는 모든 사고를 우리가 일으킨 거라고 생각했어요." 교도소와 정육공장의 더티 워커도 똑같은 메시지를 듣는다. 문제가 발생하면 그건 그들 개인의 잘못이라고 말이다. 그러나 이제 릴리언은 생각을 바꾸어 그보다 훨씬 중요한 것은 '공정 안전process safety'이라고 믿었다. 공정 안전은 비용 절감, 조업 속도 최대화처럼 시스템 전체의 안전을 위협하는 결정이 누적된 결과다. 공정 안전은 릴리언의 표현으로 "창의 뭉툭한 끝"에 앉은 고위급 임원들의 결정에서 시작된다. 그 반대편 "창의 날카로운 끝"에서는 일선 노동자가 부상과 죽음을 무릅쓰고 윗사람들을 대신해 더러운 일을 한다.

위험에 빠진 것은 바다에서 일하는 시추공과 잡역부만이 아니다. 셰일가스 붐이 이는 동안 북부 내륙의 노스다코타주에서 트럭 조수로 일한 마이클 패트릭 F. 스미스에 따르면 "2008년부터 2017년까지 유전에서 일하다 사망한 노동자의 수는 아프가니스탄에서 사망한 미군 수에 맞먹는다." 딥워터 폭발 사고 이후 릴리언은 파워포인트 자료를 마련해 더 이상의 사망 사고가 일어나지 않도록 예방하는 방법을 알리는 데 힘썼다. 그와 더불어 폭발 사고 후에 흔히 나타나는 내러티브, 즉 창의 날카로운 끝인 시추선에 있던 사람들이 더 책임감 있게 행동했더라면 목숨을 구할 수 있었을 거라는 식의 이야기가 왜 틀렸는지를 밝히고자 했다. 이 내러티브는 도덕적으로 중요한 결과를 낳는다. 즉 일이 어긋났을 때, 노동자가 저 위에서 그들을 조종하는 임원진이 아니라 저 자신을, 혹은 동료를 탓하게 되는 것이다.

릴리언을 만난 어느 날 오후 나는 그의 사무실로 안내받았다. 나무 널판으로 마감한 작은 방이었고 벽에 이런저런 추억 어린 물건이 장식되어 있었다. 어느 벽에는 그가 "멕시코만 최초의 여성 생산 잡역부"임을 인증하는 상장이 붙어 있었다. 또 어느 벽에는 열한 개의 나무 십자가가 모래사장에 꽂혀 있는 사진이 있었다. 각 십자가는 딥워터 호라이즌에서 사망한 노동자를 의미했다. 릴리언은 컴퓨터 앞 의자에 앉더니 오른손에서 그나마 자유롭게 구부릴 수 있는 두 손가락을 이용해 마우스를 클릭하기 시작했다. 그는 파워포인트 자료에서 죽은 노동자 한 사람 한 사람의 얼굴을 담은 슬라이드를 찾아 보여주었다. 도널드 클라크, 49세, 루이지애나주 출신 보조 시추공. 애런 데일 버킨, 37세, 미시시피주 출신 크레인 기사. 안전모와 안전장갑(개인적 안전)은 시추선 노동자에게 별 도움이 되지 않는다. 반면 비용 절감 압력을 줄이고, 안전상의 우려를 더 자유롭게 상부에 보고할 수 있는 여건을 조성한다면 (공정 안전) 도움이 될 수 있다. 사고 발생 전에 딥워터 호라이즌의 몇몇 직원은 자신의 가족에게 시추선이 안전하지 않다고 말했다. 한 피해자는 사고 직전에 아내에게 유언장을 대신 써달라고 부탁하기도 했다. 사고 발생 한 달 전에 로이즈 레지스터Lloyd's Register가 딥워터 호라이즌의 상태를 조사하고 40명의 노동자를 인터뷰했을 때, 적잖은 수의 노동자가 불안전한 관행을 "자주 목격"함에도 두려워서 보고하지 못한다고 털어놓았다. 사고 발생 후 연방의회는 내부 고발자 보호 정책을 시추선 노동자에게 확대하여 그러한 두려움을 완화하라고 권고했다. 그러나 2017년 안전환경집행국은 그러한 보호 정책을 집행할 근거가 부족하다고 판단했다. 이는 스콧 앤젤과 트럼프 행정부가 석유산업에 보내는 또 하나의 선물이었다.

릴리언은 컴퓨터를 끄기 전에 슬라이드를 한 장 더 보여주었다. 남색 양복과 실크 넥타이 차림에 수염을 기른 남자가 의회 청문회에 출석하여 증언하는 모습의 사진이었다. 스티븐 스톤이었다. 그의 뒤편에는 긴 빨간 머리에 뺨에 주근깨가 난 여자가 눈물을 훔치고 있었다. 세라였다. 그다음 슬라이드에서는 한 하원의원이 사고 피해자의 사진을 높이 들고 있었다. 그건 사람이 아니라 기름에 뒤덮인 루이지애나주의 주조 펠리컨이었다. 자부심 강한 루이지애나인이자 헌신적인 자연 보호론자(그의 집 주방의 냉장고에 "바이유 버밀리언강 유역을 깨끗하게"라는 스티커가 붙어 있었다)인 릴리언은 그 사진에 마음이 흔들렸다고 했다. 그렇지만 정치인들이 죽은 노동자보다 죽은 펠리컨을 더 연민하는 이유를 이해할 수 없기는 세라와 마찬가지였다. "남편을 잃은 사람들이 와 있는 청문회 자리에서 그들의 남편이 아니라 새 사진을 쳐들고 있다니요!" 릴리언은 이렇게 말했다. 그는 그 일을 두고 오래 분노했다. 더러운 노동자인 잡역부의 목숨은 너무도 경시되는 까닭에 정치가들은 시추선 사고에 대체로 신경 쓰지 않는다. 그나마 펠리컨이 죽었기에 워싱턴 정계가 딥워터 사고를 조사했다는 생각에 릴리언은 결국 분노를 거두었다.

"노동자 열한 명이 죽은 데는 아무도 신경 안 썼을 거예요." 그가 말했다. "새와 환경오염만이 중요한 거죠."

시추선 안팎의 생존자들과 마주보기

릴리언 에스피노자갈라를 만나고 몇 주 후, 나는 세라 래티스스톤을 다시 만났다. 그는 여전히 캘리포니아주에 살았지만 이젠 스티븐의 아내가 아니었다. 내가 샌클레멘테에서 그들을 방문하고 얼마 안 있어 두 사람은 조용하고 느긋한 환경을 찾아 오리건

주 포틀랜드로 이사했다. 이사하기 직전, 이들은 폭발 사고의 정신적, 신체적 피해에 대해 트랜스오션이 제시한 보상안에 합의했다. 비피와 트랜스오션은 결국 피해자들에게 수십억 달러의 배상금을 지불했는데, 이에 대해 일부 언론사는 피해자 측 변호인들이 과도한 배상금을 요구한 탓에 기업이 피해를 입었다는 식으로 보도했다. 세라는 나에게 배상금의 액수를 알려주지 않았다. 그러나 회사와 합의하기까지 거의 5년이 걸렸다는 사실, 그동안 스티븐이 일을 하지 못했고 자신도 일을 그만두고 그를 돌보아야 했다는 사실, 그러느라 가진 돈이 다 떨어져 가족(특히 세라의 부모님)에게 기대어 살았다는 사실은 알려주었다. 두 사람은 재판을 끝까지 진행하고 싶었으나 밀린 병원비와 쌓여가는 빚 때문에 어쩔 수 없이 합의했다고 했다. "그 일을 생각하면 기분이 정말 착잡해요." 세라가 말했다. 배상금은 그들에게 도움이 되었던 동시에 불쾌감을 불러일으켰다. 그들이 그 돈에 대해 느낀 감정은 플로르 마르티네스가 샌더스 팜스 공장에서 남편이 관리자로서 벌어 오는 상여금에 대해 느낀 감정과 똑같았다. 그건 더러운 돈이었다.

세라는 포틀랜드에서 평범한 삶을 되찾을 수 있으리라 믿었다. 두 사람은 멋진 건물이 속속 들어서고 있는 구역의 가로수 길에 면한 크고 고풍스러운 집으로 이사했다. 세라는 1층의 방 하나를 미술 작업실로 꾸몄다. "이제 다 괜찮아질 거야." 그는 기대에 부풀어 이렇게 되뇌었다. 그러나 상황은 괜찮아지지 않았다. 그 동네는 조용하기는커녕 밤새 울리는 경찰차 사이렌 소리로 스티븐의 신경을 곤두서게 했다. 그사이 세라는 몸이 쇠약해져서 편두통이 생겼고 등에서 온몸으로 퍼져나가는 통증을 앓았다. 통증이 점점 더 심해지더니 급기야 침대에서 몸을 일으킬 수 없는 지경에 이르렀다. "다리가 너무 무거워서 계단을 오르지 못할 때도 있었어요." 세라는 회상했다.

그때까지 세라는 남편이 약을 잘 복용하는지, 음식은 얼마나 먹고 술은 얼마나 마시는지 살피고 그가 불안증을 일으키면 달래는 등 스티븐을 돌보는 데 거의 모든 에너지를 쏟아부었다. 그러나 이제는 자신에게 관심을 가져야 할 때였다. 그는 등의 통증을 해결하려고 지압 치료사를 찾아갔다. 통증의 원인으로 짐작되는 감정적 고통을 해결하려고 심리 치료사도 찾아갔다. 이 과정에서 세라는 큰 변화를 경험했다. 외상 후 스트레스 장애를 겪는 사람 곁에서 많은 시간을 보내며 상대의 증상 일부를 대신 흡수하는 사람은 '간접 트라우마'를 겪을 수 있는데, 세라가 바로 그런 경우였던 것이다. 이 증상은 전쟁 귀환병의 아내들에게 만연했기에 세라는 그들이 모여 이야기하는 온라인 게시판을 찾아다녔다. 그런데 스스로를 돌보기 위해 방법을 강구하다 보니 남편이 얼마나 해로운 대응기제를 쓰고 있는지가 점점 분명해졌다. 샌클레멘테에서 스티븐은 매일 과학소설을 읽고 대마초를 피웠다. 포틀랜드에 와서는 때로 끝내기까지 몇 주가 걸리는 길고 복잡한 보드 게임에 푹 빠졌으며, 이 새로운 취미는 그를 현실에서 더더욱 멀어지게 했다. 시추선 근무를 마치고 집에 돌아오면 여행길에 올라 새로운 장소를 탐색하던 그 열정은 어디 갔을까? 누구를 만나든 그 즉시 상대를 웃고 미소 짓게 만들던 그 유쾌한 기질은 어디 갔을까? 세라는 예전의 스티븐은 결코 돌아오지 않을지도 모른다는 생각이 들기 시작했다.

이런 깨달음이 찾아왔을 무렵 세라는 닷새간 집을 떠나 휴스턴에 다녀오기로 했다. 친구들을 만나기 위해서이기도 했지만, 스티븐이 자기 없이 어떻게 해나갈 수 있을지 확인하고 싶어서였다. 그런데 집을 떠난 지 사흘 만에 전화가 걸려왔다. 스티븐이 또다시 술에 취한 상태에서 자동차 사고를 냈다는 것이었다. 다행히 다친 사람은 없었으나 세라는 이 사고에 크게 동요했다. 다음번에 스티븐을 혼자 남겨두었을 때 또 무슨 일이 벌어질지 알 수 없었다. 늘 자립성을 중요하게 여겨온 세라는 두 사람이 부부로 지내는 한 이런 두려움을 안고 살아야 한다는 생각에 겁이 났다. 몇 주 후, 그는 스티븐에게 헤어지자고 말했다.

내가 이 모든 이야기를 들은 것은 세라가 스티븐과 헤어지고 새로 이사한 로스앤젤레스 할리우드의 집 근처 레스토랑에서 함께 저녁을 먹으면서였다. 세라는 예술 작업, 더 구체적으로 말하면 영화 작업을 하기 위해 로스앤젤레스로 거처를 옮겼다. 이제 그는 캘리포니아대학교 로스앤젤레스의 유명한 영화학과 대학원에 다니고 있었다. 그가 영화학과에 지원하게 된 데에는 딥워터 사고 후에 새로 사귄 몇 안 되는 친구 중 한 사람인 다큐멘터리 영화제작자 마거린 브라운Margaret Brown의 영향이 컸다. 브라운은 2011년에 세라의 회화 연작을 우연히 보고 세라에게 연락을 취했다. 〈생존자들〉에 깊은 인상을 받은 브라운은 자신이 찍고 있는 딥워터 원유 유출 사고에 관한 영화에 스티븐과 함께 출연해줄 수 있는지 세라에게 물었다. 보통의 상황이었다면 거절했을 요청이었다. 폭발 사고 후 세라와 스티븐은 자신들의 삶을 외부인에게 드러내길 꺼렸고 카메라를 든 외부인에게라면 더더욱 그러했다. 하지만 브라운은 앨라배마주에서 성장한 같은 남부 사람에, 같은 예술가로서 세라와 특별한 공감대를 형성했다.

그가 2014년에 발표한 영화 〈그레이트 인비저블The Great Invisible〉은 딥워터 사고로 인해 삶이 무너진 시추선 노동자, 굴 껍질 벗기는 일꾼 등의 이야기를 정교하게 엮어 전하는 동시에, 폭발 사고가 뉴스 헤드라인에서 사라지자마자 기업이 얼마나 빠르게 평소의 관행으로 돌아갔는지를 폭로했다. 한 장면에서는 폭발 사고에서 심각한 부상을 입은 딥워터 호라이즌의 전前 기계 부서

총책임자가 나와 물리적 상처보다 눈에 덜 띄는 감정적 상처에 대해 이야기한다. "내가 한패였다는 사실에 죄책감을 느낍니다." 그가 말하는 동안 그의 아내는 남편이 먹을 진통제와 안정제를 준비한다. "나는 잘못된 일이라는 걸 알고도 그 많은 일을 했습니다. 비피에서 일한 것에 큰 죄책감을 느낍니다." 또 한 장면에서는 휴스턴에서 열린 산업박람회에 참석한 회사 임원진이 고급 호텔의 테라스에서 석유산업의 부활을 기원하며 축배를 든다. 그중 한 사람이 시가에 불을 붙인 뒤 이렇게 말한다. "개인적으로 나는 석유로 인한 이 지독한 상황에 세금을 매겨야 한다고 생각합니다." 그러자 누군가가 "그건 정치적 발언이잖습니까" 하고 반박한다. 이 언쟁은 담배 연기를 따라 테이블 위로 퍼져나간다. 임원들은 코냑을 홀짝이면서 석유산업이 내뿜는 연간 탄소 배출량에 대해 왈가왈부하더니, 결국 대다수의 미국인이 원하는 것은 저렴하고 풍부한 휘발유라고 결론짓는다. "다들 차를 너무나 좋아하고 운전을 너무나 좋아한다니까요." 누군가 웃음기 섞인 목소리로 말한다.[16]

딥워터 사고로부터 10년 후, 코로나바이러스 대유행이 시작되어 봉쇄령과 여행 금지령이 내려지자 석유 수요가 세계적으로 급감했다. 이에 일부 분석가는 값싼 에너지에 대한 게걸스러운 요구가 이제는 주춤할지도 모른다고 예측했다. 수백만 미국인이 갑자기 비행기 여행과 자동차 출근을 멈추었다. 급기야 원유 선물

가격이 마이너스로 떨어지자, 화석연료가 현대 세계의 물질대사에서 맡아온 그 중요한 역할이 곧 끝나리라는 예상도 나왔다. 해수면이 상승하고 삼림이 불타고 기후변화의 영향이 점점 더 극단으로 치닫고 있는 만큼, 석유의 시대는 점차 막을 내릴 수밖에 없으며 깨끗한 재생에너지의 시대가 시작되리라는 주장도 나왔다. 일부 석유회사는 이쪽에 승산이 있다고 보고 판돈을 걸기 시작했다. 그중 하나인 비피는 2020년 재생에너지에 수십억 달러를 투자해 '탄소 제로' 기업으로 가는 길을 걷겠다고 발표했다.

코로나 대유행 동안 미국을 비롯해 세계 전역에서 재택근무가 늘고 이동은 줄어드는 등 인간의 행동이 장기적으로 변화했다는 점에서 석유 시대의 종말은 상상할 만한 미래다. 그러나 그러한 예상은 과거에도 이미 여러 번 빗나갔고 이번에도 마찬가지였다. 대유행이 시작되고도 세계에서 가장 많이 소비하는 에너지원은 여전히 화석연료였다. 유가가 급락한다고 해서 모든 사람이 태양 전지판을 집에 설치하거나 재택근무를 선택하는 것은 아니다. 오히려 그 반대의 결과가 나오기도 한다.

코로나바이러스 대유행이 시작되고 몇 달 후 한 산업 분석가는 《파이낸셜 타임스Financial Times》에 이렇게 썼다. "미국의 SUV 판매량은 저지선을 넘어섰다. 싼 기름 값이 이 추세를 부추기고 있는 것으로 보인다."[17] 무엇보다도 세계의 경제대국들이 협조하지 않는 한 깨끗한 재생에너지로의 전환은 몽상으로만 남을 것이다. 트럼프 대통령 임기 중에 미국은 2016년에 발효한 국제 기후변화 협약인 파리협정을 2017년에 탈퇴하는 등 에너지 전환에 협조하기를 철저히 거부했다. 이와 더불어 트럼프 대통령은 '미국 우선주의' 에너지 정책을 내세우며 미국 연해의 90퍼센트에서 해양 시추를 허가하는 방안을 추진했다. 트럼프의 후임자인 조지프 바이든은 대통령에 취임한 첫날 '미국은 파리협정에 재가입할 것이며 국가안보 정책에서 기후 위기의 우선순위를 격상한다'고 발표하여 의제를 극적으로 뒤엎는 모습을 보였다. 그러나 바이든 행정부가 기후변화에 대처하기 위해 실제로 과감한 조치를 취하려 할 때는 비단 화석연료산업을 대리하는 로비스트만이 아니라 다수의 선출직 공무원이 강력히 반대할 가능성이 높다. 기후변화가 인간 활동의 결과라는 사실 자체를 **인정하지** 않는 공화당 의원이 점점 늘고 있기 때문이다.

세라는 딥워터 폭발 사고가 발생하고 몇 년 동안은 이러한 추세를 열심히 추적했지만 영화학과에 등록할 즈음에는 관심을 접기로 했다. 이제는 자신의 행복에 집중하고, 자신이 늘 본능적으로 끌렸던 일인 시각 예술에 감정을 쏟아붓고 싶었다. 그리고 이번에는 영화라는 매체를 통해 브라운의 다큐멘터리 영화가 다루지 못한 이야기를 자신이 직접 다루고 싶었다. 세라는 〈그레이트 인비저블〉을 보고 인정받았다고 느끼는 한편 실망했다. 실망한 이유 하나는 휴스턴에서 열린 상영회에 그가 초대한 친구들, 그러니까 석유산업에 종사하는 가족을 둔 케이티 사람들이 단 한 명도 초대에 응하지 않아서였다. 2차 세계대전 후에 에버렛 휴스가 프랑크푸르트에서 만난 사람들이 그러했듯 세라의 친구들은 자신이 '연루되었다'는 감정을 느낄 만한 일을 굳이 알고자 하지 않았다. "친구들은 그 일에 대해 이야기하려고 하지 않았어요. **지금까지도** 이야기하려 하지 않고요." 친구 중에 아버지가 딥워터 사고를 일으킨 유정의 설계에 관여한 친구가 있었다. 그 친구는 세라와 스티븐에게 "그냥 이겨내야지"라고 했다가 나중에 그렇게 말한 것에 대해 세라에게 사과하면서 그 일이 자신에게 어떤 감정을 불러일으켰는지 설명했다. "그 친구는 엄청난 죄책감을 느끼고 있었어요." 세라가 말했다.

세라가 〈그레이트 인비저블〉을 보고 실망한 데는 이유가 더 있었다. 그 영화에는 세라와 다른 시추선 노동자의 아내가 등장하긴 했으나 두 사람의 역할은 남편이 겪은 시련을 증언하는 것에 그쳤다. 언제나 그렇듯 시추선 노동자의 배우자와 가족은 주변으로 밀려났다. 그들은 여전히 보이지 않았다. 회화 연작 〈생존자들〉에서 세라는 형제를 잃은 크리스 존스, 남편을 잃은 내털리 로쉬토 같은 살아남은 가족의 경험을 전경에 배치했다. "내가 생각하는 '생존자'는 시추선에 있던 사람들보다 훨씬 넓은 개념이에요. 얼마나 겹겹의 영향이 일어나는지 사람들이 알기를 바랐습니다. 아이들이 영향을 받아요. 가족이 영향을 받아요. 그러니까, 폭발이 일어나면 남편만 다치고 끝나는 게 아닙니다. 폭발은 널리 계속 퍼져나가는 거예요."

세라가 시추선 노동자에 대해 한 말은 모든 종류의 더티 워커에게 적용된다. 더티 워크는 그 일을 하는 개인만을 더럽히지 않는다. 그 사람이 속한 가족과 지역사회 전체를 더럽히고, 그가 만나고 교유하는 모든 사람의 마음과 기억에 오래도록 흔적을 남긴다. 과밀하고 폭력적인 교도소에 사람을 가두는 더러운 노동은 교도관만이 아니라 그들의 배우자와 자녀에게도 영향을 미친다. 헬파이어 미사일이 사람을 조각내는 장면을 지켜보는 불결한 일은 가까운 가족이 죽었다는 소식에도 둔감한 사람을 만들어낸다.

이튿날 세라는 바로 그 주제를 다룬 자신의 영화를 상영하는 자리에 나를 초대했다. 영화는 2010년 4월 오후 9시 51분 미국 연안경비대가 멕시코만에서 시추선 폭발 사고가 발생했음을 알리는 방송 장면으로 시작한다. 이어 사고 소식을 들은 두 사람(한 사람은 캘리포니아주에 살고, 세라를 모델로 한 또 한 사람은 텍사스주에 산다)이 남편의 생존 여부를 알아내려고 분투하는 모습을 번갈아 보여준다. 관객은 두 여자가 충격에 휩싸이는 모습을 본다. 텔레비전 화면에서 시추선이 불타는 모습을 보면서 공황에 빠지지 않으려고 애쓰는 모습을 본다. 텍사스주에 사는 사람은 멕시코만에 있는 병원들에 닥치는 대로 전화를 걸어 화상으로 실려 온 환자 중에 자신의 남편이 있는지 묻다가, 방송에서 폭발 규모가 너무 커서 생존자가 없을지도 모른다고 설명하는 것을 듣고 베란다로 비틀비틀 걸어가 비명을 지르고 흐느낀다.

상영회는 캘리포니아대학교 로스앤젤레스의 학내 극장에서 열렸다. 자카란다꽃이 만발한 조각 정원 옆에 있는 건물이었다. 이 행사는 세라를 비롯한 학생들이 내러티브 영화 수업의 기말 과제물을 발표하는 자리였다. 세라는 영화를 상영한 뒤 무대의 모서리에 앉아 동료들의 질문에 답했다. 그러고 나서는 집에 가서 '기절'했다. 이튿날 아침 한 식당에서 나와 늦은 아침식사를 함께한 자리에서 세라는 자신의 영화를 보았을 때 가장 힘들었던 것은 영상이 아니라 소리였다고 했다. 영화에 담긴 소리가 사고가 일어난 그날 아침 그가 느꼈던 공포와 무력감을 되불러왔다고 했다. "울부짖는 소리가 힘들었어요." 그가 말했다. "그게 정말 힘들었어요."

나와 세라는 아침식사를 마친 뒤 멜로즈가를 따라 잠시 걷다가 그의 집이 있는 거리로 들어섰다. 꽃을 심은 정원과 레몬나무가 늘어선 길이었다. 그 블록의 중간에 있는 세라의 집은 침실이 한 개 있는 작은 아파트로, 벽에는 페루산 양탄자와 그림 두어 점이 장식되어 있었다. 본인의 작품은 벽에 걸지 않고 보관만 하고 있었다. 세라가 침실에서 갈색 포장지로 싼 캔버스 더미를 들고 나와 거실 소파 위에 펼쳤다. 〈생존자들〉 연작이었다. 우리는 크리스 존스의 초상화를 내려다보았다(초상화 속 입술은 굳게 다물어져 있었고 얼굴은 청회색이었으며 눈빛은 분노로 가득했다). "이분은 격분했어요. 하지만 또 그만큼 슬퍼했죠." 세라가 말했다. 그 옆은 스티븐의 초상화였다. 그의 눈빛은 멍하니 비어 있었다. 세라는 이 그림을 그릴 때가 가장 힘들었다고, 주제가 자신과 너무나 가까우면서 또 너무나 먼 사람이었기 때문이라고 했다. 폭발 사고 후 "그는 그렇게 떠나버렸다"고, 더 이상 신뢰할 수 없는 세계를 벗어나 표류했다고 했다. 세라는 남편과 헤어지긴 했지만 그게 스티븐 잘못이라고 생각하진 않았다. "그렇게 섬세한 영혼을 가진 사람이 갑자기 그 모든 끔찍한 일을 마주했을 때 어떤 심정이었을까 싶을 뿐이에요."

그날 세라는 또 다른 그림을 꺼내 와 나에게 보여주었다. 풀이 무성한 돌길 옆에 웅크린 어린 남자아이의 미완성 초상화였다. 아이가 엎드려 놀고 있는 뜰에 개구리와 도마뱀이 날쌔게 지나가고 있다. 이 그림도 스티븐의 초상화로, 그의 어머니가 세라에게 보낸 가족사진을 보고 그린 것이었다. 바로 그 모습이 더 순수했던 시절의 스티븐이라고, 언제나 그를 위로했던 장소인 자연 속의 스티븐이라고 세라는 나에게 말했다.

"그는 거기로 떠난 거예요."

9

실리콘밸리의
어두운 이면

더티 워크가 이루어지는 낙인찍힌 시설은 빈민과 소수인종이 많이 사는 고립된 지역에 위치하는 경향이 있다. 하지만 월스트리트나 실리콘밸리처럼 부유한 지역에서도 도덕적으로 불쾌한 노동을 얼마든지 찾아볼 수 있지 않을까? 은행가나 프로그래머 같은 화이트칼라 전문직도 스스로를 더럽게 여길 위험이 크지 않을까?

2016년 봄, 스탠퍼드대학교의 수학과 조교수로 일하던 잭 폴슨은 그런 위험이 전혀 없어 보이는 직장으로 이직했다. 그곳은 고임금, 캘리포니아주 마운틴뷰에 있는 호화로운 본사의 카페테리아에서 제공하는 미식 같은 직원 특전 덕분에, 또한 회사의 높은 도덕적 명성 덕분에 그해《포춘》이 '미국에서 가장 좋은 일터'로 선정한 구글이었다. 구글이 내세운 모토는 가령 석유회사라면 꿈도 꾸지 않을 "악해지지 말자"였고 당시만 해도 이 기업과 썩 어울렸다. 특히 디지털 혁명이 평범한 사람들에게 권력을 부여하고 더 좋은 세상을 만들 것이라 믿은 기술 유토피아론자들은 구글이 정말로 그런 회사라고 생각했다. 2004년 기업을 공개회사로 전환했을 때 창립자 래리 페이지Larry Page와 세르게이 브린Sergey Brin은 상장 신고서에 '더 좋은 세상을 만들겠다'는 표현을 여러 번 쓰면서, 정보 접근성을 높이고 더 연결된 세상(이들에겐 이것이 '더 좋은 세상'의 동의어였다)을 만들겠다는 의지를 밝혔다. "구글은 인습적인 회사가 아닙니다. (…) 우리는 구글이 세상을 더 나은 곳으로 만드는 기관이 되기를 열망합니다."[1]

폴슨은 서른 살에 구글에 들어가 인공지능 부서에서 연구자로 일하기 시작했다. 구글에는 컴퓨터과학 전공자가 많았다. 반면에 폴슨은 응용수학으로 박사학위를 땄지만 컴퓨터를 다루는 기술과 약간의 '너드nerd' 습성까지 가진 사람, 다시 말해 전문성과 창의력을 겸비한 '스마트 크리에이티브'의 전형이었다. 이 용어는 《구글은 어떻게 일하는가》(2014)에서 구글의 최고경영자 에릭 슈미트Eric Schmidt와 제품 개발부장 조너선 로젠버그Jonathan Rosenberg가 구글이 원하는 이상적인 직원상을 설명하면서 쓴 말이다.[2] 폴슨의 주말 취미는 수학 교과서를 읽고 오픈소스 소프트웨어를 작성하는 것이었다. 그는 영국의 철학자 겸 논리학자 버트런드 러셀Bertrand Russell을 추앙했고, 자신의 회의적인 감수성과 독립적인 기질에 잘 맞는 조지 오웰, 크리스토퍼 히친스Christopher Hitchens 같은 반인습적인 사상가를 존경했다. 이런 성향에서 비롯된 그의 또 다른 취미는 탐사 기사를 읽는 것이었다.

2018년 8월, 폴슨은 사내 게시판에 올라온 짧은 탐사 기사를 읽었다. 기사의 주제는 중국에서 서비스될 예정인 구글 검색 엔진이었다. 이론상으로 이러한 종류의 프로젝트는 정보 접근성을 높이고 더 좋은 세상을 만들겠다는 구글의 대외적 사명에 완벽하게 들어맞았다. 디지털 혁명 초기부터 많은 분석가가 중국 같은 탄압적인 국가에서야말로 인터넷이 정부의 정보 검열 및 통제 역량을 약화함으로써 극적인 변화를 촉발할 수 있다고 주장해온 터였다. 그러나 라이언 갤러거Ryan Gallagher가 '구글 기밀' 문서를 근거로 쓴 《인터셉트The Intercept》의 기사에 따르면, 구글이 진행 중인 드래곤플라이Dragonfly 프로젝트는 중국 정부를 위협할 가능성이 전혀 없었다. 오히려 구글은 중국 정부의 규제를 따르는 쪽을 선택해, 중국 정부의 자동 온라인 검열 장치인 '방화장성防火長城'이 차단하는 웹사이트를 자동으로 식별하는 안드로이드 앱을 개발 중이었다.

갤러거에 따르면 "이 앱으로 무언가를 검색하면 차단된 웹사이트는 검색 결과 첫 페이지에서 사라진다." 또한 이 앱이 별도로 수집한 "민감한 검색어"에 대해서는 검색 결과가 전혀 나오지 않았다. 그런 검색어로는 '인권' '민주주의'가 있었다.[3]

폴슨을 비롯한 구글 직원 대다수는 그때까지 드래곤플라이 프로젝트의 존재조차 몰랐다. 폴슨이 맡은 연구는 이 앱 자체와는 무관했지만, 구글 검색 엔진이 어느 언어에서나 더 정확한 결과를 산출하도록 기능을 강화하는 일과는 관계있었다. 구글이 중국에서 출시할 검색 앱이 독재 정부의 검토와 승인을 거친 웹사이트만을 보여준다는 사실에 폴슨은 깜짝 놀랐다. 이 앱은 회원으로 가입해야만 사용할 수 있기에(그러면 개인 전화번호가 연동될 수도 있었다) 사용자를 위험에 빠뜨릴 수 있다는 사실도 섬뜩했다. 중국 정부는 인터넷상의 정보만을 검열하는 게 아니었다. 사람들이 소셜미디어에 어떤 의견을 올리는지 감시하고 인권운동가의 휴대전화를 도청하는 등 온라인 활동을 철저히 감시함으로써 인권운동가들을 투옥했다. 2006년 중국 시장에 진출한 구글이 이러한 상황을 몰랐을 리 없었다. 그로부터 4년 뒤인 2010년, 중국의 안보 기관이 구글을 해킹하여 여러 반체제 인사의 지메일 계정에 접근했다(미술가 아이 웨이웨이Ai Weiwei도 해킹 대상이었다)는 사실이 밝혀지자 구글은 중국에서 사업을 철수했다. 어릴 때 가족과 함께 소련에서 탈출한 창립자 세르게이 브린은 《슈피겔Der Spiegel》과의 인터뷰에서 전체주의 국가에서 살았던 본인의 경험이 철수 결정에 영향을 미쳤다고 밝혔다. "때로는 뒤로 물러서서 이의를 제기해야 합니다. 이건 우리가 도덕적으로 괜찮다고 생각하는 선을 넘었다고 말해야 합니다."[4]

《인터셉트》의 기사가 나온 뒤 국제 앰네스티Amnesty International©, 휴먼라이츠 인 차이나Human Rights in China 등 국제 인권 단체 연합이 구글의 최고경영자 선다 피차이Sundar Pichai에게 공개서한을 보내어 드래곤플라이 프로젝트를 취소하지 않으면 인권 침해에 "직접 일조"할 위험을 무릅쓰게 될 것이라고 경고했다.[5] 구글의 일부 직원은 구글이 중국에서 활동함으로써 긍정적인 변화를 끌어낼 수 있다고 믿으며 그러한 우려를 기각했다. 그러나 잭 폴슨이 보기에 이 문제는 중국에 국한된 것이 아니었다. 구글이 책정한 인공지능 원칙, 즉 "국제법과 인권의 공리에 위배되는 기술"은 만들지도 설계하지도 않겠다는 정책과 드래곤플라이 프로젝트가 어떻게 공존할 수 있다는 것인지 폴슨은 이해하기 어려웠다. 그는 자신이 인권 침해에 가담하고 있는 것 같은 이 상황에서는 계속 일하기가 불가능하다고 느꼈다. 그래서 상사에게 이메일을 보내어 그러한 심정과 함께 자신이 우려하는 바를 설명하고, 누군가 사정을 잘 아는 사람이 나서서 이 상황을 해명하지 않는다면 사직하겠다고

통보했다.

스스로 '퇴장'을 선언할 수 있다는 것

화석연료가 글로벌 경제를 태동시킨 동력이라면, 디지털 통신은 글로벌 경제를 통합한 그물망이다. 세계 자본주의의 물질대사에서 무선 네트워크를 통한 정보 전달은 석유만큼 중요한 요소가 되었다. 이제 이 연결된 세상에서는 휴대전화나 노트북만 있으면 누구나 상품이나 서비스, 아이디어를 게시하고 공유하고 내려받을 수 있었다. 디지털 혁명 초창기에는 이러한 변화가 그저 긍정적인 결과만을 낳을 것으로 보였고, 사람들은 혁명을 주도한 진취적인 사업가들에게 찬사를 퍼부었다. 2000년에 어느 기자는 실리콘밸리에 대해 이렇게 썼다. "대중의 인식 속에 하이테크는 화석연료로 구동되는 구시대적 산업의 대립항이다. 통상적으로 뉴스 매체는 이 새로운 기술들이 상품이 아니라 정보를 거래하고 완력이 아니라 창의력을 통해 성장한다는 점에서 디지털적으로 깨끗하다고 설명한다."[6]

그러나 잭 폴슨이 구글에서 일할 때쯤이면 보다 비판적인 관점도 대두되어 있었다. 알고 보니 페이스북 같은 테크 기업의 창립자들은 비피나 트랜스오션의 경영진 못지않게 탐욕스러웠고, 정보 거래가 때로는 극히 부정적인 결과를 낳는다는 사실도 분명해졌다. 일례로 2016년 영국이 유럽연합을 탈퇴하고 미국 대선에서 도널드 트럼프가 당선된 후 페이스북은 악성 프로파간다를 퍼뜨렸다는 맹비난을 받았다. 페이스북을 정치적으로 이용한 집단 중 하나인 컨설팅 회사 케임브리지 애널리티카Cambridge Analytica는 페이스북 사용자 수백만 명의 개인 정보를 수집하고, 이들의 투표 성향을 바꿀 목적으로 가짜 뉴스와 음모론을 제작해 퍼뜨렸다(2019년 미 연방거래위원회Federal Trade Commission는 사용자의 개인 정보를 소홀히 취급한 것에 대해 페이스북에 50억 달러의 벌금을 부과했다). 유엔이 "인종 청소의 교과서적 사례"[7]라고 규정한 미얀마의 이슬람교도 소수민족 로힝야족에 대한 박해에서도 페이스북은 선동적인 메시지를 퍼뜨리는 도관 역할을 했다.

인터넷은 사람들을 연결하고 사람들에게 권력을 부여하는 동시에 그들을 감시하고 조종할 수 있다. 이는 정치 영역에만 국한되지 않는다. 하버드대학교 경영대학원의 명예교수 쇼샤나 주보프Shoshana Zuboff에 따르면 사용자의 필요를 정확히 예측하는 인터넷의 불가사의한 능력 이면에는 그보다 훨씬 더 불길한 변화, 즉 테크 기업이 무제한의 권력을 쥐었다는 사실이 숨어 있다. 기업은 광고주의 이익을 위해, 또는 인간의 행동을 수정할 목적으로 보이지 않는 추적 장치를 통해 소비자의 개인 정보를 수집하고 저장한다. 주보프는《감시 자본주의 시대》(2019)에 이렇게 썼다. "이 새로운 체제에서 우리의 필요가 충족되는 순간은 다름 아니라 행동 데이터와 타인의 이익을 위해 우리 삶이 약탈당하는 순간이기도 하다."[8] 대중은 이 체제에서 수십억 달러의 이익을 창출하는 거대 테크 기업(아마존, 구글, 페이스북)에 반발하기 시작했고, 우리 모두가 이들의 성장에 가담했다는 점을 깨닫고는 더 깊은 반발감을 느끼고 있다. 그러나 사람들은 페이스북과 트위터의 해로운 영향에 대해 성토하는 와중에도 전자 기기와 디지털 화면에 점점 더 중독되고 있으며, 이들이 환멸을 털어놓는 주요 통로도 결국은 문자 메시지나 소셜 미디어다.

지난 20년간 테크업계는 높은 급여와 세상을 바꾸는 영향력을 약속하며 젊은 인재를 끌어 모았다. 이제 일부 테크 노동자는 자신이 설계하는 상품과 서비스가 세상에 해를 끼칠 가능성은 없느냐는 어려운 질문을 스스로에게, 때로는 고용주에게도 던지기 시작했다. 샌프란시스코에 본사를 둔 클라우드 컴퓨팅 회사 세일즈포스Salesforce의 직원들은 트럼프 행정부의 이주자 가족 분리 정책에 연루되고 싶지 않다며 최고경영자에게 관세국경보호청과 맺은 다수의 계약을 종료할 것을 촉구하는 청원을 진행했다. 아마존 직원들은 흑인 민권 운동가와 경찰 폭력 반대 시위자를 추적하는 데 쓰여선 안 된다는 생각에, 경찰에 안면 인식 소프트웨어를 판매하는 것에 반대했다(아마존은 2020년 한 해 동안 해당 소프트웨어의 판매를 중지했다).

기술의 부정적인 영향에 대한 인식이 높아지면서 실리콘밸리 사람들이 자신의 직업에 대해 과시하던 그 오래된 자부심이 불편함으로, 때로는 수치심으로까지 바뀌기 시작했다. 하지만 실리콘밸리의 도덕적 명성이 사그라들었다고 해서 테크 노동이 더티워크가 되는 것은 아니다. 가장 큰 차이점 하나는, 프로그래머나 은행가 같은 화이트칼라 전문직은 자신이 하는 일에서 도덕적 문제를 발견했을 때 훨씬 더 유연하게 대처할 수 있다는 것이다. 이들은 해리엇 크르지코프스키와는 너무도 다른 세상에 산다. 해리엇은 대런 레이니에게 무슨 일이 있었는지 알고 나서도 침묵을 지키는 것이 도덕적으로 용납 가능한 일이라서가 아니라 거기서 돈을 벌어야만 했기에, 그리고 보안 측을 문제 삼았다가는 자신의 목숨이 위태로워질 것을 알았기에 입을 열지 못했다. 만일 그가 '샤워기 치료'의 끔찍한 진실을 파악하자마자 교도관들을 고발했더라면 자신이 더러운 현실에 가담했다는 자책감에 시달리지 않았을 것이다. 자신이 알게 된 문제를 멈추거나 폭로하기 위해 최선을 다했다고 여길 수 있었을 것이다.

잭 폴슨이 상사에게 조건부 사직 의사를 표시했을 때 그는 회사에 정확히 어떤 문제가 있는지 아직 알지 못했다. 그러나 그런 이메일을 썼다는 사실에서 알 수 있듯이 폴슨은 정육공장이나 교도소의 노동자와는 달리 자신이 윗사람들에게 얼마간 영향력을 행사할 수 있다고 믿었다. 이것이 경제학자 앨버트 O. 허시먼 Albert O. Hirschman이 말한 '목소리'다. 정부 공무원, 노동자 등 사회적 행위자가 부도덕하거나 무기능한 행동 앞에서 택할 수 있는 선택지를 분석한 《떠날 것인가, 남을 것인가》에서 허시먼은 항의의 한 양태를 '목소리'라고 표현했다. 이 선택지는 내부에서 '소란'을 피움으로써 변화를 도모하는 전략이다.[9]

내가 만난 더티 워커 가운데 이 전략을 취한 사람들은 하나같이 실패했다. 데이드 교도소에서 소란을 피운 사람은 교도관에게 보복당하거나 해고당했다. 정육공장에서 일하는 이민자는 회사가 다른 값싼 저숙련 노동자를 쉽게 고용할 수 있다는 사실을 알기에 불만을 제기할 생각조차 하지 못했다. 시추선 노동자는 안전 장비가 미비하다고 말하지 못했고, 드론 전투원은 군부가 내부고발자를 어떻게 취급하는지 목도하고 침묵했다. 폴슨이 이들과 달리 목소리를 낼 수 있었던 이유는 무엇보다도 그가 대체하기 훨씬 어려운 전문 인력(그에겐 응용수학 박사학위와 항공우주공학 석사학위가 있었다)이었기 때문이고 그가 스스로의 가치를 훨씬 더 잘 알았기 때문이다. 폴슨이 이를 처음 인식한 것은 아직 대학원생이던 시절 여름방학에 미 에너지국 소속 연구실에서 인턴으로 일하기 시작했을 때였다. 계약서에 서명하려고 보니 그의 작업물 전부가 인턴

종료 후 1년간이나 연구실에 귀속된다는 조항이 들어 있었다. 폴슨은 이를 부당하다고 생각하여(자신이 주말에 작성한 오픈소스 소프트웨어가 왜 연구실에 귀속되어야 하는지 알 수 없었다) 서명하지 않기로 했다. 이후 연구실과 이메일을 주고받는 과정에서 한 변호사가 "인턴 주제에 그걸 걸고넘어지다니, 잘라버리세요!"라고 조언하는 것을 보기도 했다. 그러나 연구실은 폴슨을 해고하지 않았다. 그가 연구실을 위해 한 작업에 한해서만 권리를 주장하겠다고 계약 조건을 축소했을 뿐이다.

이후 몇 년 사이에 폴슨은 학술 논문을 몇 편 발표하고 조지아공과대학교에서 계산과학공학을 가르치다가 스탠퍼드대학교로부터 일자리를 제안받았다. 그는 계약 조건을 협의한 뒤 제안을 받아들였다. 그런데 팰로앨토로 향하는 도중에 학교 측이 신경과학자인 파트너의 일자리를 보장하겠다는 조건을 철회했다는 소식을 듣고는 즉각 대학에 전화를 걸어 "그렇다면 저는 제안을 받아들이지 않겠습니다"라고 통보했다. 그러자 학교 측은 곧장 결정을 번복하여 폴슨의 파트너를 신경과학 연구실의 관리자로 채용하겠다고 약속했다.

폴슨은 이런 일을 경험하면서 내가 만난 더티 워커들로선 상상조차 할 수 없는 무언가를 깨달았다. 그건 자신의 마음에 들지 않는 고용 조건은 수락하지 않아도 된다는 사실, 그리고 목소리를 냄으로써 이익을 얻을 수 있다는 사실이었다. 그는 구글에 와서도 똑같은 경험을 했다. 입사하고 1년 반이 지난 시점에 그는 파트너가 박사학위 과정을 밟을 토론토로 이사하겠다고 회사에 알렸다. 구글은 토론토 지사에서 업무를 이어갈 것을 제안하면서 생계비 조정을 명목으로 급여를 40퍼센트 삭감하겠다고 했다. 이 제안이 마음에 들지 않았던 폴슨은 캐나다가 미국보다 주거비는 낮아도 세율이 높다는 사실을 지적하고, 그런 조건으로는 일하지 않겠다고 알렸다. 그날이 가기 전에 한 상사가 폴슨의 자리를 찾아와 새 협상안을 내놓았다. 여기에는 향후 4년에 걸쳐 50만 달러 상당의 스톡옵션을 지급하겠다는 조건이 추가되어 있었다. 상사는 "이 정도면 보상이 되겠지요?"라고 물었다. 폴슨은 수정된 제안서를 훑어본 뒤 제안을 받아들였다.

폴슨이 이런 상황마다 목소리를 내어 자신의 이익을 지켜낸데에는 그가 원래 그런 성격이라는 이유도 없지 않았으니, 그가소극적이고 자립심이 약한 사람이었더라면 아마 다른 식으로 대응했을 것이다. 하지만 또 한편으로는 임금을 협상하는 자리에서, 나아가 윤리와 양심의 문제에 대해서 테크 노동자들이 높은 위상과 권위를 가지고 있다는 이유도 작용했다. 드래곤플라이 프로젝트가 세상에 알려졌을 때 목소리를 낸 구글 직원은 폴슨만이 아니었다. 기사가 나오고 2주 후, 1000명이 넘는 직원이 공동 서한을 통해 문제의 사업 계획을 비판하고 직원의 사업 결정권 확대를 요구했다. "우리에겐 더 많은 투명성이, 결정권이, 그리고 분명하고 개방적인 과정에 대한 약속이 당장 필요하다."[10]

이 서한에 서명한 이들은 저숙련 직종의 더티 워커와 달리 자신이 결정권을 가질 자격이 있다고 여겼다. 테크 노동자 중에는 '네 목소리에는 힘이 있다'고 가르치는 일류대학 출신이 많은 데다 회사 측이 직원에게 그러한 메시지를 전하는 경우도 많기 때문이다. 대표적인 예로 구글은 '스마트 크리에이티브'한 직원이 새로운 문제를 제기할 수 있도록 매주 금요일에 전체 회의를 연다(《구글은 어떻게 일하는가》에서 슈미트와 로젠버그는 "악해지지 말자"는 모토 또한 "직원에게 힘을 부여하는" 수단이라고 설명했다[11]). 그러나 정작 드래곤플라이 프로젝트가 도마에 올랐을 때 구글은 직원의 이견을 그리 환영하지 않았다. 이 문제가 제기된 금요일 전체 회의는 실로 엉망으로 끝났고, 많은 직원이 사실은 회사가 직원의 목소리를 중요하게 여기지 않는다고 믿게 되었다.

폴슨도 이 사건을 계기로 구글이 직원의 의견에 관심이 없다는 것을 깨달았다. 그가 드래곤플라이와 관련하여 상사에게 보낸 이메일은 모호하고 마뜩잖은 답신으로 돌아왔다. 자신의 목소리가 묵살되었다고 느낀 폴슨은 결국 사내 게시판에 글을 올려 드래곤플라이를 "우리 가치관의 몰수"라고 비판하고 우려를 표명했다. 그제야 관심이 생긴 상부에서 폴슨을 회의에 초대했다. 그러나 회의는 폴슨의 기대와는 다르게 진행되었다. 그는 중국의 인권 운동가를 보호할 대책에 대해 듣고 싶었으나 구글의 인공지능 부서장 제프 딘Jeff Dean은 그러한 우려를 기각하면서 미국 정부도 국외정보감시법Foreign Intelligence Surveillance Act을 통해 전자 감시를 수행하고 있다는 사실을 강조했다. 폴슨이 국제 인권 단체 연합이 최고경영자 선다 피차이에게 보낸 편지를 언급하자 외부인은 구글의 사업에 관여할 권리가 없다는 대답이 돌아왔다. 그날 폴슨은 자신의 영향력에 한계가 있다는 것을 깨닫고 그 이상 발언하기를 포기했다. 하지만 그는 데이드 교도소의 해리엇 크르지코프스키처럼 절망에 빠지는 대신 앨버트 허시먼이 말한 또 다른 항의의 양태를 취했다. 그것은 '퇴장'이었다. 폴슨은 이튿날 구글을 떠났다.

이론상으로 퇴장 전략은 더럽거나 모욕적인 일을 하는 사람 모두에게 주어진 선택지다. 그러나 실제로는 교육 수준과 전문성이 높기에 다른 길을 갈 수 있는 사람들에게 훨씬 더 쉬운 선택지이며, 대다수의 더티 워커는 교육 수준이 낮고 전문성이 없어 퇴장하기가 어렵다. '시골 게토'의 고등학교 졸업자들은 애초에 다른 길이 없었기에 아무도 하려 하지 않는 '최후의 수단'인 교도관 일을 하는 것이다. 미등록 이주민은 애초에 다른 길이 없었기에 본토인은 꺼리는 도축 노동을 하는 것이다.

이들은 경제적 곤경 때문에 더티 워크를 시작하고, 일을 하면서도 계속 경제적 곤경에 시달린다. 물론 테크 노동자라고 해서 모두가 이 압력에서 자유로운 것은 아니다. 급여 수준이 높다고는 해도 실리콘밸리에서 사는 데에는 많은 돈이 들고 부양할 가족이 있다면 더더욱 그렇다. 폴슨은 구글을 그만둔 지 1년쯤 지난 시점에 토론토에서 나와 점심을 함께한 자리에서, 드래곤플라이 프로젝트에 반대했지만 자녀가 있어 사직하지 못한 동료들이 있었다고 했다. 자녀가 없는 폴슨도 경제 상황이 걱정되기는 마찬가지였고, 그 걱정은 얼마간 현실이 되었다. 회사를 그만두고 1년 사이에 수입이 80퍼센트 줄었다. 그러나 그가 구글에서 번 돈과 스톡 옵션은 내가 만난 더티 워커들로선 꿈도 꾸기 어려운 경제적 안정을 보장했다. 또한 더티 워커와 달리 폴슨에겐 다른 길을 모색할 수 있는 기술과 자격이 있었다. 그가 구글을 그만둔 지 몇 주 후 언론에 그의 이야기가 보도되었다. 폴슨을 인터뷰한 기자는 다름 아니라 드래곤플라이 프로젝트의 존재를 처음 세상에 알린《인터셉트》의 라이언 갤러거였다. "이 사업은 전 세계에 심각한 영향을 미치고 있습니다." 폴슨은 기자에게 이렇게 말했다.[12]

언론과의 접촉은 그때가 처음이었던 폴슨은 그로 인해 일신상에 어떤 일이 생길지 몰라 불안했다. 그도 그럴 것이 구글을 그만둘 때 회사 측에서 언론과 인터뷰하지 말라고 경고했기 때문이다. 그런데 실리콘밸리에서는 이름이 알려지면 일자리가 생긴다는 것을 폴슨은 그때 경험했다. "기사가 나간 지 이틀 만에 한 서른 군데에서 연락이 왔던 것 같네요. 나를 채용하고 싶다면서요. **최소** 서른 군데에서요." 그가 나에게 말했다. "어떤 회사는 구글이 얼마를 줬는지 몰라도 그 이상을 주겠다고 들이대더군요. 사실상 실리콘밸리의 모든 기업에서 연락이 왔고, 한 기업의 여러 팀에서 동시에 연락한 경우도 있었어요." 심지어 전 직장인 스탠퍼드대학교도 폴슨에게 채용을 제안했다.

이렇듯 폴슨은 《인터셉트》에 기사가 난 뒤 앞길이 막히지 않았다. 오히려 도덕적 근성을 가진 유능한 지식 노동자로 널리 알려지면서 앞길이 트였다. 테크업계에 대한 대중의 반발이 거세어지던 상황에서 기업들은 앞다투어 그를 영입하고자 했다. 블룸버그, 시엔엔 인터내셔널, 폭스 등 언론사는 앞다투어 그에게 인터뷰를 요청했다. 폴슨은 제네바 인도주의국제법 인권 아카데미 등의 기관에서 강연했고 테크업계에 관한 의회 청문회에 증인으로 참석하기도 했다.

"요즘 전 아주 잘 지냅니다." 폴슨은 나와 점심을 함께한 자리에서 기분 좋게 말했다. 실리콘밸리를 그리워하는 기색이 전혀 없었고, 내가 그동안 인터뷰한 더티 워커들과는 더더욱 다른 분위기였다. 나에겐 이러한 태도 차이가 경제 사정의 차이만큼 놀라웠다. 폴슨도 회사를 그만둔 뒤 나름대로 힘든 시간을 보냈다. 테크 업계에는 도덕적 문제가 없어 보이는 일 자체가 드물어서였다(한 번은 어떤 회사가 자연재해 관련 인도주의 단체를 돕는 일에 자문을 맡았는데, 알고 보니 그 회사의 기존 고객인 국토안보부가 해당 기술을 국경 이주 감시에 전용할 가능성이 있어 그만두었다). 그러나 내가 아는 더티 워커들과 달리 폴슨은 위기를 순탄하게 넘겼다. 그의 정직성은 때 묻지 않았고 그에겐 악몽, 탈모, 죄책감, 수치심 등 도덕적·감정적 부담이 남지 않았다.

 잭 폴슨을 만나고 얼마 후 나는 또 한 명의 전 구글 직원인 로라 놀란을 인터뷰했다. 더블린 트리니티대학교를 졸업하고 더블린에 살던 놀란은 2013년에 사이트 안정성 엔지니어로 구글에 입사했다. 사이트 안정성 엔지니어링은 대규모 온라인 소프트웨어 시스템 및 서비스의 성능과 효율성을 개선하는 전문 분야다.

 놀란은 입사 후 몇 년간은 좋은 업무평가를 받고 자신의 일에서 보람도 느꼈다. 그러던 2017년 10월, 샌프란시스코 본사를 방문한 그는 회사의 새 프로젝트에 대한 브리핑을 들었다. 구글 머신러닝의 기밀 영상 및 데이터 분석력을 강화하는 사업이 예정되어 있다는 것이었다. "이걸 왜 하는데요?" 놀란은 호기심에 이렇게 물었다. 그러자 한 동료가 그를 옆으로 끌어당기며 이 사업은 구글이 국방부와 맺은 인공지능 계약인 프로젝트 메이븐^{Project Maven}의 일환이라고 설명했다. 이 사업의 목적은 국방부가 드론 영상으로 목표물인 차량과 인간을 추적하거나 확인하는 능력을 강화하는 것이었다.

놀란은 충격을 받았다. 이 세상에 있는 모든 책을 스캔하는 것, 아프리카 대륙의 10억 사용자에게 서비스를 공급하는 것, 이런 것이 구글의 사명이라고 생각했다. 미 군부의 비사법적 살인을 돕는 것은 구글의 사명이 아니었다. 이후 놀란은 프로젝트 메이븐이 무기 사업까지는 아니고, 저 먼 교전지역에서 드론이 녹화하는 방대한 양의 영상에서 정보를 자동으로, 더 빠르게 걸러내는 감시 프로그램이라는 것을 알게 되었다. 그러나 이런 차이가 있다고 해서 마음이 편해지진 않았으며, 특히 드론 전투에 관한 글을 읽으면서 우려가 깊어졌다. 놀란이 읽은 책 중 하나는 탐사 저널리스트 앤드루 칵번^{Andrew Cockburn}의 《킬 체인^{Kill Chain}》(2015)이었다. 칵번은 '살인 사슬'이 감시로 시작하여 무고한 민간인을 죽이는 표적 살인으로 끝나는 경우가 많았다고 썼다. 이는 크리스토퍼 아론과 헤더 라인보가 도달한 결론과 일치한다. 놀란이 보기에 이 과정을 자동화한다면 필연적으로 감시가 **더욱** 확대될 것이고 결국 공습 살인이 증가할 것이었다.

구글과 국방부의 계약은 겨우 1500만 달러짜리였지만 이 예비 사업이 잘되면 100억 달러 규모의 합동방어인프라^{Joint Enterprise Defense Infrastructure} 같은 대형 계약의 수주로 이어질 수도 있었다. 놀란이 더블린 지사의 상사에게 프로젝트 메이븐에 대한 우려를 표하자 상사는 "우리는 주주 가치를 위해서 이 사업을 해야 해요"라고 터놓고 말했다. 구글의 이상주의가 실패했음을 깨달은 놀란은 자부심이 아니라 죄책감을 느끼게 하는 회사를 그만둘까 고민하기 시작했다. 프로젝트 메이븐에 대해 알고 난 후 그는 잠을 제대로 잘 수 없었다. 체중도 늘었다. 불안에 시달리면서도 파트너나 친한 친구들에게도 문제를 털어놓지 못했다. 이 침묵은 놀란의 선택이 아니라 기밀유지계약에 서명한 데 따른 의무였다. 그는 구글 밖의 그 누구에게도 프로젝트 메이븐에 대해 발설해선 안 되었다.

심지어 구글 안에서도 프로젝트 메이븐에 대해 아는 사람은 극소수였다. 그러다 2018년 2월 해당 프로젝트를 진행하던 엔지니어들이 사내 게시판에 우려를 표명하면서 상황이 달라졌다. 그로부터 일주일 후에는 언론에 프로젝트 메이븐이 보도되었다. 놀란은 그 덕분에 마침내 침묵을 깰 수 있게 된 것에 안도했다. 놀란을 비롯한 구글 직원 3000여 명이 청원에 서명하여 최고경영자 선다 피차이에게 프로젝트 메이븐의 취소를 요구했다. "우리는 구글

이 전쟁에 가담해서는 안 된다고 믿는다." 이 청원서는 《뉴욕 타임스》가 입수하여 공개했다.[13]

직원들의 반대와 언론의 관심 속에서 구글은 결국 우선순위를 재고하게 되었다. 2018년 6월, 구글 클라우드의 총책임자 다이앤 그린^{Diane Greene}은 직원들에게 구글은 프로젝트 메이븐의 계약을 갱신하지 않겠다고 알렸다. 그로부터 일주일 후 구글은 새로운 인공지능 원칙을 발표하면서 "국제적으로 인정된 규준"에서 벗어나는 감시 프로젝트는 결코 진행하지 않겠다고 선언했다. 이는 대외적으로는 소신 있는 입장으로 보였다. 그러나 로라에게는 간교한 회피로 느껴졌던 것이, 일단 감시 프로젝트에 '국제적으로 인정된 규준' 따위는 없기 때문이다. 구글의 새로운 인공지능 원칙은 프로젝트 메이븐 같은 사업을 거부하겠다는 메시지가 아니라 오히려 앞으로 그런 종류의 사업을 허용하겠다는 메시지를 전하고 있었다. 놀란은 그런 일이 일어나는지 두고 보는 대신 잭 폴슨과 똑같은 전략을 취했다. 놀란을 비롯한 약 스무 명의 구글 직원이 프로젝트 메이븐 때문에 구글을 그만두었다. 놀란은 나에게 마지막으로 출근한 날 엉엉 울었다고 말했다. 하지만 더 이상은 구글에서 일할 수 없다고 결정한 뒤로 마음의 짐이 사라지고 잠도 잘 자게 되었다고 했다.

"능력주의의 오만"

이 책의 서두에 적은 대로, 더티 워크에는 여러 가지 필수 속성이 있다. 그중 하나는 타인에게 또는 자연 세계에 실질적인 피해를 입힌다는 것이다. 또 하나는 그 일을 하는 사람 자신이 피해를 입는다는 것으로, 더티 워크는 그 일을 하는 사람으로 하여금 다른 사람들에게 낮게 평가되거나 낙인찍혔다고 느끼게 함으로써, 혹은 자신의 핵심 가치를 스스로 위배했다고 느끼게 함으로써 피해를 입힌다. 로라 놀란의 경험을 보건대, 고숙련 고임금 화이트칼라 노동자도 자신의 핵심 가치를 스스로 위배했다는 감정을 느낄 수 있다. 놀란은 나에게 자신이 계속 구글에서 일했더라면 죄책감이 더 심해졌을 거라고 말했다. 그랬더라면 그도 도덕적 외상을 입을 수 있었다. 그러나 놀란이 폴슨과 마찬가지로 구글을 그만두기를 선택했다는 사실은 어째서 고숙련 화이트칼라 전문직은 그러한 상처를 피하기가 훨씬 더 쉬운지를 다시 한번 분명히 보여준다.

그런데 다른 사람들에게 낮게 평가되거나 낙인찍혔다는 감정은 어떤가? 화이트칼라 노동자는 이쪽의 상처도 더 쉽게 피할 수 있을까? 케임브리지대학교 경영대학원의 토머스 룰렛^{Thomas} ^{Roulet} 교수는 아니라고 말한다. 2015년의 논문에서 룰렛은 글로벌 금융 위기 이후 화이트칼라에 속한 한 산업 전체(금융계)가 그러한 운명을 마주했다고 보고, 사회이론 분야의 명저인 어빙 고프먼의 《스티그마》(1963)를 바탕으로 논지를 펼쳤다. 고프먼은 낙인이 "사람의 평판을 심하게 떨어뜨리는 속성"으로 "(그 사람에 대해) 온전한 사회적 수용에의 자격을 박탈"한다고 정의했다. 낙인은 신체상의 표식일 수도 있다. 혹은 성격적 특성일 수도 있으며, 자격을 박탈당한 인종 또는 종교 집단의 일원이라는 사실일 수도 있다. 즉 사회적 규준에 들어맞지 않으며 개인을 별도의 불결한 범주에 위치시키는 기호라면 무엇이든 그 사람을 "우리 마음속에 온전하고 평범한 인간에서 얼룩지고 에누리된 인간으로 축소"시키는 낙인이 된다.[14]

고프먼은 이 이론을 개인의 '도덕적 이력'에 적용했지만 룰렛은 이 이론을 조직에도 적용할 수 있다고 보고 "개인과 마찬가지로 조직은 온전한 사회적 수용에의 자격을 박탈당할 수 있다"라고 썼다.[15] 룰렛에 따르면 2008년 금융 붕괴 이후 금융업이 바로 그런 조직의 요건을 획득했다. 왜냐하면 이 직종의 "지배적 논리(기업의 유일한 의무는 주주의 부를 증대하는 것이라는 주주 가치 극대화론)"가 사회의 더 보편적인 규범과 공동선에 위배되는 것으로 여겨지게 되었기 때문이다. 금융 위기의 여파 속에서 금융업은 문제적인 일로 여겨지기 시작했고 이 새로운 낙인은 투자 은행가의 탐욕을 조롱하는 언론을 통해 확산되었다고 룰렛은 주장한다. 《뉴요커》의 저널리스트 존 캐시디John Cassidy가 쓴 〈월스트리트는 왜 존재하는가?〉 같은 기사는 이 세상에 골드만 삭스Goldman Sachs나 모건 스탠리Morgan Stanley 같은 회사는 없는 게 낫지 않겠느냐고 주장했다.

금융 위기 이후 일부 언론사가 월스트리트를 부정적으로 조명한 것은 사실이다. 그런데 룰렛이 연구한 은행가들은 낙인찍힌 조직의 일원이라기엔 지나치게 잘 지내고 있었다. 고프먼에 따르면 낙인찍힌 개인은 정체성의 손상으로 인해 필연적으로 곤경에 처한다. "우리는 흔히 부지불식간에 그 사람의 삶의 기회를 실질적으로 축소한다."[16] 2008년 금융 붕괴 이후에 월스트리트 은행가의 삶의 기회가 축소되었다는 신호는 전혀 나타나지 않았다. 사태 후 1년 사이에 골드만 삭스, 모건 스탠리, 제이피모건 체이스의 임금은 평균 27퍼센트 상승했다. 언론이 부정적으로 보도하든 말든 월스트리트의 주요 은행은 직원들에게 수백억 달러의 상여금을 지급했다. 이들 기업의 일을 도맡은 변호사와 로비스트, 그러니까 도드프랭크법 등 금융업 규제를 무효화하러 나선 유진 스컬리어 같은 사람의 경력에도 아무런 차질이 생기지 않았다.

그런 상여금을 지급하는 업계가 사회적 수용의 자격을 얼마나 박탈당했다고 볼 수 있을까? 금융업에 종사하거나 그 이익을 위해 일하던 사람들은 자신이 얼마나 얼룩지고 폄하당했다고 느꼈을까? 이에 대한 상식적인 대답은 '별로'다. 그 이유는 룰렛의 분석에 눈에 띄게 빠져 있고 고프먼의 연구에도 대체로 보이지 않는 인자 때문이다. 이 인자는 바로 권력이다. 고프먼이 지적했듯 낙인은 관계를 통해 획득된다. 다시 말해 개인에게 얼룩지고 에누리당한 감정을 느끼게 하는 스테레오타입은 사회적 상호작용을 통해 창출된다. 그러나 브루스 링크^{Bruce Link}와 조 펠란^{Jo Phelan}의 말대로 스테레오타입의 효력은 전적으로 그것을 만드는 사람이 얼마나 큰 힘을 가졌느냐에 따라 결정된다. 이를 자세히 설명하고자 링크와 펠란은 정신병원의 환자들이 오만하고 냉담한 직원들에게 모욕적인 딱지를 붙이는 가상의 상황을 제시했다. 환자는 직원의 등 뒤에서 그들을 비웃을 수 있다. 그들을 못 믿을 사람으로 분류할 수도 있다. 그렇지만 "그 직원이 낙인찍힌 무리에 속하는 일은 일어나지 않을 것이다. 환자에겐 직원에 대한 자신의 인식을 심각한 차별이라는 결과로 실현할 만한 사회적, 문화적, 경제적, 정치적 힘이 없기 때문이다." "묵직한 위력"으로 낙인을 찍는 것은 "교육기관, 직업, 주거, 의료 등 주요 생활 영역에 대한 접근권을 통제할" 힘, 바로 권력이다. 반대로 어떤 사람들이 낙인찍히고 정체성이 손상되어 삶의 기회를 상실하는 이유는 그들에게 권력이 **없기** 때문이다.[17]

성공한 화이트칼라 전문직(투자 은행가를 비롯해 변호사, 로비스트, 테크 노동자)이 권력이 있다고 해서 도덕적 비난에서 자유로운 것은 아니다. 그러나 권력이 있는 한 이 비난은 훨씬 덜 뼈아프고 훨씬 덜 파괴적이어서 그들의 소득에, 위상에, 존엄성과 자존감에 별 영향을 주지 못한다. 금융 붕괴 이후에도 과거와 다름없이 고액의 상여금을 받은 은행가들은 더티 워커는 택할 수 없는 방법으로 낙인을 '관리'할 수 있었다. 그 한 방법은 자선단체에 돈을 기부하는 것이었는데, 이처럼 미덕을 내보이는 행위가 가난한 노동자에겐 애초에 불가능하다. 또한 설령 누군가 그들의 직업을 탐탁잖아하더라도 성공한 사람들은 자신이 우월하고 특별하다는 태도로 타인의 비판을 훨씬 더 쉽게 무시할 수 있다. 그런 이유로 2008년 금융 위기 이후 많은 투자 은행가가 자신이 얼룩지고 에누리당했다는 감정을 느끼기는커녕 금융업이 부당하게 규제당하고 비난받게 생겼다며 분개하고 억울해했다. 바로 이것이 정치철학자 마이클 샌델이 말한 "능력주의의 오만", 즉 일류 법학대학원, 경영대학원, 공학대학원에서 학위를 딴 엘리트 계층의 과도한 자기애다. 성공은 개인의 재능과 노력에 달려 있다고 전제하는 능력주의 사회는 선망받는 엘리트 교육기관에 입학하는 능력을 기준으로 사람을 각각의 소득계층과 각각의 직업 경로로 밀어 넣는다. 샌델이 지적한 대로 이 시스템은 일류대학 학위가 없고 근 몇십 년간 소득이 줄거나 정체되고만 있는 노동자계급의 존엄성과 자존감을 깎아내려왔다. 그와 동시에 초고학력으로 성공한 사회의 '승자들'

에게는 빛나는 도덕적 자격을 쥐여주며 "성공을 오로지 저 자신이 노력한 결과요, 제 미덕의 척도로 여기라고, 그리고 불우한 사람을 깔보라고" 부추겨왔다.[18]

성공한 능력주의자의 오만은 정당하지 않다고, 왜냐하면 초고학력으로 성공한 사람은 너무도 흔히 부유한 가정에서 태어나 유복하게 자랐기 때문이라고 주장할 수도 있겠다. 하지만 성공한 능력주의자가 오만한 이유는 그처럼 자신을 경멸하는 사람마저 자신을 부러워하고 우러러본다는 사실을 정확히 파악하고 있기 때문이다. 어떤 노동이 더티 워크가 되려면 '선량한 사람들', 이른바 점잖은 사회 구성원이 도덕적으로 더럽다고 여겨 그들 스스로는 절대 하려 하지 않는 일이어야 한다. 교도소와 정육공장의 노동, 드론 전투원의 노동, 시추선 잡역부의 노동이 그런 일이다. 실리콘밸리의 소프트웨어 엔지니어와 사이트 안정성 엔지니어의 노동, 월스트리트 은행가의 노동은 그런 일이 아니다.

책임이 분산되는 시스템에서 이득을 취하는 건 누구인가

투자 은행가와 소프트웨어 엔지니어는 더티 워커가 겪는 모욕을 쉽게 비껴가지만, 그렇다고 해서 이들이 속한 기업이 더티 워크에서 이익을 취하지 않는다거나 더티 워크 일자리를 창출하지 않는다는 뜻은 아니다. 나는 로라 놀란을 만난 뒤 프로젝트 메

440

이븐을 다른 관점에서도 생각하게 되었다. 구글의 이 사업은 앞으로 급증할 새로운 종류의 더티 워크를 예고하는 것일 수 있다. 윤리적으로 문제시되는 일을 인간 노동자가 아니라 로봇과 기계에 위임하는 신세계가 도래할 수 있는 것이다. 어떻게 하면 전쟁을 끝없이 계속할 것인가 하는 '문제'는 드론 전투원에게 살인을 맡길 필요 없이, 알아서 표적을 공격하도록 프로그램된 자동 무기 시스템으로 해결할 수 있다. 화석연료를 시추하는 더러운 노동은 사람이 아니라 클라우드 서비스와 인공지능을 통해 수행할 수 있다. 이러한 변화는 벌써 일어나고 있다. 2019년 온라인 매체 《기즈모도Gizmodo》의 기사에 따르면 아마존, 구글 등의 테크 기업은 석유회사에 자동화 서비스를 공급하는 대형 계약을 맺었다. "구글은 머신러닝을 이용하여 바다 위와 아래 양쪽에서 더 많은 석유를 찾아내려 하고 있다. 구글은 데이터 서비스를 통해 기존의 유전 시추 사업을 간소화 및 자동화하고 있으며, 석유기업이 비용을 절감하고 청정에너지 사업자와 경쟁하도록 함께 방법을 모색하고 있다." 이 기사의 요지는 '빅 테크'가 "기후 위기를 자동화"하고 있다는 것이었다.[19]

석유 시추 사업이 자동화된다고 해서 인간의 역할이 완전히 사라지진 않을 것이다. 누군가는 여전히 기계를 설계하고 프로그래밍해야 한다. 하지만 인간의 역할이 기술 업무로 축소되면 책임이 더 쉽게 분산될 수 있으며, 로라 놀란은 바로 이 점이 테크업계의 본질이라고 했다. 그는 구글 등 테크 기업이 광고주의 이익을 위해 보이지 않는 추적 장치로 소비자의 개인 정보를 수집하는 관행을 예로 들며 테크업계의 비윤리성을 비판했다. 《감시 자본주의 시대》에서 쇼샤나 주보프도 구글이 이 관행을 주도했고 "추출 아키텍처를 점점 더 확장하면서" 개인 정보 수집 기술을 강화하고 있다고 지적했다. 하지만 설령 구글 내에 이 보이지 않는 메커니즘을 불쾌하게 여기는 소프트웨어 엔지니어가 얼마간 존재한다 해도 그것을 구축하고 설계하는 일에 자신이 연루되었다고 느끼는 사람은 거의 없다. 그들 각자는 그보다 더 평범한 다른 업무를 하고 있을 뿐이기 때문이다. 놀란은 말했다. "어떤 개인 정보를 수집할지 결정하는 코드를 작성하는 사람은 그리 많지 않습니다. 대다수는 서버를 관리하는 코드를 작성할 뿐이죠. 직접적으로 문제시될 만한 일을 하는 사람이 한 명이라면 나머지 수백 명, 수천 명은 배관 수리, 청소 등 집안일을 하고 있을 뿐이에요."

"아시다시피 집안일엔 잘못이 없잖아요." 놀란은 이렇게 말을 이었다. "그렇게 자기하고 직접 관계되지 않은 듯한 일에 대해서는 책임을 분산하기가 아주 쉽죠. 저에겐 프로젝트 메이븐이 그런 일이었습니다. 내가 요청받은 업무는 잣농사를 짓는 사람들을 날려버릴 코드를 작성하는 게 아니었어요. 그 일을 가능하게 하는 일을 해달라고 요청받은 거예요."

기술만으로 책임이 완벽하게 분산되는 것은 아니다. 앞서 살펴보았듯 드론 부대의 영상 분석가는 파괴된 집, 산 채로 불타는 사람 같은 생생한 폭력에 끊임없이 노출되고, 그로 인해 심각한 감정적 고통에 시달릴 수 있다. 하지만 구글의 엔지니어는 그런 영상을 접할 일이 없다. 이들은 자신의 행동이 불러일으키는 결과에서 멀리 떨어진 채로, 본인도 정확히 모르는 목적을 가진 전문적인 기능을 수행한다. 놀란이 지적한 대로 그 한 가지 이유는 기술이 특정한 용도로 설계되었다가 다른 용도로 전용되기가 매우 쉽다는 데 있다. 가령 공장에서 탱크를 만드는 노동자는 그 물건이 어떤 목적에 쓰일지 잘 아는 반면, 코드를 작성하는 노동자는 그렇지 않다. "코드는 훨씬 더 유연합니다. 테크업계에서는 원래 A라는 목적으로 구축하거나 설계한 코드를 아주 쉽게 B라는 사악한 목적에 돌려쓸 수 있어요."

기업은 이 유연성을 이용하여 직원들에게 그들이 하는 일의 실체를 감출 수 있으며, 잭 폴슨도 그 점이 문제라고 지적했다. 그에 따르면 드래곤플라이 프로젝트의 경우 구글 직원들은 "자기가 열중하고 있는 일이 어떤 결과를 불러올 것인지 전혀 알지 못했다. 심지어 프라이버시 평가팀조차 모르는 부분이 있었다." 여기에다 노동이 구획화되고 파편화되어 있다는 점이 문제를 가중

한다. 구글 재직 당시 폴슨은 전체론적 기술과 규범적 기술을 구분한 물리학자 어슐러 프랭클린의 연구를 접했다. 전체론적 기술은 장인(도공, 금속 세공사)이 "작업 공정을 처음부터 끝까지 스스로 통제"하는 공예다.[20] 반면 규범적 기술은 작업이 세부 단계로 나뉘고, 일하는 사람이 자신에게 주어진 개개의 임무에만 몰두한다. 테크업계의 현실은 후자에 속하며, 테크 노동자는 도덕과는 무관해 보이는 기술 업무에 천착하면서 도덕적 문제는 쉽게 잊고 지낼 수 있다는 것이 잭의 결론이었다. "우리는 아주 쉽게 구획화됩니다." 그가 말했다.

우리는 책임이 분산되는 시스템에서 이익을 취하는 테크 노동자를 비판할 수 있지만, 사실 방법은 달라도 우리 모두가 그 시스템에서 이익을 취할 수 있다. 우리 모두가 테크업계의 후원자 또는 소비자가 될 수 있기 때문이다. 테크업계가 대중의 반발을 사고 명예를 실추당하기 시작한 때부터 많은 소비자가 주요 소셜 미디어와 테크 기업을 삐딱하게 바라보기 시작했다. 하지만 그 와중에도 대다수의 사람들이 컴퓨터와 스마트폰을 들여다보는 시간은 줄지 않았고 자기 주머니 속 작은 기계가 어떤 환경에서 생산되고 있는지 등의 문제에 대중의 관심이 높아지지도 않았다.

수많은 인권 단체가 지적한 대로 글로벌 테크 공급 사슬은 전혀 깨끗하지 않다. 이 사슬의 한쪽 끝에는 베스트 바이^{Best Buy}, 애플 스토어에서 판매하는 전자 장비가 있다. 반대편 끝에는 현지의 영세 광부가 있다. 국제 앰네스티와 아프리카 자원 감시단^{African Resources Watch}이 공동으로 내놓은 보고서에 따르면, 노트북과 휴대전화에(그리고 전기차에도) 쓰이는 충전용 이온 배터리의 핵심 원자재인 코발트는 전 세계 생산량의 절반 이상이 콩고민주공화국의 콜웨지에 있는 광산에서 생산된다. 이곳의 광부들은 극악한 환경에서 일한다. 하루에 열두 시간에서 열네 시간씩, 장갑도 마스크도 없이, 목숨을 앗아갈 수 있는 "경금속 폐질환" 같은 질병을 일으킬 수 있는 유해 화학물질을 들이마시면서 일한다. 이들 중엔 아동도 많다. 극도로 가난한, 그래서 학교에도 다니지 못하는 아이들이 이 일로 내몰린다. 좁은 가설 광산이 붕괴되어 사람이 죽는 일이 다반사다(이 위험한 환경은 조지 오웰이《위건 부두로 가는 길》에서 묘사한 탄광을 떠올리게 한다. 세계 자본주의의 물질대사는 석탄이 맡은 역할이 코발트로 바뀌긴 했으나 바뀌지 않은 것들이 분명 있다). 영세 광부가 원시적인 도구로 긁어내는 광물은 중국 기업 화유코발트^{Huayou Cobalt}의 자회사인 콩고 동팡 마이닝 인터내셔널^{Congo Dongfang Mining International} 같은 회사가 사들인다. 그중 일부는 마이크로소프트, 삼성, 애플 같은 기업의 제품에 들어간다.

국제 앰네스티의 보고서는 "우리가 목숨 걸고 하는 일"이라는 제목으로 2016년에 발표되었다. 그로부터 3년 후 나는 비정부 기구 봉 파스퇴르(착한 목자)를 설립한 캐서린 무틴디$^{Catherine\ Mutindi}$ 수녀를 만났다. 콜웨지에서 활동하는 이 단체는 광산에서 일하는 아동에게 무상 교육을 제공하는 지역사회 개발 프로그램을 진행하고 있다. 보고서가 밝힌 대로 애플, 마이크로소프트 등 테크 기업은 콩고 광산의 잔인한 착취와 직접적인 관계가 없다. 그런 일은 공급망의 '하류'에 속하는 중개인이 도맡는다. 다시 말해 이들 중개인이 기업과 소비자를 대신해 더러운 일을 하는 동안 기업과 소비자는 아주 깊이 따져 물을 필요 없이 코발트를 손에 넣는다. 국제 앰네스티의 보고서가 발표된 뒤 여러 테크 기업이 책임감 있는 공급업체 감시와 실태 점검을 강화하여 원자재 조달 관행을 개선하겠다며 원자재 이니셔티브$^{Responsible\ Raw\ Materials\ Initiative}$ 같은 새로운 행보에 합류했다. 그러나 그 뒤로도 현지의 노동환경은 거의 바뀌지 않았다. 무틴디와 만나고 얼마 후 그가 나에게 콩고의 열네 가족이 세계 최대의 테크 기업들을 상대로 소송을 제기했다는 내용의 《가디언》 기사 링크를 보내왔다. 기사에 따르면 원고 측은 자녀를 심각한 부상 또는 죽음에 이르게 한 위험한 환경에 테크 기업의 책임이 있다고 주장했다. 한 어린이는 일당 75센트를 받고 코발트 자루를 나르다가 갱도에 빠지는 사고로 신체가 마비되었다. 원고 측은 애플, 마이크로소프트, 델 등을 피고로 지목하면서 이들이 "코발트 공급 사슬을 감독·규제할 권한과 자원"이 있으면서도 그러지 않았다고 주장했다. 이 기사에서 애플 대변인은 "우리 회사는 제품에 들어가는 원자재의 책임감 있는 조달을 위해 최선을 다하고 있다. 우리는 공급업체에게 가장 엄격한 기준을 적용함으로써 업계를 선도해왔다"고 말했다. 델의 대변인은 "우리 회사는 공급 사슬의 모든 층위에서 노동자의 인권을 수호하고 노동자를 귀하게 여기고 존경하는 등 광물의 책임감 있는 공급을 위해 노력한다"고 말했다. 마이크로소프트 대변인은 "우리 회사는 공급업체가 미심쩍은 행동이나 규제 위반 가능성을 보이면 조사하여 조치를 취하고 있다"라고 말했다.[21]

아동 노동이라는 눈에 띄는 문제는 이따금 뉴스 헤드라인으로 보도된다. 그러나 그보다 덜 눈에 띄는 문제, 추적하기 더 어렵지만 더더욱 치명적인 문제는 부정부패다. 콩고의 광물 자원은 그 나라 국민에게 낙수 효과로 돌아오는 대신 수상쩍은 정부 공무원과 사업가의 주머니를 채워준다. 가령 나는 브뤼셀에서 활동하는 비정부기구 리소스 매터즈Resource Matters의 보고서를 통해 이스라엘의 억만장자 댄 거틀러Dan Gertler가 콩고에서 어떤 일을 해왔는지 알게 되었다. 이 보고서에 따르면 미국 정부는 2017년 "콩고민주공화국에서 불투명하고 부패한 석탄 및 석유 계약으로 재산을 축적한" 거틀러에게 제재를 가했다(거틀러는 자신에 대한 혐의를 전면 부인했다). 콩고 정부가 거틀러에게 지불한 것으로 추정되는 13억 달러는 교육 부문에 투자하거나 노동환경을 바꾸는 데 쓰일 수도 있었던 돈이다. 그때까지 거의 모든 테크 기업이 자사의 공급 사슬에서 거틀러를 배제하려는 노력을 취하지 않았다. 리소스 매터즈의 보고서는 세계 최대 코발트 생산업체인 스위스의 글렌코어Glencore를 집중적으로 조사했다. 이에 따르면 글렌코어는 거틀러가 제재를 받은 뒤에도 그의 회사에 임대 사용료를 계속 지불했다. "글렌코어의 고객일 확률이 높은" 열네 기업 중에는 애플, 삼성, 비엠더블유, 르노 등이 포함되었다. "이 보고서가 조사한 사실상 모든 기업이 부정부패를 금지하고 규탄한다. 그러나 우리가 접촉한 열네 기업 가운데 거틀러와 글렌코어의 유착으로 인한 부정부패의 가능성을 인정한 곳은 3분의 1이 채 되지 않는다." 이 보고서의 제목은 "악은 보지도, 말하지도 말라: 코발트 공급 사슬의 부정부패 위험 관리 실태"였다. 이 문제를 상세히 조사하겠다고 응답한 기업은 삼성 한 곳뿐이었다.[22]

이 보고서가 발표된 뒤, 채굴 산업의 책임을 강화하고 콩고의 생활환경을 개선하기 위한 사업이 얼마간 추진되었으며 비엠더블유, 삼성 등 여러 기업이 이에 자금을 댔다. 그렇지만 테크업계를 상대로 문제적 관행에 대한 책임을 묻는 일은 여전히 어렵다. 그 이유 중 하나는 공급 사슬 안에서도 책임이 분산되기 때문으로, 이른바 상류에 속하는 유명한 소매기업은 하류에서 발생하는 착취와 부패로부터 거리를 둘 수 있다. 코발트는 여러 국가와 대륙에서 제련소, 배터리 부품 공장, 배터리 공장 같은 여러 단계를 거친 뒤에야 노트북과 전기차에 들어간다. 내가 만난 한 분석가에 따르면 애플은 글렌코어로부터 최소 네 단계, 르노는 최소 여섯 단계 떨어져 있다. 이처럼 복잡한 중간 단계 때문에 사슬의 한쪽 끝에 있는 기업은 반대편 끝에서 벌어지는 일에 대해 책임을 쉽게 회피할 수 있다.

노트북과 스마트폰에 들어갈 원자재와 부품을 조달하는 중간 관리자, 즉 하류에서 일하는 사람은 아동 노동과 부정부패를 얼마나 심각한 문제로 여길까? 스스로를 더럽다고 느끼기는 할까? 나는 천연자원 채굴과 부정부패의 관계를 조사하는 비정부기구 글로벌 위트니스Global Witness의 연구자에게 코발트를 거래하는 유럽의 한 광물회사에서 일하는 사람을 소개받았다. 선의를 가진 신중한 사람이라고 했고, 이 산업의 윤리적 딜레마에 대해 솔직한 이야기를 들려줄 거라고 했다. 일주일쯤 후, 상대가 인터뷰 요청을 수락했다. 이튿날 나는 인터뷰 일정을 상의하기 위해 그에게 이메일을 보냈다.

며칠 후 그는 인터뷰가 어렵겠다고 답신했다. 자신이 콩고의 사업 환경에 대해서는 이야기할 수 있으나 내가 알고 싶어 하는 윤리적 문제에 대해서는 할 말이 없다는 이유에서였다. "아마 개인적인 이야기와 감상을 듣고 싶으실 텐데 저로서는 할 이야기가 많지 않습니다. 그래서 당신의 요청을 거절해야 할 듯합니다."

이 전개는 실망스럽긴 했지만 놀랍진 않았다. 그로부터 약 1년 전에도 나는 글로벌 테크 공급 사슬에서 일하는 사람을 소개받았다. 중국에서 노동자를 혹사해 노트북과 스마트폰을 대량생산하는 공장의 직원으로, 이 산업의 윤리적 긴장에 대해 고민이 많은 사람이라고 들었다. 테크 공급 사슬은 하류로 갈수록 노동환경이 열악하다. 공장주들은 유명 소매기업에 상품을 공급하기 위해 계절노동자를 한계점까지 몰아붙이고, 그 과정에서 근무시간 규정과 아동 노동 규제를 위반한다. 나는 건네받은 이메일 주소로 상대에게 인터뷰를 요청했다. 그러나 답신이 오지 않았다. 그를 나에게 소개한 사람(테크 공급 사슬을 연구하는 교수로 그 직원과 개인적인 친분이 있었다)에게 연락했더니, 아마 고용주의 요구로 비밀유지계약에 서명한 탓에 입을 열지 못하는 거라고 짐작했다. "비밀유지계약이 (당연히) 걱정되는 걸 거예요." 그가 나에게 말했다.

노동자가 자신이 하는 일에 관한 '민감한 정보'를 그 누구와도 공유하지 못하게 하는 비밀유지계약[NDA]은 테크업계에 널리 쓰이는 장치다. 이를 통해 기업은 영업 비밀이 경쟁사에 유출되는 위험을 막을 수 있다. 또한 이를 통해 기업과 소비자 모두가 곤란한 상황을 피할 수 있다. 소비자 입장에서는 자신이 구매한 경이로운 전자 기기가 얼마나 불미스러운 관행을 통해 만들어졌는지 알고 싶지 않을 것이다. 캐서린 무틴디와 만나고 몇 주 후 그가 나에게 그러한 관행을 실시간으로 포착한 짧은 영상을 보내왔다. 영상 속에는 한 콩고 군인이 비에 젖어 질척거리는 들판에 서 있었다. 그의 뒤편에 채굴용 트럭이 몇 대 보였다. 그의 발치에는 광부한 사람이 있었다. 웃옷이 벗겨지고 손이 등 뒤에 묶였으며 바지는 땅의 진흙과 빗물에 흠뻑 젖어 있었다. 위에 서 있는 군인은 고무장화를 신었고 어깨에 총을 메고 있었다. 오른손에도 밧줄이 무기처럼 들려 있었다. 그는 연신 그 밧줄을 들어 광부를 내리쳤다. 광부는 그걸 피하려고 몸을 돌려 땅에 엎드렸고 진흙 속에 처박혔다. 한번은 밧줄이 머리통을 스쳤다. 그다음 번엔 밧줄이 허벅지를 더 정확하게 가격했다. 배경에서는 어떤 남자가 스와힐리어와 중국어를 섞어 쓰면서 채찍질을 계속하라고 군인에게 명령하는 소리가 들렸다. 영상 말미에는 제복 차림에 안경을 쓴 남자가 나타났다. 그는 수첩을 들고 있었고 채굴을 관리하는 하급 공무원쯤 되는 것 같았다. 이 남자 역시 놀라울 만큼 심상해 보였다. 그는 군인의 행동을 저지하거나 광부를 돕지 않고 느긋하고 일정한 걸음걸이로 그들 옆을 지나쳤다.

"이 시대에 이런 일이 일어나고 있다니 믿기 어렵습니다!" 무틴디는 그 영상에 대해 이렇게 말했다. 과연 그 장면은 콩고가 '독립국'이던 식민지 시대, 그러니까 레오폴 2세가 고무와 상아를 수탈하려고 아프리카 사람들에게 극도의 잔인성과 폭력을 휘둘렀던 100여 년 전을 떠올리게 했다. 그러나 그 영상은 우리 시대의 현주소를 보여주는 것이기도 하다. 지금도 그런 "충격적인 일"은 "사회생활이라는 무대의 뒤편"에 은폐되어, 집과 사무실에서 충전용 이온 배터리를 장착한 장비를 쓰는 사람 대다수의 눈에는 보이지 않는다. 채찍을 휘두르는 군인과 그 모습을 태연히 지켜보는 공무원은 식민지 시대의 밀사가 아니다. 그들은 세계 자본주의의 대리인이다. 그들은 우리 모두를 대신해 더티 워크를 하고 있다.

나가며

미국에 코로나바이러스가 막 확산될 무렵 언론에는 각지의 병원에서 펼쳐지고 있는 고통스러운 현실이 보도되기 시작했다. 호흡곤란 상태로 응급실에 실려 오는 수만 명의 환자에 관한 이야기도 있었지만, 사방이 포위당한 의료 노동자에 관한 이야기도 있었다. 어떤 기사는 의료계의 고질적인 문제인 번아웃, 스트레스, 불안증을 조명했다. 어떤 기사는 새로운 문젯거리를 파고들었는데, 그중 하나는 병세가 위중한 환자들에게 부족한 의료 자원을 배분해야 할 때 발생하는 윤리적 딜레마였다. 집중치료실에 하나 남은 인공호흡기는 사망 위험이 더 큰 고령자에게 할당해야 하는가, 아니면 두 아이를 키우는 여성에게 할당해야 하는가? 이미 수용 인원이 초과된 병원에 어떤 환자를 골라 받아들여야 하는가? 이처럼 혼란스럽고 문제적인 상황에서 막중한 결단을 내리는 일은 쉽게 아물지 않는 심리적 외상을 일으킬 수 있다고 2020년 《사이언티

픽 아메리칸Scientific American》에 실린 한 논문은 경고했다. 그러한 일은 도덕적 외상도 낳을 수 있다. 의사들은 "환자를 한 명씩 치료"하도록 훈련받았지 야전병원에서 부상병을 다루듯 병세가 위중한 정도로 환자를 분류하는 데는 익숙하지 않다.[1] 의료계의 도덕적 외상을 연구하는 비영리 단체의 창설자인 정신의학자 웬디 딘Wendy Dean은 이렇게 말했다. "우리는 다 끝난 뒤에야 이 사태를 제대로 파악할 수 있을 것입니다."

더티 워커는 사람들 눈에 보이지 않고 더티 워커를 덮치는 도덕적, 감정적 부상도 사람들 눈에 보이지 않는다. 코로나바이러스 대유행의 최전선에 선 의료 노동자의 경험은 그와 달랐다. 이들의 고통은 전국적인 뉴스가 되었다. 유수의 언론사가 의료진을 덮친 윤리적 곤경을 보도했을 뿐 아니라 의료진에게 그들 자신의 언어로 이야기할 기회를 주었다. 가령 한 내과의는 《유에스에이 투데이USA Today》에 이렇게 썼다. "일선 보건 노동자 전체가 서서히, 조용히 쇠락하고 있으나 구조대는 보이지 않는다. 우리는 지쳤기에 이 막중한 무게를 짊어지는 데 도움이 필요하다."[2]

의료 노동자에게 이렇게 높은 발언대가 주어진 것은 이들의 높은 사회적 위상과 무관하지 않다. 또 한편으로는 의료 노동이 사회에 절대적으로 필요하다는 인식, 심지어 의료 노동자를 영웅으로 여기는 인식이 작용했다. 전염병 대유행만큼 이러한 인식이

들어맞는 경우도 없었으므로, 사람들은 일선 병원의 의료진이 본인의 건강을 해할 위험을 무릅쓰고 위급한 사람들을 돌보고 있다며 갈채를 보냈다. 의사, 응급대원, 가정방문 간호사 등 '필수노동자'는 우리가 살아가는 데, 그리고 사회가 계속 굴러가는 데 반드시 필요한 기능을 수행하는 사람으로 여겨진다.

사회가 계속 굴러가는 데는 더티 워크도 반드시 필요할지 모른다는 인식은 보다 섬뜩하다. 더티 워크는 본질적으로 다른 인간들에게, 또는 비인간 동물과 환경에 상당한 피해를 입히는 노동이기 때문이다. 페미니스트 반전 단체에서 활동하는 토비 블로메 같은 사람이 보기에 그러한 위해를 가하는 노동은 그저 불필요하다. 블로메는 드론 전투원의 표적살인이 국가 안보를 위해 수행된다고 보지 않는다. 드론 부대는 민간 군사기업과 이익집단이 결탁한 군산복합체가 막대한 영향력을 행사한 결과다. 이들이 미국 국민의 우선순위를 왜곡하고 끝없는 전쟁에서 이익을 취하고 있다는 것이 블로메의 설명이다.

그러나 드론 부대는 단순히 군사기업의 이익에만 복무하는 게 아니다. 자신의 이름으로 치러지는 끝없는 전쟁에 대해 점점 거리를 두게 된 대중의 이익에도 봉사한다. 미국 국민은 전쟁에 대해 아주 깊이는 생각하고 싶어 하지 않고, 이제 드론 부대 덕분에 그럴 수 있게 되었다. 표적살인이라는 더티 워크는 크리스토퍼 아론, 헤더 라인보 같은 사람들에게 내맡기면 된다. 더 이상 정신과 치료 시설을 운영하지 못하는 사회에서 정신질환자를 구치소와 교도소에 몰아넣는 더러운 일도 마찬가지다. 이 계약에서 누가 이익을 보는가 하면, 웩스퍼드나 코라이즌 같은 민간 업체만이 아니라 정신질환자를 보이지 않는 곳으로 치우고 그 결과는 신경 쓰지 않아도 되는 시민들이다. 더티 워크는 사회의 많은 구성원이 다른 사람의 손으로 해결하고 싶어 하는 이런저런 '문제'를 해결하는 노동, 그러므로 사회의 '필수'노동이다.

우리는 이런 노동에 대해 아주 깊이 알고 싶어 하지 않는다. 우리 대신 이런 노동을 하는 사람들에 대해서도 아주 깊이 알고 싶어 하지 않는다. 이들의 이야기가 마음을 불편하게 할 수 있고 죄책감마저 불러일으킬 수 있기 때문이다. 나 역시 사람들을 인터뷰하는 과정에서 불편한 마음을 자주 느꼈다. 외딴 소도시에서 자라 시추선에 취직하는 '시골뜨기'를 이렇다 저렇다 판단하면서 정작 자신이 얼마나 화석연료에 의존하며 살아가고 있는지는 생각하지 않는 사람들에 대해 이야기하는 스티븐 스톤 앞에서 나는 고개를 끄덕이며 동의했다. 그 후 렌터카를 몰고 에어비앤비 숙소로 돌아가는 길에 생각해보니 나 자신이 그 일에 연루된 사람 중 하나였다. 많은 사람이 중증 정신질환자를, 특히 가난해서 치료받지 못하는 이들을 "인간 폐기물"로 여긴다고 개탄하는 해리엇 크르지코프스키 앞에서 나는 그래선 안 된다고 고개를 내저었지만, 나중에 생각하니 나 또한 알게 모르게 그들을 그렇게 여기지 않나 싶었다. 나는 뉴욕의 거리에서 그런 사람을 많이 봤다. 그럴 때면 그들을 동정하면서도 이 상황에 대해 아주 오래 생각할 정도로 마음 깊이 동정하지는 않았다.

우리가 잠깐은 그런 생각을 해도 오래는 하지 못하는 이유 하나는 무력감 때문이다. 실제로 우리 한 사람 한 사람에겐 상황을 바꿀 힘이 없다. 어떤 사람이 연비가 좋은 차나 전기차를 산다고 해서 미국 경제의 화석연료 의존도가 달라지진 않을 것이다. 길모퉁이에서 혼잣말을 하는 정신질환을 앓는 노숙인에게 내가 몇 달러 건넨다고 해서 구치소와 교도소가 사실상 이 나라의 정신병원이라는 사실이 달라지진 않을 것이다. 그러나 집단으로서의 우리는 무력하지 않다. 책의 서두에 썼듯이 더티 워크의 핵심 특징 한 가지는 '선량한 사람들'의 암묵적 동의에 기초한 노동이라는 것으로, 이들은 궁극적으로 그 결과에 얼마간 만족하기에 이 문제를 아주 깊이는 따지지 않는다. 이 동의는 중요하다. 하지만 바꿀 수 없는 것은 아니다. 그것을 떠받치고 있는 태도와 전제가 바뀔 수 있고 실제로 **이미** 바뀌기 시작했다. 전국의 교도소를 붐비게 만든 징벌적 양형 정책이 지난 10년 사이에 인기를 잃었다. 정신질환자를 교정시설에 몰아넣는 관행은 여전히 용인되고 있지만, 우리가 대량감금의 사회적, 도덕적 비용을 따지기 시작한 지금은 이 또한 바뀔 수 있다. 공장식 축산에 대한 태도 또한, 비록 당장은 도축 노동자가 처한 비참한 환경을 문제 삼기보다는 '유기농' 고기를 집착적으로 소비하는 쪽으로 더 기울어 있긴 해도, 바뀌기 시작했다. 화석연료에 대해서도 점점 더 많은 사람이 지구의 앞날을 위해 어서 그 의존도를 줄여나가야 한다고 생각하고 있다.

현 상황이 앞으로도 절대 변하지 않으리라는 생각은 사람을 단념케 하는 핑계도 될 수 있다. 에버렛 휴스가 프랑크푸르트 일기에 묘사한 '수동적 민주주의자'의 무관심도 그런 무력감에서 비롯될 수 있다. 그러나 이러한 단념에는 근거가 부족하다. 사회질서를 이루는 대부분의 요소가 그렇듯 더티 워크는 고정불변의 것이 아니기 때문이다. 더티 워크는 법과 정책의 산물이요, 예산 편성의 산물이며, 그 밖에 우리의 가치와 우선순위에 따라 우리가 집단적으로 내리는 여러 결정의 산물이다. 그런 결정 중 하나는, 더티 워크가 무고한 사람들과 환경만이 아니라 그 노동을 하는 사람들에게 끼치는 막대한 위해를 인정할 것인지 말 것인지다.

잔혹하고 폭력적인 시스템에 가담하는 사람에겐 그들이 야기하는 고통에 대한 책임이 있으며 그들이 뒤늦게 부끄러워하거나 후회한다고 해도 마찬가지라고 생각하는 이들은 더티 워커를 동정하지 않을 수도 있다. 프리모 레비가 〈회색지대〉에 썼듯이,

억압자가 사후에 의구심과 불편함을 표명하는 것으로는 "그들을 피해자 명부에 올리기에 충분하지 않다". 그러나 레비는 억압적인 시스템에서는 누구든 권력에 쉽게 협력할 수 있다는 사실, 그리고 그런 상황에서는 힘없는 사람이 그런 역할을 떠맡게 되어 있다는 사실을 고려하여 그 하층에서 복무하는 사람에 대한 판단을 조정해야 한다고도 주장했다. 거듭 말하지만 현대 미국에서 부와 소득의 분배를 결정할 뿐만 아니라 더티 워크의 위임까지 결정하는 가장 중요한 인자는 불평등이다. 잘사는 계층은 더티 워크를 다른 사람에게, 선택지와 기회가 적은 계층에게 떠맡길 수 있음을 잘 알고 그들 자신은 더러운 노동에 전혀 관여하지 않는다. 이 불평등의 결과로, 낙인·수치·트라우마·도덕적 외상 등 우리 눈에 보이지 않는 일련의 외상은 가난한 계층에 집중된다. 지금까지의 불평등 논의에서 이러한 종류의 도덕적·감정적 부담은 거의 다루어지지 않았는데, 그 이유는 그것을 경제학적으로 측정하거나 수량화하기가 불가능해서일 것이다. 그러나 도덕적·감정적 부담은 사람의 자존심을, 사회질서에서 차지하는 자리를, 존엄성과 자부심을 지켜나갈 역량을 결정한다는 점에서 충분히 심각하고 치명적인 문제다.

불평등은 더티 워크의 지리와 책임 소재도 결정한다. 앞서 살펴보았듯이 더티 워크에서 이익을 취하는 기업, 더티 워크를 영속화하는 법과 정책을 통과시킨 공무원은 대부분 비난을 비껴간다. 어쩌다 '추문'이 터져 대중, 그전 몇 달 혹은 몇 년 동안 그런 일을 모르는 척했던 바로 그 대중이 경악하면 이 시스템에서 가장 힘없는 사람들이 '썩은 사과'로 지목되어 비난받는 경우가 태반이다.

그러나 대중이 눈에 거의 보이지도 않는 문제를 걱정하기는 어렵다. 더티 워크는 구조적 비가시성에 감추어져 있다. 교도소와 정육공장은 담장과 장벽에 둘러싸여, 그 안에서 벌어지는 일이 밖에 보이지 않는다. 드론 부대는 비밀주의에 포위되어 있다. 코발트 공급 사슬을 감독하는 중개인은 비밀유지계약에 서명해야 한다. 이러한 계약은 충격적인 사건을 "사회생활이라는 무대의 뒤편"으로 밀어내는 '문명화' 효과를 발휘한다. 그렇지만 제아무리 정교한 은폐 구조라도 모든 것을 은폐하지는 못한다. 교도소와 정육공장처럼 침투하기 어려운 고립된 시설에서도 그 안에서 벌어지는 일에 대한 정보가 적잖이 밖으로 유출되고 있다. 정부가 드론 부대를 아무리 비밀스럽게 은폐해도 작가와 다큐멘터리 영화 제작자들이 드론 부대를 조명하고 있다. 비정부 기구들은 비밀유지계약의 방해를 뛰어넘어 코발트 공급 사슬에 관한 상세한 보고서를 내고 있다. 문제는 정보 부족이 아니라, 많은 사람이 더티 워크와 더티 워커로부터 눈길을 돌린다는 사실, 거의 한 번도 관계 맺은 적 없는 그들을 쉽게 판단해버린다는 사실이다.

우리는 더티 워커에게 무엇을 빚지고 있을까? 일단 우리는 우리 자신의 일상과 무관하지 않은 일을 하는 그들을 우리의 대리인으로 인정하지 않는 빚, 그들의 섬뜩한 이야기에 귀 기울이지 않는 빚을 졌다. 그 이야기가 불편하기는 당사자도 마찬가지일 수 있다. 해리엇 크르지코프스키는 나를 처음 만난 자리에서 데이드 교도소 경험에 대해 쓴 트라우마 내러티브를 들려주었다. 그 내용이 얼마나 힘들었던지 말소리가 몇 번이나 끊겼다. 그게 우리의 마지막 만남이 될지도 모르겠다는 생각이 들 정도였다. 그 후 며칠 동안 나를 만난 자리에서 해리엇은 거듭거듭 울었다. 하지만 나에게 귀 기울여주어 고맙다고도 했다. 감정이 격해지긴 했지만 한편으로는 '치유'된 느낌이라고 했다. 나는 이 말을 오래 기억했다. 내가 그런 인사를 받을 자격이 있다고 생각해서가 아니라 그가 얼마나 큰 고립감을 느끼고 있었는지 알 수 있어서, 그리고 자기 이야기를 하는 그 단순한 행위가 얼마나 큰 치유 효과를 발휘하는지 알 수 있어서였다.

《베트남의 아킬레우스》에서 조너선 셰이는 도덕적 외상을 치유하는 가장 좋은 방법은 그것을 공유화하는 것이라고 썼다. 가령 귀환병에게는 그 사람의 경험을 대중과 공유할 기회를 제공하는 것이 가장 좋은 방법이다. 코로나바이러스 대유행 기간에 의료노동자는 도덕적 외상의 위험을 무릅쓰긴 했어도 자신의 경험을 대중과 공유할 수 있었고, 그들에게 부채감을 느낀 대중은 존경과 호기심의 마음으로 그들의 이야기에 귀 기울였다. 해리엇 같은 더러운 노동자는 그런 기회를 얻지 못했다. 해리엇은 자신의 경험을 사적으로 대면해야 했고 그로부터 펼쳐진 불안한 기억과 홀로 씨름해야 했다. 여기엔 공동체적 대면이 없었다. 필라델피아 보훈 의료 센터에서는 사람들이 한자리에 모여 귀환병이 전장에서 자신의 도덕적 신념을 위배한 일에 대해 이야기하는 것을 들었다. 그들이 함께, 소리 높여 귀환병에게 전한 메시지는 우리가 마땅히 모든 더티 워커에게 전해야 할 바로 그 메시지다. "우리가 당신을 위험한 곳으로 보냈습니다. 우리가 당신을 만행이 벌어질 수 있는 곳에 보냈습니다. 우리는 당신의 책임을 함께합니다. 당신이 본 모든 것에 대해, 당신이 한 모든 일에 대해, 당신이 하지 못한 모든 일에 대해 우리가 함께 책임집니다."

감사의 말

나는 여러 재단과 기금의 도움으로 이 책을 썼다. 뉴욕 공공 도서관의 '연구자와 저자를 위한 도로시와 루이스 B. 컬먼 센터'에서 한 해 동안 연구하고 이 책을 썼다. 전 센터장 진 스트루스, 현 센터장 살바토레 사이보나, 부센터장 로렌 골든버그와 폴 드라베르닥의 성원과 도움에 감사한다.

2018년 나에게 앤드루 카네기 펠로십을 수여한 뉴욕 카네기 코퍼레이션과 퍼핀 재단 작가 펠로를 수여한 타이프 미디어 센터, 특히 소중한 버팀목이자 충직한 친구인 타야 키트먼에게 감사한다. 수개월간 방문 저널리스트로 머문 러셀 세이지 재단, 특히 재단장 셸턴 댄징거와 연구에 도움을 준 클레어 개브리얼에게 감사한다. 먼로 펠로십으로 멕시코만 연구를 지원한 '걸프 사우스를 위한 뉴올리언스 센터'와 사무국장 리베카 스네데커에게도 감사한다.

와일리 에이전시의 세라 섈펀트에게 감사한다. 작가에게 이보다 더 훌륭한 에이전트 겸 옹호자는 없을 것이다. 루크 잉그램과 리베카 네이절의 도움과 격려에도 감사한다.

이 책에 그 누구보다 큰 영향을 미친 사람은 편집자 에릭 친스키다. 그는 열정적인 아이디어와 정확한 판단, 깊은 헌신으로 이 책을 쓰는 길고 외로운 여정을 함께해주었다. 편집 과정에 참여한 줄리아 링고와 재닌 발로에게도 감사한다.

데이드 교도소의 학대 실태를 조사해보라고 길을 이끌어준 《뉴요커》의 전설적인 편집자 대니얼 잘레프스키에게 감사한다. 기사를 제대로 써내는 법에 대해 그에게 정말 많은 것을 배웠다. 드론 전투원이 겪는 상처에 대해 함께 기사를 쓴 사샤 바이스에게도 감사한다.

10년 전 나에게 뉴욕대학교 사회학과에서 박사 과정을 밟아보라고 권했고 그 뒤에는 인스티튜트 포 퍼블릭 날리지에 방문 연구자로 나를 초대해준 에릭 클리넨버그에게 특별히 감사한다. 나는 이 과정에서 에버렛 휴스의 연구를 접했다. 멘토로서 초고를 검토한 스티븐 루크에게도 감사한다.

이 책의 내용과 관련하여 사실 확인을 도와준 앤디 영에게, 번역을 도와준 마고 올라바리오에게, 연구를 도와준 세라 파인스타인에게 감사한다.

집필이라는 외로운 일도 동료 작가와 친구의 성원과 우정이 있으면 덜 외로워진다. 애덤 샤츠, 사샤 애브럼스키, 로윈 리카도 필립스, 로라 세코, 스콧 셔먼, 그레고리 파들로, 모나 엘고바시, 아리 버먼, 스티븐 더들리, 커크 셈플, 케이틀린 자룸, 체이스 메이더, 제니퍼 터너, 니콜 플리트우드, 닐 그로스, 피터 요스트, 그리고 컬먼 센터에서 만난 멋진 동료들, 그중에서도 에이바 친, 넬리 허만, 조앤 아코첼라, 세라 브리저, 마틴 푸크너, 블레이크 고프닉, 휴 이킨, 바버라 와인스타인에게 감사한다.

그 누구보다 가족에게 감사한다. 책의 초고를 읽고 소중한 의견을 전해준 나의 부모님 칼라와 샬롬, 장모님 그라일라 사스에이블린 로즈, 내 동생 샤론, 잠시 일을 멈추고 잊지 못할 즐거운 시간을 함께 보내게 해준 아내의 형제자매 로런트 에이블린과 수전 엘러스에게 감사한다. 그중에서도 나의 아내, 내 삶을 헤아릴 수 없이 비옥하게 해주고 정서적, 지적 성장에 헌신함으로써 나에게 영감과 도전정신을 심어주는 사람, 내 글을 가장 날카로운 안목으로 읽는 독자이며 우리의 소중한 아이 밀레나와 옥타비오의 어머니인 미라일 아벨린에게 감사한다.

미주

들어가며

1 Everett C. Hughes papers, Special Collections Research Center, University of Chicago Library. ('들어가며'에 실린 휴스의 모든 인용문들은 따로 출처가 명시되어 있지 않는 한 모두 이 일기에서 따왔다.)

2 Everett C. Hughes, "Good People and Dirty Work," *Social Problems* 10, no. 1 (Summer 1962): p.5.

3 위의 책, p.7.

4 위의 책, p.3.

5 위의 책, p.8.

6 Richard Sennett and Jonathan Cobb, *The Hidden Injuries of Class* (New York: Alfred A. Knopf, 1972), p.76.

7 Helen Ouyang, "I'm an E.R. Doctor in New York," *New York Times Magazine*, April 14, 2020.

8 Sigmund Freud, *Civilization and Its Discontents* (New York: W. W. Norton, 1989), p.46. 《문명 속의 불만》, 김석희 옮김(열린책들, 2020)

9 Norbert Elias, *The Civilizing Process: Sociogenetic and Psychogenetic Investigations, trans.* Edmund Jephcott (1939; repr.

Cambridge, Mass.: Blackwell, 1994), p.121. 《스포츠와 문명화》, 송해룡 옮김(성균관대학교출판부, 2014)

1장 학대로 얼룩진 시설로 들어가다

1　Thurgood Marshall, *Estelle v. Gamble*, Nov. 30, 1976, casetext.com/case/estelle-v-gamble.

2　Lisa Davis et al., "Deinstitutionalization? Where Have All the People Gone?," *Current Psychiatry Reports* 14, no. 3 (2012): p.260.

3　Vic Digravio, "The Last Bill JFK Signed and the Mental Health Work Still Undone," WBUR, Oct. 23, 2013, www.wbur.org/commonhealth/2013/10/23/community-mental-health-kennedy.

4　Christopher Jencks, *The Homeless* (Cambridge, Mass.: Harvard University Press, 1994), p.39.

5　Fred Cohen, "The Correctional Psychiatrist's Obligation to Report Patient Abuse: A Dialogue," *Correctional Mental Health Report*, Jan./Feb. 2014, p.67.

6　Sarah Glowa-Kollisch et al., "Data-Driven Human Rights: Using Dual Loyalty Trainings to Promote the Care of Vulnerable Patients in Jail," *Health and Human Rights Journal*, June 11, 2015, www.hhrjournal.org/2015/03/data-driven-human-rights-using-dual-loyalty-trainings-to-promote-the-care-of-vulnerable-patients-in-jail/.

7　"CRIPA Investigation of the New York City Department of Correction Jails on Rikers Island," U.S. Department of Justice, U.S. Attorney's Office for the Southern District of New York, Aug. 4, 2014, p.3.

8　"The Treatment of Persons with Mental Illness in Prisons and Jails: A State Survey," Treatment Advocacy Center and National Sheriffs'

Association joint report, April 8, 2014, p.6.

9 위의 글, p.8.

10 Marc F. Abramson, "The Criminalization of Mentally Disordered Behavior," *Hospital and Community Psychiatry* 23, no. 4 (April 1972).

11 "The Treatment of Persons with Mental Illness in Prisons and Jails: A State Survey," Treatment Advocacy Center and National Sheriffs' Association joint report, April 8, 2014, p.13.

12 Erving Goffman, *Asylums: Essays on the Social Situation of Mental Patients and Other Inmates* (Garden City, N.Y.:Anchor Books, 1961), p.44. 《수용소》, 심보선 옮김(문학과지성사, 2016)

13 위의 책, p.81.

14 Bruce Western, "Violent Offenders,Often Victims Themselves, Need More Compassion and Less Punishment," *USA Today*, Aug. 9, 2018. (웨스턴과 연구팀이 이끌었던 보스턴 린트리 연구의 기록들은 다음 사이트에서 확인해볼 수 있다. scholar .harvard.edu/brucewestern /working-papers.)

2장 어떤 시스템이 교도관을 잔혹하게 만드는가

1 Katherine Fernandez Rundle, "In Custody Death Investigation Close-Out Memo." (나는 그 글에서 발견한 것들을 모아 다음 기사로 발행했다. "A Death in a Florida Prison Goes Unpunished," *New Yorker*, March 23, 2017, www.newyorker.com/news/daily-comment/a-death-in-a-florida-prison-goes-unpunished.)

2 Julie K. Brown, "Grisly Photos Stir Doubts About Darren Rainey's Death," *Miami Herald*, May 6, 2017, account.miamiherald.com/paywall/registration?resume=149026764.

3 Everett Hughes, "Good People and Dirty Work," *Social Problems* 10, no. 1 (Summer 1962): p.7-8.

4 위의 글, p.8.

5 Dana M. Britton, *At Work in the Iron Cage: The Prison as Gendered Organization* (New York: New York University Press, 2003), p.53.

6 David J. Rothman, *Conscience and Convenience: The Asylum and Its Alternatives in Progressive America* (New Brunswick, N.J.: Transaction, 2012), p.146.

7 Frank Tannenbaum, *Wall Shadows: A Study in American Prisons* (New York: G. P. Putnam's Sons, 1922), p.29.

8 위의 책, p.25.

9 Gresham M. Sykes, *The Society of Captives: A Study of a Maximum Security Prison* (Princeton, N.J.: Princeton University Press, 1958), p.59.

10 James B. Jacobs and Lawrence J. Kraft, "Integrating the Keepers: A Comparison of Black and White Prison Guards in Illinois," *Social Problems* 25, no. 3 (Feb. 1978): p.304.

11 위의 글.

12 위의 글, p.316.

13 John M. Eason, *Big House on the Prairie: Rise of the Rural Ghetto and Prison Proliferation* (Chicago: University of Chicago Press, 2017), p.16.

14 Quoted in Britton, *At Work in the Iron Cage*, p.51.

15 Lewis Z. Schlosser, David A. Safran, and Christopher A. Sbaratta, "Reasons for Choosing a Correction Officer Career," *Psychological Services* 7, no. 1 (2010): p.34.

16 Britton, *At Work in the Iron Cage*, p.80.

17 Kelsey Kauffman, *Prison Officers and Their World* (Cambridge, Mass.: Harvard University Press, 1988), p.223-224.

18 Lateshia Beachum and Brittany Shammas, "Black Officers, Torn

Between Badge and Culture, Face Uniquely Painful Questions and Insults," *Washington Post*, Oct. 9, 2020, www.washingtonpost.com/history/2020/10/09/black-law-enforcement-protests/.

19 Linda Kleindiest, "Chiles Begins Campaign for 'Safe Streets' Program," *Florida Sun Sentinel*, April 20, 1993.

20 Daniel Hundley, *Social Relations in Our Southern States* (New York: H. B. Price, 1860), p.140.

21 Robert Gudmestad, *A Troublesome Commerce: The Transformation of the Interstate Slave Trade* (Baton Rouge: Louisiana State University Press, 2003), p.36.

22 위의 책, p.85.

23 위의 책, p.158.

24 Walter Johnson, *Soul by Soul: Life Inside the Antebellum Slave Market* (Cambridge, Mass.: Harvard University Press, 1999), p.54–55.

25 Quoted in Gudmestad, *A Troublesome Commerce*, p.157.

26 Dylan Hadre and Emily Widre, "Failing Grades: States' Responses to COVID-19 in Jails and Prisons," Prison Policy Initiative, June 25, 2020, www.prisonpolicy.org/reports/failing_grades.html.

27 Brendon Derr, Rebecca Grisbach, and Danya Issawi, "States Are Shutting Down Prisons as Guards Are Crippled by COVID-19," *New York Times*, Jan. 2, 2021.

28 Melissa Montoya, "No Indictment for Corrections Officers in Inmate Death," *News-Press*, July 7, 2015, www.news-press.com/story/news/local/2015/07/07/indictment-corrections-officers-inmate-death/29848827/.

29 Quoted in Didier Fassin, *Prison Worlds: An Ethnography of the Carceral Condition* (Cambridge, U.K.: Polity Press, 2017), p.146.

30 Quoted in Fassin, *Prison Worlds*, p.329.

31 Jessica Benko, "The Radical Humaneness of Norway's Halden Prison," *New York Times Magazine*, March 19, 2015, www.nytimes. com/2015/03/29/magazine/the-radical-humaneness-of-norways-halden-prison.html.

3장 인권 대신 이윤을 좇는 교도소 자본주의

1 David J. Rothman, "Perfecting the Prison:United States, 1789–1865," in *The Oxford History of the Prison*, ed. Norval Morris and David J. Rothman (New York: Oxford University Press, 1998), p.100.

2 Charles Dickens, *The Works of Charles Dickens: American Notes* (London: Chapman and Hall, 1907), p.116–117. 《아메리칸 노트》, 이미경 옮김(B612, 2018)

3 John Pratt, *Punishment and Civilization: Penal Tolerance and Intolerance in Modern Society* (Thousand Oaks, Calif.: Sage, 2002), p.52.

4 Dickens, *American Notes*, p.116.

5 Norbert Elias, *The Civilizing Process: Sociogenetic and Psychogenetic Investigations, trans. Edmund Jephcott* (1939; repr. Cambridge, Mass.: Blackwell, 1994), p.121. 《문명화과정 1,2》, 박미애 옮김(한길사, 1996~1999)

6 David Garland, *Punishment and Modern Society: A Study in Social Theory* (Chicago: University of Chicago Press, 1990), p.243.

7 John Pratt, "Norbert Elias and the Civilized Prison," *British Journal of Sociology* 50, no. 2 (1999): p.287.

8 Quoted in Regan McCarthy, "Department of Corrections Workers Share Their View from the Inside," WUSF Public Media, March 12, 2015, wusfnews.wusf.usf.edu/2015-03-12/department-of-corrections-workers-share-their-view-from-the-inside.

9 "Prison Bill Emerges in the House—but Without Oversight Commission," *Palm Beach Post*, March 19, 2015, www.palmbeachpost.com/2015/03/19/prison-bill-emerges-in-house-but-without-oversight-commission/.

10 Quoted in Pat Beall, "Inmate Was Getting Only Tylenol for Cancer," *Palm Beach Post*, Aug. 1, 2018, www.palmbeachpost.com/news/inmate-was-getting-only-tylenol-for-cancer/luLV1P4koWjXqCau46piMK/.

11 Matthew Clarke, "Court's Expert Says Medical Care at Idaho Prison Is Unconstitutional," *Prison Legal News*, Aug. 25, 2016, www.prisonlegalnews.org/news/2016/aug/25/courts-expert-says-medical-care-idaho-prison-unconstitutional/.

12 Will Tucker, "Profits vs. Prisoners: How the Largest U.S. Prison Health Care Provider Puts Lives in Danger," Southern Poverty Law Center, Oct. 27, 2016, www.splcenter.org/20161027/profits-vs-prisoners-how-largest-us-prison-health-care-provider-puts-lives-danger.

13 위의 글.

14 John D. Donahue, *The Privatization Decision: Public Ends, Private Means* (New York: Basic Books, 1989), p.11.

15 "DOC to Move Forward with Prison Health Privatization," News Service of Florida, July 18, 2012, www.northescambia.com/2012/07/doc-to-move-forward-with-prison-health-privatization.

16 Everett Hughes, "Good People and Dirty Work," *Social Problems* 10, no. 1 (Summer 1962): p.9.

17 Supreme Court of the State of Florida, "Mental Health: Transforming Florida's Mental Health System," 2007, 10, www.

floridasupremecourt.org/content/download/243049/file/11-14-2007_
Mental_Health_Report.pdf.

18 Liz Szabo, "Cost of Not Caring," *USA Today*, May 12, 2014, www.
usatoday.com/story/news/nation/2014/05/12/mental-health-system-
crisis/7746535.

19 Steve J. Martin, "It's Not Just Policing That Needs Reform. Prisons
Need It, Too," *Washington Post*, July 6, 2020, www.washingtonpost.
com/opinions/2020/07/06/its-not-just-policing-that-needs-reform-
prisons-need-it-too.

20 Julie K. Brown, "Rainey Family Settles Suit in Prison Shower
Death," *Miami Herald*, Jan. 26, 2018.

4장 드론 조종사의 고립된 몸과 마음

1 Eric Fair, *Consequence: A Memoir* (New York: Henry Holt, 2016), p.239.

2 Mark Mazzetti, *The Way of the Knife: The CIA, a Secret Army, and
a War at the Ends of the Earth* (New York: Penguin Press, 2013), p.121.
《CIA의 비밀전쟁》, 이승환 옮김(삼인, 2017)

3 위의 책, p.319.

4 Quoted in Nick Cumming-Bruce, "The Killing ofQassim Suleimani
Was Unlawful, Says UN Expert," *New York Times*, June 9, 2020,
www.nytimes.com/2020/07/09/world/middleeast/qassim-suleimani-
killing-unlawful.htm.

5 "Out of the Shadows: Recommendations to Advance Transparency
in the Use of Lethal Force," Columbia Law School Human Rights
Clinic and Sana'a Center for Strategic Studies, June 2017, 6, web.
law.columbia.edu/sites/default/files/microsites/human-rightsinstitute/
out_of_the_shadows.pdf.

6 Quoted in Charlie Savage, "U.N. Report Highly Critical of U.S. Drone Attacks," *New York Times*, June 2, 2010, www.nytimes.com/2010/06/03/world/03drones.html.

7 Jonathan Shay, *Achilles in Vietnam: Combat Trauma and the Undoing of Character* (New York: Simon & Schuster, 1994), p.20.

8 Brett T. Litz et al., "Moral Injury and Moral Repair in War Veterans," *Clinical Psychology Review* 29, no. 8 (2009): p.695.

9 Shira Maguen et al., "The Impact of Killing on Mental Health Symptoms in Gulf War Veterans," *Psychological Trauma Theory Research Practice and Policy*, no. 3 (2011): p.25.

10 Tyler Boudreau, "The Morally Injured," *Massachusetts Review* 52, no. 3-4(2011): p.750.

11 George Orwell, *1984* (New York: Harcourt, 1977), p.178. 《1984》, 정회성 옮김(민음사, 2003)

12 Tim O'Brien, *The Things They Carried* (New York: Houghton Mifflin Harcourt, 2009), p.171. 《그들이 가지고 다닌 것들》, 이승학 옮김(섬과달, 2020)

13 Quoted in Thomas E. Ricks, *The Generals: American Military Command from World War II to Today* (New York: Penguin, 2012), p.60. 《제너럴스》, 김영식·최재호 옮김(플래닛미디어, 2022)

14 Robert J. Lifton, *Home from the War: Vietnam Veterans, Neither Victims nor Executioners* (New York: Simon & Schuster, 1973), p.100.

15 Litz et al., "Moral Injury and Moral Repair," p.696.

16 David J. Morris, *The Evil Hours: A Biography of Post-Traumatic Stress Disorder* (New York: Houghton Mifflin Harcourt, 2015), p.204.

17 Litz et al., "Moral Injury and Moral Repair," p.696.

18 M. Shane Riza, *Killing Without Heart: Limits on Robotic Warfare in an Age of Persistent Conflict* (Washington, D.C.: Potomac Books, 2013), p.55.

19 Chris J. Antal, "Patient to Prophet: Building Adaptive Capacity in Veterans Who Suffer Moral Injury" (PhD diss., Hartford Seminary, 2017), p.42.

5장 가난과 폭력의 상관관계

1 Michael Sandel, *Justice: What's the Right Thing to Do?* (New York: Farrar, Straus and Giroux, 2009), p.77.《정의란 무엇인가》, 김명철 옮김(와이즈베리, 2014)

2 위의 책, p.82.

3 위의 책, p.83. (이 기사를 함께 읽어보기를 권한다. Charles Rangel, "Why I Want the Draft," *New York Daily News*, Nov. 22, 2006.)

4 Douglas L. Kriner and Francis X. Shen, "Invisible Inequality: The Two Americas of Military Sacrifice," *University of Memphis Law Review* 46 (2016): p.563.

5 Thomas Paine, *The Crisis, Dec. 23, 1776*, www.ushistory.org/paine/crisis/c-01.htm.

6 Beth Bailey, *America's Army: Making the All-Volunteer Force* (Cambridge, Mass.: Harvard University Press, 2009), p.6.

7 Andrew Bacevich, *Breach of Trust: How Americans Failed Their Soldiers and Their Country* (New York: Picador, 2014), p.19.

8 위의 책, p.43.

9 Quoted in Sandel, *Justice*, p.86.

10 Interviewed in *National Bird, directed by Sonia Kennebeck*

(Independent Lens, 2016).

11 Quoted in Francisco Cantu, *The Line Becomes a River: Dispatches from the Border* (New York: Riverhead Books, 2018), p.20. 《선은 장벽이 되고》, 서경의 옮김(서울문화사, 2019)

12 위의 책, p.150. (다음 책을 함께 살펴보기를 권한다. David Wood, *What Have We Done: The Moral Injury of Our Longest Wars* (New York: Little, Brown, 2016).

13 Simon Romero, "Border Patrol Memoir Ignites Dispute," *New York Times*, May 19, 2018, www.nytimes.com/2018/05/19/us/francisco-cantu-border-patrol.html.

14 Primo Levi, *The Drowned and the Saved* (New York: Vintage Books, 1989), p.43. 《가라앉은 자와 구조된 자》, 이소영 옮김(돌베개, 2014)

15 위의 책, p.50.

16 위의 책, p.60.

17 Cantu, *The Line Becomes a River*, p.24.

18 Brittny Mejia, "Complicated Identities Wrestling with Internal Conflict," *Los Angeles Times*, April 23, 2018, enewspaper.latimes.com/infinity/articleshare.aspx?guid=ac6f8add-169e-4509-93dc-77e27b5ef3f7.

19 Quoted in Josiah McC. Heyman, "U.S. Immigration Officers of Mexican Ancestry as Mexican Americans, Citizens, and Immigration Police," *Current Anthropology* 43, no. 3 (June 2002): p.487.

20 Quoted in Manny Fernandez et al., " 'People Actively Hate Us': Inside the Border Patrol's Morale Crisis," *New York Times, Sept. 15, 2019, www.nytimes.com/2019/09/15/us/border-patrol-culture.html.*

21 Levi, *The Drowned and the Saved*, p.49.

22 Francisco Cantu, "Cages Are Cruel. The Desert Is, Too," *New York Times*, June 30, 2018.

23 Heather Linebaugh, "I Worked on the US Drone Program. The Public Should Know What Really Goes On," *Guardian*, Dec. 29, 2013, www.theguardian.com/profile/heather-linebaugh.

24 Jonathan Shay, *Achilles in Vietnam: Combat Trauma and the Undoing of Character* (New York: Simon & Schuster, 1994), p.4.

25 Jameel Jaffer, *The Drone Memos: Targeted Killing, Secrecy, and the Law* (New York: New Press, 2016), p.29.

26 Jennifer Gibson, "Why Trump's Actions Have Put Civilians at More Risk," Bureau of Investigative Journalism, March 7, 2019, www.thebureauinvestigates.com/stories/2019-03-07/opinion-why-trumps-actions-have-put-civilians-at-more-risk.

27 Samuel Moyn, "A War Without Civilian Deaths?," *New Republic*, Oct. 23, 2018, newrepublic.com/article/151560/damage-control-book-review-nick-mcdonell-bodies-person.

28 Trevor Paglen, *Blank Spots on the Map: The Dark Geography of the Pentagon's Secret World* (New York: Dutton, 2009), p.17.

29 위의 글.

30 Quoted in Jonathan S. Landay, "Obama's Drone War Kills 'Others,' Not Just Al Qaida Leaders," McClatchy News, April 9, 2013, www.mcclatchydc.com/news/nation-world/world/article24747826.html.

31 Quoted in International Human Rights and Conflict Resolution Clinic at Stanford Law School and Global Justice Clinic at NYU School of Law, "Living Under Drones: Death, Injury and Trauma to Civilians from US Drone Practices in Pakistan" (2012), p.60.

32 Rebecca Solnit, "The Visibility Wars," in *Invisible: Covert Operations*

and Classified Landscapes, a book of Trevor Paglen's photographs and projects on secrecy and surveillance (New York: Aperture, 2010), p.6.

6장 착취의 연결고리가 된 도살장 노동자

1 Lawrence Wright, *God Save Texas* (New York: Alfred A. Knopf, 2018), p.299-300.

2 Interviewed in "Our Town—Part Two," narrated by Ira Glass and Miki Meek, *This American Life*, Dec. 8, 2017, www.thisamericanlife. org/633/our-town-part-two.

3 Philip Martin, "The Missing Bridge: How Immigrant Networks Keep Americans out of Dirty Jobs," *Population and Environment* 14, no. 6 (1993): p.539.

4 Interviewed in "Our Town—Part Two."

5 Jonathan Safran Foer, *Eating Animals* (New York: Little, Brown, 2009), p.143.

6 위의 책, p.182. 《동물을 먹는다는 것에 대하여》, 송은주 옮김(민음사, 2011)

7 "Shocking Investigation at a Turkey Slaughterhouse," People for the Ethical Treatment of Animals website, www.peta.org/blog/shocking-investigation-turkey-slaughterhouse/.

8 Wilson J. Warren, *Tied to the Great Packing Machine: The Midwest and Meatpacking* (Iowa City: University of Iowa Press, 2006), p.135-136.

9 위의 책, p.135.

10 Upton Sinclair, *The Jungle* (1906; repr. New York: Penguin Books, 2006), p.36.

11 Quoted in Leon Harris, *Upton Sinclair: American Rebel* (New York:

Thomas Y. Crowell, 1975), p.78.

12 Sinclair, *The Jungle*, p.114.

13 Quoted in Harris, *Upton Sinclair*, p.71.

14 Roger Horowitz, *"Negro and White, Unite and Fight!": A Social History of Industrial Unionism in Meatpacking, 1930–90* (Urbana: University of Illinois Press, 1997), p.63.

15 위의 글, p.74.

16 위의 글, p.245.

17 Lance Compa, "Blood, Sweat, and Fear: Workers' Rights in US Meat and Poultry Plants," Human Rights Watch, 2005, p.101.

18 Angela Stuesse, *Scratching Out a Living: Latinos, Race, and Work in the Deep South* (Oakland: University of California Press, 2016), p.127.

19 Rudyard Kipling, *From Sea to Sea: Letters of Travel* (1899; repr. Charleston, SC: BiblioBazaar, 2016), 2: p.148.

20 Kira Burkhart et al., "Water Pollution from Slaughterhouses," Environmental Integrity Project, 2018, p.3.

21 Christopher Leonard, *The Meat Racket: The Secret Takeover of America's Food Business* (New York: Simon & Schuster, 2014), p.145.

22 "Sanderson Farms Continues Its Mission in Transparency," press release, 2018, sandersonfarms.com/press-releases/sanderson-farms-continues-mission-transparency/.

23 David Montejano, *Anglos and Mexicans in the Making of Texas, 1836–1986* (Austin: University of Texas Press, 1987), p.183.

24 위의 글, p.228.

25 위의 글, p.231.

26 *Mary Douglas, Purity and Danger: An Analysis of Concepts of*

Pollution and Taboo (London: Routledge, 2002), p.44.《순수와 위험》, 이훈상 옮김(현대미학사, 1997)

27 위의 책, p.44.

28 위의 책, p.140.

29 Quoted in Jerry Muller, *Capitalism and the Jews, vol. 2, Belonging, 1492-1900* (Princeton, N.J.: Princeton University Press, 2010), p.10.

30 Simon Schama, *The Story of the Jews* (New York: HarperCollins, 2017), p.317.

31 R. Po-chia Hsia and Hartmut Lehmann, eds., *In and out of the Ghetto: Jewish-Gentile Relations in Late Medieval and Early Modern Germany* (Cambridge, U.K.: Cambridge University Press, 1995), p.164.

32 Muller, *Capitalism and the Jews*, p.31.

33 Schama, *The Story of the Jews, 2:* p.315-316.

34 Quoted in Richard Fausset, "After ICE Raids, a Reckoning in Mississippi's Chicken County," *New York Times*, Dec. 28, 2019, www.nytimes.com/2019/12/28/us/mississippi-ice-raids-poultry-plants.html.

7장 정육산업을 움직이는 거대한 그림자

1 Michael Pollan, *The Omnivore's Dilemma: A Natural History of Four Meals* (New York: Penguin Press, 2006), p.333.《잡식동물의 딜레마》, 조윤정 옮김(다른세상, 2008)

2 Norbert Elias, *The Civilizing Process: Sociogenetic and Psychogenetic Investigations, trans. Edmund Jephcott* (1939; repr. Cambridge, Mass.: Blackwell, 1994), p.118.

3 Gail A. Eisnitz, *Slaughterhouse: The Shocking Story of Greed,*

Neglect, and Inhumane Treatment Inside the Meat Industry (Amherst, N.Y.: Prometheus Books, 1997), p.214. 《도살장》, 박산호 옮김(시공사, 2008)

4 Timothy Pachirat, *Every Twelve Seconds: Industrialized Slaughter and the Politics of Sight* (New Haven, Conn.: Yale University Press, 2013), p.97. 《12초마다 한 마리씩》, 이지훈 옮김(애플북스, 2012)

5 위의 책, p.151.

6 Quoted in Eisnitz, *Slaughterhouse*, p.87–88.

7 Quoted in Pachirat, *Every Twelve Seconds*, p.151.

8 위의 책, p.160.

9 Lance Compa, "Blood, Sweat, and Fear: Workers' Rights in US Meat and Poultry Plants," Human Rights Watch, 2005, 11.

10 Scott Bronstein, "Special Report-Chicken: How Safe?," *Atlanta Journal-Constitution*, May 26, 1991.

11 Kimberly Kindy, "At Chicken Plants, Chemicals Blamed for Health Ailments Are Poised to Proliferate," *Washington Post*, April 25, 2013.

12 Quoted in Robert Klemko and Kimberly Kindy, "He Fled Congo to Work in a U.S. Meat Plant. Then He—and Hundreds of HisCo-workers—Got the Coronavirus," *Washington Post*, Aug. 6, 2020.

13 "A Delicate Balance: Feeding the Nation and Keeping Our Employees Healthy," Tyson ad, April 27, 2020. (광고는 다음 사이트에서 찾아볼 수 있다. www.washingtonpost.com/context/tyson-ad/86b9290d-115b-4628-ad80-0e679dcd2669 .

14 Donald J. Trump, "Executive Order on Delegating Authority Under the DPA with Respect to Food Supply Chain Resources During the National Emergency Caused by the Outbreak of COVID-19," April 28, 2020, www.whitehouse.gov/presidential-actions/executive-order-delegating-authority-dpa-respect-food-supply-chain-resources-

national-emergency-caused-outbreak-covid-19/ .

15 Michael Corkery and David Yaffe-Bellany, "As Meat Plants Stayed Open to Feed Americans, Exports to China Surged," *New York Times*, June 16, 2020, www.nytimes.com/2020/06/16/business/meat-industry-china-pork.html.

16 Bruce P. Bernard, ed., "Musculoskeletal Disorders and Workplace Factors," U.S. Department of Health and Human Services, July 1997, iii.

17 Quoted in Nancy Cleeland, "Union Decries Conditions at Pilgrim's Pride Chicken Plant," *Los Angeles Times*, Feb. 27, 2002.

18 Quoted in John Samples, "James Madison's Vision of Liberty," *Cato Policy Report* 23, no. 2 (March/April 2001): 11, www.cato.org/sites/cato.org/files/serials/files/policy-report/2001/3/madison.pdf.

19 "Trump Makes Appearance at the RNC with Frontline Workers," CNN, Aug. 25, 2020, www.cnn.com/politics/live-news/rnc-2020-day-1/h4bb5f99b5b708420912a9e00b58ddc99.

20 Holly Ellyatt, "German District Sees Lockdown Return as Country Tries to Suppress Regional Outbreaks," CNBC, June 23, 2020, www.cnbc.com/2020/06/23/germany-is-struggling-with-more-coronavirus-outbreaks.html.

21 Phillip Grull, "German Labour Minister Announces Stricter Standards in the Meat Industry," EURACTIV Germany, July 29, 2020, www.euractiv.com/section/agriculture-food/news/german-labour-minister-announces-stricter-standards-in-the-meat-industry/.

22 Quoted in "Death of Four Workers Prompts Deeper Look at DuPont Safety Practices," OSHA News Release—Region 6, Department of Labor, July 9, 2015, www.osha.gov/news/newsreleases/

region6/07092015.

23 Noam Scheiber, "Labor Department Curbs Announcements of Company Violations," *New York Times*, Oct. 23, 2020, www.nytimes.com/2020/10/23/business/economy/labor-department-memo.html.

24 Liz Crampton, "Azar Blames 'Home and Social onditions' for the Meatpacking Crisis," *Politico*, May 8, 2020, www.politico.com/newsletters/morning-agriculture/2020/05/08/azar-blames-home-and-social-conditions-for-the-meatpacking-crisis-787452.

25 Quoted in Michael Grabell, Claire Perlman, and Bernice Yeung, "Emails Reveal Chaos as Meatpacking Companies Fought Health Agencies over COVID-19 Outbreaks in Their Plants," ProPublica, June 12, 2020, www.propublica.org/article/emails-reveal-chaos-as-meatpacking-companies-fought-health-agencies-over-covid-19-outbreaks-in-their-plants.

26 Interviewed in Christina Stella, "Immigrant Meatpackers Say They're Being Blamed for Spread of COVID-19," NPR, Aug. 10, 2020, www.npr.org/2020/08/10/900766712/immigrant-meatpackers-say-theyre-being-blamed-for-spread-of-covid-19.

27 Quoted in Margaret Gray, "The Dark Side of Local," *Jacobin*, Aug. 21, 2016, www.jacobinmag.com/2016/08/farmworkers-local-locavore-agriculture-exploitation/.

28 Quoted in Margaret Gray, *Labor and the Locavore: The Making of a Comprehensive Food Ethic* (Berkeley: University of California Press, 2013), p.138.

8장 시추선 생존 노동자를 둘러싼 모순된 시선들

1 George Orwell, *The Road to Wigan Pier 1937;* repr. (New York: Berkley

Publishing, 1961), p.21. 《위건 부두로 가는 길》, 이한중 옮김(한겨레출판, 2010)

2 위의 책, p.36.

3 "World Energy Outlook 2019," IEA report, www.iea.org/reports/world-energy-outlook-2019/oil.

4 National Commission on the BP Deepwater Horizon Oil Spill and Offshore Drilling," Deepwater: The Gulf Oil Disaster and the Future of Offshore Drilling, Jan. 2011, 221, www.govinfo.gov/content/pkg/GPO-OILCOMMISSION/pdf/GPO-OILCOMMISSION.pdf.

5 위의 글, vii.

6 Jonathan Shay, *Achilles in Vietnam: Combat Trauma and the Undoing of Character* (New York: Simon & Schuster, 1994), p.21.

7 David Barstow, David Rohde, and Stephanie Saul, "Deepwater Horizon's Final Hours," *New York Times*, Dec. 25, 2010.

8 Quoted in William R. Freudenburg and Robert Gramling, *Oil in Troubled Waters: Perceptions, Politics, and the Battle over Offshore Drilling* (Albany: State University of New York Press, 1994), p.51.

9 Arlie Russell Hochschild, *Strangers in Their Own Land: Anger and Mourning on the American Right* (New York: New Press, 2016), p.73. 《자기 땅의 이방인들》, 유강은 옮김(이매진, 2017)

10 위의 책, p.80-81.

11 Quoted in Jason Theriot, *American Energy, Imperiled Coast: Oil and Gas Development in Louisiana's Wetlands* (Baton Rouge: Louisiana State University Press, 2014), p.43.

12 위의 책, p.201.

13 National Commission on the BP Deepwater Horizon Oil Spill and

Offshore Drilling, "Deepwater," p.225.

14 위의 책. p.71-72.

15 Quoted in Eric Lipton, "Trump Rollback Targets Offshore Rules 'Written with Human Blood,' " *New York Times*, March 10, 2018, www.nytimes.com/2018/03/10/business/offshore-drilling-trump-administration.html.

16 Interviewed in, *The Great Invisible, directed by Margaret Brown* (Radius-TWC, 2014).

17 Quoted in David Sheppard, "Pandemic Crisis Offers Glimpse into Oil Industry's Future," *Financial Times*, May 3, 2020, www.ft.com/content/99fc40be-83aa-11ea-b872-8db45d5f6714.

9장 실리콘밸리의 어두운 이면

1 Sergey Brin and Larry Page, " 'An Owner's Manual' for Google's Shareholders," 2004 Founders' IPO Letter, abc.xyz/investor/founders-letters/2004-ipo-letter/.

2 Eric Schmidt and Jonathan Rosenberg, *How Google Works*, with Alan Eagle (New York: Grand Central Publishing, 2014), p.17. 《구글은 어떻게 일하는가》, 박병화 옮김(김영사, 2014)

3 Ryan Gallagher, "Google Plans to Launch Censored Research Engine in China, Leaked Documents Reveal," *Intercept*, Aug. 1, 2018, theintercept.com/2018/08/01/google-china-search-engine-censorship/.

4 Quoted in "It Was a Real Step Backward," *Spiegel International*, March 3, 2010, www.spiegel.de/international/business/google-co-founder-on-pulling-out-of-china-it-was-a-real-step-backward-a-686269.html.

5 "Open Letter: Google Must Not Capitulate on Human Rights to

Gain Access to China," Aug. 28, 2010, www.amnesty.org/en/latest/news/2018/08/open-letter-to-google-on-reported-plans-to-launch-a-censored-search-engine-in-china/.

6 Quoted in David Naguib Pellow and Lisa Sun-Hee Park, *The Silicon Valley of Dreams: Environmental Injustice, Immigrant Workers, and the High-Tech Global Economy* (New York: New York University Press, 2002), p.1.

7 Stephanie Nebehay, "U.N. Sees 'Textbook Example of Ethnic Cleansing' in Myanmar," Reuters, Sept. 11, 2017, www.reuters.com/article/us-myanmar-rohingya-un/u-n-sees-textbook-example-of-ethnic-cleansing-in-myanmar-idUSKCN1BM0SL.

8 Shoshana Zuboff, *The Age of Surveillance Capitalism: The Fight for a Human Future at the New Frontier of Power* (New York: PublicAffairs, 2019), p.53.

9 Albert O. Hirschman, *Exit, Voice, and Loyalty: Responses to Decline in Firms, Organizations, and States* (Cambridge, Mass.: Harvard University Press, 1970), p.30. 《떠날 것인가, 남을 것인가》, 강명구 옮김(나무연필, 2016)

10 Quoted in Kate Conger and Daisuke Wakabayashi, "Google Employees Protest Secret Work on Censored Search Engine for China," *New York Times*, Aug. 16, 2018.

11 Schmidt and Rosenberg, *How Google Works*, p.65.

12 Ryan Gallagher, "Senior Google Researcher Resigns over 'Forfeiture of Our Values' in China," *Intercept*, Sept. 13, 2018, theintercept.com/2018/09/13/google-china-search-engine-employee-resigns/.

13 Quoted in Scott Shane and Daisuke Wakabayashi, " 'The Business of War': Google Employees Protest Work for the Pentagon," *New*

York Times, Aug. 4, 2018, www.nytimes.com/2018/04/04/technology/
google-letter-ceo-pentagon-project.html.

14 Erving Goffman, *Stigma: Notes on the Management of Spoiled
   Identity* (New York: Simon & Schuster, 1963), p.3. 《스티그마》, 윤선길 옮김
   (한신대학교출판부, 2009)

15 Thomas Roulet, "What Good Is Wall Street?: Institutional
   Contradiction and the Diffusion of the Stigma over the Finance
   Industry," *Journal of Business Ethics* 130 (Aug. 2015).

16 Goffman, *Stigma*, p.5.

17 Bruce G. Link and Jo C. Phelan, "Conceptualizing Stigma," *Annual
   Review of Sociology*, vol. 27 (2001): p.376.

18 Michael J. Sandel, *The Tyranny of Merit: What's Become of the
   Common Good?* (New York: Farrar, Straus and Giroux, 2020), p.25.

19 Brian Merchant, "How Google, Microsoft, and Big Tech Are
   Automating the Climate Crisis," *Gizmodo*, Feb. 21, 2019,
   gizmodo.com/how-google-microsoft-and-big-tech-are-automating-
   the-1832790799.

20 Ursula M. Franklin, *The Real World of Technology* (Toronto: House of
   Anansi Press, 1990), p.10.

21 Annie Kelly, "Apple and Google Named in US Lawsuit over
   Congolese Child Cobalt Mining Deaths," Guardian, Dec. 16, 2019,
   www.theguardian.com/global-development/2019/dec/16/apple-and-
   google-named-in-us-lawsuit-over-congolese-child-cobalt-mining-
   deaths.

22 "See No Evil, Speak No Evil: Poorly Managed Corruption Risks in
   the Cobalt Supply Chain," Resource Matters, 2019, p.17.

나가며

1   Jillian Mock, "Psychological Trauma Is the Next Crisis for
    Coronavirus Health Workers," *Scientific American*, June 1, 2020,
    www.scientificamerican.com/article/psychological-trauma-is-the-
    next-crisis-for-coronavirus-health-workers1/.

2   Nivedita Lakhera, "As a Front-Line Doctor, I Can't Let Another
    Doctor Suffer Trauma, Suicide," *USA Today*, April 1, 2020,
    www.usatoday.com/story/opinion/voices/2020/04/01/coronavirus-
    doctor-colleagues-suffering-trauma-column/5098054002/.

더티 워크

ⓒ이얼 프레스, 2023

초판 2쇄 발행 2023년 6월 15일
초판 3쇄 발행 2023년 9월 15일

지은이 이얼 프레스
옮긴이 오윤성
펴낸이 이상훈
편집1팀 이연재 김진주
마케팅 김한성 조재성 박신영 김효진 김애린 오민정
펴낸곳 ㈜한겨레엔 www.hanibook.co.kr
등록 2006년 1월 4일 제313-2006-00003호
주소 서울시 마포구 창전로 70 (신수동) 화수목빌딩 5층
전화 02) 6383-1602~3 | **팩스** 02) 6383-1610
대표메일 book@hanien.co.kr
ISBN 979-11-6040-996-3 (03300)